धूप में नंगे पाँव

स्वयं प्रकाश

राजपाल

ISBN : 9789386534866
प्रथम संस्करण : 2019
आवरण चित्र : निर्मल यादव
DHOOP MEIN NANGE PAON (Memoirs)
by Swayam Prakash

राजपाल एण्ड सन्ज़
1590, मदरसा रोड, कश्मीरी गेट, दिल्ली-110006
फोन : 011-23869812, 23865483, 23867791
e-mail : sales@rajpalpublishing.com
www.rajpalpublishing.com
www.facebook.com/rajpalandsons

घर से चले थे पूछने मौसम का हालचाल
झोंके हवा के बालों में चाँदी पिरो गए

क्रम

भूमिका

मैं सन् 1966 में नौकरी करने के लिए घर से निकला और सन् 2003 में स्वैच्छिक सेवानिवृत्ति लेकर घर लौट आया। इन छत्तीस वर्षों में अनेक ऐसे लोग मिले जो बेहद दिलचस्प थे और अपने किसी-न-किसी पहलू की वजह से मेरी स्मृति के स्थायी अंश बन गए। अनेक ऐसी घटनाएँ हुईं जिन्हें याद करके आज भी मैं अकेले में ठठाकर हँस पड़ता हूँ या तकिये में मुँह घुसेड़ कर सिसकने लगता हूँ, अनेक ऐसे वाकये दरपेश आये जिनकी याद आज भी मुझे फिर से उसी ज़माने में पहुँचा देती है। लेकिन फिर भी ये लोग मेरी ढाई सौ कहानियों में कहीं भी अपनी जगह नहीं बना पाये, ये घटनाएँ कहीं भी, किसी भी रूप में दर्ज नहीं हो पायीं, ये वाकयात बेहद दिलचस्प होते हुए भी किसी-न-किसी वजह से बयान से बाहर ही रह गए। एक कहानीकार के रूप में मुझे ज़रूरी लगा कि इन छूटी हुई चीज़ों की लज़्ज़त से पाठकों को लुत्फ़अन्दोज़ किया जाये। इसलिए भी कि अब वो ज़माना नहीं रहा, उसके किसी सूरत में लौटने की कोई सम्भावना भी नहीं और तेज़ी से बदलते इस मतलबपरस्त दौर में उसकी स्मृतियाँ भी सुरक्षित नहीं। मसलन सगे रिश्तों से बढ़कर परवान चढ़ती दोस्तियाँ और रूमानियत की दिलफ़रेब वादियों में ले जाती मोहब्बतें! कड़ियल स्वाभिमान में पलटियाँ खाता नौजवानी का फिटमारापन और वस्तुओं से कहीं ऊपर ज़िन्दगी को पामाल करता कलाओं का रूहानी सुरूर!

इसलिए अपनी कथायात्रा के अन्तिम पड़ाव पर 'धूप में नंगे पाँव'।

लेकिन अगर अब वह कह दिया जा रहा है जो कभी नहीं कहा गया तो इसके बेतरतीब सिलसिले को समझने के लिए मुझे वह सब भी कह देना पड़ेगा जो कहना या लिखना मैंने कभी पसंद नहीं किया। अव्वल तो मेरे जैसे बेहद मामूली लिखारे के जीवन में ऐसा क्या हो सकता है जो किसी पाठक की दिलचस्पी का बायस बने, लेकिन जो नामचीन और कर गुज़रे किस्म के बन्दे हैं मुझे तो उनकी आत्मकथा या जीवनी भी बेहद उबाऊ, आत्ममुग्धता में ल्हसड़ती हुई और लगभग दयनीय लगती हैं। अभी-अभी तो हम आये थे और अभी-अभी जाने का वक्त आ जाता है। रही होगी कभी किसी में अमरता की चाह, अब तो

ये हाल है कि ''पड़िये गर बीमार तो कोई न हो तीमारदार, और अगर मर जाइए तो नौहा-ख्वां कोई न हो!''

फिर भी सुन लीजिये।

पोलिटेक्निक से मेकेनिकल इंजीनियरिंग में डिप्लोमा करने के बाद तुरन्त जो नौकरी हाथ लगी वह थी भारतीय नौसेना में। भारतीय नौसेना ने पहली बार डिप्लोमा इंजीनियरों को इंजिन रूम आर्टिफिसर के रूप में सीधी भर्ती देने का फ़ैसला किया था। इसकी रेंक पेटी ऑफ़िसर की थी जो थलसेना के सूबेदार के समतुल्य था। ये लोग लड़ाई में सबसे आगे रहते हैं और सबसे ज़्यादा मारे जाते हैं। खैर हमारा काम तो जहाज़ चलाना था। लेकिन नेवी में मेरा गुज़र नहीं हुआ। मैं समझ गया कि नौकरी पाने की जल्दबाज़ी में मैंने गलत चुनाव कर लिया है, इसलिए मैंने वहाँ से निकलने का फ़ैसला कर लिया। लेकिन निकलना आसान नहीं था। लिहाज़ा एक से बढ़कर एक बदमाशियाँ करना और सबके सर में दर्द पैदा करना शुरू किया और अन्त में निकाल दिया गया।

लेकिन अब? अब क्या? घर कैसे जाऊँ? और घर जाकर करूँ क्या?

तो ग्रेट ईस्टर्न शिपिंग कम्पनी, सिंधिया स्टीमशिप्स और जयंती शिपिंग कम्पनी में शोर फिटर का काम किया, दादर में दस रुपये रोज़ पर एक पेंटर के यहाँ काम किया और फ़िल्मों में असिस्टेंट डायरेक्टर के रूप में भी काम किया। उजरत साढ़े सात रुपये रोज़ और एक टाइम का खाना। लेकिन ये रोज़गार नियमित नहीं थे और इनके बीच-बीच में बेकारी के लम्बे वक़्फ़े आ जाते थे। इस बीच वेटिंग रूम के बरामदे में अखबार बिछाकर सोने से, अंधी बुढ़िया भिखारिन के कटोरे से सिक्के उठाकर भागने तक न जाने कितने और कैसे अनुभव हुए। उन दिनों ईरानी रेस्त्रां में छह आने में खाना मिलता था, खाना यानी दो तन्दूरी रोटी और पाये! लेकिन अनगिनत बार मैं खाना खाकर बगैर पैसे दिए निकल लिया...एक तरकीब लगाकर...कि छह आने भी किस कमबख्त के पास होते थे! फ़ास्ट ट्रेन में कोई बिना टिकट पकड़ ले—यह दुआ रोज़ घर से निकलते हुए करते थे—घर यानी झोपड़-पट्टी—लेकिन कोई मरा पकड़ता ही नहीं था। ज़्यादा-से-ज़्यादा क्या होता? प्लेटफ़ॉर्म पर मुर्गा ही तो बनना पड़ता—रोटी तो मिलती!

फिर अन्त इसका इस तरह हुआ कि मुझे पीलिया हो गया और इतना बुरा कि दोस्तों ने टोलमटोली करके एक दिन अपने शहर जाने वाली गाड़ी में पटक दिया। बेकार हत्या कौन मोल ले!

फिर कुछ दिन बेकार रहने के बाद डाक-तार विभाग में नौकरी मिली, जिसकी

ट्रेनिंग के लिए मद्रास जाना पड़ा। इस नौकरी की पहली तैनाती हुई राजस्थान के एक गाँव भीनमाल में जिसे महाकवि माघ की जन्मभूमि कहा जाता है और जहाँ से श्रीमाली ब्राह्मण निकले। वहाँ मैंने नौकरी कम की बाकी काम खूब किये। मसलन *क्यों* नाम की एक साहित्यिक पत्रिका निकाली, *मुक्तवाणी* नाम का एक अखबार निकाला, गरीब बच्चों के लिए नि:शुल्क सांध्यकालीन स्कूल चलाया और जमकर राजनीति की। नतीजा यह हुआ कि शिकायत हुई और मेरा तबादला जैसलमेर कर दिया गया। जैसलमेर में मैंने अपनी बहुत अच्छी और मकबूल कहानियाँ लिखीं, खूब दोस्त बनाये और ठेठ पाकिस्तान बॉर्डर तक घुमक्कड़ी की। फिर मेरा तबादला सुमेरपुर नाम के एक कस्बे में हो गया जो सिरोही के नज़दीक था और कपास की मंडी था। वहाँ मैंने अपना उपन्यास *बीच में विनय* लिखा और उसी नौकरी के दौरान बी.ए. किया, एम.ए. किया, पीएच-डी. की। फिर मेरा चयन सार्वजनिक क्षेत्र के एक उपक्रम हिन्दुस्तान ज़िंक लिमिटेड में हो गया और मैं डाक-तार विभाग की नौकरी छोड़कर और राजभाषा अधिकारी बनकर अहिन्दीभाषियों को हिन्दी पढ़ाने के लिए ओडिशा चला गया। ओडिशा के भी एक घोर आदिवासी अंचल में जहाँ जाने के लिए सड़क भी नहीं थी, नाव से जाना पड़ता था। वहाँ छह साल रहकर राजस्थान लौटा तो राजभाषा छोड़कर विजिलेंस में घुस गया—सी.बी.आई. में एक छोटी-सी ट्रेनिंग करके।

फिर मैं सार्वजनिक क्षेत्र के जिस उद्यम—हिन्दुस्तान ज़िंक लिमिटेड—में था, उसका निजीकरण हो गया और मैं एक तरह से 'मंजू फ़ालतू' हो गया!

बस, इतनी-सी कहानी है, इतना-सा फ़साना है, एक याद का दरिया है और डूब के जाना है!

तिस पर भी जो बातें अपनी कहानियों में या अपने उपन्यास *जलते जहाज़ पर* में आ चुकी हैं, उन्हें छोड़ दिया गया है।

इत्यलम।

—स्वयं प्रकाश

20 दिसंबर 2018
भोपाल (म.प्र.)

समन्दर छूने की चाह में

मैंने सन् 1966 में जावरा पोलिटेक्निक कॉलेज से मेकेनिकल इंजीनियरिंग में डिप्लोमा कर लिया था। जावरा मध्य प्रदेश के भूतपूर्व मुख्यमंत्री कैलाशनाथ काटजू का विधानसभा क्षेत्र था, उन्हीं के प्रयत्नों से वहाँ पोलिटेक्निक कॉलेज की स्थापना हुई थी और इसका परिसर प्रयोगशालाएँ, वर्कशॉप और हॉस्टल आदि आज के अनेक इंजीनियरिंग कॉलेजों से कहीं ज़्यादा बड़े और विकसित थे। इस पोलिटेक्निक कॉलेज का अपना ही रुतबा और प्रतिष्ठा थी। वैसे भी उस समय पूरे मध्य प्रदेश में मात्र चार इंजीनियरिंग कॉलेज और बारह पोलिटेक्निक थे और हमारे कॉलेज के छात्रों को फ़ायनल ईयर की परीक्षा में बैठने से पहले ही विभिन्न उद्योगों से नियुक्ति प्रस्ताव और नियुक्ति पत्र प्राप्त होने लगते थे। हमसे एक बैच पहले तक यही आलम था। उस बैच के सभी सफल छात्र कहीं-न-कहीं ठाठ से लग गए थे। लेकिन 1965 में पाकिस्तान के साथ युद्ध हो गया। सारे संसाधन रक्षा में झोंके जाने लगे। बाकी सबसे खर्च में कटौती करने और भावी योजनायें फ़िलहाल स्थगित करने को कह दिया गया। उद्योगों में निवेश का रुझान थम गया। सरकारी महकमों मे रिक्तियाँ निकलना बन्द हो गयीं। नतीजा यह हुआ कि जिन इंजीनियरों को नेहरूजी राष्ट्र निर्माता कहते थे और जिन्हें अपने यहाँ नियुक्त करने को उद्योग लालायित रहते थे वे इंजीनियर बेरोज़गार घूमने लगे।

इन बेरोज़गार इंजीनियरों में से एक मैं भी था।

पढ़े-लिखे की बेरोज़गारी बहुत मारक होती है। वह तब और वहाँ भी रोज़गार ढूँढने के लिए धक्के खाने लगता है जब और जहाँ रोज़गार की कोई सम्भावना नहीं होती। वह घर पर खाना खाना टालने लगता है—यह कहकर कि आज तो फलाँ दोस्त ने खिला दिया, और खाता भी है तो खाना कम खाता है पानी ज़्यादा पीता है। चार की जगह तीन रोटी खाकर ही डकार लेने लगता है और आवेदन पत्र, पोस्टल ऑर्डर भेजने के लिए पैसे उन सहपाठियों से उधार माँगने लगता है जिन्हें पूरे कॉलेज वर्षों में उसने कभी भाव नहीं दिया। वह 'कहीं भी कोई भी' काम करने को राज़ी हो जाता है और एक बार किसी ने ऐसा किया तो नियोक्ता भी समझ जाते हैं कि अब इंजीनियरों को भी इतनी कम उजरत पर रखा जा सकता है।

ऐसे ही फिट्मारे दिनों में भारतीय नौसेना में इंजीनियरों के लिए पहली बार सीधी भर्ती निकली और कुछेक परीक्षाओं के बाद बगैर किसी से पूछे-ताछे या सलाह किये मैं उसमें घुस गया।

~

बम्बई के फ़ोर्ट इलाके में लॉयंस गेट के सामने खड़े हो जाओ तो अनुमान नहीं लगा सकते कि इसके भीतर आई.एन.एस. आंग्रे नामक एक पूरा नेवल बेस होगा जहाँ नए जवान भर्ती किये जाते हैं और पुराने जवान अपने नए जहाज़ के आने की प्रतीक्षा करते हैं।

वहाँ एक बहुत शानदार जिम था जिसमें बहुत सारे हट्टे-कट्टे, गोरे-चिट्टे नौसैनिक तरह-तरह के दर्शनीय व्यायाम करते थे। उन दिनों मेरे हाथ-पैर सूखी लकड़ी की तरह और चेहरा छुआरे की मानिन्द था। मेरे लिए ये व्यायाम करते सुडौल-सुचिक्कन नौसैनिक ईर्ष्या का नहीं, स्पृहा का विषय थे। काश! कभी मैं भी ऐसा हो पाऊँ! मैं अपने पीछे एक अदद प्रेमिका को छोड़कर आया था और क्योंकि वह मेरे साथ—मुझ बेरोज़गार छुआरे के साथ—भाग चलने को राज़ी नहीं हो रही थी, इसलिए नेवी ज्वाइन करने के पीछे एक तरह से उसे मज़ा चखाने की भावना भी थी। मैं अपनी कल्पना की आँखों से देख रहा था कि वह रोते-रोते मुझे लौट आने के लिए कह रही है! और मैं उसकी आँसू भरी पुकार को अनसुना करके समुद्री तूफ़ान में अकेला लहरों के थपेड़े खा रहा हूँ आदि। हालाँकि किया उसने इसका ठीक उल्टा। उसने मुझ भगोड़े को अपने हाल पर छोड़ कर नासा में कार्यरत एक प्रवासी भारतीय से शादी कर ली और अमेरिका जा बसी। लेकिन इस प्रसंग के घटित होने में अभी समय था।

कसरती नौजवानों ने नेवी ज्वाइन करने के मेरे इरादे को और पक्का कर दिया और मैंने स्वयं को नयी परिस्थितियों के लिए तैयार करना शुरू कर दिया।

नहाने के लिए वहाँ कॉमन बाथरूमनुमा एक हॉल था जिसमें चालीस शॉवर लगे थे जिनके नीचे लोग खड़े होकर नहाते थे—अधिकांश नंगे! खाने के लिए थाली-कटोरी हाथ में लिए लाइन लगानी पड़ती थी और दिन भर कड़ी चिकित्सा परीक्षाओं से गुज़रना पड़ता था।

मध्य प्रदेश से हम दो ही लड़के थे। मैं और बापट। बापट को नंगे नहाने और गाना गाने का बहुत शौक था। गाने वह 'दीदार', 'अनमोल घड़ी', 'आन' वगैरह फ़िल्मों के गाया करता था। शमशाद बेगम उसकी पसन्दीदा गायिका थीं।

और वह काफ़ी खुली, बेहद खुली, बल्कि इतनी खुली आवाज़ में मुँह ऊपर उठा कर गाता था मानो रेलगाड़ी में भीख माँग रहा हो। श्रोता हँसने लगते थे और वह शरमाकर चुप हो जाता था और होंठों पर से थूक पोंछने लगता था। मैंने उसका कोई गाना कभी पूरा नहीं सुना।

सात दिन चली चयन प्रक्रिया पूरी हो जाने के बाद हम चयनित 25 इंजीनियरों को लोनावाला ले जाया गया जहाँ रेलवे स्टेशन से कोई 22 कि.मी. दूर सघन वन के बीच बनी एक सुरम्य घाटी में नेवी का ट्रेनिंग सेंटर आई.एन.एस. शिवाजी था।

हम सब विभिन्न प्रान्तों से आये हुए गरीब घरों के बच्चे थे जिन्होंने कभी डाइनिंग टेबल पर बैठकर छुरी-काँटे से खाना नहीं खाया था, सुबह उठकर माँ-बाउजी को गुड मॉर्निंग नहीं बोला था, हवाई जहाज़ में सफ़र नहीं किया था और कमोड पर बैठकर हगा नहीं था। कन्सन्ट्रेशन कैम्प के कैदियों की तरह जाते ही हमें एक जगह ले जाया गया, जहाँ हर लड़के को दरी-कम्बल-चद्दर-तकिया और किट बैग के अलावा पाँच-पाँच तरीके की वर्दियाँ, तीन तरह के जूते, स्वेटर-कोट-टोपियाँ-मोज़े-बरसाती-गमबूट-समेत चालीस आइटम इशू किये गए। उसके बाद हमें एक बैरक में ले जाया गया जहाँ दो कतारों में पच्चीस पलँग पहले ही लाइन से लगे थे। हमने एक-एक पलँग पर अपना सामान पटका और पसन्द का पड़ोसी चुन लिया। अभी कमर सीधी भी नहीं की थी कि फिर चलने का हुकुम हुआ। जहाँ गए वहाँ ज़मीन पर लाइन से बैठा दिए गए। लाइन के सबसे अगले सिरे पर एक नाई आकर बैठ गया और उसने अपनी ज़ीरो मशीन से एक-एक का सर पकड़कर इस तरह घास कटाई शुरू की कि टोपी से बाहर एक बाल न दिखे। और आप यकीन नहीं करेंगे उसे प्रति व्यक्ति पाँच मिनिट का समय भी नहीं लगा।

उसके बाद हमें मेस में ले जाया गया। मेस में डिनर का मीनू था मूँग की छिलके वाली दाल, आटे की ब्रेड और खाने के बाद काली कॉफ़ी। अगले छह महीने सुबह-शाम हमारा यही मीनू रहना था और हमें न सिर्फ़ इसका अभ्यस्त हो जाना था बल्कि इसे पसन्द भी करने लगना था।

बैरक में लौटकर सबने अपने सामान को देखा-जाँचा-परखा, वर्दियों को पहन-पहनकर देखा और एक-दूसरे के इस नए अवतार को देखकर खुश हुए और खिलखिलाए। दो-चार लम्बे सरदार ही थे जिन्हें वर्दी की फ़िटिंग के लिए दर्ज़ी के पास जाना पड़ा। हमें जो टोपी पहननी थी वह सफ़ेद रंग की पीक कैप थी जिसका पीक काले रंग का था और जिसके शीर्ष पर ज़री से कढ़ा भारतीय नौसेना का प्रतीक चिन्ह था। हममें से लगभग सभी ने लोनावाला जाकर वर्दी-टोपी पहनकर फ़ोटो खिंचाई और घरवालों को भेजी। घरवाले इन तस्वीरों को देखकर

खुश हुए होंगे या दुखी, पता नहीं। शायद पहले खुश हुए हों बाद में दुखी। बच्चा फ़ौज को दे दिया तो फिर वह घर-परिवार का नहीं रहता, उसे साल में एक बार घर आने की छुट्टी मिलती है, उसमें भी वह बीच रास्ते से वापस बुलाया जा सकता है, वह जब चाहे नौकरी छोड़ नहीं सकता और युद्ध के समय हर पल उसकी मृत्यु की आशंका घरवालों को घेरे रहती है।

~

इन्दौर से आज़ाद का फ़ोन था।

''सिलेक्शन हो गया?''

''हाँ। दस साल का बॉन्ड है।''

''दस साल का!!''

वह नौकरी मिलने पर बधाई देना चाह रहा होगा। मेरी बेरोज़गारी से मुझसे ज़्यादा वह परेशान था। उसने मेरी इंग्लिश कोचिंग क्लासेज़ शुरू करवाने के लिए काफ़ी पैसा खर्च किया था, अपने घर का एक कमरा भी खाली कर दिया था, फ़र्नीचर की भी व्यवस्था कर दी थी, लेकिन 1966 में स्पोकेन इंग्लिश छह महीने में फ़र्राटेदार सिखाने के लिए चार रुपया महीना फ़ीस देनेवाले बीस छात्र भी मैं नहीं जुटा सका। वैश्वीकरण की हवा भारत में आने में अभी समय था। अभी वातावरण में जाति तोड़ो और अंग्रेज़ी हटाओ की प्रतिध्वनियाँ थीं। अभी घरों में प्रेमचंद-शरत्-रवीन्द्र पढ़े जा रहे थे, अभी मंचों पर नीरज-सुमन-वीरेंद्र मिश्र सुने जा रहे थे।

लेकिन दस साल सुनते ही आज़ाद की बोलती बन्द हो गयी। बधाई देना भूल गया। अब वह गुलाबसिंह को क्या बतायेगा? कैसे दस साल प्रतीक्षा करने को मना पाएगा?

मैंने भारतीय नौसेना से प्राप्त पहली तनख़्वाह, अपने जीवन के पहले वेतन की पूरी राशि अपने माँ-बाप को नहीं, आज़ाद की माँ के नाम मनीऑर्डर करा दी।

मैं आज़ाद का दोस्त था। उसकी पड़ोसन का प्रेमी। मैं लगभग हर रोज़ वहाँ होता था, लेकिन शायद ही कभी ऐसा हुआ होगा कि भोजन का समय हो और मैं आज़ाद के घर से बगैर खाना खाए लौट आया होऊँ। दो-चार बार तो ऐसा भी हुआ कि रसोई में पटरे बिछाकर बीच में थाली रखकर आज़ाद ने, आज़ाद के भाइयों ने और मैंने खाना खा लिया और अन्त में बाईजी, यानि आज़ाद की माँ सब्ज़ी की खाली कड़ाही में एक गिलास पानी डालकर उसे हिलाकर पी गयीं और उठ गयीं।

एक बार ऐसा हुआ कि मेरे घर से मनीऑर्डर नहीं आया था और दो रोज़ बाद ही परीक्षा की फ़ीस भरने की अन्तिम तारीख थी। मेरी समझ में नहीं आ रहा था कि क्या करूँ! अन्त में रात की गाड़ी से जावरा से बैठकर सुबह इन्दौर आ गया बगैर टिकट और आज़ाद को समस्या बतायी थी। लेकिन आज़ाद के सारे घरवाले एक शादी में भाग लेने उदयपुर गए हुए थे और बात दस-पाँच रुपयों की नहीं पूरे पैंतीस रुपयों की थी जो किसी दोस्त से उधार भी नहीं माँगे जा सकते थे। उस ज़माने में विद्यार्थी कलाई घड़ी भी नहीं बाँधा करते थे कि उसी को बेचकर पैसे पा लिए जाएँ। कलाई घड़ी तो तभी कलाई पर आती थी जब आदमी नौकरी करने लगता था।

तब आज़ाद ने बाईजी के सन्दूक का ताला तोड़कर मुझे पैंतीस रुपये दिए थे ताकि परीक्षा की फ़ीस भर सकूँ और मेरा साल न खराब हो!

वो पैंतीस रुपये मैंने आज तक आज़ाद को नहीं लौटाए हैं। सोचता हूँ कि आज उसे पैंतीस हज़ार या पैंतीस लाख रुपये भी लौटा दूँ तो क्या बाईजी के सन्दूक का ताला तोड़कर दिए गए उन पैंतीस रुपयों का कर्ज़ उतर पायेगा?

~

ऐसा ही एक बार और हुआ था।

हॉस्टल का मेस बन्द हो चुका था।

कस्बे के होटलों में इतनी उधारी चढ़ चुकी थी कि उन्होंने पोलिटेक्निक के छात्रों को अपने यहाँ खाना खिलाना बन्द कर दिया था।

उन दिनों मैं एक पुस्तक पढ़ रहा था, *भगतसिंह और उनके मृत्युंजय पुरखे* जिसमें जेल में की गयी उनकी तीस दिन लम्बी हड़ताल का लोमहर्षक वर्णन था। घर से मनीऑर्डर आने वाला था, अब तक आ जाना चाहिए था, पर आया नहीं था।

तो मैंने सोचा कि भगतसिंह कर सकते हैं तो मैं क्यों नहीं कर सकता?

तो शुरू हो गयी मेरी भूख हड़ताल!

दूसरे-तीसरे दिन भूख खूब लगी। खाने के ख़याल और सपने आते रहे। उसके बाद भूख लगनी बन्द हो गयी।

शायद वह आठवाँ या नौवाँ दिन था। मैं अपने कमरे में अधमरा पड़ा था। मेरे दोस्त कैलाश निगम को पता चला तो वह आया और मुझे ज़बरदस्ती साइकिल पर बैठाकर अपने घर ले गया। उसका घर जावरा में ही था। उसने खाना खिलाया।

बहुत प्रेम से। ताकीद करते हुए की आइन्दा खुद को कभी अकेला न समझूँ और उसके होते भूखा न रहूँ। उसकी ममतामयी माँ ने भी यही कहा। सर पर हाथ फेरा।

और हॉस्टल लौटकर मैंने उल्टी कर दी।

~

आई.एन.एस. शिवाजी एक बेहद सुरम्य स्थान था। बैरकों के पीछे खेल का मैदान, आगे मेस, परेड ग्राउंड और ट्रेनिंग सेंटर जहाँ हमारी मरीन इंजीनियरिंग की कक्षाएँ होती थीं...फिर कई सारे वर्कशॉप और चारों तरफ़ घना जंगल और गहरी घाटियाँ। दिन में ऊँचे फ़्लेग मास्ट पर लगा भारतीय नौसेना का झंडा हममें एक अभय भाव संचारित करता था लेकिन रातें अँधेरी, भुतहा और डरावनी होती थीं। नाइट पेट्रोल की सीटियों के बावजूद इधर-उधर के सूने इलाकों में जाने की कोई हिम्मत नहीं करता था। इसका एक कारण इलाके में घूमते जंगली जानवर भी थे—खासकर तेंदुए जिनमें से दो को हमारा क्वार्टर मास्टर मार चुका था...

ट्रेनिंग सेंटर में एक बार भी था जो हम लोगों के ही लिए था लेकिन जहाँ सेलर्स का प्रवेश वर्जित था। सेलर्स भी कई तो हमसे बहुत छोटे लेकिन कई तो हमारी उम्र के ही थे। वे अँधेरा होने तक बार से सटे खेल के मैदान में फुटबॉल खेलते रहते, इस उम्मीद में कि हममें से कोई कभी अपना गिलास लेकर बाहर आ जाएगा और उसकी दारू चुपके से उनके मग्घे में डाल देगा। कभी-कभी हम ऐसा कर भी देते थे। मेस भी हमारा अलग था और हमारे ही लिए था। मेस में हमें खाना खिलाने के लिए सेलर्स की ड्यूटी लगती थी जो बड़ी मज़ेदार अंग्रेज़ी बोलते थे। एक बार एक सेलर दही जैसा कुछ परोस रहा था। मैंने पूछा यह क्या है तो वह बगैर संकोच बोला, ''यसटरडेज़ मिल्क टुडे सर।''

भारतीय नौसेना के सभी जहाज़ों और प्रशिक्षण केन्द्रों में खाने का मीनू एक समान था। बुधवार को लंच में मटन बिरयानी बनती थी और इतनी लाजवाब बनती थी कि खाते रह जाओ। आई.एन.एस. शिवाजी की मटन बिरयानी पूरी नेवी में मशहूर थी। शुक्रवार को डिनर में मछली बनती थी। शनिवार को डिनर में परांठे और रविवार को लंच में चिकन। बाकी दिन ब्रेड और मूँग की छिलके वाली दाल। परांठे एक बड़ी थाली के आकार के होते थे जिन पर ड्रम के डंके के आकार की एक कूँची से घी लगाकर सेंका जाता था। ऐसे परांठों की थप्पी को एक ब्रेड काटनेवाली आरी से चार भागों में काट दिया जाता था। हममें से कोई शूरवीर ऐसा नहीं था जो चार टुकड़े या पूरा एक परांठा खा पाता। ब्रेड

बनाने के लिए बेकरी शिवाजी में ही थी। यह ब्रेड मैदा की नहीं आटे की होती थीं। ताज़ा होती थीं, साफ़-सुथरी होती थीं और आसानी से हज़म हो जाती थीं।

शिवाजी में एक 'सिक बे' यानी डिस्पेंसरी भी थी और एक सिनेमा हॉल भी था। सिनेमा हॉल में ज़्यादातर अंग्रेज़ी पिक्चरें आती थीं। सिनेमा देखने के लिए चूँकि ऑफ़िसर्स के परिवार भी आते थे, इसलिए हमें सेलर्स के साथ नीचे बैठना पड़ता था और ऑफ़िसर्स ऊपर बालकनी में बैठते थे जहाँ हमारा प्रवेश वर्जित था। दरअसल हम अफ़सरों और जवानों के बीच में थे। न अफ़सर, न जवान। हम थे जेसीओ। लेकिन दुनिया की हर लड़ाई का इतिहास गवाह है कि युद्ध का सबसे अधिक अनुभव और असली नेतृत्व जेसीओ ही करते हैं और वे ही सबसे ज़्यादा कुर्बानी देते हैं।

नीचे बैठने में बुरा तो लगता था पर फिर हम इसके अभ्यस्त हो गए। इस थिएटर में मैंने अंग्रेज़ी की अनेक क्लासिकल फ़िल्में देखीं और मर्लिन मुनरो, सोफ़िया लॉरेन, औड्रे हेपबर्न, जीना लोला ब्रिगेटा, सांड्रा डी, रेक्स हेरिसन, चार्ल्सटन हेस्टन, ओमर शरीफ़, एलिज़ाबेथ टेलर, मर्लिन ब्रांडो, शर्ली मक्लीन आदि अभिनेता-अभिनेत्रियों से परिचित हुआ।

शिवाजी में एक जेल भी थी जहाँ अपराधियों को रखा जाता था और बेशक उन्हें पकड़ने के लिए पुलिस भी थी।

हफ़्ते में दो बार सेरेमोनिअल परेड होती थी जिसमें हमें यूनिफ़ॉर्म नम्बर 10 यानी ट्यूनिक वगैरह पहननी पड़ती थी। परेड की शुरुआत कप्तान के इन्स्पेक्शन के साथ होती थी जो स्लो मार्च की धुन पर होता था और इस दौरान हमें पच्चीस मिनट के करीब सावधान की मुद्रा में खड़ा रहना पड़ता था। शुरू-शुरू में दो-चार बन्दे गश खाकर गिर भी पड़े, लेकिन फिर आदत पड़ गयी। मैं तो इस दौरान सामने दिखाई देते अत्यन्त सुहाने प्राकृतिक दृश्य देखता रहता था और मन-ही-मन हिन्दी की प्रेम कविताएँ गुनगुनाता रहता था।

शिवाजी में एक बैंड भी था। बैंडमास्टर हमारे ही मेस में खाना खाते थे। उनसे एक बार मैंने पूछा कि आप हिन्दी के गाने यानी प्रयाण गीत यानी मार्चिंग सॉन्ग क्यों नहीं बजाते? इस पर उन्होंने मुझे सात-आठ ग़ैर फ़िल्मी गाने गिना दिए जो वे बजाते थे, सिर्फ़ धुन सुनकर मैं पहचान नहीं पाता था। उनके बताने पर एक तो पहचानने लगा—'कदम-कदम बढ़ाए जा'—जो आज़ाद हिन्द फ़ौज का मार्चिंग सॉन्ग था। संगीत में मेरी रुचि देखकर 'मास्टर' ने मुझे प्रेक्टिस में आने को तो नहीं कहा, शायद वह कह भी नहीं सकते थे—लेकिन जब भी प्रैक्टिस चल रही होती और मैं उधर से गुज़रता वह मुझे देखकर सर उठाकर नज़रें मिलाते थे

और मुस्कराते थे। बैंडवाला भी कहीं-न-कहीं एक कलाकार होता है और शैदाई की कद्र करना जानता है। मैं मास्टर से पूछना चाहता था कि धुनों के नोटेशंस कौन लिखता है। बजानेवाला पढ़-पढ़कर बजाता है या बजाते-बजाते उसे याद हो जाता है। और कि जब नोटेशंस सामने हैं तो फिर मास्टर, बेटन क्यों हिलाता है? इसका क्या मतलब है? और वैसे भी बजानेवाले उसकी तरफ़ देखते ही कहाँ हैं? लेकिन मास्टर से दोस्ती हो पाती इससे पहले ही एक दिन शाम की चाय के समय छोटी-मोटी बिदाई पार्टी जैसी हो गयी। मास्टर भारतीय नौसेना से सेवानिवृत्त होकर चले गए।

कोई साल भर बाद वह मुझे बम्बई के गेलॉर्ड होटल में घुसते दिखाई दिए। चेहरा काला पड़ गया था, आँखों के नीचे थैलियाँ झूल रही थीं और सुबह के नौ बजे भी उनके मुँह से शराब की गन्ध आ रही थी। पता चला कि उन्हें गेलॉर्ड के बैंड में क्लेरेनेट बजाने का काम मिल गया है। मैंने उनके बूढ़े लेकिन दमदार फेफड़ों को सलाम किया। कला रसिकों के लिए यह विनोद या मनोरंजन सही, कलाकार के लिए तो हाड़तोड़ मेहनत और जानलेवा मशक्कत ही है।

नेवी में भर्ती के लिए आते समय मैं घरवालों को कुछ बताकर नहीं आया था इसलिए जैसे ही मेरी चिट्ठी और नेवी की वर्दी वाली तस्वीर मिली, मेरी माँ तो फूट-फूटकर रोने लगीं। दरवाज़े पर पड़ोसनें इकट्ठा होकर ताक-झाँक करने लगीं...''क्या हुआ...कोई गुज़र गया क्या?'' जिसके घर में दो लड़के और उनसे छोटी छह लड़कियाँ हों और जहाँ की आर्थिक स्थिति ऐसी हो कि पाँच का नोट इधर-उधर हो जाने पर तीन दिन क्लेश मचा रहता हो, वहाँ बड़े बेटे का बगैर किसी को कुछ बताये फ़ौज में चले जाना किसी सदमे से कम नहीं। होती होगी बहुत अच्छी नेवी की नौकरी लेकिन मेरे परिवार को पड़ता नहीं खाता था। घर के बड़े बेटे की निरन्तर दस साल तक अनुपस्थिति मेरा परिवार बर्दाश्त नहीं कर सकता था। इस किस्म की कुर्बानी उनके बस की नहीं थी। पिताजी रेलवे में क्लर्क थे। खादी का कुरता-पाजामा पहनते थे और रोज़ साइकिल चलाकर आठ किलोमीटर दूर ऑफ़िस जाते थे। उन्हें और कुछ नहीं सूझा तो उन्होंने आई.एन.एस., शिवाजी के पते पर अपने मरने का तार भेज दिया। 'जगत नारायण भटनागर एक्सपायर्ड...एक बार लड़का आ जाए...फिर देखेंगे। वापस ही नहीं भेजेंगे। करने दो क्या करते हैं वो लोग!

मुझे खबर मिली कि घर से ऐसा-ऐसा तार आया है तो सबसे पहले तो मुझे गुस्सा आया। नेवी ज्वाइन करने का निर्णय मेरा था। कोई मुझे ज़बरदस्ती पकड़कर नहीं लाया था। फिर मेरे निर्णय का सम्मान करने की बजाय झूठे टेलीग्राम भेजकर

यहाँ सबके सामने मेरी हँसी उड़वाने का क्या मतलब है? फिर कुछ गुस्सा ठंडा हुआ तो ख़याल आया—'कहीं ये टेलीग्राम सच्चा हुआ तो?' और मेरे दिमाग़ में तरह-तरह के भयानक दृश्य घूमने लगे। पिताजी की लाश पड़ी है। टिकटी बाँधी जा रही है। पाँच-छह औरतें मिलकर मेरी रोती हुई माँ की चूड़ियाँ पत्थर से तोड़ रही हैं। छोटी बहनों को पड़ोसी अपने घर ले गए हैं और कुछ खिलाने-पिलाने की कोशिश कर रहे हैं। लेकिन वे गुमसुम हैं और मुँह ही नहीं खोल रही हैं। मेरे छोटे भाई के बाल उतार लिए गए हैं और एक धोती पहनाकर उसके हाथ में एक धुआँती मटकी का छींका पकड़ा दिया गया है। ताऊजी एक आदमी के साथ पिताजी की साइकिल अपने घर भिजवा रहे हैं...वगैरह...नतीजा यह हुआ कि आधा घंटा कमांडर के ऑफ़िस के बाहर प्रतीक्षा करवाने के बाद अन्ततः जब मुझे उनके सामने पेश किया गया...तो भीतर जाते ही मैं फूट-फूटकर रो पड़ा।

बूढ़े कमांडर पर इसका कोई असर नहीं पड़ा। उन्होंने सर उठाकर मुझे देखा तक नहीं। चुपचाप चाँदी की नन्ही-सी करछुल से अपना चुरूट खुरच कर साफ़ करते रहे। फिर उन्होंने घंटी बजाकर अपने स्टेनो को बुलाया और बोले कि अजमेर एसपी को टेलीग्राम दो...कन्फ़र्म द डेथ ऑफ़ जगत नारायण भटनागर। ज़ाहिर-सी बात है कि चौबीस घंटे में बात साफ़ हो गयी। ये लोग शायद बीसियों बार ऐसी हरकतें देख चुके होंगे।

सम्भव था कि झूठा तार मँगाने के जुर्म में मुझे सज़ा मिलती—ताकि दूसरों को भी सबक मिले—लेकिन नेवी में इंजीनियरों का यह पहला बैच था—इसलिए मुझे माफ़ कर दिया गया।

प्रशिक्षण के दौरान हमें जहाज़ के संचालन और रख-रखाव के बारे में पढ़ाया जाता था। सारे जहाज़ एक जैसे नहीं होते। और उस समय तक तो भारतीय नौसेना में भाप से चलने वाले जहाज़ भी थे। जहाज़ के निचले हिस्से में उसका इंजन रूम होता है और उसमें होते हैं बॉयलर, टरबाइन, पम्प, प्रोपेलर वगैरह। एक पूरा बड़ा हॉल...बीसियों किस्म के संयंत्रों से ठसाठस भरा हुआ और असंख्य पाइप लाइनों के संजाल में उलझा हुआ। स्टीम शिप्स का इंजन रूम इतना गर्म हो जाता है कि पाँच मिनट भीतर रहकर बाहर निकलो और बॉयलर सूट उतारकर निचोड़ो तो आधी बाल्टी भर जाए। बगैर हाथ में जूट रखे तो किसी नसेनी को हाथ नहीं लगा सकते।

लेकिन मुझे सबसे ज़्यादा मज़ा आता था एन.बी.सी.डी (न्यूक्लीयर, बायोलोजिकल केमिकल डिस्ट्रक्शन एण्ड डेमेज कंट्रोल) में। इसमें हमें समुद्री युद्ध की फ़िल्में दिखाई जाती थीं। फ़िल्मों में समुद्र एक भयानक दैत्य जैसा लगता

था और जहाज़ उसमें थपेड़े खाती-तैरती एक माचिस की डिबिया। सोचने से डर लगता था कि उनमें पच्चीस-पचास नौसैनिक भी होंगे जिन्हें कई-कई रोज़ इन्हीं पछाड़ें खाती विकराल लहरों के बीच फँसे जहाज़ पर रहना है और जिन्हें महीने-महीने भर ज़मीन के दर्शन नहीं होने हैं। जहाज़ की हस्ती समुद्र के आगे उतनी भी नहीं जितनी कमरे में मक्खी की। कोस्ट लाइनर लग्ज़री शिप्स फिर भी मनुष्यों के तैरते रहवास जैसे लगते हैं लेकिन लड़ाकू जहाज़! उनकी बात बिलकुल अलग होती है।

व्यावहारिक प्रशिक्षण के लिए शिवाजी में लोहे का एक ओवरहैड टैंक था जिसके नीचे एक के ऊपर एक लोहे के तीन बन्द कमरे थे। हमारे बैच को एक दिन तीन हिस्सों में बाँट दिया गया और एक-एक हिस्से को एक-एक कमरे में बन्द कर दिया गया। इसके बाद एक वॉल्व खोल दिया गया। वॉल्व खोलते ही हमारे अँधेरे बन्द कमरों की दीवारों में जगह-जगह, ऊपर-नीचे छोटे-बड़े छेद, दरारें और सेंध बन गयीं जिनसे पानी की छोटी-बड़ी धाराएँ पूरी ताकत से भीतर आने लगीं। कमरों में पानी भरने और चढ़ने लगा। हममें से आधे तो चकित थे और शेष आधे विमूढ़। किसी को समझ में नहीं आ रहा था कि जो हुआ वह क्या है और अब क्या किया जाए। कोई बताने वाला भी नहीं था। कमरों में बीसियों लकड़ी के टुकड़े-कुन्दे और हथौड़ी-हथौड़े-घन और छेनियाँ पड़ी थीं। आखिर किसी को सूझा कि जहाज़ में तारपीडो लग गया है। भीतर पानी आ रहा है, यदि जल्द-से-जल्द इन छेदों को बन्द नहीं किया गया तो जहाज़ डूब जाएगा। जहाज़ का सिद्धान्त है कि अगर एक तरफ़ गोला लग गया है और पानी भर रहा है तो उस कम्पार्टमेंट को वाटर टाइट दरवाज़े से बन्द कर दो और पानी भरने दो—ठीक दूसरी तरफ़ का भी एक कम्पार्टमेंट बन्द कर दो और उसमें पानी भर दो। इससे जहाज़ का सन्तुलन बना रहेगा और सारे जहाज़ में पानी भी नहीं भरेगा।

पता नहीं क्या बात थी कि हमें दिया गया समय समाप्त हो गया और हमसे एक भी छेद बन्द नहीं किया गया। इस परीक्षा में हम सब फ़ेल हो गए। बाद में पता चला कि कोई कुन्दा ऐसा था ही नहीं जो किसी छेद में फिट आये और ठोके जाने पर उसे बन्द कर दे। प्रशिक्षण इस बात का दिया जा रहा था कि अगर कभी ऐसी नौबत आई तो हम अपना आपा न खोएँ, बदहवास न हों, दिमाग ठंडा रखें।

बाद में व्यावहारिक प्रशिक्षण के लिए हमें वास्तविक जहाज़ों पर भी ले जाया गया। भारतीय नौसेना के जहाज़ों के नाम बड़े मज़ेदार हैं—गंगा, गोमती, गोदावरी...तीर, त्रिशूल, तलवार...खुकरी, किरपान, कटार...ब्यास, बेतवा, ब्रह्मपुत्र वगैरह। और सबका राजा...नेवी की शान भारत का गुमान...एयर क्राफ़्ट करियर

आई.एन.एस. विक्रांत। वह तो एक चलता-फिरता शहर है जिस पर जाकर आप खो जाओ। और जिस पर से बाहर आने का मन ही न करे।

खंडाला की बरसात इस कदर दर्शनीय होती है कि बारिश के मौसम में झुंड-के-झुंड बम्बई-पूना निवासी पिकनिक मनाने के लिए खंडाला आते हैं।

शिवाजी में अटूट वर्षा थी। हफ़्तों सूरज नज़र नहीं आता था। बरसाती, टोपी और गमबूट पहने बिना हम बैरक से मेस तक भी नहीं जा सकते थे जो कि सिर्फ़ पचास मीटर दूर था। बादल, धुँध और कोहरे की वजह से दस फुट दूर की चीज़ भी नज़र नहीं आती थी। दरवाज़ा या खिड़की खुली छोड़ दो तो बादल के टुकड़े कमरे के भीतर आ जाते थे। हमारा बिस्तर और तकिया बुरी तरह सील गए थे। कभी मैं सोचा करता था कि बरसात में रज़ाई ओढ़कर बिस्तर में पड़े-पड़े जासूसी उपन्यास पढ़ने में कैसा मज़ा आता होगा। इस रोमेंटिक ख़याल की यहाँ छुट्टी हो गयी। कागज़ सीलकर घास हो गए। किताब पढ़ी तो जा सकती थी लेकिन उसका पन्ना एक हाथ से पलटा नहीं जा सकता था। इस अहर्निश अलसाने और पुराने फ़िल्मी गाने सुनने के माहौल में भी हमें रोज़ सुबह पाँच बजे उठना पड़ता था, दाढ़ी बनानी पड़ती थी, नहाने के लिए लाइन में लगना पड़ता था और तेज़ बारिश न हो रही हो तो पीटी के लिए भी जाना पड़ता था। सेरेमोनिअल परेड बन्द हो चुकी थी क्योंकि परेड ग्राउंड पर पानी भरा था, लेकिन सुबह से शाम तक मरीन इंजीनियरिंग की उबाऊ और एकरस कक्षाएँ तो थीं ही।

इस मौसम में अगर कहीं रौनक होती थी तो वह होती थी बार में। इन दिनों हर शाम बार खचाखच भरा रहता था। पूरे हॉल में शराब की गन्ध और सिगरेट का धुआँ भरा रहता था। एक-एक टेबल पर आठ-आठ लोग जमे रहते थे। कहीं शे'रो-शायरी चल रही है तो कहीं लतीफ़े, कहीं और-और जहाज़ों के पुराने किस्से तो कहीं पुराने फ़िल्मी गाने। इतनी रौनक तो रविवार की सुबह भी नहीं होती थी जब बार में तम्बोला होता था। मैं हैरान रह गया जब बार में मैंने कुछ बन्दों के मुँह से ग़ालिब और मीर का ही नहीं जौक, मोमिन और ज़फ़र का भी कलाम सुना। मैं सोचता कि कहाँ-कहाँ से, कैसे-कैसे लोग, क्या-क्या छोड़कर फ़ौज में आये हैं। क्या आजीविका सचमुच इतनी बड़ी चीज़ होती है?

~

आखिर तीन महीने की बेहद लम्बी प्रतीक्षा के बाद आज़ाद का पत्र आया। आज़ाद का पत्र? गुलाबसिंह का नहीं? लेकिन कोई बात नहीं। आज़ाद के पत्र में भी

गुलाबसिंह के समाचार तो होंगे ही। और क्या पता...कागज़ों की तहों के बीच एक मुड़ा-तुड़ा कागज़ ऐसा भी निकल आये जो दरअसल गुलाबसिंह का पत्र हो!

यह एक बेहद मोटा लिफ़ाफ़ा था जिस पर टिकट ही टिकट लगे थे। खोला तो अखबार के आकार के पाँच पन्ने! आज़ाद की लिखाई से ठसाठस भरे हुए। आज़ाद की गोल-गोल और लहरदार लिखाई, जिसमें वह सारी दुनिया की प्रिय कवितायें अपने मोटे रजिस्टर में टीपता रहता है। आज़ाद का 'अ' जैसे किसी स्प्रिंग को खोलकर खींच लिया गया हो।

पत्र को पढ़ने के लिए मैंने अपने पलँग पर फैलाया तो एक-एक कर बैरक के सारे लोग इकट्ठा हो गए। वे भी जो दक्षिण भारत से थे और जिन्हें हिन्दी नहीं आती थी। आश्चर्य और कौतुक के साथ हँसी-मज़ाक और कयास आराइयाँ होने लगीं...इतना बड़ा साइज़ का कागज़ लाया कहाँ से? लिखा कैसे होगा? शुरू किया तो वो बाजू तक पहुँचते-पहुँचते स्याही खल्लास! अरे बाबा! पीछे भी है। क्या लिखा होगा भाई? किसी नेता की स्पीच है क्या? अरे बाबा हम अच्छा...तुम अच्छा लैटर में और क्या लिखेगा?

सबको फुटाकर मैंने पत्र पढ़ना शुरू किया और पत्र पढ़कर उदास हो गया।

पूरे पत्र में ज़्यादातर बातें मेरी प्रेमिका के बारे में थीं जिसे हम अपनी कूटभाषा में गुलाबसिंह कहते थे। लेकिन मैं जान रहा था और समझ रहा था कि ये सारी बातें कल्पना से गढ़ी गयी हैं, झूठी हैं और सिर्फ़ मेरी तसल्ली के लिए लिखी गयी हैं। गुलाबसिंह ने एक बार भी आज़ाद से नहीं पूछा होगा कि मैं कैसा हूँ, कहाँ हूँ, किस हाल में हूँ...उसे याद करता हूँ या नहीं। बल्कि हो सकता है कि इस बीच आज़ाद की गुलाबसिंह से एक बार भी बातचीत न हुई हो। पत्र के अन्तिम अंश में इसके कुछ संकेत भी थे। लिखा था कि ब्याह की बातचीत शुरू हो गयी है...दस साल तक प्रतीक्षा कर पाना बहुत मुश्किल है। मुझे शीघ्र कोई निर्णय ले लेना चाहिए। गुलाबसिंह या नेवी की नौकरी। वगैरह वगैरह।

आज़ाद का पत्र आने के बाद मुझे चुप्पी-सी लग गयी जो मेरे साथियों को हैरान करने लगी। मेरा हँसना, बोलना-गाना-चहकना सब ख़त्म हो गया। मेरी शाम की रम एक पेग से दो पेग हो गयी और चौबीस घंटे में चारमीनार के एक की बजाय दो पैकेट खर्च होने लगे। कभी-कभी यह भी कम पड़ने लगा। पता नहीं कैसे मेरे पैसे कम पड़ने लगे और मैं सिगरेट-शराब के लिए इससे-उससे उधार माँगने लगा। मैंने पिक्चर देखना छोड़ दिया, शाम को अकेले-अकेले दूर-दूर घूमने निकल जाने लगा और बात-बात पर साथियों से झगड़ा करने लगा।

मुझे लगा कि यह फ़ौज नहीं कुछ और है। यहाँ कोई देशसेवा की भावना

से नहीं आया है। आधे घर-परिवार की मजबूरी की वजह से आये हैं और बाकी आधे कम या अधूरी जानकारी के चलते आकर फँस गए हैं। और अपने बॉन्ड की अवधि समाप्त होने की प्रतीक्षा कर रहे हैं...या किसी भी तरह भागने की सोच रहे हैं। इस बीच ऐसी एक घटना हो भी चुकी थी। दो सेलर्स ने रात के समय बाउँड्री फलाँग कर भागने की कोशिश की थी...लेकिन वे पकड़े गए थे।

मैंने भी तय कर लिया कि अब मुझे नेवी में नहीं रहना।

~

एक दिन अपनी बैरक में हमने प्लैन चैट जमाया। एक बड़े से कागज़ पर अंग्रेज़ी की पूरी बाराखड़ी को एक विशेष ढंग से लिखकर प्लैन चैट का नक्शा बनाया गया। बैरक के बीचोबीच एक बड़ा-सा सन्दूक रखा गया और उस पर प्लैन चैट का बोर्ड रखा गया। बाजू में अगरबत्ती और कुछ ताज़ा फूल और फिर हम चार जन नहा-धोकर उसके चारों तरफ़ बैठ गए। बीच में एक रुपये का सिक्का रख लिया गया और चारों ने उस पर तर्जनी की नोक टिका दी। मैंने आँखें मूँदकर पहले अदृश्य भली आत्माओं को याद किया और पाया कि पूरे बैरक में एकदम सन्नाटा हो गया है, सब लोग साँस रोके कुछ ऐसा होने की प्रतीक्षा कर रहे हैं जैसा उन्होंने अपनी ज़िन्दगी में पहले कभी नहीं देखा। उनके रोमांच ने खुद मुझे रोमांचित कर दिया। फिर मैंने बोलना शुरू किया—ओ होली स्पिरिट...प्लीज़ कम टु अस...ओ होली स्पिरिट...प्लीज़ कम टु अस...क्या आत्मा सचमुच आएगी? नहीं आई तो क्या सब मेरा मज़ाक नहीं उड़ायेंगे? नहीं...मैं कह दूँगा बैरक में दो लोग आज नहाए नहीं थे इसलिए आत्मा नहीं आई। अब सोचते रहो कौन नहीं नहाया...और यदि आत्मा आ गई और फिर उसने जाने से इनकार कर दिया तो? होली स्पिरिट की जगह ईविल स्पिरिट आ गयी तो? किसी का गला पकड़ लिया तो? भोत डेंजर है बाबा! आई थिंक सच थिंग्स शुड नॉट बी अलाउड!

...कुछ ही देर में सिक्का चलने लगा। उसने बारहखड़ी के एक से दूसरे शब्द पर पहले धीरे-धीरे और फिर तेज़ी से फिसलना शुरू कर दिया। पहले हमने कुछ सरल प्रश्न पूछे जिनका उत्तर एक शब्द या एक अंक में हो सकता था मसलन, हमारे बैच में कितने इंजीनियर हैं? धीरे-धीरे लोगों का डर दब गया, उत्सुकता उछाल मारने लगी और उन्होंने प्रश्न पूछना शुरू कर दिया। कुछ लोग गाँव में अपनी फ़सल के बारे में पूछ रहे थे, कुछ ज़मीन के मुक़दमे के बारे में। कोई कहता कि पूछो मेरी छोटी बहन की शादी कब होगी? कोई कहता कि

पूछो मेरी दादी की तबीयत अब कैसी है? कुछ लोगों ने आत्मा की परीक्षा लेने के लिए अपने अतीत सम्बन्धी प्रश्न भी पूछे। पूछो मेरी हायर सैकेंडरी में क्या परसेंटेज थी? उसी समय सत्यापित हो गया कि जवाब सही था। उत्तर प्रदेश के अंसारी ने बेहद संकोच के साथ दोस्तों के उकसाने पर आखिर पूछा—पूछिए हमारे लड़का होगा या लड़की? उसकी पत्नी पेट से थी जब वह आया। जवाब मिला—लड़की! अंसारी रोने लगा। पास खड़े मित्र ने पूछा—"रो क्यों रहा है?" अंसारी बोला—"चौथी है!" मुझे लगा काश! मैं सिक्के को थोड़ा प्रयत्नपूर्वक चलाकर 'गर्ल' की बजाय 'बॉय' पर ला पाता! अचानक नज़रें उठाकर देखा तो पाया कि हमारी छोटी-सी बैरक में कोई सौ लोग जमा हो चुके हैं। चारों तरफ़ से घेरकर खड़े हैं...ज़मीन पर...सन्दूकों पर...पलँगों पर चढ़े प्लैन चैट पर झाँक रहे हैं और अविश्वास से मेरी तरफ़ ताक रहे हैं।

अब लोगों के प्रश्न लगभग ख़त्म हो गए थे। अचानक किसी ने पूछा कि हमारी ट्रेनिंग कितने महीने की होगी? आरम्भ में हमारी प्रशिक्षण की अवधि छह महीने रखी गयी थी। सोचा था इंजीनियर हैं, अभियांत्रिकी का बुनियादी ज्ञान तो होगा ही, जहाज़ पर काम करना छह महीने में सीख जायेंगे। लेकिन फिर जब हमारी अकल का नमूना देखा तो...इस समय खबर आ रही थी कि प्रशिक्षण की अवधि छह महीने से बढ़ाकर एक साल कर दी गयी है।

लेकिन प्लैन चैट का जवाब आया...नौ महीने!!

[और बाद में यही सच साबित हुआ]

जब प्लैन चैट हो चुका तो लोग मेरे साथ बैठे लोगों की उँगलियाँ छू-छूकर देख रहे थे और पूछ रहे थे तुम्हें कुछ हुआ क्या? ऐसा लगा क्या कि कोई तुम्हारे शरीर के भीतर घुस गया है? या हाथ पकड़कर तुम्हारी उँगली चला रहा है?

और उस दिन के बाद लोगों ने मुझसे कतराकर निकलना चालू कर दिया।

उन दिनों मुझे एक शे'र बहुत याद आया—

मैं तो ग़ज़ल सुना के अकेला खड़ा रहा!
सब लोग अपने चाहने वालों के साथ थे!!

~

आखिर एक दिन मुझे और बापट को भारतीय नौसेना से निकाल दिया गया। यह मत पूछिए कि हमने ऐसा क्या किया जो वे इस निष्कर्ष पर पहुँच गए कि हम भारतीय नौसेना के किसी काम के नहीं हैं और हमें बाहर का रास्ता दिखा देना चाहिए।

नेवी में सज़ा देने की प्रक्रिया और उसका कर्मकांड बहुत दर्दनाक होता है। सारे शिप को फ़ालिन कर लिया जाता है। सामने कमांडर और उसके सहयोगी खड़े होते हैं। दो नेवल पुलिस, आरोपी को बीच में लिए परेड करते हुए कमांडर के सामने लाते हैं। हुकुम होता है—''टोपीऽऽऽ उतार!!'' तो आरोपी खुद अपनी टोपी नहीं उतारता, नेवी पुलिस उसके सर से टोपी उतारती है और कन्धे से फीता खींचकर निकालती है। यह सब इतना अपमानजनक होता है कि लगता है कि इसी समय ज़मीन फट जाए और हम ज़मीन में गड़ जाएँ!! कई रोने लगते हैं, कई भरभराकर गिर पड़ते हैं।

इसके बाद एक संक्षिप्त सुनवाई होती है और कमांडर आरोपी के लिए दंड के आदेश पर हस्ताक्षर कर देता है।

यह सब होने के बाद दंडित व्यक्ति सचमुच किसी से आँख नहीं मिला सकता।

लेकिन हमने चूँकि स्वेच्छा से और योजना बनाकर निष्कासन का दंड स्वीकार किया था, बल्कि आमंत्रित किया था...इसलिए हम तज्जन्य शर्म को कुछ ही घंटों में घोलकर पी गए।

हमने अपना सारा सामान जमा कराया और वही कपड़े-जूते पहन लिए जो पहनकर आये थे। जिस दिन हमारा डिस्चार्ज हुआ, उसी दिन शाम को वहाँ एक सांस्कृतिक कार्यक्रम होने वाला था जिसमें मेरा भी एक मिमिक्री आइटम था जो हँसा-हँसाकर लोटपोट कर देता था। मेरा नाम कट चुका था। अब शाम को वह नाम नहीं पुकारा जाएगा।

हम नेवी के ट्रक में चढ़ चुके थे। ट्रक चल पड़ा था। कोई हमें छोड़ने, हाथ मिलाने या हाथ हिलाने नहीं आया था। अपराधियों के साथ मित्रवत व्यवहार करना सुरक्षित नहीं था...आई.एन.एस. शिवाजी छूट रहा था। हम बम्बई की ट्रेन में चढ़ जायेंगे और खंडाला भी छूट जायेगा। अब शायद पिताजी खुश हो जायेंगे जो मुझे वापस लाने के लिए झूठ-मूठ मर गए थे।

नेवी के साथियों से फिर कभी मुलाकात नहीं हुई। सिवा हमारे चीफ़ किरपालसिंह के जो चार साल बाद अचानक मद्रास के एक फ़ुटपाथ पर मिल गए। उनका जहाज़ मद्रास आया हुआ था और मैं भारतीय डाक-तार विभाग के लिए दूरसंचार अभियांत्रिकी का प्रशिक्षण लेने मद्रास आया हुआ था। इस समय मेरे हाथ में हिटलर की आत्मकथा *मीन कम्फ़* थी। मैं अपार गुस्से से धधक रहा था और सारी दुनिया में आग लगा देना चाहता था। किरपाल सिंह मेरे चीफ़ थे। चीफ़ का दर्जा कोच का या गुरु का होता है। उन्होंने ज़ाहिर नहीं होने दिया कि वह मेरी मनोदशा को कितनी अच्छी तरह समझ गए हैं और मेरी ये हालत

देखकर कितने व्यथित और चिंतित हैं। वह मुझे नज़दीक के रेस्तराँ में ले गए जहाँ हम कोई ढाई घंटे बैठे बातें करते रहे और इस बीच एक के बाद एक चार-चार कप कॉफ़ी पी गए।

मैं अपने चीफ़ किरपाल सिंह का कर्ज़ा मरते दम तक नहीं उतार पाऊँगा जिन्होंने उस दिन मेरे हाथ से हिटलर की किताब हमेशा के लिए छुड़वा दी।

नेवी छोड़कर इंदौर पहुँचा तो पता चला कि गुलाबसिंह की सगाई नासा में काम करनेवाले एक अनिवासी भारतीय युवक के साथ—उसकी पूरी रज़ामंदी से—हो चुकी है।

~

पन्द्रह दिन बाद आदि जयंती जहाज़ चला गया। हम लोग दफ़्तर जाकर पेमेंट ले आये। अब हमारे पास कोई काम नहीं था...सिंधिया स्टीम शिप्स और ग्रेट ईस्टर्न शिपिंग कम्पनी के जहाज़ आने वाले थे, पर इसमें अभी समय था। हम हमेशा की तरह घर से निकलते और इधर-उधर रबड़ते रहते। फ़िल्म सेंटर, फ़ेमस सिने लैब, ताड़देव एयरकंडीशन मार्केट जहाँ कई प्रोड्यूसरों और फ़िल्म कंपनियों के दफ़्तर हैं...कभी मोहन स्टूडियो...कभी महबूब स्टूडियो...कभी कमालिस्तान...कुछ स्टूडियो तो अँधेरी में ही थे। हम जहाँ भी जाते मदन के जान-पहचान वाले कुछ लोग मिल ही जाते। खूबसूरत और खुशमिज़ाज़ लोग। वे बड़े तपाक से मिलते और आत्मीयता जताते हुए बात करते। कुछ छोटे-मोटे फ़िल्म स्टार्स भी मदन को जानते थे। वे उसके कंधे पर हाथ रखकर हालचाल पूछते और कहते—''आओ कभी! बैठते हैं!'' इस तरह जान-पहचान वाले तो कई मिल जाते पर काम नहीं मिलता।

फिर एक दिन काम भी मिल गया। कमाल स्टूडियो में राजेंद्र सिंह बेदी की फ़िल्म 'दस्तक' की शूटिंग हो रही थी। दस रोज़ का शिड्यूल था। उन्हें असिस्टेंट डायरेक्टर की ज़रूरत थी। दस से पाँच की ही शिफ़्ट थी।

मदन मुझे भी अपने साथ घसीटकर शूटिंग में ले गया। किसी स्टूडियो में शूटिंग देखने का मेरे लिए यह पहला मौका था।

वहाँ जाकर मदन अपने काम में बुरी तरह व्यस्त हो गया और मैं इधर-उधर घूमने लगा। वहाँ जाकर पता चला कि डायरेक्टर के एक-दो नहीं पाँच-छह असिस्टेंट होते हैं। पाँचवें असिस्टेंट को स्पॉट बॉय या क्लेपर बॉय कहते हैं और खुद अपने आपको इज़्ज़त बख्शने के लिए वे स्वयं को असिस्टेंट डायरेक्टर कहते हैं। वैसे फ़िल्म की क्रेडिट में इनका नाम असिस्टेंट डायरेक्टर में ही आता

है। इनका मुख्य काम होता है क्लेप देना और सी शीट लिखना। फ़िल्म लगातार एक ही केमेरा रोल पर शूट की जाती है लेकिन हर शॉट तो ओके नहीं होता और हर शॉट के हर टेक को अलग-अलग पहचानने के लिए एक पटिये पर चॉक से उसका नंबर लिखकर शॉट के पहले शूट कर लिया जाता है। फिर कन्टीन्यूटी शीट में लिख दिया जाता है कि कौन-सा टेक ओके है। कन्टीन्यूटी शीट देखकर ही एडिटर ओके कन्टीन्यूटी टेक को रख लेता है और बाकी काटकर फेंक देता है।

फिर कन्टीन्यूटी के हिसाब से सेट पर चीज़ें लाने-ज़माने से लेकर हीरो-हीरोइन की छतरी पकड़ने या कार से सेंडल उठा लाने तक हर पीर-बावर्ची-भिश्ती-खर काम के लिए उपलब्ध रहता है 'असिस्टेंट फ़िल्म डायरेक्टर!!' जिसके लिए तब उसे मिलते थे सात रुपये रोज़ और एक वक्त का खाना।

'दस्तक' के सेट पर मैं गया था, इस उम्मीद में कि राजेंद्र सिंह बेदी से मुलाकात हो जायेगी। मैं न सिर्फ़ उनका घनघोर प्रशंसक था बल्कि उन्हें अपना गुरु भी मानता था। लेकिन दस रोज़ के शूटिंग शिड्यूल में एक बार भी उनके दर्शन नहीं हुए। शूटिंग रोज़ होती थी, लेकिन उसे अंजाम देती थी बिल लॉरी के नेतृत्व में स्वर्गीय बिमल रॉय के तकनीशियनों की बची-खुची टीम।

'दस्तक' के हीरो थे संजीव कुमार जिनकी तब तक एक ही फ़िल्म रिलीज़ और हिट हुई थी और वह भी एक स्टंट फ़िल्म थी। शॉट्स के बीच में वह बाहर आँगन में आकर अकेले बैठ जाते थे। आस-पास न कोई फ़ैन, न ऑटोग्राफ हंटर, न प्रेस, न कोई चमचा। कभी-कभी कुछ छोटे-मोटे प्रोड्यूसर ज़रूर उनसे मिलने आ जाते थे जिनके लिए वह बाहर के ठेले से चाय मँगवाते थे। चाय को बोलने मदन ही जाता था। उन दिनों संजीव कुमार का पारिश्रमिक था प्रति फ़िल्म दो लाख रुपये। उनकी फ़िल्म 'गौरी' अभी रिलीज़ नहीं हुई थी जिसमें वह नूतन और सुनील दत्त के साथ काम कर रहे थे। संजीव कुमार हर प्रोड्यूसर से यही कहते थे कि अभी साइन करना है तो कर लो, 'गौरी' के रिलीज़ होने के बाद तीन लाख लूँगा।

दोपहर को होटल से लंच आ जाता था। सब साथ ही खाते थे। हीरो भी, डायरेक्टर भी और टेक्नीशियन भी। शाम को शूटिंग ख़त्म होते ही लॉरी मदन से कहता था, "हरिभाई के लिए टेक्सी ले आओ।" और मदन टेक्सी ले आता था। उन दिनों भी संजीव कुमार के बाल पीछे से थोड़े-थोड़े उड़ने लगे थे और उनमें एक अजीब-सी आदत थी—वह हर शॉट से पहले थूक से अपने होंठ गीले करते थे जिससे उनके होंठ सेट की तेज़ रौशनी में चमकने लगते थे। बाद में उन्होंने यह आदत छोड़ दी।

जब मैंने मदन का काम सीख-समझ लिया तो मैंने उससे कहा—''यार! यह काम तो मैं भी कर सकता हूँ।'' और देखिये मज़ा कि 'दस्तक' के अगले शिड्यूल में मुझे भी असिस्टेंट डायरेक्टर का काम मिल गया। तब मुझे पता चला कि भाग-भागकर काम करनेवालों और किसी काम पर नाक-भौं न सिकोड़ने वालों की सबको कितनी ज़रूरत है।

वैसे हमारे लिए इस काम का सबसे आकर्षक पहलू यह था कि एक टाइम का खाना बड़ा अच्छा मिल जाता था। वैसे दस पैसे में चाय, दो आने में चारमीनार की डिब्बी, चार आने में ऊसल पाव, और छह आने में दो रोटी और दाल या पाये, डेढ़ रुपये में सिनेमा का टिकट और छह रुपये में अँधेरी से चर्चगेट का ट्रेन का मंथली पास जब आ जाता हो...तो सात रुपये रोज़ की तनख़्वाह भी कम नहीं होती।

'दस्तक' के दूसरे शिड्यूल में राजेंद्र सिंह बेदी से मुलाकात हुई। शूटिंग का पहला दिन था। वेश्याओं के मोहल्ले में किराये के मकान का सेट लगा था। लाइटिंग हो रही थी। राजेंद्र सिंह बेदी अपने बेटे नरेन्द्र के साथ आये। नरेन्द्र बेदी मोना सरदार थे, अमरीका में पढ़े थे, इम्पोर्टेड जींस पहनते थे और कुछ रोज़ पहले ही 'मेरे सनम' में काफ़ी नाम और नामा कमा चुके थे। बाप-बेटे सेट पर आये और धकाधक दोनों सिगरेट धूँकने लगे। अचानक नरेन्द्र ने पिता के कान में कुछ कहा। राजेंद्र सिंह बेदी ने ज़ोर से पुकारकर पूछा—''कोई पान खाता है यहाँ? है कोई पान खानेवाला? पान?'' इत्तिफाक से पूरी यूनिट में उस समय सिर्फ़ मदन ही था जिसने पान खा रखा था। बनारसी पत्ता, कच्ची सुपारी, बाबा ज़र्दा, किवाम। उसका फ़ार्मूला सुनते-सुनते मुझे भी याद हो गया था। मदन ने हाथ उठाया। नरेन्द्र और बेदीजी दोनों एक साथ बोले—''थूको!!'' मदन चौंक गया। उसे कुछ समझ में नहीं आया और वह जैसा था वैसा ही खड़ा रह गया। समझ में आया तो बाहर जाने लगा। बाप-बेटे दोनों एक साथ बोले—''सेट पर थूको!! दीवार पर थूको!!'' दोनों वाक्य एक-दूसरे पर चढ़े हुए थे। पता नहीं कौन-सा किसने बोला था। मदन समझ गया और मुँह को थूकने के लिए तैयार करके सेट पर बनी कमरे की दीवार पर उसने ऐसी शानदार पीक मारी कि बेदी साहब की तबीयत खुश हो गयी। कुरते की जेब से दस रुपये का नोट निकालकर मदन को देते हुए बोले—''होर खाना। होर थूकना। ठीक है? कन्टीन्यूटी में थूकना!''

सारी यूनिट को मज़ा आ गया।

राजेंद्र सिंह बेदी की ख़ासियत यह थी कि वह बेहद खुशमिज़ाज थे। हर वक्त लतीफ़े सुनाते रहते थे जिनमें ज़्यादातर सरदारों के होते थे। बेदी साहब

इतने भोलेपन से लतीफ़ा सुनाते थे जैसे पिछले हफ़्ते उनके ही साथ घटा वाकया सुना रहे हों। बेदी साहब के सेट पर रहते कोई बन्दा उदास नहीं रह सकता था।

बेदी साहब लम्बे समय से फ़िल्में लिख रहे थे और अनेक सिल्वर जुबली फ़िल्मों के साथ जुड़े रह चुके थे। ढेरों अवार्ड जीत चुके थे, लेकिन आज तक कोई फ़िल्म उन्होंने डायरेक्ट नहीं की थी। 'दस्तक' पहली फ़िल्म थी जो उनके निर्देशन में बन रही थी।

उस रोज़ सेट पर कुछ पत्रकार आने वाले थे और पूरी यूनिट डर रही थी कि प्रेस के सामने बेदी साहब ज़रूर 'एक्शन' की जगह 'केमरा' और 'कट' की जगह 'साउंड' बोल जायेंगे। या ऐसी ही कोई गड़बड़ ज़रूर करेंगे और किसी ने मज़ाक की बतौर भी यह बात 'बॉक्स आइटम' बनाकर छाप दी तो 'दस्तक' के बनने से पहले ही उसकी निगेटिव पब्लिसिटी चालू हो जाएगी। फिर प्रेस में तो भेड़चाल है। एक ने जैसा छापा सब वैसा ही छाप देते हैं। ऐसा हुआ तो सारी मेहनत पर पानी फिर जाएगा क्योंकि 'दस्तक' का कामयाब होना बेदी साहब की ही नहीं पूरी यूनिट की इज़्ज़त का सवाल था...बेदी साहब इतने सीनियर हैं। 'दस्तक' के लिए एकाध अवार्ड भी खेंच लायेंगे, उनसे तो फिर भी कोई फ़िल्म लिखवा लेगा...हम लोग कहाँ जायेंगे?

लेकिन सौभाग्य से उस रोज़ बेदी साहब ने कोई गलती नहीं की। 'एक्शन' की जगह 'एक्शन' और 'कट' की जगह 'कट' ही बोला। और वह भी ऐसे रौब के साथ जैसे खानदानी डायरेक्टर हों! सारी यूनिट ने राहत की साँस ली। पत्रकारों के जाने के बाद फिर कोई काम नहीं हुआ। सारा दिन गपशप चलती रही।

स्टूडियो उनका था इसलिए कमाल अमरोही भी कभी-कभी आ जाते थे। उन दिनों वह अपनी अधूरी फ़िल्म 'पाकीज़ा' को लेकर परेशान थे। उन्होंने संजीव कुमार को भी 'पाकीज़ा' में काम करने की पेशकश की थी, लेकिन संजीव कुमार का कहना था कि मीना कुमारी उनसे बहुत बड़ी हैं और एक न्यू-कमर का उनके अपोज़िट आना अच्छा नहीं लगेगा। पब्लिक पसन्द नहीं करेगी...हालाँकि 'गौरी' में वह नूतन के साथ काम कर चुके थे जो मीना कुमारी से छोटी नहीं थीं। बाद में यह बात खूब उड़ी थी कि 'गौरी' के सेट पर नूतन ने संजीव कुमार को चाँटा मार दिया था। और इस निगेटिव पब्लिसिटी से भी संजीव कुमार को फ़ायदा ही हुआ था। लेकिन संजीव कुमार के 'पाकीज़ा' का रोल ठुकराने के पीछे असली कारण मेरे ख़याल से मीना कुमारी की उम्र नहीं, पैसा ही था। संजीव कुमार को 'पाकीज़ा' में लेकर कमाल अमरोही एक तरह से उन पर एहसान ही करते, जबकि आत्मविश्वास की साक्षात् प्रतिमूर्ति संजीव कुमार को 'पाकीज़ा' वाली सहानुभूति

की नहीं 'खिलौना' वाली चुनौती की चाह थी। रुक-रुककर बननेवाली 'पाकीज़ा' की सफलता यूँ भी बेहद संदिग्ध थी। लेकिन जिस गलती से संजीव कुमार तब बच गए वही बाद में उन्होंने के. आसिफ की 'लव एंड गॉड' स्वीकार करके की। आदमी एक बार भी ज़िंदगी में गलत निर्णय ना ले—ऐसा कभी होता नहीं है।

'दस्तक' की नायिका रेहाना सुल्तान पूना इंस्टिट्यूट से आई थीं और छोटी-सी गुड़िया जैसी लगती थीं। उनका कद मुश्किल से पाँच फुट होगा। वह अक्सर बेदी साहब की गाड़ी में ही आती थीं और हर समय या तो पूना इंस्टिट्यूट की बातें करती रहती थीं या बेदी साहब की तारीफ़ करती रहती थीं। बी.आर. इशारा के निर्देशन में बनी उनकी एक फ़िल्म हाल में ही हिट हो चुकी थी। लोग कहते थे कि उनका और बेदी साहब का सम्बन्ध प्रेमी-प्रेमिकावत है।

लेकिन 'दस्तक' के बाद बेदी साहब ने बड़े बजट की 'फागुन' बनायी, जिसमें रेहाना सुल्तान को नहीं लिया। इसमें धर्मेन्द्र-वहीदा रहमान जैसे महँगे सितारे थे। फ़िल्म पिट गयी और इसके साथ ही बेदी साहब का सितारा भी डूब गया। बिमल रॉय की पीछे छूटी टीम भी धीरे-धीरे बिखर गयी। लॉरी शराब में डूब गया और एक दिन खबर मिली कि उसने आत्महत्या कर ली। मैंने 'दस्तक' की शूटिंग के बाद बेदी साहब को फिर कभी नहीं देखा। लोग कहते थे कि उन्हें बुढ़ापे की मोहब्बत ने बर्बाद कर दिया।

संयोग देखिये कि 'दस्तक' के दिनों में ही *सारिका* में बेदी साहब की कहानी 'मिथुन' छपी थी और यह शायद उनकी अन्तिम कहानियों में से एक थी।

~

फ़िल्म इंडस्ट्री में उठते-बैठते कई लोगों से मुलाकात हो गयी, कइयों से जान-पहचान हो गयी और कुछ से दोस्ती भी हो गयी। मैकमोहन और मोहन चोटी अच्छे दोस्त बन गए। हम लोग जब भी फ़िल्म सेंटर में मिलते वहाँ की कैंटीन में ऊसल पाव ज़रूर खाते। मोहन चोटी के हाथ में हर समय एक चाभी का छल्ला नाचता रहता। यह उनका तरीका था। एक्टिंग के अलावा वह कार बेचने-खरीदने का धंधा भी करते थे। अनवर हुसैन एक दिन के काम पर 'दस्तक' में आये थे। उन दिनों केरेक्टर आर्टिस्टों को शिफ़्ट के हिसाब से काम मिलता था और एक शिफ़्ट के साठ रुपये मिलते थे। नाना पलसीकर एकदम सड़क पर चलते साधारण से आदमी लगते थे। उनका छिपा हुआ जादू उनकी आवाज़ में था। मनमोहन कृष्ण अपनी फिएट गाड़ी इतनी तेज़ चलाते थे कि सामने से हटते भी

नहीं बनता था। दारासिंह से एक बार मैं फ़िल्म सेंटर के टॉयलेट में टकरा गया। मैं भीतर जा रहा था और वह बाहर निकल रहे थे। हमारे कंधे टकरा गए। उन्होंने सॉरी कहा और मैं उन्हें देखता रह गया। उन्होंने साधारण पैंट-बुशर्ट पहन रखा था और वह कहीं से भी पहलवान नहीं लग रहे थे। मैंने सोचा कि किस जादू से ये रुस्तमे हिन्द हो जाते हैं और अपने से डबल वज़नी किंग कॉंग को सर के ऊपर हवा में उठाकर घुमाकर रिंग के बाहर फेंक देते हैं! आज की पीढ़ी सोच भी नहीं सकती कि पहलवान दारासिंह कितने बड़े स्टार थे। चंद्रशेखर तो अँधेरी में ही रहते थे और एक तरह से हमारे पड़ोसी ही थे। हम कभी भी उनके घर पहुँच जाते थे। धर्मेन्द्र के पास एक पीले रंग की मेटाडोर थी। उनकी सुन्दरता के सामने आज के हीरो धेला भर भी नहीं हैं। फरीदा जलाल भी बहुत सुन्दर थीं। उनका रंग एकदम दूध जैसा था। इतनी गोरी लड़की मैंने जिंदगी मैं दूसरी नहीं देखी। फ़ीरोज़ खान अपनी दरियादिली के लिए मशहूर थे। रोज़ शाम शूटिंग के बाद अपनी कार को घेरे खड़े ज़रूरतमंदों को वह नोट बाँटते थे।

लेकिन मेरे लिए इसमें कोई आकर्षण नहीं था। मेरी नज़र में यह एक नकलची, घमंडी और बचकानी दुनिया थी जो बस सात रुपये रोज़ कमाने भर के ही लिए ठीक थी। दरअसल उन दिनों भारतीय सिनेमा के बारे में मेरी राय भी कुछ अच्छी नहीं थी। मुझे बिमल रॉय का कथा कथन, गुरुदत्त का अहर्निश अवसाद, राज कपूर का बाज़ारू समतावाद, अब्बास का अतिरेकी अतिसरलीकृत प्रचारवाद और सोहराब मोदी का पारसी थिएटर बेहद बचकाना लगता था। और थ्रिल,कॉमेडी, सस्पेंस या साइंस फ़िक्शन की तो यहाँ कोई गुंजाइश ही नहीं थी। उन दिनों मुझे सिर्फ़ एक डायरेक्टर महान लगता था—डेविड लीन, जिन्होंने 'लॉरेन्स ऑफ़ अरेबिया' और 'डॉक्टर जिवागो' जैसी फ़िल्में बनायी थीं। मेरा सोचना था कि यदि तुम्हें पारसी थिएटर, कथा कथन, ओपेरा, बेले, नौटंकी या मेलोड्रामा ही करना है तो तुम फ़िल्मों में क्यों आये? इस लिहाज़ से मुझे हिन्दुस्तान में सिर्फ़ एक डायरेक्टर ऐसा लगता था जो फ़िल्म की भाषा और व्याकरण समझता था। फ़िल्म एक संपूर्ण भरा-पूरा संसार है जिसे कोई बड़े विज़न वाला कलाकार ही कंसीव कर सकता है और एक कल्पनाशील, अनुभवी और दक्ष निर्देशक ही सेलुलाइड पर रच सकता है। और वह भारतीय निर्देशक था—वी. शांताराम, उनकी 'नवरंग', 'झनक झनक पायल बाजे', 'दीया और तूफ़ान' और 'दो आँखें बारह हाथ' विश्व स्तर की फ़िल्में हैं—ऐसा मैं सोचता था। मैं सबसे ज़्यादा नापसन्द करता था खाजा अहमद अब्बास को, जिन्हें दुर्भाग्य से सबसे ज़्यादा अन्तर्राष्ट्रीय

पुरस्कार मिले थे और मेरी समझ से हिन्दुस्तान की सबसे ख़राब, लेकिन सबसे ज़्यादा ओवर रेटेड फ़िल्म थी 'मुग़ले आज़म' जिसमें अकबर का बदन फाड़कर उसमें नेहरू को घुसाने की फूहड़ कोशिश की गयी थी। हालाँकि, इसे अद्‌भुत संवाद लेखक वजाहत मिर्ज़ा का शिलालेख भी माना जा सकता है जो सुना है बगैर तू-तड़ाक और माँ-बहन की गालियों के किसी से बात नहीं करते थे, लेकिन मौज में आते थे तो किरदार की ज़िंदगी में छलांग लगा लेते थे और उसे सबसे मौजूं मकालमे अता कर देते थे।

अगर मैंने सत्यजित रॉय, ऋत्विक घटक, मृणाल सेन या तपन सिन्हा की कोई फ़िल्म तब तक देख ली होती तो शायद भारतीय फ़िल्मों के बारे में मेरी राय कुछ और होती...

~

फिर मैंने और मदन ने अनेक काम किये। फ़िल्मों की सेंसर स्क्रिप्ट लिखीं, विज्ञापनों के जिंगल लिखे, वितरक के प्रतिनिधि बनकर दूसरे शहरों में गए, दादर में एक पेंटर के यहाँ काम किया और बेशक बीच-बीच में जहाज़ पर भी काम किया। एक बार घूमते-घामते महबूब स्टूडियो चले गए और ऊपर डबिंग थिएटर पहुँच गए। वहाँ कोई नहीं था। खाली हॉल में बस एक प्यानो पड़ा था। मैंने अपनी ज़िंदगी में पहली बार सचमुच का प्यानो देखा था। मेरा ख़याल था वह लॉक होगा...लेकिन वह बज रहा था। उसके ट्यूनिंग फ़ोर्क मेरी रीढ़ में सुरसुरी पैदा कर रहे थे। मैं घंटे भर प्यानो बजाता रहा। मदन कुछ देर तो बर्दाश्त करता रहा, फिर बोर होकर वहीं फ़र्श पर सो गया। फिर वाजिद भाई ही हमें ढूँढते हुए आये और उन्होंने ही मदन को जगाया। वाजिद भाई यानी महबूब स्टूडियो के सबसे पुराने कर्मचारियों में से एक और 'मदर इंडिया' में नन्हे बिरजू की भूमिका करने वाले साजिद के पिता। वाजिद भाई ने चाय भी पिलाई, काम भी दिलाया और जाते-जाते मदन की जेब में दस रुपये का एक नोट भी डाल दिया। वह बम्बई में मदन के लोकल गार्जियन जैसे थे। बाद में जब मदन किसी के प्यार में 'गिर पड़ा' तो वाजिद भाई ने ही उसकी शादी करवाई।

एक बार मैं हफ़्ते भर के लिए अपने घर अजमेर जाकर वापस लौटा तो देखा कि मदन की खोली पर ताला लगा है। आस-पास पूछने पर पता चला कि वह चार रोज़ के लिए आज ही पूना गया है। अब मैं कहाँ जाता? रात का समय

था। मदन से सम्पर्क करने का कोई ज़रिया नहीं था। मैं ताला तोड़ सकता था लेकिन ऐसा करना मुझे ठीक नहीं लगा। बहन का घर, मैं पहले ही छोड़ चुका था। जीजाजी रोज़ घर लौटने पर पूछते थे—"सो? व्हेन आर यूँ सेलिंग?" मैं कैसे उन्हें बताता कि मैंने 'सी गोइंग ड्रायवर्स टिकट' परीक्षा पास नहीं की है इसलिए मेरे लिए सेलिंग की कोई सम्भावना नहीं है। मैं ऐसे ही टाइम पास कर रहा हूँ। वह चाहते कि मैं शीघ्र तय करूँ कि मैं ज़िन्दगी में क्या करना चाहता हूँ और उन्हें बताऊँ। वह मुझे दो बार बड़े-बड़े लोगों के पास ले भी गए जो कभी भी मुझे नौकरी दे सकते थे, लेकिन वहाँ भी मैं ठीक से समझा नहीं पाया कि मैं आखिर चाहता क्या हूँ? क्योंकि मैं ख़ुद ही कहाँ जानता था? बहन मेरे इस सचेत रूप से वरण किये गये फिट्मारेपन और लक्ष्यविहीनता से भीतर-ही-भीतर बहुत दुखी रहती थी। लेकिन समझ नहीं पाती थी कि इस आत्महंता आवारगी के नशे से मुझे कैसे बाहर निकाला जाए!

मैं अँधेरी रेलवे स्टेशन जाकर एक बैंच पर सो गया। सुबह देखेंगे, सोचेंगे, कल्याण में अपने शहर के एक दोस्त बृजमोहन भाई रहते हैं, वहाँ चले जायेंगे। बारह बजे चौकीदार ने डंडा फटकारकर भगा दिया। मैं दूसरे प्लेटफ़ॉर्म पर जाकर सो गया। चार बजे वहाँ से भी भगा दिया गया तो ट्रेन में घुसकर सो गया। सारी रात एक हाथ से अटेची सँभालनी पड़ रही थी और दूसरे मच्छर इतने थे कि...

दूसरे दिन वीटी स्टेशन चला गया, अटेची क्लॉक रूम में जमा कर दी, फिर वेटिंग रूम में जाकर नहा-धो लिया। रात में वहीं सो गया। आधी रात को उठा दिया गया। मैंने देखा बाहर बरामदे में बहुत सारे लोग अखबार बिछाकर सो रहे हैं और कोई नहीं उठा रहा। तो तीसरे दिन मैंने भी ऐसा ही किया।

मदन आया तो बहुत नाराज़ हुआ कि मैंने ताला खींचकर तो देखा होता! ज़ोर से खींचने पर खुल जाता है। बेकार परेशान होता रहा या फिर ताडदेव में बंसल साहब के ऑफ़िस चला जाता तो मेरा फ़ोन नम्बर मिल जाता और अपनी बात हो जाती। बहरहाल! यह ताड़ना पर्व ज़्यादा नहीं चला क्योंकि उसे पूना की कमसिन लड़कियों के साथ अपने दुर्लभ अनुभवों के बारे में बताने की जल्दी थी और दूसरे यह कि वह खासे पैसे कमाकर लौटा था। हमने आंटी के अड्डे पर जाकर खूब मज़े से नौटाक पी। ईरानी होटल में पेट भरकर खाना खाया और घर आकर सो गए।

दिहाड़ी के कामों में खटते, अपनी परिभाषा की तलाश में धक्के खाते और नौटाक पीते—ईरानी होटल का खाना खाते मेरी पूरी ज़िन्दगी फ़ना हो जाती, लेकिन मुझे पीलिया हो गया, फिर भी मैं काम करता रहा। घूमता-फिरता रहा। नौटाक पीता रहा। ईरानी होटल की तंदूरी रोटी और पाये खाता रहा। नतीजा यह हुआ कि एक दिन बिस्तर पकड़ लिया, एक-दो रोज़ की बात होती तो ठीक था, रोज़-रोज़ कोई काम छोड़कर मेरे पास बैठ जाएगा तो खायेगा क्या? फिर यहाँ तो नौबत बिस्तर में टट्टी-पेशाब करने की आ गयी थी।

आखिर मेरी तबीयत ज़रा सुधरते ही एक दिन चार-पाँच दोस्तों ने मुझे टैक्सी में डाला, वी टी ले गए, मेरा टिकट खरीदा और मुझे टाँगाटोली करके अजमेर जाने वाली गाड़ी में बिठा दिया।

गाड़ी ने सरकना शुरू किया तो सबने हाथ हिलाकर टाटा किया और बारी-बारी से खिड़की के पास आकर हरेक ने भीगी आँखों से कहा—"वापस मत आना स्वयं प्रकाश!!"

अजमेर से जोधपुर वाया मद्रास

बम्बई से मद्रास तक की यात्रा मैंने थर्ड क्लास के अनारक्षित डिब्बे में बिना टिकट और फ़र्श पर सोते हुए की।

अजमेर से बम्बई तो मैं रेलवे के एक इंटरव्यू के सिलसिले में आ गया था। रेलवे ने आने-जाने का थर्ड क्लास का पास दिया था। मेरे जैसे सैकड़ों थे। उनमें से कइयों ने किसी कार्यालय में जाकर अपनी वापसी का गंतव्य बदलवा लिया था। रेलवे को क्या फ़र्क पड़ता था! तुम कहीं भी जाओ, उसकी बला से। मैं सुन रहा था कि ऐसा-ऐसा चल रहा है,पर संकोचवश या हेकड़ी के मारे किसी से पूछ नहीं पाया। नतीजा? घर से पच्चीस रुपये लेकर चला था बम्बई के लिए, जिसमें से पाँच खर्च हो चुके थे। बाकी के मैं रेलवे टिकट जैसी फ़िज़ूल की चीज़ों में खर्च नहीं करना चाहता था क्योंकि अभी मद्रास जाना था जहाँ पैसों की ज़रूरत पड़नी थी।

जिस डिब्बे में मैं था, उसी में सोनी और शिवराम भी थे। बाद में सोनी खूब मज़े ले-लेकर साभिनय मेरी यात्रा का किस्सा सबको सुनाता। "ये पट्ठा वीटी से हमारे साथ ही बैठा...। लेकिन दादर पर जैसे ही गाड़ी रुकने को हुई, इसने देख लिया कि भीड़ आ रही है, तो पट्ठा फुर्ती से उठा अपना बैग लेकर और सिरहाने बैग लगाकर सीटों के बीच ठाठ से पसर गया। अब भीड़ चिल्ला रही है, हल्ला मचा रही है कि यह कौन है? कौन लेटा है बीच में? उठाओ इसे वगैरह, लेकिन मजाल है जो यह टस-से-मस हो जाए! ऐसे पड़ा रहा जैसे गहरी नींद में हो! और देखो! हम टिकट वाले तो रात भर बैठे-बैठे आये और ये डब्लूटी पट्ठा ठाठ से सोता हुआ आया।"

इन लोगों से मुलाकात और परिचय ट्रेनिंग सेंटर में ही हुआ। मद्रास स्टेशन पर भी नहीं। ट्रेनिंग सेंटर मीनामबक्कम हवाई अड्डे के ठीक सामने था जहाँ हम राजस्थान के पच्चीस डिप्लोमा होल्डर इंजीनियर टेलीकम्युनिकेशन इंजीनियरिंग की छह महीने की ट्रेनिंग लेने आये थे। हम सब पहली बार दक्षिण भारत आये थे। एक ऐसे प्रदेश में जहाँ न बोली अपनी थी न खान-पान,न मौसम, न रहन-सहन। न सिर्फ़ यह कि सब कुछ अपरिचित और अनजाना था बल्कि उनमें उत्तर भारत

के लिए शत्रुता का भी एक प्रच्छन्न भाव था जिसकी झलक कदम-कदम पर उपेक्षा, तिरस्कार या दुत्कार के रूप में मिल रही थी। गनीमत थी कि वहाँ हिन्दी भाषियों का भी एक बैच था जिसे हमें रिलीव करना था। उनमें से हमारी किसी से कोई व्यक्तिगत पहचान नहीं थी, लेकिन सिर्फ़ भाषा का नाता था। उन्होंने न सिर्फ़ हर चीज़ बताने-समझाने में हमारी भरपूर मदद की,बल्कि हमें वे मकान भी किराये पर दिलवा दिए जिनमें वे पिछले छह महीने से रह रहे थे और अब ट्रेनिंग पूरी होने पर छोड़कर वापस जा रहे थे।

रेलवे लाइन के साथ चलते-चलते दो किलोमीटर दूर मीनामबक्कम और सेंट थॉमस माउन्ट स्टेशनों के बीच वह बंगला था जिसमें पिछले बैच के हिन्दीभाषी प्रशिक्षु रह रहे थे। दरअसल यह एक बंगला नहीं,एक बड़े से बगीचे के बीच बने दो बंगले थे...लाल कवेलू की ढलवाँ छत और चारों तरफ़ बरामदों पर लगी हरी जाफरी...इनमें से एक में मकान मालिक रमन अंकल रहते थे और दूसरा किराये पर उठाया हुआ था। किराये वाले पोर्शन के भी दो हिस्से थे। दोनों में चार-चार बन्दे रहते थे। हमने भी इस परम्परा को कायम रखा और दोनों हिस्सों में चार-चार बन्दे घुस गए। हमारे वाले हिस्से में सोनी, जेपी, शिवराम और मैं।

मेरे सिवाय तीनों के पास गद्दे-बिस्तरे थे, पेटियाँ यानी सन्दूक थे और एक-एक कनस्तर भी था। मेरे पास एक टूटी अटैची के अलावा कुछ नहीं था। इसमें ही मेरा सारा सामान था। कनस्तर खुले तो उनमें से बरतन निकले। स्टोव निकले, थालियाँ निकलीं, शक्करपारे और मठरियाँ निकलीं और फ़ीके लेकिन खस्ता सुहाल निकले। यह सब हमने खाया। मद्रास में हमारा पहला भोजन। उन लोगों के लिए घरवालों का प्यार और मेरे लिए अनधिकार किसी की थाली में हाथ मारना! वे तीनों एक-दूसरे को पहले से जानते थे, सिर्फ़ मैं अजनबी था, उन्होंने तय किया कि शाम से खाना घर पर ही बनायेंगे...। अभी पास के बाज़ार से सामान वगैरह ले आते हैं। तीनों को खाना बनाना आता था। मुझे नहीं आता था। उन्होंने तय किया कि फिलहाल पचास-पचास रुपये भेले कर लेते हैं...ज़रूरत पड़ गयी तो और भेले कर लेंगे...सोनी हिसाब रखता जायेगा और एक तारीख को तो सौ-सौ रुपये स्टाइपंड मिल ही जायेगा!

मैंने अपनी शक्ल रुआँसी बनायी और भरपूर आत्मविश्वास से एक फड़कता हुआ झूठ बोला कि परसों मैं चर्चगेट से अम्बरनाथ जा रहा था एक दोस्त से मिलने और अँधेरी स्टेशन पर मेरी जेब कट गयी। जेब में चार सौ रुपये और रेलवे पास था। इसीलिए मुझे डब्ल्यू टी डिब्बे के गन्दे फ़र्श पर सबके जूते-चप्पलों के बीच बैठे हुए आना पड़ा। सो, पैसे मैं अभी कंट्रीब्यूट नहीं कर पाऊँगा जब तक मेरा

टी.एम.ओ. नहीं आ जाता जिसके लिए तार मैं भेज चुका हूँ।

दूसरी बात,खाना बनाना मुझे नहीं आता। पर घर में खाना बनाने के अलावा और काम भी होते हैं, जैसे झाड़ू-लगाना या बरतन मांजना। तो वो मैं बहुत अच्छी तरह कर सकता हूँ और आज से ये तीनों काम झाड़ू लगाना,पोंछा मारना और बरतन साफ़ करना मेरे ज़िम्मे रहेंगे—बशर्ते तुम लोग मुझे साथ रखना पसन्द करो।

और तीसरी बात—मेरे पास गद्दा-बिस्तर नहीं है, लेकिन इतनी गर्मी में मुझे उसकी ज़रूरत भी नहीं है। एक चादर मेरे पास है, तकिया मैं लगाता नहीं, एक दरी तुममें से कोई मुझे दे देना तो मेरा काम चल जाएगा और नहीं तो शाम को बाज़ार चलकर एक चटाई खरीद लाएँगे।

वे चुप रहे। उन्हें समझ में नहीं आया क्या करें। लेकिन मान गए।

~

तेईस साल का लड़का राजस्थान से मद्रास जा रहा हो नौकरी करने तो क्या कोई उसे ऐसे भेजेगा? पच्चीस रुपये पकड़ाकर? क्या मैं कोई अनाथ बच्चा था? जो सौतेली माँ के पास रह रहा था?

इसके पीछे भी एक छोटी-सी कहानी थी।

पिताजी ने दिए थे डेढ़ सौ रुपये मद्रास जाने के लिए और मैंने उनमें से सवा सौ रुपये दे दिए थे जैन साहब को। मुझे देने पड़े थे। वह धमकी दे रहे थे। दिन में चार-चार बार घर आ रहे थे। एक बार तो किसी पुलिसवाले को भी साथ ले आये थे। जैन साहब उस छोटी-सी प्रेस के मालिक थे जिसमें लंगड़े कम्पोज़ीटर ओम राही ने मेरी पहली कविता पुस्तक *मेरी प्यास तुम्हारे बादल* छापी थी। ओम राही ने जैन साहब को विश्वास दिला दिया था कि कवितायें इतनी लाजवाब हैं कि पंद्रह दिन में पूरा पहला एडीशन बिक जायेगा। हम खुद बेचेंगे बस-स्टेंड, रेलवे-स्टेशन पर। और आप हमारी खुशामद करोगे कि दूसरा संस्करण भी हमें ही छापने दो! सत्रह साल का एक्सपीरिएंस है मुझे। हीरे की परख जौहरी जानता है। इसीलिए तो मैं कम्पोज़िंग-एडिटिंग का एक पैसा नहीं ले रहा हूँ। क्योंकि मैं जानता हूँ कि ये स्वयं प्रकाश जो आज आपके सामने खादी का कुरता-पाजामा पहने बैठे हैं-एक दिन हिन्दी के इतने बड़े साहित्यकार बन जायेंगे कि हमें-आपको पहचानेंगे नहीं। हमें याद दिलाना पड़ेगा कि हुज़ूर! आपकी पहली किताब हमने ही छापी थी। अपनी ट्रेडल प्रेस पर। और आवाज़ लगा-लगाकर बेची थी। हो सके तो अपनी आत्मकथा में थोड़ा-सा उल्लेख कहीं हमारा भी कर दीजियेगा।

बच्चों को दिखायेंगे कि देखो सालो! ज्ञान से बड़ी कोई चीज़ नहीं होती। तुम बाबाजी को फ़ालतू आदमी समझते हो! बाबाजी ने इतने बड़े साहित्यकार की पहली किताब कम्पोज़ की थी।

लेकिन जैन साहब बनिये थे। उन्हें अपने पैसों से मतलब था। बगैर छत के किराये के आँगन में चल रही उस ट्रेडल मशीन और एक केस वाली प्रेस में वैसे भी कोई जॉब नहीं था। मशीनमैन जयराम की तनख़्वाह भी भारी पड़ रही थी। तो उन्होंने कागज़ का पैसा तो जेब से लगा दिया था लेकिन किताब पूरी छपने के बाद मिसिल उठते-उठते पैसों के लिए मेरी जान को पठान हो गए थे।

मेरी छाती का नाप चौंतीस था लेकिन हौसला इतना बुलंद था कि मानो जहाँ ज़ोर से नाखून गड़ा दूँगा,धरती चीरकर अमृत की धारा फूट पड़ेगी। इसलिए पच्चीस रुपये लेकर मैं बम्बई जानेवाली गाड़ी में बैठ गया और बेमंज़िल मुसाफ़िर पर सामान का बोझ न बढ़े इसलिए स्टेशन पर छोड़ने आये छोटे भाई के हाथ गद्दा-बिस्तर लौटा दिया। मेरा क्या है! लेकिन माँ क्यों सर्दी में ज़मीन पर धोती बिछाकर सोये!!

~

कुछ दिनों में हम उस मकान में अच्छी तरह सेट हो गए। अगल-बगल के दोनों मकानों में सुबह से ही रौनक शुरू हो जाती। नहाने-धोने के साथ ही रसोई में बर्तनों के खड़खड़ाने की आवाज़ें शुरू हो जातीं। नौ बजते-बजते दोनों मकानों में ताला लग जाता और उसके रहवासी ट्रेनिंग सेंटर चले जाते। शाम को धमाचौकड़ी, हँसी-मज़ाक और खेलकूद का माहौल रहता। दिन ढलते-ढलते फिर रसोइयाँ गुलज़ार हो जातीं...एक तरफ़ से आवाज़ आती भाभीजी! आज क्या बना रही हो? तो कुछ देर बाद इस तरफ़ से आवाज़ उठती—छोटी बहू! सो गयीं क्या ?होमवर्क नहीं निपटाना है क्या? दोनों घरों के रहवासी बाहर आ जाते...वहीं फ़र्श पर गद्दे बिछा लिए जाते और बारह-एक बजे तक संचार अभियांत्रिकी की सामूहिक पढ़ाई चलती रहती।

खाने-पीने के मामले में मद्रास काफ़ी सस्ता था। दस पैसे में चाय मिल जाती थी और एक रुपये में सापड़-यानी खाना। खाने का मतलब दाल-चावल-रोटी-सब्ज़ी नहीं था। पचास पैसे में पाँच बड़ी-बड़ी इडली मिल जाती थीं। गरीब लोग तो चटनी के साथ पाँच इडली खा कर ही दिन निकाल देते थे। मद्रास में चाय-कॉफ़ी के होटल अलग थे और खाने के अलग। खाने के होटलों में अक्सर

ज़मीन पर बड़े-बड़े पटरे बिछे होते,जिनमें से एक पर आप पालथी मारकर बैठ जाओ,आपके सामने वाले पटरे पर पानी का गिलास और केले का पत्ता रख दिया जायेगा, उसे आप पानी से धो लो, फिर एक आदमी उस पर गरम-गरम भात का एक लड्डू या ढेर रख जायेगा, उसमें आप हाथ से कुआं बना लो, तो दूसरा आदमी उसमें रसम भर जाएगा, इसके बाद आप हैं और आपके हाथ और आपकी भूख और आपका कौशल...जल्दी-जल्दी सपोटे मार-मारकर नहीं खा पाए तो सारी रसम बह जायेगी और आपको भूखे ही उठना पड़ेगा। हम जो पहले मद्रासियों के इस तरह खाने का मज़ाक उड़ाया करते थे, कुछ ही दिनों में इसके अभ्यस्त हो गए बल्कि हमें खाना खाने का यह तरीका बिलकुल सहज और स्वाभाविक लगने लगा।

एक दिन कोई पता करके आया कि ताम्रम में गेहूँ मिलते हैं। अगले इतवार ही दो बन्दे ताम्रम गए और एक बोरी गेहूँ उठा लाये। सब्ज़ियाँ पास वाले बाज़ार में ही मिल जाती थीं, हालाँकि उनके भाव स्थानीय लोगों के लिए अलग होते थे और हमारे लिए अलग, फिर भी वे हमें सस्ती लगती थीं। व्यवहार की कामचलाऊ तमिल हम सीखते जा रहे थे लेकिन इससे हमारा विजातीय होना छिपने की बजाय और प्रकट हो जाता था। एक विचित्र बात यह थी कि वहाँ मिठाइयों की कोई दूकान नहीं थी। पता नहीं क्या बात थी कि वहाँ के लोग मिठाई खाना पसन्द नहीं करते थे, जबकि हमारा तो काम मिठाई के बगैर चलता ही नहीं। हम तो बात-बात पर मिठाई खाने-खिलाने के बहाने ढूँढते हैं! बहुत ढूँढने पर एक होटल में एक प्लेट में एक लड्डू रखा दिखा जिसका दाम एक रुपया बताया गया जो कि बहुत ज़्यादा था! एक रुपये में तो भर पेट खाना आ जाता था! फिर भी खाया तो और मुँह ख़राब हो गया! लड्डू तेल में बना हुआ था!

इसलिए हमारे किचन एडवेंचर बढ़ने लगे! आये दिन दावतें होने लगीं... जिनमें इधर के लोग उधर इकट्ठे हो जाते और मिलकर कुछ मज़ेदार बनाते या उधर के लोग इधर इकट्ठे हो जाते और ऐसा ही कुछ करते। मैं तो पाककला में अपने इन राजस्थानी मित्रों की प्रवीणता देखकर दंग रह जाता! भला महिलाएँ भी ऐसा स्वादिष्ट और भूख भड़काऊ भोजन क्या बनायेंगी! कभी लौकी के कोफ्ते, कभी बैंगन का भुरता, कभी गाजर का हलुवा कभी चावल की खीर,कभी गट्टे का पुलाव कभी दाल-बाटी-चूरमा!! साथ में हल्ला-गुल्ला,गाना-बजाना और सामिष-निरामिष चुटकुले!

अक्सर ऐसा होता कि हमारी दावत की आतंककारी खुशबू बाहर तक चली जाती, मकान मालकिन आंटी से रहा नहीं जाता ओर वह भीतर आ जाती

और मुस्कराते हुए पूछती कि क्या चल रहा है? क्या पकाया जा रहा है? बाहर तक खुशबू आ रही है!! हमारे अधिकांश मित्र सोचते थे कि ये रोज़ घर का खाना भकोसते हैं, इनसे यह नहीं होता कि घर में इतने कुंवारे लड़के रहते हैं, कभी इनको भी खाने पर बुला लें! बेचारे न जाने क्या कच्चा-पक्का खाकर दिन निकाल रहे हैं! रोज़ घंटी बजा-बजाकर पूजा करती हैं, आज तक कभी प्रसाद भी नहीं दिया, और हमने एक दिन कुछ बना लिया तो चली आई दनदनाती हुई...क्या पका रहे हो?

आंटी को हिन्दी का एक शब्द भी नहीं आता था। इसका फ़ायदा उठाकर ऐसे मौके पर उसे बेहद बुरा जवाब दिया जाता था। "ये देखो आंटी, इस कढ़ाई में तुम्हारी...। (गाली)...और उस भगोने में हमारे...। (गाली)...खाओगी? गरम-गरम? (झुककर मुस्कराते हुए) मज़ा आ जायेगा...वगैरह।

हमें सौ रुपये महीना वृत्ति मिलती थी,लेकिन वहाँ की सस्ताई में सौ रुपये में मज़े में काम चल जाता था...उलटे कुछ बचा भी लेते थे। फिर हमारे बीच कुछ लाड़ले राजा-बेटे भी थे जिनके माँ-बाप सोचते थे कि सौ रुपल्ली में बच्चे का काम कैसे चल रहा होगा! इसलिए वे उन्हें पैसे भेजते रहते थे जो-ज़ाहिर है कि अब इतनी बेतकल्लुफ़ी तो हो ही चुकी थी कि-सार्वजानिक मौज-मस्ती के काम आते थे। इसमें सिगरेट,गाहे-ब-गाहे शौकीन बन्दों के लिए शराब और सिनेमा शामिल था । कुल मिलाकर हम मज़े कर रहे थे और एक तरह से लंगोटी में फाग खेल रहे थे।

~

मद्रास में हिन्दी सिनेमा बहुत लोकप्रिय था। कई बड़े-बड़े थिएटरों में हिन्दी फ़िल्में चलती रहती थीं। हिन्दी फ़िल्मों के कलाकार अक्सर मद्रास आते रहते थे और उन्हें देखने की वैसी ही उत्सुकता मद्रास के लोगों में रहती थी जैसी कि बम्बई में रहती होगी। हम झुंड बनाकर जाते थे और सिनेमा हाल में खूब हुल्लड़,मस्ती और हूटिंग करते थे...। हमारा ऐसा करना लोगों को अच्छा तो नहीं लगता होगा लेकिन लड़कों के इतने बड़े झुंड से कोई क्या बोले? मद्रास में माउन्ट रोड पर एक सिनेमा घर था जिसमें तीन थिएटर थे—सेफायर, एमरॉल्ड और शायद रूबी...। तीनों एक के ऊपर एक। सबसे नीचे वाला सबसे बड़ा था और उसमें तमिल फ़िल्म चलती थी, उससे ऊपर वाला थोड़ा छोटा था और उसमें हिन्दी

फ़िल्म चलती थी, सबसे ऊपर वाला सबसे छोटा था और उसमें इंग्लिश फ़िल्म चलती थी। शो के टाइम तो अलग-अलग थे लेकिन किसी एक थिएटर का टिकट लेकर आप जहाँ चाहे जाकर बैठ सकते थे। लोग पता नहीं कहाँ का टिकट लेते थे लेकिन हिन्दी वाला थिएटर हमेशा खचाखच भरा रहता था।

हमारे घर के पास सेंट थॉमस माउन्ट में टीन के पतरों का बना एक थिएटर था जिसमें एक रुपये में दो फ़िल्में दिखाई जाती थीं—एक हिन्दी और एक तमिल। रात नौ से बारह हिन्दी और बारह से तीन तमिल। सब्ज़ी-भाजी-मछली-इडली आदि बेचने वाले स्थानीय छोटे व्यवसायी स्त्री-पुरुष एक रुपये का टिकट लेकर आ जाते और आराम से सो जाते...। थके-हारे मजदूर की नींद...और जब हिन्दी फ़िल्म ख़तम हो जाती और तमिल फ़िल्म शुरू हो जाती तो वे एक-दूसरे को उठाते और तमिल फ़िल्म का लुत्फ़ उठाते...हालाँकि वे इतने थके हुए दिखाई देते थे कि शायद कुछ देर बाद फिर सो जाते! पता नहीं। इसका एक अपवाद एक बार देखने में आया। महमूद की फ़िल्म ''पड़ौसन'' लगी थी जिसमें महमूद ने एक दक्षिण भारतीय संगीत शिक्षक की भूमिका की थी। अब हालाँकि कॉमेडी के नाम पर उसमें दक्षिण भारतीय पात्र का मज़ाक ही उड़ाया गया था,लेकिन अधिकांश दर्शक वहाँ हिन्दी नहीं जानते थे इसलिए वे इसी बात से खुश थे कि इतनी बड़ी बम्बइया फ़िल्म का एक प्रमुख पात्र ''उनका आदमी'' है। हिन्दी जानते होते तो शायद उनकी ''भावनाएँ'' भी उसी तरह आहत हो जातीं जैसे आजकल हमारी बात-बात पर हो जाती हैं।

एक-दो बार हमने तमिल फ़िल्म देखने और उसका आनन्द लेने की भी कोशिश की,लेकिन कामयाब नहीं हुए। तमिल फ़िल्मों का मेलोड्रामा ही नहीं...उसके अधबूढ़े नायक और बेहद पृथुल नायिकाएँ भी हमारे विकर्षण का ही कारण बनीं, हाँ, संगीत तमिल फ़िल्मों का भी उतना ही सुरीला होता था जितना हिन्दी फ़िल्मों का...बल्कि कई बार तो दोनों की धुनें भी समान हुआ करती थीं और यह तय करना मुश्किल हो जाता था कि मूल कौन-सी है और नक़ल कौन-सी।

लेकिन मद्रास के फ़िल्म स्टूडियो बहुत साफ़-सुथरे और खुले-खुले थे। वहाँ काम बहुत अनुशासन के साथ होता था। जेमिनी स्टूडियो में हमारे एक साथी का कोई परिचित काम करता था। वह हिन्दी से तमिल और तमिल से हिन्दी में भाषान्तर का काम करता था। उसे इस काम के काफ़ी पैसे मिलते थे। उसने कहा कि यहाँ इस तरह का काम करनेवालों की बहुत माँग है और यदि हममें से कोई कुछ समय निकालकर यह काम करना चाहे तो उसे अच्छे-खासे पैसे मिल जायेंगे। और काम के लिए यहाँ तक भी नहीं आना पड़ेगा, काम घर बैठे

ही मिल जाएगा। मेरा मन तो बहुत ललचाया कि एक बार करके देखने में क्या हर्ज है, लेकिन सामने ट्रेनिंग और उससे जुड़ी आजीविका की चुनौती थी, सोचा पहले इससे निपट लें, फिर देखेंगे।

~

छुट्टियों में घूमना-फिरना भी चालू था। कभी हम मरीना बीच चले जाते कभी कहीं और। इसी तरह घूमते-घूमते एक बार हम कासिचेट्टी स्ट्रीट पहुँच गए और यह देखकर हैरान रह गए कि वहाँ रसगुल्ला-रसमलाई और फ़ेनी से लेकर सरसों का तेल और सब तरह के अचार, बड़ी, पापड़ी, दालें, गरम मसाला, अमचूर आदि सब कुछ मिल रहा था। दरअसल यह पूरा बाज़ार हिन्दीभाषी उत्तर भारतीयों का था। वे ऊँची-ऊँची शानदार इमारतों में रहते थे, लगभग हरेक के पास कार थी और उनकी दूकानों और घरों में स्थानीय तमिल नौकर काम करते थे। तमिल लोग इस सबको देखते थे, उन्हें गुस्सा भी आता था, लेकिन वे कुछ कर नहीं पाते थे-सिवा कसमसाने के। उनके इस सुषुप्त क्रोध का लाभ डी एम के जैसी क्षेत्रीय विभाजनवादी पार्टियाँ उठाती थीं और...भाषा के माध्यम से अभिव्यक्त होकर यही गुस्सा एक आन्दोलन के रूप में फूट पड़ता था।

उस समय तो हम बौराए हुए थे और वहीं थोड़ी दूर अचानक मिल गए मारवाड़ी ढाबे में बैठे बहुत दिनों बाद घर जैसे खाने का आनन्द ले रहे थे। बड़ी-सी थाली में आठ-दस छोटी-छोटी कटोरियाँ, घी लगे गरम-गरम फुल्के, चार तरह की चटनियाँ, गरम-गरम भात और मूंग की दाल के पापड़...साथ ही स्वीट डिश भी...और यह सब भरपेट,...। नहीं,भरपेट नहीं, मनुहार के साथ...एक तो और लीजिये...आपने तो कुछ खाया ही नहीं...खाना पसन्द नहीं आया क्या...एक प्लीज़...मेरी कसम। बताइए ऐसा आतिथ्य यदि किसी को एक पराये देश में मिल जाए तो वह इस पर निसार होने के अलावा क्या कर पायेगा?

लेकिन इसी कासिचेट्टी स्ट्रीट में हमारी बुरी तरह पिटाई हुई थी और हम महीने भर तक अपनी चोटों पर हल्दी-चूना बाँधते रहे थे।

यह होली की बात है। मीनामबक्कम में तो पता ही नहीं चल रहा था कि आज कोई त्यौहार भी हो सकता है। आपस में एक-दूसरे को हल्दी-आटा-बेसन लगा चुकने और चाय-नाश्ता कर चुकने के बाद अचानक हम लोगों को ख़याल आया कि क्यों न कासिचेट्टी स्ट्रीट चला जाये, बस उठे और रवाना हो गए। कासिचेट्टी स्ट्रीट पर गुलाल उड़ रहा था, बच्चे पिचकारियाँ चला रहे थे, लड़कियाँ

पीछे से आकर सहेलियों के मुँह पर गुलाल पोतकर भाग रही थीं, बड़े लोग बुज़ुर्गों के गुलाल लगा रहे थे और उनके पैर छू रहे थे। कुछ लोगों ने अपरिचित होते हुए भी हम लोगों को गुलाल लगाया। हम एक दूकान में रंग-गुलाल खरीदने घुसे तो दूकानदार ने पहले हमें होली मुबारक कहा, इसी समय एक लड़का भीतर से एक ट्रे लेकर आया और हमारे सामने खड़ा हो गया। ट्रे में मावे की मिठाई, बेसन की सेव, शक्करपारे और गुंझियाँ भी थीं। जबकि हम दूकानदार को जानते भी नहीं थे। कुछ ही दूरी पर एक दूकान के आगे कुछ लोग हर आते-जाते, परिचित-अपरिचित को ठंडाई पिला रहे थे। दूर कहीं लाउडस्पीकर पर होली के गाने बज रहे थे। अचानक एक गली में से चंग लिए होरी गाते हुरियारों की टोली भी प्रकट हो गयी। हमें लग ही नहीं रहा था कि हम घर से कोसों दूर मद्रास में हैं। ऐसा लग रहा था जैसे हम उत्तर प्रदेश या राजस्थान के ही किसी शहर या कस्बे में हैं।

हमारे लिए भी अपने-पराये,परिचित-अपरिचित का भेद मिट चुका था। हम भी हरेक को रंग-गुलाल लगा रहे थे और गले मिल रहे थे। यह और बात है कि हममें से कुछ मनचले यह सोच रहे थे कि जिन्हें हम गुलाल लगा रहे हैं या जो हमें रंग लगा रहे हैं...काश! उनमें कोई लड़की भी होती!

अभी यह सब चल ही रहा था कि हमारी उमंग पर घड़ों पानी डालते हुए बाज़ार में भगदड़ मच गयी। पता नहीं क्या हुआ कि लाउडस्पीकर खामोश हो गया। लोग भाग-भागकर छुपने लगे और दूकानों के शटर धड़ाधड़ बन्द होने लगे। हममें से भी जो दूकानों के पास थे दूकानों के बन्द शटरों के पीछे गुम हो गए लेकिन कुछ बाहर ही रह गए—जैसे कि मैं। खासतौर पर अपनी जिज्ञासा के वशीभूत कि आखिर हुआ क्या है? किस बात की भगदड़ मची है? हमें क्यों छिप जाना चाहिए? हमने किसी का क्या बिगाड़ा है जो कोई हमारा कुछ नुक्सान करेगा? हम तो किसी को जानते भी नहीं। हमारा तो कोई दोस्त भी नहीं है तो दुश्मन तो क्या होगा! हमें क्यों छुप जाना चाहिए?

अचानक एक तरफ़ से बीस-पच्चीस मोटे-मोटे, काले-काले गुंडों की एक टोली लाठियाँ हाथों में लिए आई और रास्ते में जो दिखा उसे मारने लगी। वे तमिल में चिल्ला रहे थे। उनकी आँखें लाल-लाल थीं, मानो उन्होंने शराब पी रखी हो! उनके प्रहार भरपूर और संतुलित थे। वे सर पर नहीं हाथ-पैर पर मार रहे थे...लेकिन इससे आगे कुछ सोचें-देखें-समझें इससे पहले ही एक लाठी करतारसिंह के पैर पर और एक लाठी मेरे बाएँ हाथ पर पड़ी। इस तरह होली का सारा मज़ा किरकिरा करने के बाद और रंग में भंग डालने के बाद जिस तरह एक आँधी जैसे वे एक तरफ़ से आये थे उसी तरह एक आँधी की

तरह दूसरी तरफ़ से निकल गए।

भाषिक वैमनस्य, भेदभाव और जातीय घृणा का सामना हम लोग पहले भी कर चुके थे। वैसे तो हरेक की आँखों में एक नापसन्दगी का भाव दिखाई देता था जिसके हम आदी हो चले थे और जिसकी उपेक्षा कर देते थे, कभी-कभी कोई उलझ भी जाता था और दक्षिण की श्रेष्ठता और उत्तर की निकृष्टता सिद्ध करने के लिए अजीब-अजीब तर्क देने लगता था...उनके निष्कर्ष यही रहते थे कि उत्तर भारतीय लोग न सिर्फ़ संस्कृतिविहीन, कृतघ्न और परजीवी होते हैं बल्कि वे इस लायक भी नहीं होते कि उन पर भरोसा किया जा सके या उनके साथ शांति से रहा जा सके।

एक से अधिक बार ऐसा हुआ कि हम किसी होटल में गए हैं, हमने कुछ लाने का आदेश दिया है और हम बैठे हैं और हमारे सामने ही बाद में आने वालों को सर्व किया जा रहा है। ज़ाहिर था कि बाद में आनेवाले खा-खाकर जा रहे हैं। हमारी निरन्तर उपेक्षा की जा रही है। एक जगह हमने कटलेट और चाय मँगाई, कटलेट तो आ गए लेकिन बार-बार कहने के बावजूद चाय नहीं आई। अन्त में बोर होकर हमारे बन्दे सारी टेबलों से टोमेटो सॉस की बोतलें उठा लाये और टोमेटो सॉस को प्लेटों में डाल-डालकर चाय की तरह पी गए और बगैर पैसे दिए उठकर चले आये। हम फ़िल्म का सेकण्ड शो पिक्चर देखने जाते तो लौटने के लिए कोई टेक्सी वाला हमें नहीं बैठाता। बस वाले हमसे कुछ दूर बस रोकते और जब हम उसे पकड़ने के लिए दौड़ते तो वे बस भगा देते। फिर कुछ दूर रोकते और फिर हमारे नज़दीक पहुँचने पर अचानक भगा देते। कितनी ही बार हमें एक-एक घंटा पैदल चलकर रात को लौटना पड़ा। जबरन झगड़ा करना,भीड़ इकठ्ठी कर तमिल में चीखना-चिल्लाना और पुलिस की धमकी देना तो आम बात थी। इसलिए हम लोग जहाँ तक हो सके समूह में ही जाते जहाँ भी जाते और अपना रुख आक्रामक रखते ताकि कोई ज़बरदस्ती पंगा लेने की हिम्मत न करे।

लेकिन हमारा गुनाह क्या था? हम गोरे थे, यह हमारा गुनाह था। हमारी कद-काठी अच्छी थी, यह हमारा गुनाह था। हम साफ़ अंग्रेज़ी बोलते थे यह हमारा गुनाह था। हम हिन्दीभाषी थे, यह हमारा गुनाह था। हम तमिल नहीं सीखते थे और उन्हें हिन्दी सीखने की सलाह देते थे, यह हमारा गुनाह था। हमारे देश का प्रधानमंत्री हिन्दी भाषी और उत्तर भारतीय था, यह हमारा गुनाह था। हमारे देश की राजधानी, लोकसभा, सर्वोच्च न्यायालय और सेना मुख्यालय दिल्ली में था, यह हमारा गुनाह था। हमारे राजस्थानी पुरखे लोटा-डोरी लेकर आये थे और धीरे-धीरे यहाँ के सारे व्यापार-वाणिज्य पर कब्ज़ा कर बैठे थे,यह हमारा गुनाह

था। हमें न जाने किस-किस के किस-किस गुनाह की सज़ा मिलनी थी। हम न जाने किस-किस का पाप अपनी गर्दन पर ढो रहे थे।

ये वह समय था जब डी एम के नयी-नयी सत्ता में आई थी और एम जी आर मुख्यमंत्री थे। ज़्यादा दिन नहीं हुए थे जब एक जुलूस में रखी रामचन्द्रजी की तस्वीर पर जूते मारे गए थे। लेकिन मैं एम जी आर का प्रशंसक था। उस दिन मैं माउन्ट रोड पर ही था और मैंने अपनी आँखों से देखा था मनुष्य द्वारा खींचे जानेवाले रिक्शे जब्त किये जा रहे थे और हाथोंहाथ उनके स्थान पर ऑटो रिक्शा दिए जा रहे थे। यह वो काम था जो कम्युनिस्ट पार्टी अपने तीस साल के शासन में भी बंगाल में नहीं कर पाई। लेकिन डी एम के में सब एम जी आर नहीं थे। करुणानिधि ने अपने अलग झंडे का नमूना प्रदर्शित कर दिया था और मम्बलम में एक बड़े से मकान में ठाठ से रहनेवाले राजाजी ने हिन्दी के विरोध में आन्दोलन छेड़ दिया था।

हमें-कम-से-कम मुझे तमिलभाषियों की उग्रता और कुंठा समझ में आती थी। कोई हर्ज नहीं था यदि सुप्रीम कोर्ट की एक बैंच हैदराबाद या बंगलोर में बना दी जाती। कोई हर्ज नहीं था यदि संसद के अधिवेशन उत्तर और दक्षिण में बारी-बारी से होते। कोई हर्ज नहीं था यदि तमिलभाषी सांसद तमिल में ही बोलते और उसके त्वरित हिन्दी अनुवाद की व्यवस्था होती। कोई हर्ज नहीं था यदि आर्य-अनार्य इतिहास को ठुकरा दिया जाता और दशहरे पर रावण-दहन की प्रथा को प्रतिबंधित कर दिया जाता। उस समय के नेताओं में इतना नैतिक साहस और मनोबल था कि वे इस देश की जनता को इसके लिए मना सकते थे। लेकिन गोरे रंग और उत्तर की श्रेष्ठता की ग्रंथि हमारे मनों में भी कहीं बहुत गहरे तक धंसी हुई थी। उत्तर शासक था और दक्षिण केवल शासित...यह एक चमत्कार से कम नहीं कि भारत अंग्रेज़ों के जाने के बाद उस तरह विखंडित नहीं हुआ जैसी कि उन्होंने भविष्यवाणी की थी और जैसे कि पाकिस्तान हो गया। इस बात से सिर्फ़ वही सहमत नहीं होगा जो कुछ समय दक्षिण भारत में नहीं रह आया है। हम चाहे लाख कहें अनेकता में एकता...मुझे मद्रास में कोई चीज़ ऐसी नज़र नहीं आई जो उत्तर और दक्षिण की एकता की नैसर्गिक गवाही दे रही हो!!

वैसे इसमें भी कोई शक नहीं है कि तब से अब तक दुनिया बहुत सिकुड़ी है और पिछले साठ सालों में उत्तर और दक्षिण भारत के बीच के कुदरती फ़ासले काफ़ी हद तक कम हो गए हैं।

महाकवि माघ की जन्मस्थली में

डाकतार विभाग में मेरी पहली तैनाती राजस्थान के जालोर जिले में स्थित एक क़स्बे भीनमाल में हुई थी। जोधपुर-समदड़ी मीटर गेज, ब्राँच लाइन पर एक छोटा-सा फ़्लैग-स्टेशन था भीनमाल। क़स्बे की आबादी पन्द्रह हज़ार के क़रीब थी। तहसील मुख्यालय था। न खेती कुछ ख़ास थी न उद्योग। थोड़ा-बहुत कपड़े का कारोबार था। अनाज और कपड़े की छोटी-मोटी मंडी थी। लड़कों का हायर सैकेंड्री स्कूल था और मज़े की बात यह थी कि कुछ सालों से एक सरकारी कॉलेज भी था। और कॉलेज भी कैसा? व्याख्याताओं-कर्मचारियों की संख्या पच्चीस और छात्रों की कुल संख्या बीस।

मैंने कहा कस्बा तो आपको लगा होगा कि कच्ची सड़कें होंगी, कवेलू की ढलवाँ छतों वाले पुराने मकान होंगे, छोटी-मोटी ऑल-इन-वन दूकानें होंगी, एक थाना होगा, एक छोटी-सी कचहरी होगी, एक छोटा-सा सरकारी अस्पताल होगा जहाँ चारों तरफ़ कचरे के ढेर लगे होंगे और उनमें सूअर घूमते होंगे...जैसे शिवपालगंज! या मालगुड़ी!

लेकिन मंज़र एकदम भिन्न था। पक्की सड़कें थीं। स्ट्रीट लाइट्स थीं। सड़क के दोनों तरफ़ शानदार, पक्की दोमंज़िला हवेलियाँ थीं। कइयों में आरसीसी का ढाँचा था, पत्थरों की घड़ाई थी। कहीं धोलपुर फेशिया, कहीं मकराना का मार्बल, कहीं काला, हरा या नीला चमकदार ग्रेनाइट और कहीं पाली चमकदार सेण्डस्टोन। सुबह-सुबह आप कस्बे में पहुँचें तो संभव है आपको लड़कियाँ-महिलाएँ झुंड बनाकर लोटे हाथ में लिए जंगल जाती नज़र आयें। और आप यह देखकर हैरान रह जायें कि इस समय भी उन्होंने कलाई भर सोने की चूड़ियाँ और बाजूबन्द पहन रखे हैं। उनके पैरों में चाँदी की मोटी-मोटी पाजेबें पड़ी हैं। और—यह देखकर तो आपकी आँखें फटी की फटी रह जायें कि उनमें से कइयों ने कमर में चार-चार, पाँच-पाँच लड़ सोने की तगड़ियाँ पहन रखी हैं जिनके बीच-बीच में ठोस सोने के सितारे, सूरजमुखी के फूल, तितलियाँ या हवाई जहाज़ जड़े हुए हैं। यदि आप ध्यान से देख पायें तो शायद यह भी देख पायें कि इन महिलाओं में जो विवाहित हैं उनकी उँगलियों में जो बिछुए हैं, वे भी सोने के हैं।

यानी कितना हुआ? कम-से-कम पचास तोला प्रति जनानी। दिशा फ़रागत जाते समय!

यदि आप कुछ देर से—मसलन सुबह आठ बजे के करीब पहुँचें, तो आपको अनेक एकवस्त्री पुरुष हाथ में छोटी-सी डिबिया लिये नंगे पैर मन्दिर की तरफ़ लपकते नज़र आयेंगे। रंग काला, कन्धे चौड़े, बदन गठीला, उँगलियाँ मोटी, नथुने फैले हुए, माथा छोटा, गुद्दी भीतर और अपवाद छोड़कर तोंद एकदम नहीं। कौन हो सकते हैं ये पुरुष? आदिवासी या सेठ? और कहीं देखे आपने ऐसे सेठ? समाज-शास्त्र के व्याख्याता झा साहब की मानें तो महावीर स्वामी ने आबू पर्वत पर जिन गिरिवासियों-आदिवासियों को जैन धर्म में दीक्षित किया था—ये उन्हीं के वंशज हैं।

और यदि आप दस बजे के क़रीब कस्बे में पहुँचे तो आपको यह कस्बा एक आम ऊँघता हुआ क़स्बा नज़र आएगा। ठेले पर बिकती बासी सब्ज़ियाँ, झाड़ू खातीं गायें, कचरे में मुँह मारते सूअर, आवारा कुत्ते, हवा में उड़ती धूल, भिनभिनाती मक्खियाँ, बबूल की कँटीली झाड़ियों में फँसीं फड़फड़ाती पॉलिथिन की थैलियाँ, सड़क पर इधर-उधर पड़ा गोबर और इसी सबके बीच कमीज़-पतलून पहने दफ़्तर जाती निस्तेज पुरुष आकृतियाँ।...दूकानें खोलते उनींदे दूकानदार...कसी चोटियों में गुलाबी रिबिन की तितलियाँ बाँधे नंगे पैर स्कूल जाती या स्कूल से लौटतीं बच्चियाँ और आसमान में गर्दिश करतीं एक-दो चीलें।

इसी सबके बीच एक किराये की इमारत में एक छोटा-सा टेलीफ़ोन एक्सचेंज था जिसका मुख्यद्वार एक गन्दी बदबूदार सँकरी गली में खुलता था। सामने ही एक साधु जैसे दिखनेवाले आदमी की चाय की दूकान थी जहाँ कच्चे कोयले की सिगड़ी पर पीतल की डंडीदार भगोनी में चाय 'उकाली' या औटाई जाती थी। सिगड़ी के साथ एक छोटे, हाथ के पहिए वाले धम्मन घुमाते हुए सिगड़ी में हवा की जाती थी जिससे पहले चिंगारियाँ और फिर ढेर सारी राख उड़ती थी। यह राख चाय में सतत् गिरती रहती थी और चाय के स्वाद को एक विशिष्ट चरित्र प्रदान करती थी।

टेलीफ़ोन एक्सचेंज के सारे ऑपरेटर, लाइनमैन, मेकेनिक और एसआईटी हर सुबह यहीं बैठे होते थे। वे अख़बार पढ़ते थे, मिल-बाँटकर बीड़ियाँ पीते थे और अक्सर इस बात पर चर्चानिमग्न रहते थे कि आज चाय कौन पिलायेगा? इसके पीछे फिलॉसफ़ी यह रहती थी कि कल जो कमाई करके लाया उसे ही चाय पिलानी चाहिए। अगर कोई लाइनमैन किसी टेलीफ़ोन का फ़ॉल्ट निकालकर आया हो तो ज़रूर दस रुपये बख़्शीश लेकर आया होगा। किसी ऑपरेटर ने

किसी का लाइटनिंग कॉल अर्जेंट में लगा दिया हो तो उसकी कमाई पचास रुपये तक हो सकती थी। और यदि कल किसी को नया कनेक्शन दिया गया हो, तब तो कहना ही क्या है! कस्बे में सत्तर-अस्सी लोगों के पास टेलीफ़ोन थे बगैर डायलवाले। रिसीवर उठाओ, कुछ देर बाद ऑपरेटर की आवाज़ आयेगी—''नंबर प्लीज़?'' नंबर बताओ,वह कनेक्ट कर देगा। बाहर बात करने के लिए दो लाइनें जोधपुर की थीं और वहीं से आगे सारी दुनिया थी। इन दो लाइनों को दुरुस्त रखने के लिए मैं था।

मेरा न कोई ऑफ़िस था न कोई ऑफ़िस टाइम। आप मज़े से घर पर ही रहिये, मज़े से जो करते हैं करते रहिये...दिक्कत आयी तो टेलीफ़ोन करके या आदमी भेजकर आपको बुलवा लिया जायेगा। हाँ, बगैर बताये कस्बा छोड़कर बाहर मत जाइयेगा और एक तारीख़ को तनख़्वाह लेने ज़रूर आ जाइयेगा।

अब ऐसी नौकरी हो तो आदमी क्या न कर डाले? सो मैंने भी किया। खूब पढ़ा-लिखा, सांस्कृतिक कार्यक्रम—नृत्य नाटिकाएँ—कवि सम्मेलन, मुशायरे-गोष्ठियाँ करवाये। ग़रीब बच्चों के लिए फ्री कोचिंग क्लासेज़ चलायीं, राजनीति की, जनसभाएँ कीं, अख़बार निकाला, साहित्यिक पत्रिका निकाली, खूब घूमा और बेशक...थोड़ी-बहुत मोहब्बत किस्म की बदमाशी भी की।

यहीं रहते मेरी कहानी पहली बार *धर्मयुग* में छपी। मेरा पहला कहानी संग्रह *मात्रा और भार* छपा। मैं वामपंथ में दीक्षित हुआ और विधिवत पार्टी का मेम्बर बना। भीनमाल से मुझे बहुत बड़ी संख्या में अपने पात्र मिले। *नीलकान्त का सफ़र* का नीलकान्त, 'पार्टीशन' के कुर्बान भाई, *मूलचन्द, बाप तथा अन्य* के वकील ऊखचन्दजी, *तलबी* के मंगतरामजी, 'हँसते हुए पत्थर' के वैज्जी, 'सुरक्षा कोष' का भँवर, 'सूरज कब निकलेगा' का भैराराम, 'सूट' के मास्टर साहब, 'झक्की' का डॉक्टर और मग्गू भाई। उपन्यास *बीच में विनय* के तो अधिकांश पात्र भीनमाल के ही हैं और कई तो अपने वास्तविक नामों के साथ हैं। मज़े की बात यह है कि वे जानते भी हैं कि मैंने उन्हें पात्र बनाया है। अधिकांश ने उन रचनाओं को पढ़ा भी है जिनमें वे बहैसियत पात्र हैं। और चाहे रचना में उनका चालचलन कैसा भी बताया गया हो, उन्होंने कभी इसकी शिकायत नहीं की। उल्टे ख़ुश हुए कि एक लेखक ने उन्हें इतना रोचक और विशिष्ट पाया कि अपने वास्तविक नाम सहित रचना में स्थान दिया। कुछ ने तो बार-बार अपने मित्रों-परिचितों को बताया भी कि देखो, ये हम हैं। वे इतना बड़ा दिल नहीं रखते तो मैं क्या ख़ाक लिख पाता!

मैं भीनमाल में रहने वाला पहला लेखक था जिसकी कहानी और फ़ोटो

धर्मयुग में छपी थी। सड़क चलते लोग अपने साथ वालों को मेरी तरफ़ इशारा करके दिखा रहे थे—''देखो!'' कुछ बाज़ार में मुझसे थोड़ी दूर पर ठिठककर खड़े हो जाते और मेरी हर हरकत ध्यान से देखते रहते। 'लेखक हैं'! और कुछ तो बाकायदा मेरे घर मुझसे मिलने आ गये। हाथ मिलाने। मुझे नज़दीक से देखने। भ्रम की गुंजाइश खत्म करने। ''अरे हाँ! सचमुच यही है।'' कुछ तो *धर्मयुग* का वह अंक भी साथ लाये। मेरी कहानी वाला पन्ना खोले हुए। एकाध ने तस्वीर के साथ मेरा मिलान भी किया। तब *धर्मयुग* में लेखकों के पते नहीं छपते थे इसलिए इस सबके बावजूद हो सकता है कि किसी के मन में सन्देह रह गया हो। ''नहीं, नहीं जी! नाम और शक्ल एक होने से क्या होता है! ये नहीं हो सकता। लेखक यहाँ क्यों आयेगा?''

और ऐसे तो अनेक थे जिन्होंने बधाई दी और यह देखकर चक्कर में पड़ गये कि ये तो इसे कोई बहुत बड़ी बात समझ ही नहीं रहा!

फिर कुछ रोज़ बाद साप्ताहिक *हिन्दुस्तान* में भी कहानी और फ़ोटो छप गयी। उसमें पता भी छपा। तो लोगों का सन्देह, अविश्वास और मुड़-मुड़कर देखना खत्म हो गया। फिर वे कहानियाँ पढ़ने लगे और कहानी में खुद को या अपने परिवेश और चरित्रों को ढूँढ़ने लगे। लेकिन ये सब मिलाकर भी कस्बे के दस-बीस प्रतिशत ही बनते थे। शेष अस्सी प्रतिशत की अपनी दुनिया थी और उन्हें *धर्मयुग* से या उसमें छपी कहानी से या उसे लिखने वाले लेखक के भीनमाल में होने-न-होने से कोई फ़र्क नहीं पड़ता था।

कस्बों में प्रतिष्ठा प्राप्त कर लेना बहुत आसान होता है। आप वकील साहब हैं, तो स्वाभाविक है कि आप प्रतिष्ठित हैं। आप डॉक्टर हैं, तो स्वाभाविक है कि आप प्रतिष्ठित हैं या नगरपालिका के प्रशासक भी हैं तो आप प्रतिष्ठित हैं। और प्रतिष्ठित हैं का मतलब यह नहीं कि हर कोई आपको अदब से नमस्कार करता है, आपके सामने सिगरेट नहीं फूँकता, बैठा हो तो आपको देखकर खड़ा हो जाता है, बल्कि प्रतिष्ठित होने का यह मतलब भी है कि शादी में आपके जाने से आयोजन की शोभा बढ़ती है और यहाँ तक कि राष्ट्रीय पर्व पर आपसे ध्वजारोहण भी कराया जा सकता है। लेकिन आश्चर्य की बात थी कि अध्यापकों की ऐसी प्रतिष्ठा नहीं थी। न स्कूल के अध्यापकों की न कॉलेज के लेक्चरर्स की। न हैडमास्टर की न कॉलेज के प्रिंसिपल की। छात्रों को छोड़ कोई उन्हें नमस्ते भी नहीं करता था और तो और, कॉलेज के प्रिंसिपल तो जहाँ भी जाते, एक काले-कलूटे, गंजे, बच्चे जैसे बाबू को हमेशा साथ ले जाते थे। महेश बाबू हर जगह दाँत चियराते हुए सामने वाले को जैसे सूचित करते थे, प्रिंसिपल साब!

बात यह थी कि कस्बे के सामाजिक जीवन पर स्मगलरों का आधिपत्य था। कस्बे के पचास-साठ बनिये बम्बई में रहते थे, सोने की और घड़ियों की स्मगलिंग करते थे और उन्होंने कस्बे में इतनी बड़ी-बड़ी ठाठदार हवेलियाँ बनवा रखी थीं। ये हवेलियाँ अक्सर बन्द पड़ी रहती थीं या रसूखदार सरकारी कर्मचारियों में से किसी को पन्द्रह रुपये या बीस रुपये प्रति माह में किराये पर दे दी जाती थीं, 'ताकि झाड़ू लगती रहे।' साल में एक बार दस-पन्द्रह दिन के लिए बम्बई से सेठ लोग आते, खाते-पीते मौज करते और वापस चले जाते। बम्बई में इन लोगों ने कुछ क्षेत्रों में छोटी-छोटी दिखावटी दूकानें खोल रखी थीं। काम तो सोने और घड़ियों की स्मगलिंग का ही था। माल एक जगह से दूसरी जगह ले जाने के लिए उन्हें बड़ी संख्या में विश्वसनीय कारिन्दों की ज़रूरत पड़ती थी। इसके लिए वे कस्बे के लड़कों को ले जाते थे और काम पर रखते थे। नौवीं तक पढ़कर कस्बे के सत्तर प्रतिशत बच्चे सेठों के पास काम करने बम्बई चले जाते थे। वहाँ वे गाड़ी चलाना, मार खाना और जेल जाना...लेकिन फिर भी मुँह नहीं खोलना और 'देश' आना तो मूँछों पर ताव देते हुए आना सीख जाते थे।

और जब आजीविका के लिए शिक्षा की आवश्यकता थी नहीं और न ही सामाजिक प्रतिष्ठा के लिए, तो फिर अध्यापक कौन? उसे नमस्ते क्यों की जाये? और बचपन के संस्कारों का लिहाज़ करके नमस्ते कर भी ली जाये तो मन-ही-मन उन्हें दयनीय क्यों न समझा जाये? पीठ पीछे उनका मज़ाक क्यों न उड़ाया जाये?

फ़ैशनेबल सज-धज में, भड़काऊ इत्रों से महकते हुए और फ़ुल वॉल्यूम पर स्टीरियो में चालू गाने बजाते हुए ये कारिन्दे 'देश' आते तो सबके लिए कुछ-कुछ सौगातें लाते। चाहे वह फ़ाउण्टेन पेन हो या पेन्सिल टॉर्च या डायरी। फिर हकीकत में हो सकता है कि ये वस्तुएँ पाँच या दस रुपये में क्राफेट मार्केट से खरीदी गयी हों। गुरुजी लोग ऐसे उपहार पाकर गद्‌गद हो जाते और दस जगह चेलों की सुशीलता के गुण गाते। फिर तो ये होने लगा कि चेले के आने की ख़बर मिलते ही गुरुजी ख़ुद उनसे मिलने उनके घर जाने लगे। कई नमूने तो ऐसे भी थे जो गुरु होने की कीमत वसूलने सेठ पुत्रों के पास बम्बई भी जा चुके थे—बेशक भीख माँगने, चाहे वह कोई संस्था खड़ी करने के लिए हो या किताब छपवाने के लिए या और किसी परियोजना के लिए।

भूतपूर्व चेले जितने दिन 'देस' में रहते भिखारियों से ही घिरे रहते। किसी को स्कूल में नये कमरे बनवाने हैं, किसी को मन्दिर में कलश चढ़वाना है, किसी को धर्मशाला में नल लगवाना है तो किसी को आदिवासी छात्रों के हॉस्टल में बिजली

की फ़िटिंग लगवानी है। इस व्यवहार से अपराधी होने की सारी लज्जा, पुलिस से पिटने की सारी पीड़ा...बीवी-बच्चों के सामने माँ-बहन की गालियाँ खाने की सारी ख़लिश धुल जाती थी। जीवन फिर जीने लायक लगने लगता था।

अब होते-होते ऐसा भी हुआ कि सेठ लोगों ने स्मगलिंग में काफ़ी पैसा कमा लिया तो स्मगलिंग छोड़कर स्टेनलैस स्टील का कारखाना लगा लिया या दूसरा कोई धंधा चालू कर दिया। सेठ पैसे का करे तो क्या करे? बम्बई में रहा तो यदाकदा कैबरे देख आया, यार-दोस्त जमा हुए तो रात भर जुगार खेल ली, बच्चों की शादी में दिल खोलकर खर्चा कर दिया या 'देश' में ठाठदार हवेली खड़ी कर ली।

ऐसा ही एक सेठ था दशरथ सेठ, जिसे एसपी सेठ भी कहा जाता था। दशरथ सेठ की ख़ासियत यह थी कि जो भी उसे नमस्ते करता उसे वह सौ रुपये का नोट देता था। जो भी। रास्ता चलता भी। सौ रुपये बहुत होते थे। मेरी बेसिक पे डेढ़ सौ रुपये थी। दशरथ सेठ ने भीनमाल में एक मकान बनवाया। उसके ग्राउंड फ़्लोर पर स्वीमिंग पूल था। फ़र्श पर सेरेमिक टाइल्स और दीवारों पर बेल्जियम से मँगाये गये बड़े-बड़े शीशे। दूसरी मंज़िल पर रिवॉल्विंग बेडरूम्स और छत पर बग़ीचा। अब तो यह भी कोई ख़ास बात नहीं, लेकिन उस समय तो ऐसा मकान भी एक अजूबा ही था। जिसे देखो दशरथ सेठ का मकान देखने जा रहा था। उत्सुकता के मारे हम भी गये एक दिन। मैं, फ़ोन इंस्पेक्टर जेमन साहब और लाइनमैन गेपर नाई। और वहाँ दशरथ सेठ खड़ा था। हमने मासूमियत से नमस्ते कर ली, कि भई जो भी हो, मकान मालिक है कि जिसका मकान देखने आये हैं। और उसने हमें भी सौ-सौ के कड़क नोट पकड़ा दिये। हम मना करने लगे तो वह घिघियाने जैसा लगा। और हमने ले लिये। मकान देखकर बाहर आये तब मुझे एहसास हुआ कि माई गॉड! ये क्या किया मैंने? लेकिन जेमन साहब ज़्यादा विचलित नहीं लगे। उन्होंने इन तीन सौ रुपये से एक दरी, एक कैरम बोर्ड और एक शतरंज ख़रीदकर टेलीफ़ोन एक्सचेंज में एक रिक्रिएशन क्लब चालू कर दिया।

जिस दिन इमर्जेन्सी लगी, देश के आठ बड़े तस्करों को एक साथ गिरफ़्तार कर लिया गया था। दशरथ सेठ भी उनमें से एक था।

~

ऐसे ही एक और सेठ थे जिनके पैसे से कस्बे में सरकारी कॉलेज खुला था। उन्होंने ज़मीन दी थी, इमारत बनाकर दी थी, फ़र्नीचर ख़रीदकर दिया था,

थोड़ा-बहुत फ़ंड भी दिया था और सिर्फ़ इस शर्त पर कि कॉलेज के रजिस्टर-फ़ाइल-लैटरपैड-रबरस्टाम्प-प्रवेश पत्र-परिचय पत्र-प्रमाण पत्र-पुस्तकालय पत्र-वाचनालय पत्र-आमंत्रण पत्र-वाउचर-रसीद-बिल बुक आदि पर उनका सुन्दर नाम छपा होगा, कॉलेज की इमारत पर भी बड़े-बड़े अक्षरों में उनका नाम सुशोभित होगा और पीढ़ियों तक बच्चे बताते रहेंगे कि हमने अमुक-अमुक कॉलेज से ग्रेजुएशन किया है।

एक आठवीं पास, नौवीं फ़ेल लक्ष्मीपति के लिए यह सौदा भी क्या बुरा था?

तो इस महाविद्यालय के व्याख्याता और प्राचार्य इस सेठ के कौन हुए?

नहीं, टालिए मत। कुछ-न-कुछ तो हुए ही। मुझे प्रमाण मिल गया।

सेठ के लड़के की शादी हुई। सेठ जब भी 'देस' आता, प्राचार्य महोदय महेश बाबू को लेकर उससे मिलने चले जाते थे। नमस्कार करने और भीख माँगने। उनकी भाषा सेठ से बात करते समय भी संस्कृतनिष्ठ, तत्समबहुल और संस्कार बोझिल होती थी। 'आपके दर्शनों का सौभाग्य प्राप्त हुआ', 'आपकी कृपा से इस वर्ष...' या 'आपका आशीर्वाद मिल जाये तो...' इत्यादि। दिक्कत यह थी कि सेठ इस सबको अभिधा में ग्रहण करता था। इतनी ही उसमें योग्यता थी। जब प्रिंसिपल साहब अपनी वाक्‌पटुता का प्रदर्शन कर रहे होते, सेठ चुपचाप बैठा यह सारा कवि कौतुक देखता रहता था और मुस्काता रहता था। शरबत पिलाता था और विदा के समय फ़ाउण्टेन पेन या डायरी या कीरिंग या ऐसा ही कुछ तोहफ़ा देता था। जनता जानती थी। व्याख्याताओं को पता चल जाता था। महेश बाबू खुद बता देते थे।

तो जब सेठ के लड़के की शादी हुई तो प्राचार्य महोदय ने प्रस्ताव रखा कि हम लोगों को नवविवाहित सेठपुत्र और पुत्रवधू को महाविद्यालय में आमंत्रित करना चाहिए और स्टाफ़ की ओर से उन्हें पार्टी और 'एक तुच्छ भेंट' देनी चाहिए। इस बात पर कई रोज़ अच्छी-खासी बहस हुई और स्टाफ़ दो फाड़ हो गया। एक गुट का कहना था कि आखिर उसने कॉलेज बनवाया है और हम सब उसके यहाँ जीमकर आयेंगे तो हमारा भी फ़र्ज़ बनता है कि...। और दूसरे गुट का कहना था कि हम सरकारी नौकर हैं, न उसके घर खाने जायेंगे न उस अनपढ़ को बुलाकर अपने सिर पर बैठायेंगे। जो खुद को सेठ का चाकर समझता हो वह ज़रूर ऐसा करे।

अंततः सेठपुत्र और पुत्रवधू को कॉलेज बुलाया गया, स्टाफ़ रूम में पार्टी भी हुई, उसे 'तुच्छ भेंट' भी दी गयी और सारे स्टाफ़ मेम्बर्स भी उसमें शामिल हुए। उनके आते ही स्टाफ़ के सारे सदस्य खड़े हो गये, अधिकांश ने नमस्कार

की मुद्रा में हाथ जोड़ लिए और प्रिंसिपल साहब ने उनके सम्मान में एक स्वागत वक्तव्य भी दिया, जिस पर सबने ताली बजायी।

~

शादियों में खाने के सबसे ज़्यादा निमंत्रण मिलते थे टेलीफ़ोन एक्सचेंजवालों को। टेलीफ़ोन के बिना किसका काम चलता है? सटोरियों का तो ज़रा भी नहीं। और सटोरिये वहाँ बड़ी संख्या में थे। कुछ नहीं तो पचास शादियाँ तो हर साल होतीं, सब टेलीफ़ोनवालों को खाने पर बुलाते और कुछ शादियों में तो चार-चार वक्त वहीं खाने की दावत मिलती। सबके सब टोली बनाकर निष्ठापूर्वक जाते और डकारें मारते हुए वापस आते।

एक बार मैं भी फँस गया। मुझे धकेलते हुए वे ले गये। दो लाइनमैनों ने इधर-उधर से मेरे हाथ कसकर पकड़ लिये और मुझे झुण्ड के बीच में ले लिया।

बड़े-बड़े थालों में घी की गंगा बह रही थी। मुझे देखते ही कुछ मेज़बान लपककर आये और चिल्ला-चिल्लाकर ये और वो लाने को कहने लगे। वे चकित भी थे और कृतार्थ भी कि टेलीफ़ोनवालों के साथ इस बार मैं भी आया।

मेरा थाल पूरी तरह भर गया। खत्म करना मुश्किल था। जूठा छोड़ने की आदत नहीं थी। ऊपर से बड़े विचित्र प्रकार की मनुहारें हो रही थीं। वो मत खाइये, वो अस्सी रुपये किलो है, ये खाइये, ये एक सौ चालीस रुपये किलो है। उसे छोड़िये, वह तो काजू की बर्फ़ी है, इसे खाइये, ये बादाम का हलुवा है। उसे छोड़ दीजिए, कोई बात नहीं, कुत्ते खा लेंगे, इसे चखकर देखिए, इसे बनाने के लिए बॉम्बे से कारीगर बुलाया है।

पाँच साल भीनमाल में रहा। किसी सेठ के घर शादी में भोजन करने का यह मेरा पहला और अन्तिम अवसर था। हाँ, सेठेतर मित्रों-परिचितों के विवाह में फिर भी ज़रूर गया। उस इलाके में 'गोठ' अर्थात् पिकनिक के लिए भोजन का मीनू तय था—दाल, बाटी, चूरमा। और इसी तरह शायद विवाह-समारोहों में भी मीनू तय था। यदि दोपहर का भोजन है तो गरीब आदमी के घर बाटी और अमीर आदमी के घर रोटलें बनेंगे ही बनेंगे। बाटी बनाने के लिए बीच चौराहे किसी भी सड़क पर कंडों का एक बड़ा-सा घेरा बनाकर उसे जला दिया जाता था और उसकी गर्म राख में सिंकने के लिए बाटियाँ डाल दी जाती थीं। रोटले वाला मामला कुछ-कुछ मालवा के बाफलों जैसा था। उबले पानी के सिके आटे के बड़े-बड़े लड्डुओं को चाकू से केक की तरह काट-काटकर चार भाग कर

लिया जाता और फिर घी में तल लिया जाता। विचित्र होता लेकिन इन्हें खिलाने का तरीका! आपकी थाली में जो रोटले परोसे गये हैं उन्हें आप चूर लीजिए। फिर एक आदमी टोंटी वाले लोटे में पिघला हुआ देसी घी लेकर आएगा और तब तक आपकी थाली में पड़े रोटलों पर डालता जायेगा जब तक आप मना नहीं कर देंगे—'चाहे घी थाली में भर जाये और थाली से बाहर बहने लगे।'

एक शादी में रात के समय मैं फरवाली टोपी पहनकर खाना खाने चला गया। बहुत लोग मुझे नहीं पहचानते थे। उन्हें लगा कि शायद कोई मुसलमान पंगत में आकर बैठ गया है। मेज़बान को बात साफ़ करनी पड़ी।

~

खाने की बात हो रही है तो शादी-ब्याह की ही क्यों, सामान्य भोजन की बात भी क्यों ना कर ली जाये!

मुझे खाना बनाना नहीं आता था। मैं एक होटल पर खाना खाता था। दोनों वक़्त भर पेट खाने के महीने भर के चालीस रुपये लगते थे। होटल का रूप यह था कि एक बड़ी-सी झोंपड़ी थी, जिसके बाहर एक कोने में चूल्हा जलता था। सामने अहाते में पाँच-छह झिंगोली खटिया पड़ी रहती थीं। आप जाते थे और खटिया में धँसकर बैठ जाते थे। खाना थाली में परोसकर आपको दे दिया जाता था और आप गोदी में थाली रखकर खाना खा लेते थे।

होटल मगजी का था जो बहुत ही विनम्र और सज्जन व्यक्ति थे। आग्रह करके खिलाते थे और महीना पूरा होने पर भी कभी पैसा नहीं माँगते थे, उल्टे पैसे देने पर बहुत संकोच दिखाते हुए लेते थे और यह ज़रूर कहते थे कि 'इसकी क्या जल्दी थी होकम! आ जाते...।' रोटियाँ मगजी की जवान बेटी फूली बनाती थी और दो लड़के शेष कार्य करते थे।

फूली हरदम हँसती रहती थी और पास बैठी अपनी छोटी बहन के साथ हँसी-मज़ाक करती रहती थी। उसकी एक आँख में फूला था और इसके बावजूद वह सुदर्शना लगती थी। ख़ासकर रात के समय, जब एक तरफ़ से उसके गाल और लटकती लट पर चूल्हे की लाल रोशनी पड़ रही हो, फुर्ती से काम में तल्लीन फूली सचमुच दिलकश लगती थी। उसकी हर रोटी फूली हुई और एकसमान सिकी हुई होती थी। मुझे वह बहुत प्यार से खिलाती थी। हमेशा टिचकारी मारकर मुस्कराते हुए मनुहार करती थी कि मैं एक रोटी तो और लूँ। मैंने सिर्फ़ एक बार

कहा होगा कि मुझे अच्छी तरह सिंकी हुई करारी रोटी पसन्द है और इस बात का फूली ने हमेशा ध्यान रखा।

चूल्हे में सिंकी रोटी के साथ काफ़ी मात्रा में राख आती थी जिसे धूल झाड़ने की तरह दो-तीन बार झाड़ना पड़ता था। मीनू लगभग तय था। पतली दाल और उबली सब्ज़ी। सब्ज़ी का शाब्दिक अर्थ तो 'हरी' होता है, पर यहाँ उसका मतलब लौकी, टिण्डे, ग्वारफली, कद्दू या बेसन के गट्टे ही होता था। इसमें मगजी का क्या दोष? जो मिलेगा वही तो खिलाएँगे। फिर कई ग्राहक—ख़ासकर गाँव से आने वाले ग्राहक खाना खाने के बाद थाली में ही कुल्ला करते थे। जूठी थालियाँ चूल्हे की दूसरी तरफ़ बनी मोरी पर रख दी जाती थीं और कोई दिन ऐसा नहीं जाता था जब किसी घूमते-फिरते आवारा कुत्ते ने आकर हमारे सामने ही वह थाली न चाटी हो। हमने मगजी से बहुत बार कहा कि मगजी, ये क्या है? लेकिन उनके पास अन्त तक इसका कोई विकल्प नहीं हुआ।

मेरे एक बुज़ुर्ग सहकर्मी बीच-बीच में जोधपुर से आते थे। उन्हें भी मैं यहीं खाना खिलाता था। वह हर बार बहुत मन मारकर खाना खाते थे और हर बार मुझे अपने हाथ से खाना बनाने के फ़ायदे घंटे भर तक समझाते थे।

आख़िर एक दिन मैंने आत्मसमर्पण कर दिया। सामान-वामान ख़रीदा और खाना बनाना शुरू कर दिया। मुझे सिर्फ़ दो चीज़ें बनानी आती थीं। खिचड़ी, जिसमें लगभग कुछ नहीं करना पड़ता और परांठे, जिन्हें सिर्फ़ खाना था, दिखाना नहीं था। हाज़मा मेरा शुरू से अच्छा था। ख़ैर, फिर धीरे-धीरे एक लाइनमैन ने मुझे खाने योग्य खाना बनाना भी सिखा दिया और बारह साल के अभ्यास के बाद तो मैं खाना पकाने में ऐसा उस्ताद हो गया कि जब मेरी शादी हुई तो कई चीज़ें बनाना मैंने अपनी पत्नी को सिखाया। शादी के शुरुआती दिनों में वह बेहद संकोच के साथ खाना पकाती थीं और मन-ही-मन मनाती रहती थीं कि जिस समय वह खाना पका रही हों, मैं रसोई में न आ जाऊँ। वैसे इसमें इतराने की कोई बात नहीं है, क्योंकि शीघ्र उन्होंने मुझे पीछे छोड़ दिया और पूरी रिश्तेदारी तथा मित्र मण्डली में अपनी पाक-कला प्रवीणता के लिए प्रशंसा पाने लगीं। हाँ, पर इतना ज़रूर है कि मैं आज भी अकेला रहूँ तो न होटल में खाता हूँ, न भूखा रहता हूँ। अपना काम चला लेता हूँ। कम-से-कम कुछ दिन तो मज़े से। मुझे तब भी लगता था और अब भी लगता है कि नौवीं और दसवीं कक्षा में गृह-विज्ञान लड़कों के लिए एक अनिवार्य विषय होना चाहिए। आप उन्हें खाना

पकाना सिखाओगे नहीं और फिर हल्ला मचाओगे कि देखो! ये फ़ास्ट फ़ूड खा रहे हैं। आप उन्हें बच्चे पालना सिखाओगे नहीं और फिर विलाप करोगे कि स्त्रियों के साथ लैंगिक भेदभाव हो रहा है। करो भाई कुछ। लड़के भी दुआ देंगे।

~

टेलीफ़ोन एक्सचेंज के सहकर्मियों के अलावा भीनमाल में जिन लोगों से सबसे पहले मेरी मुलाकात और दोस्ती हुई वे थे, पुष्पकांत जी और कुर्बान भाई। पुष्पकांत जी लड़कों के स्कूल में हिन्दी के अध्यापक थे और मोतीलाल जी के बेटे थे। मोतीलाल जी भी उसी स्कूल में चित्रकला के अध्यापक थे। पिता और पुत्र का एक ही संस्था में साथ-साथ नौकरी करना मुझे बहुत कठिन, बल्कि अस्वाभाविक काम जैसा लगता था। बहरहाल, यह सच है कि इसके बावजूद पुष्पकांत जी में कुछ ऐसा था जो देखते ही किसी को भी उनके प्रति आकर्षित करता था। शायद उनकी भावुकता और संवेदनशीलता। वह इतनी एकाग्रता से सामनेवाले की बात सुनते थे, इतनी तल्लीनता से पढ़ते थे, इतने ध्यान से किसी भी चीज़ को देखते थे और इतने कन्विक्शन के साथ अपनी बात कहते थे कि यह एकदम दुर्लभ जैसा लगता था। कितनी ही बार भीनमाल के लोगों ने ऐसे दृश्य देखे होंगे कि किसी भूखे बच्चे को पुष्पकांत जी ने भरपेट खाना खिलाया, किसी दुःखी आदमी की दास्तान सुनकर रोने लगे, किसी बीमार-लाचार को हाथ पकड़कर अस्पताल ले गये या किसी ज़रुरतमंद के लिए बगैर सोचे अपनी जेबें उलट दीं। पुष्पकांत जी एकदम कलाकारोचित और औघड़ थे। लोग उन्हें एक भावुक व्यक्ति की तरह अवेर के साथ रखते थे और मोतीलाल जी के बच्चे के नाते प्यार भी करते थे। उनकी खुद की उम्र चालीस से कम की नहीं होगी, तीन बच्चे थे, लेकिन कस्बे में यदि मोतीलाल जी थे और अच्छे-खासे थे, तो पुष्पकांत जी का दर्जा प्रिन्स चार्ल्स की तरह ही रहना था।

पुष्पकांत जी के परिवार में सब कलाकार थे। दीपावली पर उनके घर में न सिर्फ़ पुताई होती थी बल्कि हर दीवार पर चित्रकारी भी होती थी। चित्रकारी का मतलब लोककला के माँडने इत्यादि नहीं, बाकायदा राजा रवि वर्मा से और नन्दलाल बोस से और यामिनी रॉय से डाली-पिकासो तक की रंगीन चित्रकारी। मास्टर मोतीलाल जी और उनके तीनों बेटे कोई महीने भर तक रात-दिन इसमें जुटे रहते और फिर इस 'कलादीर्घा' को जनता के लिए खोल दिया जाता। राजस्थान के एक उजाड़ ज़िले जालोर के एक मुफ़स्सल कस्बे भीनमाल के एक सामान्य

से अध्यापक परिवार का ऐसा विकट कला प्रेम अलभ्य था, अकल्पनीय था। और देखिये मज़ा कि न कभी किसी ने इसकी फ़ोटोग्राफ़ी की न वीडियोग्राफी, न इसे प्रचारित किया गया, न इस पर इतराये। इससे ज़्यादा शुद्ध स्वांतःसुखाय और कहाँ मिलेगा?

लेकिन इस मामले में भी कस्बे के अस्सी प्रतिशत लोगों को इससे कोई फ़र्क नहीं पड़ता था।

कुर्बान भाई की किराने की दूकान थी। छोटी-सी। पढ़ने के भयंकर शौकीन थे। एक ही लड़का था जिसका नाम उन्होंने रखा था—जफ़र इकबाल। क्योंकि कुर्बान भाई मेरी दो कहानियों में आये हैं जिनमें से एक 'पार्टीशन' तो काफ़ी मकबूल भी रही है और आज भी चार-पाँच विश्वविद्यालयों के पाठ्यक्रम में पढ़ाई जाती है, इसलिए यहाँ कुर्बान भाई के बारे में ज़्यादा नहीं कहूँगा।

कुछ ही दिन बाद पुष्पकांत जी के साथ पास के एक गाँव जाने का मौका मिला जहाँ उनकी ज़मीन थी जिस पर खेती हो रही थी। वहाँ खेत भी था, कुआँ भी था, पम्पिंग सेट भी था और एक दो कमरों का पक्का मकान भी था। वहाँ हम रात को रुके भी। पुष्पकांत जी मुझे अपने बचपन के किस्से सुनाते रहे। सर्दियों के दिन थे। छह बजते-बजते अँधेरा हो गया। कोई सात-साढ़े सात बजे मेरी चाय पीने की इच्छा हुई। हम गिलास लेकर दूध लेने निकले। पूरे गाँव में घूम लिए, दूध नहीं मिला। गाँव में दूध बेचना पाप माना जाता था और मुफ़्त में किसी अजनबी को क्यों दें? उस रात बगैर दूध के ही चाय पी। सुबह वापस आ गये।

~

एक दिन पुष्पकांत जी ने कहा कि स्वतन्त्रता दिवस पर मुझसे कोई छोटा-मोटा सांस्कृतिक कार्यक्रम करवाने को कहा गया है, क्या करूँ? मैंने कहा कि मेरे पास प्रतिबंधित नज़्मों की एक किताब है। या तो उसमें से चार-छह छाँटकर तैयार कर लो या कुछ और सोचते हैं। पुष्पकांत जी ने कहा कि ज़ब्तशुदा नज़्मों की संगीतिक प्रस्तुतियों वाला आइडिया है तो बहुत अच्छा, पर इतने कम समय में ठीक से हो नहीं पायेगा। कुछ और बताओ। मैंने कहा कि सोचते हैं। इतिहास और राजनीति आदि की बातें होने लगीं। बातों-बातों में 1857 का ज़िक्र आ गया। पुष्पकांत जी ने 1857 को दो बार म्यूटिनी और एक बार ग़दर कहा। इस पर मैं उलझ गया कि 1857 ग़दर नहीं, स्वतन्त्रता का पहला संघर्ष था। पुष्पकांत जी बोले कि मेरा वही मतलब था। तो मेरे दिमाग़ में आइडिया आया कि

1857 के बारह शहीदों की झाँकियाँ क्यों न दिखाई जायें? पुष्पकांत जी को मज़ा आ गया। वह चाहते थे कि साथ में कमेन्ट्री भी चलती रहे। मैंने कहा ठीक है, वह मैं लिख दूँगा। मैंने कमेन्ट्री लिखी, इतनी देर में पुष्पकांत जी ने एक वायलिनवादक, एक बिगुलवादक, एक ढोली और एक टेपरिकॉर्डर की व्यवस्था कर ली। व्यवस्था क्या कर ली, उन सबको लेकर मेरे घर ही आ गये। दो-ढाई घंटे में हमने ध्वनिप्रभावों के साथ कमेन्ट्री रिकॉर्ड कर ली। समस्या अब कॉस्ट्यूम और मेकअप की थी। वह भी किया। अन्ततः हुआ और शानदार हुआ। इस क़दर कि सुबह मैदान में देखने से लोगों का मन नहीं भरा तो शाम को जनता की फ़रमाइश पर नगरपालिका के सभागार में वही शो दोबारा करना पड़ा और मेरी और पुष्पकांत जी की जोड़ी पूरे कस्बे में मशहूर हो गयी। दिन भर हम अपने-अपने काम-धंधों में मगन रहते पर शाम होते ही कुर्बान भाई की दूकान पर आ जाते। कुर्बान भाई की दूकान पहले हमारा और फिर शीघ्र ही सारे क़स्बे के पढ़ने-लिखनेवालों का अड्डा बन गयी।

ऐसे ही एक बार विचार आया कि एक अख़बार निकाला जाये। आस-पास के दो-तीन ज़िलों से एक भी अख़बार नहीं निकलता था। जोधपुर-जयपुर के अख़बार तीसरे-चौथे रोज़ आते थे और उनमें इस क्षेत्र की कोई ख़बर भी नहीं होती थी। अख़बार निकालने का विचार सबको इतना पसन्द आया कि कुर्बान भाई की दूकान पर बैठे-बैठे ही फटाफट उसकी रूपरेखा बन गयी और नाम भी तय हो गया—*मुक्तवाणी*। दूसरे दिन पुष्पकांत जी उसका मास्टहैड और प्रवेशांक का चित्र भी बना लाये। सिर्फ़ धोती पहने एक हट्टा-कट्टा युवक जिसके कन्धे पर अनाज का गट्ठर और उसमें खुँसा हँसिया है और दूसरे हाथ में एक बड़ा-सा गीयर। चित्र थोड़ा पुरानी चाल का था, लेकिन सुन्दर था, किसी दक्ष व्यावसायिक चित्रकार का बनाया हुआ लग रहा था और हमारी सोच को भी अभिव्यक्त कर रहा था।

अब समस्या थी पैसे की, तो पुष्पकांत जी ने कहा कि भीनमाल में पैसा तो कोई समस्या हो ही नहीं सकता। वह मुझे उसी समय हाथ पकड़कर सुन्दरलाल वकील के पास ले गये और उन्हें भीनमाल से अख़बार निकालने का आइडिया ऐसे सुनाया जैसे *मुक्तवाणी* नहीं कोई *न्यूयॉर्क टाइम्स* या फिर *वाशिंगटन पोस्ट* निकलने जा रहा हो। सुन्दरलालजी काँग्रेस के स्थानीय नेता थे। एक बार विधानसभा का चुनाव लड़ चुके थे, अख़बार की अहमियत समझते थे और अख़बार के साथ-साथ पुष्पकांत जी की भी। उन्होंने तुरन्त जेब से सौ-सौ रुपये के पाँच नोट निकाले और बढ़ाते हुए बोले—'मैं...मैं...मैं...सुन्दरलाल...*मुक्तवाणी* का पहला

आजीवन ग्राहक!' सारे दृश्य में ऐसी मीठी नाटकीयता थी कि तालियाँ पीटने की इच्छा होती थी। सुन्दरलालजी ने *मुक्तवाणी* के एक हज़ार ग्राहक बनवाने का भी आश्वासन दिया।

ये हो गया। डिक्लेरेशन के लिए रजिस्ट्रार ऑफ़ न्यूज़पेपर को लिख दिया। उगमराज की ट्रेडल प्रेस के लिए बात कर ली। काग़ज़ के लिए जोधपुर बात कर ली। एस्टीमेट बना लिया। अन्य छोटी-मोटी औपचारिकताएँ मसलन लैटर पैड, रसीद बुक, बिल बुक, रबड़ स्टाम्प, एसपी भँवरसिंह और एसडीएम आर्य साहब को सूचना देना आदि कर लीं। अब हमें तलाश थी किसी अयोग्य सम्पादक की। सरकारी नौकरी में होने की वजह से सम्पादक न मैं बन सकता था न पुष्पकांत जी। कुर्बान भाई की सीमाएँ स्पष्ट थीं और सुन्दरलाल प्रभृति सज्जन अपनी पार्टी प्रतिबद्धताओं के कारण भविष्य के इस *न्यूयॉर्क टाइम्स* या *वाशिंगटन पोस्ट* की पहुँच और उड़ान को सीमित कर सकते थे। सम्पादक का तथाकथित पढ़ा-लिखा, प्रतिष्ठित और अयोग्य होना भी ज़रूरी था, वरना वह हमें अपनी मर्जी से सम्पादन क्यों करने देगा? खुद नहीं करने लगेगा? और हफ़्ते भर की खोज के बाद वह सम्पादक हमें मिल गया। एक वकील साहब जो वकालत नहीं, सट्टेबाज़ी करते थे। महावीर जैन। अहा! नाम भी क्या सम्पादकोचित।

अगले इतवार को सुन्दरलाल जी हमें लेकर बाज़ार में निकले और हर दूकानदार से वार्षिक ग्राहक की रसीद कटवाने लगे। सुन्दरलाल जी को कौन मना करता? तीन घण्टे में हमने चार सौ ग्राहक बना लिये। सुन्दरलाल जी ने हमसे तीन-चार रसीद बुक ले ली। एक रानीवाड़ा भिजवा देंगे, एक मालवाड़ा, एक साँचोर, एक जालोर और एक आहोर। चिन्ता मत करो, पैसे आ जायेंगे। चाहो तो अभी मुझसे एडवांस ले लो और तैयारी शुरू कर दो। छब्बीस जनवरी से शुरू हो जाये।

टेब्लॉयड आकार का साप्ताहिक समाचार पत्र था। समाचार एकत्रित करने का काम पुष्पकांत जी का, लिखने का काम मेरा और छपाने, सजाने, नीति निर्धारण, प्रूफ़ पढ़ने आदि का काम भी मेरा। पैसे लाने का काम पुष्पकांत जी का और हिसाब रखने का काम कुर्बान भाई का। उनका गल्ला हमारा बैंक। जगह-जगह पुष्पकांत जी के भूतपूर्व छात्र बिखरे हुए थे। वे बन गये हमारे संवाददाता। ब्लिट्ज के 'ये गुलिस्ताँ हमारा' की तर्ज पर व्यंग्य का एक स्तंभ 'सुनिये मेहरबान' शुरू कर दिया जो बहुत लोकप्रिय हुआ। तजुरबा नहीं था इसलिए भुगतना भी खूब पड़ा। विद्युत विभाग के खिलाफ़ छाप दिया, उन्होंने मेरे घर की बिजली काट दी। शिक्षा विभाग के बारे में कुछ छाप दिया, पुष्पकांत जी के खिलाफ़ उनके

विभाग में शिकायत हो गयी। चिकित्सा विभाग की कोई पोल खोल दी, हमारे पास वकील का नोटिस आ गया। अंततः मेरी भी शिकायत हो गयी और जाँच के आधार पर मेरा तबादला हो गया।

लेकिन तजुरबा चाहे कम हो, हिम्मत की हममें कोई कमी नहीं थी। और इसके पीछे कारण यह भी था कि नीयत साफ़ थी। न किसी को ब्लैकमेल करना था न कोई राजनीतिक खेल खेलना था। अनजान कोनों से हमारे भी समर्थक निकल आये। लेकिन अब दिक्कत दूसरी तरफ़ से आ रही थी।

भले आदमियों की भली कोशिशों से खूब सारे वार्षिक ग्राहक तो बनाये जा सकते हैं, लेकिन उनके चन्दे से अखबार नहीं चलाया जा सकता—ये पता चला और समझ में आ गया। अब क्या किया जाये ? और आखिर में यह नतीजा निकला कि तस्करों या भूतपूर्व तस्करों या तस्करों के सहायकों से विज्ञापन लिये बगैर जनता के लिए जनता का अखबार नहीं निकाला जा सकता। स्थानीय व्यापारियों की इतनी हैसियत नहीं कि विज्ञापन दें। अखबार का सर्कुलेशन इतना नहीं कि बड़ी कम्पनियों के विज्ञापन मिलें, ब्लैकमेल करना नहीं है और अभी सरकारी विज्ञापन लेने की अर्हता हासिल की नहीं है। शुभचिन्तकों का आरम्भिक उत्साह और स्थानीय अखबार होने की शुरुआती उत्तेजना भी समाप्त हो चुकी थी। अखबार में चटपटा मसालेदार भी कुछ नहीं था। सनसनीखेज़ भी नहीं। कई बार तो पूरी खबरें भी नहीं। खींचा। खींचा। पर अखबार अपनी पहली वर्षगाँठ भी नहीं मना सका। ग्यारहवें महीने—*मुक्तवाणी* बन्द हो गया।

~

एक दिन मैं प्रैस में बैठा अख़बार के प्रूफ़ देख रहा था कि सफ़ेद सूट, काली कमीज़ और सुर्ख लाल टाई में एक सुदर्शन व्यक्ति ने प्रवेश किया और मुझसे गहरे दाब और ऊष्मा के साथ हाथ मिलाया। "मैं...मोहन श्रोत्रिय। अंग्रेज़ी पढ़ाता हूँ। कॉलेज में। हाँ, भरतपुर से आया हूँ। कल भी आया था। आप थे नहीं। पता चला दिल्ली गये हैं।"

मोहन श्रोत्रिय एक दिलकश नौजवान, एक सुलझे हुए कॉमरेड, एक सुरुचिपूर्ण पढ़ाकू और शिक्षकों की यूनियन रुक्टा के नेता तो थे ही, कवि विजेन्द्र के विद्यार्थी भी रह चुके थे, इसलिए उनसे तत्काल मित्रता हो गई और यह मित्रता दिन-ब-दिन गाढ़ी होती गई। उनकी एक चार साल की बिटिया थी, रिज्जी—जो मेरी दोस्त बन गई और उनके पास ख़ूब सारी ऐसी पुस्तकें थीं जो मैं बरसों

से पढ़ना चाह रहा था। हम लोग शाम को कुर्बान भाई की दूकान पर इकट्ठे होते ही थे, लेकिन मोहन श्रोत्रिय के आने के बाद वहाँ की शामों का मिज़ाज बदलने लगा। पहले जहाँ कवि, अध्यापक, साहित्य प्रेमी और पुष्पकांत जी के भूतपूर्व छात्र अधिक होते थे और सामान्य विषयों पर दिलचस्प और ख़ुशगवार बातचीत होती थी, वहीं अब व्याख्याताओं की संख्या बढ़ गई और बातचीत का रंग राजनीतिक, स्वर उग्र और पक्ष अधिक आग्रही होने लगे। दूर से कोई देखता तो यही समझता कि यहाँ कोई लड़ाई हो रही है। कभी-कभी तो कुर्बान भाई के ग्राहक और ख़ुद कुर्बान भाई भी घबरा जाते। ग्राहक तीन बार कोई चीज़ माँग चुका है और वह 'ऐं? ऐं?' ही कर रहे हैं। क्या करें, कुछ सुनाई तो आये! फिर कुर्बान भाई तरक़ीब सीख गये। जो सबसे ऊँची आवाज़ में बोल रहा होता उसी को छाबड़ी पकड़ा देते—ज़रा नीचे से साबुत मिर्च निकाल दीजिए आधा किलो। या लिस्ट पकड़ा देते—ज़रा टोटल चेक कर लीजिए। वग़ैरह।

मोहन श्रोत्रिय के आने से पहले कॉलेज के अंग्रेज़ी विभाग में एकमात्र व्याख्याता सदाशिव श्रोत्रिय थे जो चित्तौड़ से आये थे। सदाशिव जी बेहद प्यारे इनसान और बेहद संवेदनशील कवि थे। सदाशिव जी उस समय बॉब कट बाल रखते थे जब मर्दों में इस तरह के बाल रखने का फ़ैशन आने में पाँच साल की देर थी। वह अपने बालों के कारण आते ही सारे क़स्बे में चर्चा का विषय बन गये थे। उस समय ऐसे बाल सिर्फ़ बीटल्स के थे। सदाशिव जी के पास रेकॉर्ड्स थे, ग्रामोफ़ोन नहीं था। कभी होगा, इस उम्मीद में रेकॉर्ड्स ख़रीद लिये गये थे। उन्होंने बीटल्स के एक-दो गाने मुझे भी गाकर सुनाये। (उससे पहले मुझे विश्वास नहीं होता था कि अंग्रेज़ी भाषा में भी कोई गाना गाया जा सकता है।)

सदाशिव जी के आने की ख़बर मिली तो मैं और पुष्पकांत जी उनसे मिलने उनके घर गये और पहली ही मुलाक़ात में—बग़ैर मेरा नाम भी अच्छी तरह जाने—उन्होंने मुझे तीन किताबें और एन.एस.डी. से मँगाई राजा ईडीपस की साइक्लोस्टाइल स्क्रिप्ट दे दी। जबकि गये तो हम ये पूछने थे कि उन्हें किसी चीज़ की ज़रूरत तो नहीं है। अगली ही मुलाक़ात में उन्होंने मुझे कबीर गाकर सुनाया—निर्गुण की कुछ मुग्धकारी व्याख्या के साथ...और हम दोस्त हो गये। सदाशिव जी के साथ शाम को घूमने का क्रम बन गया। उनके साथ मैंने छह महीने ग़ालिब को पढ़ा और हम खूब डूबकर उसमें नहाये। सदाशिव जी नहीं होते तो शायद मैं ग़ालिब में या ग़ालिब मुझमें कभी इतने गहरे न उतरते। बाद में मीर और फ़ैज़ को पढ़ते समय मुझे बारहा सदाशिव जी याद आये। मेरा अनुभव है कि अच्छी रचना यदि बाँटकर पढ़ी जाये तो उसका स्वाद दोगुना हो

जाता है। मसलन जब मैं और सदाशिव जी ग़ालिब को पढ़ते थे तो हम ग़ालिब को यथावत ग्रहण नहीं करते थे, बल्कि उन्हें अपने समय की संवेदना देते थे, ग़ालिब की कल्पनाशीलता को एक नया सन्दर्भ और सामयिकता देते थे। इससे काव्य के लोकोत्तर आनन्द का एक अद्‌भुत रसायन बनता था और कविता पढ़ना भी एक रचनात्मक कार्य हो जाता था। ग़ालिब आज की ज़िन्दगी और वर्तमान के देशकाल में हमारे सामने सजीव हो जाते थे। उनके गाये ग़ालिब के कुछ शे'र मेरे मन में निरन्तर उन्हीं ईमानदार स्वरों में गूँजते रहते हैं मसलन—

नहीं कुछ सुब्हा-ओ-जुन्नार के फ़ंदे में गीराई।
वफ़ादारी में शेखो बिरहमन की आज़माइश है।।

या

थीं बना तन्नाशे गर्दूं दिन को परदे में निहाँ।
शब को उनके जी में क्या आई कि उरियाँ हो गयीं।।

या

रोने से और इश्क में बेबाक हो गये।
धोये गये कुछ ऐसे के बस पाक हो गये।।

सदाशिव जी को गालिब, कबीर और शमशेर का नशा था। इनमें वह घण्टों डूबे रह सकते थे। वे मध्यकालीन अंग्रेज़ी कवियों में से न जाने किस-किसको निकालकर मुझे दिखाते रहते थे। ''ये देखिए...गालिब जिसे इस तरह कहते हैं, कोलरिज उसी को कैसे कहता है...वगैरह।'' इससे पहले और बाद में अंग्रेज़ी के जिन प्राध्यापकों से मैं मिला, वे वर्ड्सवर्थ, कीट्स, इलियट वगैरह को कविता का सर्वोच्च संभावित शिखर मानते थे, भारतीय या एशियाई कविता के लिए या तो उनमें हिकारत का भाव होता था या अपरिचय और उपेक्षा या दोनों का। हालाँकि यह भी सच था कि हिन्दी के बहुत बड़े-बड़े रचनाकार अंग्रेज़ी साहित्य के अध्यापक रहे थे, लेकिन सदाशिव जी को देखकर मैं हमेशा गहरे ताज्जुब में पड़ जाता था कि नाथद्वारा जैसी छोटी-सी जगह के एक प्राथमिक स्कूल के अध्यापक का लड़का जो म्यूनिसीपालिटी के स्कूलों में पढ़ा और स्नातक तक विज्ञान का विद्यार्थी रहा, और जिसने उदयपुर जैसी छोटी-सी जगह से अंग्रेज़ी में एम.ए. किया—जहाँ हिन्दी भी उच्च और अभिजात है—कैसे अंग्रेज़ी साहित्य में इतनी गहरी रुचि और गति पैदा कर सका। मैं मन-ही-मन उनका आदर करने लगा।

सदाशिव जी में एक बेहद प्रबल जिज्ञासा-भाव था। कहें एक विरल ज्ञानपिपासा थी और उनके लिए ज्ञान सुख का सर्वोच्च स्रोत था। ज्ञान का दूसरा कोई हेतु या उद्देश्य या लक्ष्य होना ज़रूरी नहीं था। आप-पास वालों को वह

ज़रूर खब्ती लगते होंगे, लेकिन उनकी ज्ञानपिपासा सचमुच अद्‌भुत थी। एक बार 'वामपंथी' शब्द हमारी बातचीत में आ गया। सदाशिव जी ने पूछा कि वामपंथी क्या होते हैं और उन्हें वामपंथी क्यों कहा जाता है? मैंने कहा कि यह अंग्रेज़ी के शब्द 'लेफ्टिस्ट' का हिन्दी रूपान्तर है और आम तौर पर कम्यूनिस्टों को वामपंथी कहा जाता है। इससे ज़्यादा मुझे नहीं मालूम। मैंने सोचा भी नहीं और मालूम करना मुझे ज़रूरी भी नहीं लगा। उन्होंने मुझसे तो कुछ नहीं कहा, पर उन्हें धुन सवार हो गई। अगले दिन कॉलेज से लौटे तो उनकी साइकिल के कैरियर पर पाँच-छह डिक्शनरी लदी हुई थीं। एक थेज़ारस भी। कॉलेज में तो एन्साइक्लोपीडिया भी था जिसका कभी किसी ने उपयोग नहीं किया था। दो दिन तो लायब्रेरियन को उस अलमारी की चाभी ही नहीं मिली जिसमें एन्साइक्लोपीडिया रखा था। लेकिन सदाशिव जी ने पता लगाकर ही दम लिया और तीसरे दिन 'लेफ़्टिस्ट' शब्द की व्युत्पत्ति और पूरी यात्रा मेरे सामने खोलकर रख दी। ऐसा ही वह हर चीज़ के साथ करते थे। जुनून की हद तक पीछे पड़ जाते थे और पता लगाकर ही छोड़ते थे। कामचलाऊ समाधानों से उन्हें संतोष नहीं था। शुरू-शुरू में तो मुझे भी यह एक किस्म का झक्कीपन जैसा ही लगा, लेकिन शीघ्र ही मैंने महसूस किया कि ये कितनी अच्छी बात है कि आपके समाज में एक व्यक्ति ऐसा है जिससे आप भाषा और साहित्य सम्बन्धी कोई भी सवाल पूछ सकते हैं, जो आपके लिए कहीं से भी उसका उत्तर ढूँढकर लायेगा और जिस पर आप सौ टका भरोसा कर सकते हैं कि इनका बताया उत्तर एकदम सही होगा।

उस दिन से सदाशिव जी अंग्रेज़ी भाषा और साहित्य के लिए मेरे रिसोर्स पर्सन हो गये और आज तक हैं। ग़ालिब-प्रेम के दिनों में मैंने और सदाशिव जी ने कुर्बान भाई से उर्दू सीखने की कोशिश की। क़ायदा भी लाये। लुगाद भी लाये। लेकिन असफल रहे। बाद में जामिया ने उर्दू सिखाने का जो पत्राचार पाठ्‌यक्रम शुरू किया, वह काफ़ी उपयोगी सिद्ध हुआ।

सदाशिव जी की साहित्य की पकड़ भी बहुत गहरी थी। वह कम पढ़ते थे। वह क्लासिक्स में ही ऐसे गड्ढे ढूँढ लेते थे जो आम-तौर पर किसी को नज़र नहीं आते थे और लोकसाहित्य में भी ऐसी दार्शनिक उक्तियाँ ढूँढ निकालते थे जो सर्वकालिक और सर्वदेशिक हो सकती हैं। सदाशिव जी के साथ मैं भीनमाल के आस-पास के गाँवों में कई धूनियों-चौपालों-आश्रमों में गया जहाँ कबीर गाये जाते थे। कबीर के राजस्थानी संस्करण मूल से काफ़ी भिन्न भी थे, लेकिन हमें क्या पता कि मूल क्या था? और गहराई से विचार करो तो केन्द्रीय तत्त्व तो दोनों में एक ही था। अब कविता की कालयात्रा तो बेशक गहरे अनुसंधान का

विषय है लेकिन इतना ज़रूर है कि कबीर और मीरा की लोकव्याप्ति देखकर हमें दंग रह जाना पड़ता है।

सदाशिव जी के भीतर कहीं एक छोटा-सा बच्चा भी जीवित था जो कौतुक और रम्मत में मुग्ध हो जाता है, नाचने-फुदकने लगता है या शब्दक्रीड़ा करने लगता है। उनका यह रूप बहुत कम लोगों ने देखा होगा। सदाशिव जी आलोचक बहुत कमाल के हो सकते थे। कवि तो थे ही। एक कविता-संग्रह भी उनका छपा, पर जाने क्यों, मुझे कभी-कभी लगता है कि वह अपनी प्रतिभा और संभावना के साथ पूरा-पूरा न्याय नहीं कर पाये। शायद उन्हें ज्ञान, अनुभूति या अनुभव को उपलब्धि में बदलना घटिया बात लगती हो, पर क्या ऐसे लोग भी नहीं होते?

सदाशिव जी के सहयोग से हमने भीनमाल में एक सटरडे क्लब शुरू किया, जिसके अंतर्गत हर शनिवार किसी के घर एक कप चाय पर पच्चीस-तीस मित्र बैठते और महत्त्वपूर्ण सामयिक विषय पर घंटे-दो घंटे चर्चा करते। यह आयोजन मुझे क़स्बे की अलस और अहिल ज़िन्दगी में जीवंतता का इतना बड़ा कारक लगा कि इसके बाद फिर मैं जहाँ भी रहा वहाँ मैंने सटरडे क्लब ज़रूर चलाया।

लेकिन मोहन श्रोत्रिय एकदम अलग किस्म के आदमी थे। जब उन्होंने कहा कि क्यों नहीं अखबार की बजाय एक साहित्यिक पत्रिका निकाली जाये जिसे पूरा देश पढ़े तो मैंने उन्हें अख़बार निकालने के अपने अनुभव बताये। मैंने साररूप में स्थिति की विडम्बना उनके सामने रखी कि ग्राहक चाहे जितने बना लो, बगैर विज्ञापन अखबार या पत्रिका चल नहीं सकती और जनता के लिए अखबार निकालना हो तो विज्ञापन माँगने जनशत्रुओं, स्मगलरों के पास जाना पड़ता है। मेरी समझ से यह एक गलाघोंटू स्थिति थी। लेकिन मोहन श्रोत्रिय ने तुरन्त कहा—तो इसमें दिक्कत क्या है? आप हमाम साबुन भी तो इस्तेमाल करते हैं या नहीं? मत कीजिए फिर हमाम, लक्स, रेक्सोना जैसे साबुन और टूथपेस्ट, मेडिसिन, टाइपराइटर, वेहिकल...जो-जो चीज़ें पूँजीपतियों-उद्योगपतियों ने बनाई हैं। बहिष्कार कर दीजिए। क्योंकि एक तरफ़ तो वो अपने मज़दूरों का शोषण करते हैं, उनका खून पीते हैं और दूसरी तरफ़ आपसे मुनाफ़ा खसोटकर अपना साम्राज्य खड़ा करते जाते हैं। आप और हम ही तो आधार बनते हैं उनकी समृद्धि का। तो क्या ये वही बात नहीं हो गई कि व्यवस्था का विरोध करना है तो पहले व्यवस्था से बाहर आओ। तो हम क्या करें? कहाँ चले जायें? लेकिन सवाल यह है कि क्यों चले जायें? भई ये तो एक डील है। हम उसको अपनी फ़र्म का विज्ञापन करने के लिए स्पेस देते हैं और वो हमें इसकी कीमत चुकाता है जैसे हम हमाम की कीमत चुकाते हैं। बस! हो गया! इसमें दिक्कत क्या है?

ज़ाहिर है कि यह एक नैतिक संकट जैसा था। स्मगलरों से पैसा लेकर हम जनता को क्रान्ति के लिए जाग्रत और शिक्षित करना चाहते थे। क्या साधनों की पवित्रता ज़रूरी नहीं थी या हम मध्यवर्गीय, नकली और ढोंगी नैतिकता की गिरफ़्त में थे? यहाँ मार्क्सवाद और गाँधीवाद आमने-सामने था और मुझे ये मानने में कोई संकोच नहीं है कि मेरे संस्कार गाँधीवादी थे। मैंने सोचने की कोशिश की कि सदाशिव जी ऐसी स्थिति में किस तरह प्रतिक्रिया करते? मुझे लगा कि वह इस प्रकार का प्रस्ताव सामने आते ही बिदक जाते और कहते कि यह क्रान्तिकारी भाषा में लिपटा राजनीतिक अवसरवाद है जिसके परिणाम कभी भी शुभ नहीं हो सकते। फिर तो पैसा ही क्यों ले रहे हैं? आप स्मगलिंग ही कीजिए फिर! तय कर लीजिए कि साल में चार महीने स्मगलिंग करेंगे और उससे जो पैसा आएगा उससे शेष आठ महीने जन कल्याण का काम करेंगे। इस तरह नैतिकता-निरपेक्ष होकर आप कहाँ पहुँचेंगे? ज़्यादा-से-ज़्यादा सुल्ताना डाकू बन जायेंगे। इस तरह आपकी क्रांति या जनजाग्रति या जनशिक्षण तो क्या होगा, उल्टे आप एक समाज विरोधी और अपराधी गिरोह को वैधता और सामाजिक स्वीकृति दिलाने में सहायक होंगे।

यह बहुत ही जँचने वाली बात थी, लेकिन जब इसी बात को मोहन श्रोत्रिय के सामने रखा जाता तो वह क्या कहते? ''यार...आप एक बात बताओ...क्या करने में ऐसा कोई संकट नहीं रहेगा? आप जो भी करोगे उसके पीछे किसी-न-किसी का शोषण होगा। यहाँ तक कि वो साधु जो अहिंसा की बात करते हैं, उनके मुँह में हज़ारों-लाखों ज़िन्दा बैक्टीरिया नहीं रहते क्या? और वे निरन्तर मरते नहीं रहते क्या? आप चलो मेरे साथ, मैं दिखाता हूँ। आप व्यवस्था के चरित्र को समझ ही नहीं रहे हैं। मार्क्स ने तो साफ़ कहा था कि पूँजीवाद को नष्ट करने वाली शक्ति पूँजीवाद के गर्भ से ही पैदा होगी। अब आप पूँजीवाद के गर्भ में हैं तो हैं। उसमें मैं क्या कर सकता हूँ? हैं? जाई बात से तो कैरो हूँ...आप ये बताइये नैतिक मूल्य बनाये किसने? अहिंसा! कौन किससे अहिंसा करने को कह रहा है? शान्ति! कौन किससे शान्ति रखने को कह रहा है? अपरिग्रह! कौन किससे अपरिग्रह करने को कह रहा है? और क्यों कह रहा है? आप इस पाखण्ड को समझोगे कैसे उसमें घुसोगे नहीं तो? पत्रिका निकालने के लिए पैसा चाहिए। सब जानते हैं। पार्टी चलाने के लिए भी पैसा चाहिए। सब जानते हैं। इलेक्शन लड़ने के लिए भी पैसा चाहिए। और पैसा किसका पैसा है, ये भी सब जानते हैं। और वह राइटफ़ुली किसका है और उनके पास कैसे पहुँचा, ये भी सब जानते हैं। और वो एक अच्छे काम के लिए कैसे मिल सकता है...वो हम बता रहे हैं

तो उसमें काय बात की शर्म आ रही है? फ़ालतू में? हैं?''

नहीं! मैं मुतमइन नहीं था। कायल नहीं था। विद्वता से थोड़ा आतंकित भी था। लेकिन कुछ नहीं करने से मैं अनैतिक भी करना बेहतर समझता था। मैं करके देख लेना चाहता था। हालाँकि इसी दुविधा और द्वंद्व के चलते *मुक्तवाणी* बन्द हुआ था। पीछे हटने के रास्ते हमेशा खुले हुए थे। इसलिए मैंने कहा—''ठीक है। हो जाए यह भी।''

हालाँकि बाद में एक स्थिति ऐसी भी आयी जब पीछे हटने के रास्ते हमेशा के लिए नष्ट कर देने के कगार पर मैं पहुँच गया था। जब शिकायतों पर मेरा तबादला जैसलमेर कर दिया गया था। जब हमारी पत्रिका *क्यों* जम चुकी थी। जब *मुक्तवाणी* को दोबारा शुरू करने की माँग ज़ोर पकड़ने लगी थी। जब डाक-तार विभाग में नौकरी करते रहना मुझे जीवन नष्ट करने जैसा लगने लगा था। जब मैं कम्यूनिस्ट पार्टी का हमदर्द नहीं, सदस्य बन चुका था। जब भीनमाल में प्रिंटिंग प्रेस लगाने, अखबार निकालने, पत्रिका प्रकाशित करने और प्रकाशन आरंभ करने के लिए ईमानदार लोग कोऑपरेटिव बनाकर पैसा लगाने के लिए तैयार थे। जब जालोर ज़िले को स्थायी रूप से अपना कार्यक्षेत्र बना लेने का अधिकतम दबाव था। और जब एक लड़की का प्रेम मुझे उसे छोड़कर कहीं भी जाने से निरन्तर रोक रहा था।

~

क्यों ने निकलते ही हिन्दी साहित्य जगत में धूम मचा दी। *क्यों* का मास्टहैड अजमेर के चित्रकार कहानीकार राम जैसवाल ने बनाया था। भीनमाल में उगमराज की छोटी-सी ट्रेडल प्रेस में उसका पहला अंक छपा था। कम्पोज़िंग के लिए मैं जोधपुर जाकर अपने मित्र और राजस्थानी कवि पारस अरोड़ा को उनकी प्रेस से महीने भर की छुट्टी दिलाकर ले आया था। विज्ञापन हमें खर्चा निकालने लायक एक ही रोज में मिल गए थे। दरअसल एसडीएम—जो श्रोत्रिय साहब का परिचित था—ने तीन जगह टेलीफ़ोन किये और तीन घण्टे में हमारे पास तीन हज़ार के विज्ञापन आ गये।

यह समय था आठवें दशक की शुरुआत का जब पूरा हिन्दी साहित्य एक नयी करवट ले रहा था। नयी पीढ़ी प्रेमचन्द से जुड़ने की कोशिश कर रही थी। अकहानी-अकविता का जादू टूट रहा था। नुक्कड़ नाटक ने प्रोसीनियम थिएटर को और लघुपत्रिकाओं ने प्रतिष्ठानी पत्रिकाओं को चुनौती दे डाली थी। छोटी-छोटी

जगहों से छोटी पत्रिकाएँ, छोटे अखबार, पुस्तिकाएँ, पम्फ़लेट और कविता पोस्टर आदि निकाले जाने लगे थे और साहित्य एक नयी जनवादी शक्ल अख्तियार कर रहा था। *क्यों* के साथ-साथ या आगे-पीछे ही मथुरा से *उत्तरार्द्ध,* बिहार से *वाम,* मध्यप्रदेश से *पहल, आवेग* और *कंक* महाराष्ट्र से *विचार,* हरियाणा से *जतन,* उत्तर प्रदेश से *कथा प्रतिमान* और दिल्ली से *युग परिबोध,* नामक पत्रिकाएँ निकली थीं। आज़ादी के बाद यह पहली बार हो रहा था कि राजनीति और व्यवस्था परिवर्तन के बारे में साहित्यकारों के बीच गंभीर राजनीतिक बहस आरम्भ हो गयी थी और *वाम* हिन्दी साहित्य की केन्द्रीय विचारधारा बन गया था। इस ऐतिहासिक दौर की बारीकियों को समझते हुए *क्यों* ने अपनी भूमिका का यथासम्भव उचित निर्वाह किया। हालाँकि दूसरे ही अंक में हम उसे जोधपुर से छपवाने लगे। जोधपुर में उन दिनों मरुधर मृदुल, विजयदान देथा, मदन डागा, सावित्री डागा, डॉ. श्याम कपूर, पारस अरोड़ा, नंद भारद्वाज, तेजसिंह जोधा, हबीब कैफ़ी, गोरधन हेड़ाऊ, अबीरचन्द ओझा, शीन, काफ़, निजाम, मानसिंह 'ख़याल', मदनमोहन माथुर, मैनेजर पाण्डेय, नामवर सिंह और अज्ञेय भी थे। इन्हीं दिनों 'आधा गाँव' को एम.ए. के कोर्स से हटाने के लिए व्यापक प्रदर्शन हुए थे और इसी बात पर विधानसभा में भारी हंगामा हुआ था। अशोक गहलोत जो बाद में केन्द्रीय मंत्री और फिर राजस्थान के मुख्यमंत्री बने, उस समय विश्वविद्यालय छात्र संघ के अध्यक्ष थे। इन्हीं दिनों में बाँदा में प्रगतिशीलों का ऐतिहासिक अखिल भारतीय सम्मेलन हुआ था और जगह-जगह इप्टा की इकाइयों का पुनर्गठन हो रहा था।

हमारी गतिविधियाँ सामाजिक-सांस्कृतिक से राजनीतिक हुईं और फिर स्थानीय राजनीति की हदें फलाँगकर राष्ट्रवर्गीय हो गईं। इसकी अनदेखी किस तरह की जा सकती थी? इसी समय राज्य कर्मचारियों की प्रान्तव्यापी हड़ताल हुई थी। पुष्पकांत जी के सहयोग से मेरी कविताओं के कैसेट बने थे जो गाँव-गाँव ले जाकर बजाए गए थे। तो फिर वही हुआ जो होता है। मेरा तबादला जैसलमेर कर दिया गया और मोहन श्रोत्रिय का ब्यावर। और इस तरह मध्यवर्ग की एक बड़बोली लेकिन फुसफुसी और छोटी-सी सुखद फुरफुरी को पिन चुभोकर चौपट कर दिया गया।

नौ अंक निकालकर अंततः *क्यों* बन्द हो गईं, लेकिन वायुमण्डल में उसका ताप काफ़ी देर तक बना रहा। उसकी प्रेरणा से अनेकानेक उस जैसी पत्रिकाएँ निकाली गईं और यह हिन्दी लघु पत्रिकाओं की छिपी शक्ति का सूत्र जैसा बन गया कि एक बन्द होती है तो दो निकलती हैं। इस कालखण्ड ने कहानी, कविता, आलोचना और पोलेमिक्स के मिज़ाज को हमेशा के लिए बदल दिया

और हिन्दी साहित्य में जनवादी सक्रियता का एक ऐसा ज्वार आया जो लगभग दो दशक तक चला। एक तरफ़ इसने धूमिल जैसे विद्रोही कवि को प्रतिष्ठित कर कविता को एक नया मुहावरा दिया, वहीं दूसरी तरफ़ इसने नागार्जुन, त्रिलोचन, केदार जैसे बुजुर्ग कवियों को दोबारा सक्रिय कर दिया। कहानी में भी ऐसा ही हुआ। कमलेश्वर का छद्म क्रान्तिकारी समान्तर कथा आन्दोलन पार्श्व में चला गया और माहेश्वर, इस्राइल, विजयकांत, संजीव, शिवमूर्ति, धीरेन्द्र अस्थाना, जगदम्बाप्रसाद दीक्षित, नमिता सिंह, नीरज सिंह, असग़र वजाहत, पंकज बिष्ट और अब्दुल बिस्मिल्लाह जैसे नये सितारे झिलमिलाने लगे। दूसरी तरफ़ भीष्म साहनी, शेखर जोशी, विद्यासागर नौटियाल, काशीनाथ सिंह और दूधनाथ सिंह जैसे वरिष्ठ कहानीकार फिर खम ठोककर मैदान में कूद पड़े। कलावादियों की बोलती बन्द हो गयी और साहित्य में वाम के तीखे तेवर दिखाई देने लगे। सन् 1975 में इमरजेन्सी लगने तक तो यह अबाध चला, उसके बाद थम-थमकर, लेकिन ऊब, अजनबीपन, थकान, कुंठा, संत्रास, केऑस, लघुमानव और मृत्युबोध का आत्महंता कोहरा हिन्दी साहित्य पर दोबारा नहीं छाने पाया।

इस बीच मोहन श्रोत्रिय ने कॉलेज में भी कई लोगों से पंगे लिये। खासकर स्वामीजी से जो दर्शन के व्याख्याता, संस्कृत के पंडित और दक्षिणपंथियों के विचार शिरोमणि थे। सप्ताह में एक दिन वह एक तालाब के किनारे बने मन्दिर में प्रवचन देते थे और कॉलेज की पच्चीस प्रतिशत पुस्तकें तथा अन्य सम्पत्ति शुरू से दाबकर बैठे थे।

~

कस्बे में एक आयुर्वेदिक चिकित्सालय भी था जिसके एकमात्र वैद्य रामदत्तजी थे जो न केवल एक लोकप्रिय चिकित्सक और मिलनसार व्यक्ति थे बल्कि एक गीतकार और गायक भी थे। उनके घर हारमोनियम भी था और तबला जोड़ी भी। शायद बचपन में उन्होंने शास्त्रीय संगीत की भी कुछ शिक्षा ली थी, क्योंकि उन्हें राग-रागिनियों की काफ़ी जानकारी थी। जब स्कूलों में वार्षिक उत्सवों और सांस्कृतिक कार्यक्रमों का मौसम आता, वैद्यजी की माँग सहसा बहुत बढ़ जाती। बच्चों से कार्यक्रम तैयार करवाना और हारमोनियम बजाना—ये दो काम वैद्यजी ही कर सकते थे। एकाध बार वैद्यजी ने मुझे भी अपने साथ जोड़ लिया। मैंने बच्चों से पन्द्रह मिनट का एक प्रहसन तैयार करवा दिया और मेकअप वगैरह कर दिया। कुछ सेट वगैरह बनवा दिये। लोग चकित और चमत्कृत जैसे हो गये।

बात मामूली ही थी। मसलन स्टेज पर नाव कैसे चल सकती है? या सूरज को डूबते हुए कैसे दिखाया जा सकता है? यह वो ज़माना था जब बहुत लोगों को फ़ेवीकॉल, सेलोटेप और थर्मोकॉल के बारे में पता भी नहीं था। बाद में पता चला कि वैद्यजी इस तरह सिर्फ़ अपना शौक पूरा नहीं करते, बल्कि इस सेवा के बदले अच्छा-खासा पारिश्रमिक भी लेते हैं। उन्होंने मुझे भी दिलवाया। मैंने तय कर लिया कि बस, अब नहीं करूँगा। चाहे जितना दबाव पड़े।

जब सांस्कृतिक कार्यक्रमों का मौसम नहीं होता, वैद्यजी हिन्दी की श्रेष्ठ साहित्यिक कृतियों-गीतों-कविताओं की धुनें तैयार करने में लगे रहते। बच्चन, निराला, महादेवी वर्मा, पंत और प्रसाद ही नहीं, धर्मवीर भारती, नरेन्द्र शर्मा और नरेश मेहता की भी कविताओं की उन्होंने सुन्दर धुनें बना रखी थीं। वैद्यजी से हिन्दी का श्रेष्ठ कवियों की संगीत में निबद्ध रचनाएँ सुनना अपने आप में एक अनुभव था। तब यह दुर्भाग्य जैसा ही लगता था कि वैद्य रामदत्त भीनमाल में हैं और हिन्दी कवियों को गा रहे हैं...जहाँ उन्हें हम दस-बीस मित्रों के अलावा कोई नहीं सुन रहा। यानी मामला यहाँ भी कुछ-कुछ स्वांत:सुखाय वाला ही है।

वैद्यजी का संगीत प्रेम कभी-कभी बड़ी हास्यास्पद स्थितियाँ पैदा कर देता था। एक बार वैद्यजी नाई की दूकान में बाल कटवा रहे थे। मैं दिख गया तो मुझे बुलवा लिया और गरदन मोड़कर अँचल का एक गीत सुनाने लगे जिसकी धुन पिछली रात ही उन्होनें बनाई थी। अब हाल यह था कि नाई कैंची-कंघा खोले खड़ा है और गले तक कटे बालों से भरी चादर में बंधे वैद्यजी पीछे मुँह किये गा रहे हैं।

वैद्यजी की एक और आदत बड़ी अजीब थी। वह कोई मरीज़ देखने के बाद और चाय आने से पहले वहीं गीत सुनाना शुरू कर देते। मेरे ख़याल से मरीज के घरवाले वैद्य जी से गीत सुनना भी उनकी फीस का हिस्सा समझते होगे, वरना घर में कोई बीमार पड़ा हो तो गाना-बजाना किसे अच्छा लगता है! कई लोगों का ख़याल था कि वैद्यजी की इसी आदत के चलते जनता आयुर्वेदिक पद्धति छोड़कर एलोपैथी की शरण में जा रही है।

कस्बे में दो-तीन बड़े-बड़े उपासरे थे जिनमें बड़ी संख्या में साधु और साध्वियाँ रहते थे। और तो किसी की नहीं लेकिन वैद्यजी की उनके भीतर तक अच्छी-खासी पहुँच थी। पर्यूषण महीने भर चलते थे उन लोगों के और बड़े अजीब से होते थे। एक दिन मालताल और एक दिन उबला हुआ पानी। वैद्यजी से कहा जाता कि हम एक ही टाइम खाते हैं इसलिए चूरन-गोली जो भी देना हो भोजन की थाली में ही दे दो। मैंने वैद्यजी से पूछा कि इस तरह की औषध क्या

गुण कर सकती है? वैद्यजी बोले—"लेकिन उन्हें संतोष हो जाता है।"

ज़ाहिर है कि यहाँ से भी वैद्यजी को खासी तगड़ी फ़ीस मिलती थी। एक बार हम लोगों ने उपासरे में रहने वाली एक साध्वी को गली में एक लड़के को प्रेम पत्र देते देखा। मैंने पूछा कि यह क्या हो रहा है, इस पर वैद्यजी ने बताया कि सब होता है और हमें कई विचित्र और दिलचस्प किस्से सुनाये।

~

महाविद्यालय के प्राचार्य द्विजेन्द्रलाल पुरकायस्थ दर्शन के अध्यापक और संस्कृत के कवि थे। बाद में उन्हें राज्य की संस्कृत अकादमी ने पुरस्कृत भी किया। वह मूलरूप से बाँग्लादेश के रहने वाले थे और भीनमाल में अकेले ही रहते थे। उनकी पत्नी जयपुर में नौकरी करती थीं और बच्चे-कच्चे अपने-अपने घरबार और नौकरियों में व्यस्त थे। चूँकि कॉलेज बहुत ही छोटा था, छात्रों की संख्या बहुत ही कम और स्टाफ़ पूरा—बल्कि ज़रूरत से ज़्यादा, प्राचार्य के लिए वहाँ कोई खास काम नहीं था। प्रिंसिपल साहब सतत् ऐसे व्यक्ति की तलाश में रहते थे जो शाम को लम्बी दूरी तक उनके साथ घूमने जा सके और उनकी बहुखण्डीय, पृथुल आत्मकथा का कोई अंश धारावाहिक रूप से सुन सके। मेरी दर्शन में रुचि थी, बीए में वह मेरा विषय भी था, मैंने उनकी सोहबत में घूमना शुरू किया और बजाय उनकी आत्मकथा सुनने के उनसे बर्कले और काण्ट और शॉपनहावर आदि के बारे में प्रश्न पूछने शुरू कर दिये। मेरे साथ घूमना उनकी रेफ्रेशर क्लास जैसा हो गया, लेकिन वह पीछे नहीं हटे और हम लोग ज्ञानचर्चा में निमग्न रहने लगे। मज़ेदार बात यह थी कि एक ही विषय के होने के बावजूद पुरकायस्थ साहब और स्वामीजी में बिलकुल नहीं पटती थी। पुरकायस्थ साहब को स्वामीजी के प्रवचन देने का साप्ताहिक कार्यक्रम भी सख्त नापसन्द था और यदा-कदा—यानी संध्यावंदन कार्यक्रम में तरंग में आने पर—वह इसका मज़ाक भी उड़ाते थे। शायद वह स्वामीजी से कुछ-कुछ डरते भी थे, लेकिन अच्छी बात यह थी कि हमारी तरह नास्तिक थे और धर्म के पाखण्ड, आडम्बर और कर्मकाण्ड को ही नहीं, खुद धर्म को भी अज्ञानियों का शगल समझते थे। इस सम्बन्ध में उन्हें अनेक मुहावरे लोकोक्तियाँ-लोककथाएँ आदि याद थीं। और मौका मिलने पर बहुत रस लेकर इन्हें सुनाया करते थे।

हमारा शाम को घूमने जाना और तत्वमीमांसा के गूढ़ रहस्यों में गोते खाना जारी था। इकहत्तर के भारत-पाक युद्ध में भी, जब जोधपुर पर बम गिर रहे थे,

सब जगह ब्लैक आउट हो गया था और कस्बे पर चाँदनी राख की तरह बिखर जाती थी, हम दो लोग शेक्सपियर के प्रेतों की तरह दर्शन पर बातें करते घूमते रहते थे। मैं तड़पकर सोचता कि कभी तो ये रोमांटिक हो जायें। लेकिन नहीं हो पाता। किसी दिन मेरा उनके साथ जाने का मूड नहीं होता तो वह खुद पीटी शूज़ डालकर मेरे कमरे पर आ जाते। हमने बाँग्ला फ़िल्मों और नाटकों की चर्चा शुरू की—लेकिन इस बारे में बताने को उनके पास कुछ खास नहीं था। सिवा उन खबरों के जो उनके पास डाक से आने वाली पत्रिका *देश* में छपी रहती थीं। मसलन कलकत्ता में अपर्णा सेन ने एक डबलरोल वाला नाटक किया है। हम सोचते रह जाते कि डबल रोल वाला नाटक कैसे किया होगा? एक बार मैंने उन्हें छू लगा दिया कि डी.एल. रॉय का एम. पूरावती—यानी तीन घण्टे का—नाटक खेला जाये जिसमें नायक का रोल वह स्वयं करें और यदि फ़्लैशबैक में कहीं उसे युवा बताना होगा—तो उसकी भूमिका करने के लिए मैं अकिंचन अपनी विनम्र सेवाएँ सहर्ष प्रस्तुत कर दूँगा।

प्रिंसिपल साहब को यह आइडिया इतने कमाल का लगा कि वह स्वयं और कॉलेज़ का सारा स्टाफ़ अगले दो महीने तक हर शाम इसी में व्यस्त रहा। कहना न होगा कि चमत्कारिक सफलता की तमाम संभावनाओं के बावजूद नाटक कभी नहीं हो पाया, क्योंकि उसकी तीन नायिकाओं में से दो को उनके पूज्य पिताजी बीच रिहर्सल से उठाकर ले गये कि भले घरों की लड़कियाँ घर में बैठकर मेज़पोश काढ़ती हैं और योग्य वर की प्रतीक्षा करती हैं, न कि पराये मर्दों के साथ नाटक करती फिरती हैं।

कस्बे में एक वराह मन्दिर था। भीनमाल के अलावा कहीं भी वराह का मन्दिर मैंने नहीं देखा। मन्दिर को देखते ही या उसके आगे से गुज़रते वक्त मुझे हमेशा हजारीबाबू की अमर पुस्तक *बाणभट्ट की आत्मकथा* की याद आ जाती थी। मैं सोचता था कि क्या हजारीबाबू का या बाणभट्ट का भीनमाल से कोई सम्बन्ध रहा हो सकता है? वराह मन्दिर यहीं क्यों है? क्या यही वह स्थान है जहाँ भगवान विष्णु ने वराह रूप धारण कर पंक में पड़ी पृथ्वी को अपने दाँतों से निकाला था? कस्बे में धारणा प्रचलित थी कि श्रीमाली ब्राह्मण यहीं से निकले हैं। क्या श्रीमाली ब्राह्मण वराह रूप विष्णु के आराधक थे? यदि हाँ तो क्यों? तो उन्हें नहीं मालूम। मान्यता यह भी थी कि महाकवि माघ का जन्मस्थान भी भीनमाल ही था। कस्बे में एक चौक का नाम भी माघ चौक था जिसके बीचोबीच महाकवि की संगमरमर की आवक्ष प्रतिमा लगी हुई थी। एक बार वहाँ सड़क बन रही थी। एक तरफ़ गिट्टियों का, बजरी का ढेर लगा था और पास ही डामर

पिघलाया जा रहा था। शाम को सड़क का काम बन्द हो जाने के बाद वहाँ बच्चे खेलने आ गये। किसी बच्चे ने पिघले डामर का एक लड्डू बना लिया। जब अँधेरा हो गया और घर जाने का समय हो गया, उस बच्चे ने सोचा कि यह डामर का लड्डू कहाँ रखा जाये कि सुरक्षित रहे और कल शाम इससे फिर खेला जा सके! उसने बहुत सोचा, अनेक विकल्पों पर विचार किया और अन्ततः महाकवि माघ की प्रतिमा पर चढ़कर उनकी पगड़ी पर वह लड्डू रख दिया। अब हुआ यह कि दूसरे दिन जब तेज़ धूप पड़ी, तो लड्डू ने पिघलना शुरू किया। प्रतिमा का पत्थर भी गर्म हो चला था। लड्डू का डामर पिघल-पिघलकर महाकवि के चेहरे पर आने लगा। दूसरी शाम, पक्की बात है कि बच्चे ने लड्डू को निकालने की कोशिश की होगी तो उसे सफलता नहीं मिली होगी। बल्कि ज़्यादा संभावना तो इसी बात की है कि महाकवि के चेहरे की हालत देखकर उसने मार खाने के डर से अपना लड्डू निकालने की कोशिश ही न की हो। बहरहाल, तीसरे दिन तो ये हालत हो गई थी कि महाकवि का माथा, नाक, एक आँख और एक गाल डामर में छिप गए थे।

सड़क तो बन-बना गयी लेकिन महाकवि की शक्ल को कौन साफ़ करे? देखते सब थे, करता कोई नहीं था। आखिर पुष्पकांत जी ही काम आये। उन्होंने अपने पार्षद मित्र से कहा कि यार, कुछ करवाओ। फ्री ट्यूशन के मामले में दूध का जला पार्षद मित्र हाँ-हूँ करके टालता रहा। संयोग से महीने भर बाद मुख्यमंत्री के भीनमाल से गुज़रने की खबर आई। अब तो महाकवि के मुखड़े को साफ़ करवाना ज़रूरी हो गया। घासलेट और लोहे के तारवाले ब्रश से रगड़-रगड़कर महाकवि की आँख-नाक से डामर निकाला गया...पर फिर भी पहले जैसी धवलता नहीं आयी। एक बार मुँह काला हो जाता है तो फिर पहले जैसी धवलता नहीं आती। अब यह दशरथ सेठ का भीनमाल था, महाकवि माघ का श्रीमाल नहीं।

सपनों में आता है सोने का किला

उन दिनों सिर्फ़ एक ट्रेन जैसलमेर जाती थी, यह ट्रेन सुबह जोधपुर से रवाना होकर रात को वहाँ पहुँचती थी, दिन भर वहीं खड़ी रहती थी और रात को जैसलमेर से रवाना होकर सुबह जोधपुर पहुँचती थी। मैं उसी ट्रेन में था।

फलौदी तक तो सब कुछ ठीक-ठाक था, मतलब ट्रेन की सवारियाँ, डिब्बों में गहमागहमी, प्लेटफ़ॉर्म पर चाय-वाय की आवाज़ें और मुसाफ़िरों की चहल-पहल, लेकिन फलौदी के बाद ट्रेन में सिर्फ़ चालीस-पचास मुसाफ़िर रह गये और स्टेशन भी अब आता तो वह स्टेशन नहीं स्टॉप ही होता, वहाँ न प्लेटफ़ॉर्म होता न टिकटघर, न चाय, न पानी, और फिर भी भाप इंजनवाली ट्रेन वहाँ ऐसे खड़ी हो जाती जैसे बहुत थक गयी हो और अब सुस्ता रही हो।

ऐसा ही एक स्टेशन था पोखरन। मुझे बहुत प्यास लगी थी, साथ में पानी नहीं लाया था क्योंकि मेरा ख़याल था कि सफ़र में पानी की सुराही साथ लेकर चलना बूढ़ों जैसी बात है। मैं उतरा, चारों तरफ़ रेत ही रेत। एक हैंडपम्प भी था। खाली भी पड़ा था। कहीं सूखा तो नहीं है? उसे मुझे ही चलाना था और मुझे ही पीना था। मैंने कोई पाँच मिनट तक पम्प चलाया तब जाकर पानी निकला, पम्प छोड़कर पानी की धार में ओक लगायी, पानी एकदम खारा था, जैसे एक गिलास पानी में किसी ने दो चम्मच नमक और एक चम्मच रेत मिला रखी हो। मैंने जीभ और गले और पेट से पूछा—क्या इससे काम चलाया जा सकता है? आम तौर पर ये लोग नखरे नहीं किया करते हैं लेकिन आज उन्होंने इनकार कर दिया। अब क्या किया जाये?

अनिश्चय में 'प्लेटफ़ॉर्म' की रेत पर टहलता हुआ मैं गार्ड के डिब्बे तक पहुँच गया। वह अपने कूपे में एक मुसाफ़िर के साथ शतरंज खेल रहा था। ठीक ही कर रहा था। मैंने पूछा, "यहाँ ट्रेन कितनी देर रुकती है?" उसने जवाब में पूछा, "क्या काम है?" मैंने कहा, "प्यास लगी है, पानी पीना है।" उसने पूछा, "साथ में नहीं लाये?" मैंने कहा, "पहली बार जैसलमेर जा रहा हूँ।"

जहाँ तक गाड़ी जा रही है वहाँ तक जा रहा हूँ, इस सूचना से गार्ड के मन में थोड़े अपनापे और थोड़ी ज़िम्मेदारी की भावना जागी। वह शतरंज छोड़कर

काला कोट पहनता हुआ बाहर आ गया और एक तरफ़ इशारा करता हुआ बोला, ''वह झोंपड़ी देख रहे हो? वहाँ कोशिश कर लो, वहाँ शायद मिल जायेगा। नहीं तो फिर जैसलमेर में ही मिलेगा।''

''जैसलमेर कितनी देर बाद आयेगा?''

''अभी आ जायेगा चार घंटे बाद''

मैंने थैंक्यू कहा और स्टेशन से कोई फर्लांग भर दूर दिखाई दे रही झोंपड़ी की तरफ़ बढ़ा। गार्ड ने पीछे से आवाज़ दी—''लौट आओ तो बता देना मुझे''

मैं मन-ही-मन मुस्कुराया। यह भी खूब ट्रेन है। गार्ड से कहकर किसी भी स्टेशन पर कहीं भी चले जाओ और लौटकर आओ तो उसे बता दो कि आ गये हैं ताकि वह गाड़ी चालक से चलने को कहे।

झोंपड़ी में पानी नहीं था। आठ घड़े थे। आठों सूखे। आठों पर रेत जमी हुई। मैं मुँह भी धोना चाहता था। काश! खारे पानी से ही धो लिया होता। लेकिन फिर चमड़ी खिंचती नहीं? क्या पता! यहाँ पानी नहीं था। चाय भी नहीं थी, चमचम थी। काँच के मैले से शोकेस में लाइन से जमी हुई लम्बी-लम्बी मोटी-मोटी चमचम। पानी नहीं है चमचम है। चाय नहीं है चमचम है। चमचम खाओ। पानी जैसलमेर पहुँचकर पी लेना। मैंने यही किया, दो चमचम खायी, लौटकर गार्ड को बता दिया। पानी जैसलमेर पहुँचकर पिया।

पोखरन के बाद गाड़ी में सिर्फ़ बीस-पच्चीस मुसाफ़िर रह गये थे। शतरंज खेलने वाला मुसाफ़िर भी उतर गया था। गार्ड साहब कोट उतारकर आराम से सो गये थे। बाहर दूर तक रेत के धूसर विस्तार के अलावा कुछ नहीं था।

चमचम थी चार रुपये किलो और गाय का घी पन्द्रह रुपये किलो। जितने साल जैसलमेर रहे, देशी घी के परांठे और देशी घी का हलुवा बनाकर खाया। लगभग रोज़। वर्षा नहीं थी, इसलिए खेती नहीं थी। पशुपालन मुख्य व्यवसाय था। गरीब-से-गरीब घर में दस-बीस गायें और दो या तीन ऊँट होते। भेड़-बकरियाँ क्या गिनी जा सकती हैं? बछड़ों को केड़ा कहते थे। सुबह-सुबह, गाय-बछड़ों के बड़े-बड़े झुंड निकलते। धूल उड़ती। आकाश मटमैला हो जाता। गायों के अलग चरागाह थे, केड़ों के अलग। हर झुंड के साथ एक-दो रबारी होते टिचकारी मारते हुए, अपनी अदृश्य सत्ता से इस विशाल पशु समूह को नियन्त्रित करते हुए, अपनी सजग आँख से लेटे-लेटे भी सब पर नज़र रखते हुए और अपनी जादुई टिचकारी से मानो झुंड के हर सदस्य से संवाद स्थापित किये हुए।

उस ज़माने में उस पूरे क्षेत्र में एक भी कोल्ड स्टोरेज नहीं था। तो इतने दूध का क्या करें? वे मावा बना लेते और घी। घी के डिब्बों में भरकर ठेठ

कलकत्ता तक चला जाता। मावा भी बाहर जाता पर कभी नहीं भी जा पाता। तब इसका क्या करें? क्या करना है? मिठाई बनाओ और खाओ, और क्या? छेना बनाओ दूध का और छाछ पशुओं को पिलाओ। इसलिए चार रुपये किलो चमचम। बंगालवालों को कल्पना भी नहीं होगी—कि धुर रेगिस्तान में एक बंगाली मिठाई सिर्फ़ चार रुपये किलो बिक रही है।

और दूसरा धन्धा ऊन का। साल में दो बार भेड़ों की ऊन उतरती। ऊन धोने-सुखाने, रंगने, कातने, बुनने का काम सत्यदेव जी के ज़िम्मे था। वह ज़िला खादी संघ या संस्थान या परिषद् या कुछ के सर्वोच्च कुछ थे। अनेक स्त्री-पुरुष उनकी संस्था में काम करते थे। सौ रुपये तक में शानदार कम्बल मिल जाता था। मरीना ऊन का। थोड़ा चुभने वाला, पर गरम। इस क्षेत्र के नस्ल सुधार और पशुसंवर्धन के लिए ऑस्ट्रेलिया से भेड़ें मँगवायी गयी थीं। उनका काम जैसलमेर से ज़्यादा ज़ोरदार बीकानेर में था। अपने लिए और फिर मित्रों-रिश्तेदारों की फरमाइश पर पन्द्रह-बीस कम्बल तो मैंने भी खरीदे।

लेकिन जैसलमेर की सबसे लोकप्रिय मिठाई चमचम नहीं, घोटवाँ थी, मीठी नुक्ती को पत्थर की एक ओखली में डालकर पत्थर या लकड़ी के मूसल से खूब पीटा जाता, इतना ज़्यादा कि बेसन, चाशनी और घी एकमेक हो जायें, और फिर उसके छोटे-छोटे लड्डू बना लिये जाते। पता नहीं ऐसा क्यों करते हैं—मैं सोचता। इससे तो नुक्ती के लड्डू ही खा लेते। पर नुक्ती के लड्डू का तो कहीं नामोनिशान भी नहीं था, हाँ नुक्ती ज़रूर खायी जाती थी—हमेशा नमकीन सेव मिलाकर। खैर, पर घोटवें हमने भी बहुत खाये। कई बार घोटवें खाकर ही गुज़ारा किया, खासकर जब आठ से दो की शिफ़्ट हुई और निकलते-निकलते ढाई या तीन बज गये। इसके बाद घर जाकर खाना बनाकर चार बजे खाने और रात के खाने को भी खराब करने से तो बेहतर था कि घोटवें ही खा लिये जायें।

खैर फिर पोखरन में चिलिंग प्लांट लग गया। आजू-बाजू का दूध कलेक्ट होकर पोखरन आने लगा और पोखरन से रोज़ दूध की एक रेलगाड़ी दिल्ली जाने लगी।

लेकिन चमचम की बहार फिर भी कम नहीं हुई।

रेगिस्तान में चमचम जैसी ही एक और बात है।

अगर मैं आपसे कहूँ कि जैसलमेर का बच्चा-बच्चा तैरना जानता था और महिलाएँ भी, आप विश्वास करेंगे? शायद नहीं। पर सच यही था।

जैसलमेर के आस-पास छोटे-बड़े सात तालाब थे, जिन्हें 'सर' कहा जाता था। इसमें से एक गढ़सीसर तो शहर में ही था। बाकी शहर से थोड़ी-थोड़ी दूरी

पर थे। गढ़सीसर के बारे में कहा जाता था कि उसे एक वेश्या ने बनवाया था, वहाँ तक जाने के लिए एक पक्की, अर्थात् पत्थरों की सड़क बना दी गयी थी। इससे शहर के कदीमी बाशिन्दे खुश नहीं थे। उनका कहना था कि इससे शहर की महिलाओं की परेशानी बढ़ गयी थी। मैंने आश्चर्य से पूछा कि क्यों? तो मित्रों ने कहा कि पानी से भरे चार घड़े एक पर एक सिर पर रखकर चलो, पहले रेत में और फिर पथरीली सड़क पर, देखो किसमें तुम्हें ज़्यादा सुभीता लगता है।

गढ़सीसर की पाल पर एक मन्दिर भी बना हुआ था। मैं सबसे पहले इसे मोहन सिंह भाटी के साथ देखने गया था। पाल से सीढ़ियाँ नीचे उतरती थीं। हम भी नीचे उतरे, मोहन सिंह भाटी ने न सिर्फ़ तालाब के पानी से हाथ-मुँह धोया बल्कि चार-पाँच बार अंजुरी में भरकर वह पानी गटागट पी भी गया और फिर एक सन्तुष्टिकारक डकार ली, बोला, ''यहाँ का पानी इतना अच्छा है कि दिन में दो बार पी लो तो पेट में कभी गैस न बने। वह वर्षा का पानी था, जो वहाँ जमा हो गया था। पानी में काई तो नहीं थी, लेकिन वह साफ़ भी नहीं था। मोहन सिंह भाटी के खूब प्रोत्साहित करने पर भी मैं उस पानी का आचमन नहीं कर पाया। उसका मन रखने के लिए भी नहीं।

लगभग आठ किलोमीटर दूर अमरसागर था, वहाँ कुछ राजाओं-महाराजाओं की छतरियाँ भी बनी थीं जिन्हें आपने अनेक फ़िल्मों में देखा होगा। अमरसागर की शक्ल तालाब से ज़्यादा बावड़ी जैसी थी, पर उसका पानी बहुत ठंडा और गहरा था। हरे-भरे पेड़ उस पर छाया किये थे। हम उसमें नहाये। खूब मजा आया। बहुत सारे बच्चे जिनमें कुछ तो सोलह-सत्रह साल तक के भी थे। नंगधड़ंग, पीठ पर नाड़े से डालडा का खाली डिब्बा बाँधे वहाँ तैरना सीख रहे थे, कोई किसी से नहीं शरमा रहा था। कुछ ही देर बाद शहर से बहुत सारे लोग जीप में भरकर आ गये और बिजली की रफ़्तार से कपड़े उतारकर इधर-उधर फेंक-फाँक कर अमरसागर के ठंडे पानी में समा गये। पता चला कि रात के समय शहर की औरतें जीपों में भर-भर आती हैं और घंटों अमरसागर में तैरती-नहाती हैं। उनकी सुविधा के लिए पेट्रोमेक्स जलाकर ऊपर किनारे पर रख दिया जाता है।

अमरसागर में एक हरा-भरा बगीचा भी था, जिसमें बीएसएफ वालों ने खूब बढ़िया सब्ज़ियाँ लगा रखी थीं।

अमरसागर से कोई चार किलोमीटर आगे बड़ा बाग था जहाँ का तालाब काफ़ी बड़ा था और उसके किनारे एक महल भी बना हुआ था। जैसलमेर राजघराने के स्त्री-पुरुष यहाँ नहाने-तैरने आते थे। उनके लिए महल के भीतर से ही सीढ़ियाँ तालाब तक जाती थीं। पता चला कि सबसे ज़्यादा नशा किसी

चीज़ में है तो वो चाँदनी रात में इस तालाब में नहाने में—या तैरती-नहाती हुई निर्वस्त्र महिलाओं को देखने में। मुझे भी लगा कि बेहद रोमांटिक जगह है और खुले आसमान के नीचे प्रकृति की गोद में सरेआम सम्भोग करने की यहाँ जो सम्भावनाएँ हैं वे प्रचुर से भी अधिक हैं।

पन्द्रह हज़ार की आबादी वाले इस ज़िला मुख्यालय जैसलमेर में तीन पंचायत समितियों के प्रधान कार्यालय थे। एक डिग्री कॉलेज भी था। लेकिन शहर का मुख्य आकर्षण था किला जो शहर के बीचोबीच एक पहाड़ी पर बसा हुआ था। किला काफ़ी लम्बे-चौड़े क्षेत्र में फैला हुआ था और लगभग पाँच सौ परिवार किले में रहते थे। उनके पुश्तैनी मकान, दूकान, ज़मीन, जायदाद ऊपर ही थी। एक तरह से शहर के दो-चार मोहल्ले या वार्ड किले पर ही थे। किले के नीचे एक महल था जिसका नाम था 'बादल विलास'। इसके एक भाग में राज परिवार रहता था, एक और महल कुछ दूरी पर था, उसका नाम 'जवाहर विलास' था। उसे होटल में बदल दिया गया था। ये सारी इमारतें पीले पत्थरों की बनी हुई थीं। जिस पहाड़ी पर किला स्थित था उसके चारों तरफ़ डामर की पक्की सड़क थी जिस पर गाड़ी लेकर निकलो तो किले को एक साथ एक ही नज़र में चारों तरफ़ से देखा जा सकता था। सूर्योदय और सूर्यास्त के समय सूरज की किरणें सीधी किले की फ़सीलों पर पड़ती हैं और वह बहुत सुन्दर और जादुई लगता है। सत्यजित रॉय ने तो इसके गिर्द एक कहानी गढ़कर इस पर एक फ़िल्म ही बना दी—'सोनार केल्ला'।

पटवों की हवेली और दीवानजी की हवेली भी पर्यटकों के आकर्षण के केन्द्र थे। पटवे बनिये थे। एक निहायत सँकरी गली में उनकी तीन हवेलियाँ थीं जो हमेशा बन्द रहती थीं। पीले पत्थरों की बनी इन हवेलियों की पच्चीकारी और जाली-झरोखे देखते ही बनते थे। दीवान सालिमसिंह की हवेली के बारे में कहा जाता था कि महत्त्वाकांक्षी दीवान की हवेली जब राजप्रासाद बादल विलास से भी ऊँची हो गयी तो महाराज ने उसकी ऊपरी मंज़िल को तोप से उड़वा दिया। वैसे जैसलमेर के साधारण लोगों के मकानों में भी पत्थर की जैसी सुन्दर और बारीक जालियाँ गोखड़ों (गवाक्षों) में लगी हैं, वैसी जालियाँ आपके हमारे लिए कागज़ पर काटना भी मुश्किल है।

शहर का मुख्य व्यवसाय अगर कुछ था तो पर्यटन ही था। जैसलमेर के आगे मोहनगढ़, सम और तन्नोट के रेत के टीले अपने सौन्दर्य के लिए सारी दुनिया में प्रसिद्ध थे। सर्दियों में साइबेरिया से प्रवासी पक्षी भी धूप खाने जैसलमेर आते थे। इसके अलावा बड़ी संख्या में कुरजाँ आती थीं। वे झुंड बनाकर ऊँची उड़ती

थीं और आसमान में उड़ती कुरजाँ एक डोरे की या एक नेकलेस की शक्ल में नज़र आती थीं। कुरजाँ को सम्बोधित एक बड़ा सुन्दर लोकगीत भी था, जिसमें विरहिणी नायिका कुरजाँ से अनुरोध करती हैं कि वह उसे अपने पति से मिलवा दे। सर्दियों में ही गोडावण भी आते थे जिन्हें ग्रेट इण्डियन बस्टर्ड कहा जाता है, जो एक संरक्षित पक्षी है और जिस पर कुछ वर्ष पहले भारत सरकार ने डाक टिकट भी निकाला था। ज़ाहिरा उसके शिकार की मनाही थी, पर फिर भी चोरी-छिपे उसका शिकार होता था। कहते हैं कि गोडावण का माँस पकाते समय चर्बी निकालते रहना पड़ता है और इसके बाद भी उसका पका हुआ गोश्त यदि सात बाजरा की रोटियों के ऊपर भी रख दिया जाये तो सबसे निचली रोटी तरबतर हो जायेगी। जैसलमेर के जंगलों में तीतर और बटेर भी काफ़ी मिलते थे और लोग उन्हें शौक से खाते थे, चूँकि पशु बहुत थे, चारों तरफ़ की रेतीली ज़मीन उनकी खाद से भरी रहती थी और ठीक समय पर दो बारिश हो जायें तो बाजरा की फ़सल लहलहाकर होती थी, खड़ीनों में पानी भर जाता था, जिसमें सर्दियों में बहुत शानदार गेहूँ होता था और खालों में गाँव के बाहर निचली ज़मीन पर स्थित तलैयों में जो बारिश का पानी एकत्रित हो जाता था वह साल भर तक पीने के काम आता था और किफ़ायत से वापरा जाता था। तलैया आदि में जमा पानी ज़मीन नहीं सोखती थी, हाँ धूप में वह उड़ता ज़रूर था। फिर भी उससे मनुष्य और पशुओं दोनों का काम चल जाता था। आदमियों और पशुओं को शायद कम पानी पीने की आदत पड़ जाती थी। मैंने देखा कि मुझे भी कम पानी पीने की आदत पड़ गयी। पानी ऊपर से मुँह में धार गिराकर पिया जाता था। बर्तन जूठा नहीं किया जाता था कि उसे माँजने में पानी न खराब करना पड़े। अनेक लोग तो परात या तगारी में खड़े होकर नहाते थे ताकि नहाने के बाद नीचे जमा पानी से कपड़े धुल जायें और फिर उस पानी को पौधों में डाल दिया जाये। वैसे शहर में नल लग गये थे, इसलिए दूर से पानी भरकर नहीं लाना पड़ता था, लेकिन अनेक परिवार अब भी तालाब से पानी भरकर लाना ज़्यादा पसन्द करते थे।

आश्चर्य की बात यह थी कि पानी को लेकर कोई हाय-हाय या त्राहि-त्राहि का भाव वहाँ नहीं था। मैंने पानी के लिए वहाँ कभी महिलाओं को या पड़ोसियों को लड़ते नहीं देखा। वे वर्षा के लिए भी बहुत तरसे हुए या आतुर नहीं मालूम पड़ते थे। उनकी भाषा में वर्षा को आमन्त्रित करने वाला एक भी गीत नहीं था, बल्कि एक साल (1973) में जब ज़्यादा पानी बरस गया तो वहाँ परेशानी हो गयी, क्योंकि कई दीवारें गिर गयीं, छतें धसक गयीं और मकान गिर गये। ज़ाहिर है कि वे कच्ची जुड़ाई के मकान थे। उन्हें क्या ज़रूरत पड़ी थी कि सीमेन्ट-चूने

से पत्थरों की जुड़ाई करवाते। बारिश ऐसी बेवक़ूफ़ाना तावबाज़ी से न होती तो उनका मकान तो अभी पचास साल और चल जाता।

दुनिया के पाँच बड़े रेगिस्तानों में से थार ही एकमात्र ऐसा रेगिस्तान था जिसमें वनस्पतिविहीन क्षेत्र बहुत कम था। बकरी और ऊँट आँकड़े और कॉकड़े को छोड़कर सब कुछ खा जाते हैं। लेकिन वह होना भी तो चाहिए। आज़ादी के बाद इस दिशा में काफ़ी प्रयास किये गये। इस्राइल से जंगली बबूल के बीज मँगाकर हेलीकॉप्टर से उनका छिड़काव किया गया। रूस से लम्बी जड़ों वाले रेगिस्तानी पौधे मँगवाकर लगवाये गये और सड़क किनारे यूकीलिप्टस की दीवारें खड़ी की गयीं कि वे रेत को भी रोकें।

जोधपुर स्थित केन्द्रीय मरु अनुसन्धान परिषद् ने एक ऐसा बेर का पौधा विकसित किया जिसमें संतरे के बराबर के बेर लगते हैं। इसके गूदे को सुखाकर पीसकर आटे की तरह काम में लिया जा सकता है।

यह भी सच है कि जैसलमेर हमेशा रेगिस्तान नहीं था। जैसलमेर से थोड़ी ही दूर खुदाई में एक घने और बड़े जंगल के और जलचरों के जीवाश्म मिले थे। एक डेढ़ फुट का टुकड़ा हम भी उठा लाये थे। तारबन्दी से पहले। नज़दीक से भी देखो तो लगे पेड़ की छाल है लेकिन छुओ तो पत्थर, बाद में ऐसा एक पूरा पेड़ का तना मैंने कलकत्ता के राष्ट्रीय संग्रहालय में देखा। वह भी जैसलमेर से ही ले जाया गया था।

रेत में साँप-बिच्छू तो निकलते ही रहते थे, लेकिन सबसे खतरनाक माना जाता था पीवणा साँप। कहते थे कि यह एक छोटा-सा पीले रंग का साँप होता है जो फन काढ़कर, सोते हुए आदमी के सीने पर बैठ जाता है और अपनी साँस से ज़हर आदमी की साँस में छोड़कर उसकी साँस पी जाता है और इसका कोई इलाज नहीं है। बस एक ही इलाज है कि आदमी हर समय अपने साथ प्याज रखे। मैंने जैसलमेर में अनेकानेक लोगों को जेब में छोटी-सी प्याज रखे देखा, ज़ाहिर है यह लू से भी बचा सकती है और शायद थोड़ा-बहुत निर्जलन से भी।

मोहन सिंह भाटी राजस्थान के कवि थे। उन्हें मैं पहले से जानता था। मोहन सिंह भाटी ने मेरी मुलाकात देवकीनन्दन थानवी से करवायी जो एक साप्ताहिक अखबार निकालते थे। हालाँकि वह अखबार छपता जोधपुर में था और डेढ़-दो महीने में उसका एक अंक निकल पाता था, लेकिन फिर भी अखबार तो अखबार था और देवकीनन्दन थानवी पत्रकार। चूँकि यह एकमात्र स्थानीय अखबार था इसलिए पंचायत समितियों की निविदा सूचना या अन्य विज्ञापनों, अदालती सम्मनों और नगरपालिका, स्वास्थ्य विभाग तथा अन्य विभागों के विज्ञापन छापने

का उसका अधिकार बनता था। देवकीनन्दन थानवी एक लगभग वृद्ध व्यक्ति थे जो कुर्ते-पाजामे पर गाँधी टोपी पहनते थे। उन्हें सब भाउसा कहते थे। सबकी देखादेखी मैं भी उन्हें भाउसा कहने लगा।

मेरी ही तरह भाउसा के पास भी खूब फ़ुर्सत होती थी, इसलिए सुबह चाय-वाय पीकर हम दोनों पैदल घूमने निकल पड़ते और भाउसा मुझे जैसलमेर के इतिहास और भूगोल से परिचित करवाते चलते। अकाल वहाँ के मौसम का स्थायी भाव था, राजस्थान नहर स्थायी स्वप्न और पाकिस्तान की बमबारी स्थायी भय। फ़ेमीन वर्क और फ़ेमीन रिलीफ़ के बीसियों एक से एक रोचक किस्से मुझे भाउसा ने सुनाये। हम घूमते-घूमते थक जाते तो किसी भी सड़क किनारे चाय की दूकान पर बैठ जाते और पता नहीं कैसे भाउसा को जैसलमेर का बच्चा-बच्चा जानता था, इसलिए हर किस्से के बीच में तीस-चालीस बार व्यवधान पड़ता। लोग भाउसा से नमस्कार करते, हाथ मिलाते या पाँव छूते—जैसी जिसकी उम्र हो—और फिर भाउसा उनके घर के सारे सदस्यों के नाम ले-लेकर उनके हालचाल पूछते, सामने वाला कल उसके मोहल्ले या पड़ोस में हुई किसी घटना की विगत विस्तार से सुनाता और फिर उसके जाने के बाद ही भाउसा का किस्सा दोबारा शुरू हो पाता।

भाउसा और उनके किस्से के बीच आने वाले ज़्यादातर तो भाउसा के पाँव छूने वाले ही होते, लेकिन एक बार ऐसा हुआ कि एक गोरा-चिट्टा लाल गालों वाला नाटा-सा बूढ़ा जो इधर-उधर तीस-तीस डिग्री झुकता-झुकता चल रहा था, भाउसा को देखकर पास आया और राजस्थानी भाषा में भाउसा को माँ-बहन की गन्दी-गन्दी गालियाँ बकता हुआ हाथ से गन्दे इशारे करने लगा। मैं घबरा गया कि माजरा क्या है? क्या आज आपस में मारपीट करते दो बूढ़ों को छुड़ाना पड़ेगा? भाउसा की जैसे ही उस पर नज़र पड़ी वे गाली बकते हुए उठे और उन्हें उठते देख बूढ़ा भागा और चप्पल उतारकर हाथ में उठा उसके पीछे-पीछे भाउसा भागे और थोड़ी दूर की इस पकड़ा-पकड़ी के बाद भाउसा ने चप्पल खींचकर बूढ़े की तरफ़ फेंकी जो उड़कर कहीं और ही गयी और अचानक सामने एक साइकिल आ जाने से बूढ़े को भी रुक जाना पड़ा और फिर बूढ़ा और भाउसा गले मिल गये। हँस-हँसकर कुछ देर बात करते रहे और फिर बूढ़ा झुकता-झूमता अपने रास्ते चला गया। भाउसा मेरे पास आ बैठे और किस्से के छूट गये सूत्र जोड़ने लगे। किसी ने दूर जा पड़ी उनकी चप्पल ला दी।

"कौन थे ये?" मैंने पूछा

"ये? लालचन्द। मेरा दोस्त। वैद्य है। हम लोग पार्टीशन के टाइम सिन्ध से साथ-साथ ही भागकर आये थे।"

बस और कुछ नहीं, किस्से के छूटे सूत्र मिल गये थे। लालचन्द जी बाद में मेरे मकान मालिक बने।

भाउसा की कराची में कपड़े की खूब बड़ी दूकान थी। बाप की इकलौती सन्तान थे। सफ़ेद जर्मन ट्वीड का सूट पहने, बालों में फुग्गा निकाले, रॉयल एनफ़ील्ड पर बैठे उनकी जवानी की फ़ोटो देखी बाद में एक दिन। पार्टीशन हो गया, बलवाइयों ने पिताजी का कत्ल कर दिया, दूकान में आग लगा दी। भाउसा माँ-बीवी को लेकर रिश्तेदार के पास सिन्ध आ गये। वहाँ भी दंगा हो गया। रातोरात सब कुछ छोड़-छाड़कर भागना पड़ा। यहाँ जैसलमेर में एक रिश्तेदारी थी, यहाँ आ गये। जो कुछ पास में था, बेच-बेचकर खाते रहे। काम कुछ आता नहीं था। पढ़ाई अधूरी थी। मेहनत करने की आदत नहीं थी। किसी से कर्ज़ लेकर साइकिल की दूकान लगायी। सबके आगे रोटी के लाले थे। साइकिल कौन खरीदता? साइकिल की दूकान बन्द करके रेडीमेड कपड़ों की दूकान डाली, कुछ दिन चली, लेकिन उधारी खूब फैल गयी। लोगों से अपने ही पैसे माँगते शर्म आती। बन्द कर दी। जी भी उचट गया था। पार्टनरशिप में स्टोनक्रशर लगा दिया। पार्टनर ने खूब मेहनत करवायी और जब काम जम गया तो मक्खी की तरह निकालकर फेंक दिया। कुछ दिन खाली बैठे। फिर एक सेकेंडहेंड एम्बेसेडर लेकर ठीक करवाकर टूरिस्टों के लिए टैक्सी चलाने लगे। उसमें खूब कमाया। लेकिन फिर ड्राइवर ने ठोक दी। गाड़ी परेशान करने लगी। खूब पैसे खाने लगी, बेच दी। एक जान-पहचान के सेठ का ट्रक चलाने लगे। जोधपुर से कलकत्ता। पीछे से घरवाली बीमार रहने लगी। शरीर थक गया। आखिर सब छोड़-छाड़कर आ गये। इस मोहन्या के कहने से अभी चार साल से अखबार शुरू किया है। दाल-रोटी निकल जाती है। ज़्यादा का करना भी क्या है? अखबार वैसे तो साप्ताहिक है पर निकलता है कभी महीने में कभी दो महीने में, जब विज्ञापन मिल जाये। कितनी प्रतियाँ छपवाते हैं? पच्चीस। पच्चीस हज़ार? या पच्चीस सौ? नहीं भाई पच्चीस। दस-पन्द्रह तो देनी ही पड़ती हैं इधर-उधर। दो-तीन बिल के साथ लगा देते हैं। चार-छह कलेक्टरी और पंचायत समिति के नोटिस बोर्ड पर लगा देते हैं...अब आप आ गये हो तो आप सँभालो ढंग से और नियमित। सुना है वहाँ भी आप अखबार निकालते थे।

भाउसा की उम्र यदि साठ साल होगी तो उनकी पत्नी की उम्र भी दो-चार साल इधर-उधर ही होगी। एक बारह-तेरह साल का लड़का था जिसे उन्होंने गोद लिया था। बस घर में और कोई नहीं था। मकान निजी था। मकान में एक बड़ा-सा आँगन था और उससे सटा एक लम्बा-सा कमरा जिसमें कोई खिड़की नहीं थी और

हर समय ठंडक और अँधेरा रहता था। यही भाउसा की बैठक, अखबार का दफ़्तर, दोस्तों का चौकड़ी जमाने का अड्डा कुछ भी समझ लो।

क्या आप ऐसे किसी आदमी की कल्पना कर सकते हैं जो बँटवारे के बाद दंगा-फसाद, मारकाट अफ़रा-तफ़री, लूटपाट और दरिंदगी के उस हौलनाक आलम में पाकिस्तान से भागकर आते समय सिर्फ़ एक चीज़ बचाकर लाया हो—अपना हारमोनियम!

भाउसा ने यही किया था। काले रंग की आबनूसी लकड़ी का बना जर्मन रीड का हारमोनियम ज़रा-सी फूँक मिलते ही जैसे साँस लेने लगता था। उसके खरज के सुरों में बला का ठहराव था और मन्द्रसप्तक तथा तारसप्तक के सुर. जिसे कहते हैं 'बसद खुलूसो नियाज़' बहुत लिहाज़ एहतिराम और अदब से पेशे खिदमत होते थे—पत्थर की तरह आकर सिर पर गिरते नहीं थे। कोमल सुरों को तो छूते भी झिझक होती थी। एक-एक में इस कदर दर्द भरा हुआ था कि जैसे बेकसों की आह भरी हुई हो। जहाँ यह हारमोनियम बजाया जा रहा होता, ज़ोर से बोलते-बतियाते लोग चुप हो जाते या फुसफसाने लगते। इसकी आवाज़ की ज़द में कोई किसी से लड़े—यह तो हो ही नहीं सकता था। सबसे अच्छा तो यही रहता कि आप खड़े हों तो बैठ जायें...और धीरे-धीरे अपनी आँखें बन्द कर लें और अपनी सबसे अज़ीज़ चीज़ों को याद करने लगें।

बहुत दिनों के इसरार, इकरार, इनकार के बाद आखिर एक रोज़ भाउसा की गुफा में महफ़िल जमी। चाय और गुटका इत्यादि के बाद भाउसा ने हारमोनियम सँभाला। मैंने पहले ही कह रखा था कि कौन-कौन सी बाई का कौन-कौन सा गाना थियेटर में सुनने के लिए आप घर से भागकर कलकत्ता जाया करते थे—मुझे बस वही सुनना है। और भाउसा दोस्तों के मजमे को खुश करने के लिए एक-दो सामान्य-सी चीज़ें सुनाकर वहीं आ गये। मुख्तारनबाई। 1944, रॉयल इम्पीरियल थियेटर कलकत्ता।

ये मेरी ओढ़नी क्या है, तेरे गम की निशानी है
तुम्हारी दिलकुशानी है, हमारी जान जानी है।

और फिर कुन्दनलाल सहगल। न्यू थियेटर से जो शुरू हुए...भाउसा की आवाज़ बड़ी गहरी थी। सुरीली थी, दर्द भरी थी, ठहरी हुई थी, किसी ठंडे पहाड़ी चश्मे की तरह थी। एक के बाद एक वे सहगल के गीत गाते रहे, 'जब दिल ही टूट गया'...'दुनिया रंग रंगीली बाबा'...'ज़िन्दा हूँ इस तरह के कोई'...'बाज़ार से गुज़रा हूँ खरीददार नहीं हूँ'...'बाबुल मेरा नैहर छूटयो जाय, नुक्ताचीं है गमे दिल'...'गम दिये मुस्तकिल...'

अचानक मैंने देखा कि गुफा में मेरे और भाउसा के सिवा कोई नहीं है, एक-एक करके सभी दोस्त पता नहीं कब खिसक चुके हैं—भाउसा को इसका ज़रा भी कोई भान नहीं है, भाउसा पसीने से तर-बतर हो रहे थे। बगैर इधर-उधर देखे। यह भी समाधि जैसी एक अवस्था थी जिसमें एक उम्ररसीदा शख़्स मुल्क के बँटवारे, अपने खानदान की तबाही और अपनी ज़िन्दगी के बेसूद बीत जाने के अजाब को सहगल की मार्फ़त गा रहा था। किससे कहे? किससे शिकायत करे? किसे सुनाये? किसके कन्धे पर सिर रखे? मैं नज़दीक जाकर देखता तो शायद भाउसा का चेहरा मुझे आँसुओं से तर नज़र आता। लेकिन मेरी हिम्मत ही नहीं पड़ी। मैं मन्त्रकीलित-सा सुनता रहा। लेकिन फिर मुझे लगा कि शायद मेरा यहाँ बैठे रहना और एक अभी-अभी परिचित दुखी आदमी के उधड़े हुए ज़ख्मों को बेशर्मी से देखना अनधिकार चेष्टा है। लिहाज़ा एकदम चुपचाप मैं भाउसा की समाधि टूटने से पहले उठा और दबे पाँव बाहर निकल आया...दीवार की तरफ़ मुँह करके दो मिनट फफक-फफक कर रोया...जाने क्यों...और फिर रूमाल से चेहरा रगड़कर अपने घर चला आया।

मेरे जैसलमेर पहुँचते ही सूचना केन्द्र में मेरे स्वागत में एक गोष्ठी आयोजित की गयी थी। जैसलमेर में जो भी दस-पन्द्रह साहित्यकार या साहित्य प्रेमी थे, सबसे इस गोष्ठी में परिचय हो गया था। इसी गोष्ठी में परिचय हुआ था मोहन वर्मा से जो हायर सैकेंडरी स्कूल में हिन्दी पढ़ाते थे और बड़े अच्छे कवि थे, मोहन वर्मा की मार्फ़त परिचय हुआ मनोहर महेचा, श्रीवल्लभ, नत्थूसिंह और गणपत भाटिया से। ये सब वर्माजी के विद्यार्थी रह चुके थे और बीए-बीएड करके पंचायत समिति विद्यालयों में अध्यापक हो गये थे। इन्हीं की मार्फ़त ओमप्रकाश भाटिया से परिचय हुआ जो तब बारहवीं कक्षा के विद्यार्थी थे, बाद में टेलीफ़ोन ऑपरेटर बने।

टेलीफ़ोन एक्सचेंज में कुल मिलाकर पच्चीस लोगों का स्टाफ़ था। आर.एस.ए. यानी रिपीटर स्टेशन असिस्टेंट हम पाँच थे। मेरे सिवा सब शादीशुदा थे। उन्हें नाइट ड्यूटी करने में बहुत कष्ट होता था। मैंने सबकी नाइट ड्यूटी ले ली। मुझे कोई कष्ट नहीं था नाइट ड्यूटी में। मैं स्थायी रूप से नाइट वॉचमैन बन गया। इससे फ़ायदा यह होता था कि मटरगश्ती करने के लिए पूरा दिन मिल जाता था और साथी वर्माजी और उनके विद्यार्थियों के रूप में मिल ही गये थे। हम लोग रोज़ शाम शहर से बाहर जाती एक पक्की सड़क पर घूमने निकल जाते जिस पर आते-जाते बस हम ही हम होते। शहर से बाहर निकलते ही शुरू हो जाता हमारा 'बौद्धिक'। राजनीति, शिक्षा, धर्म, जाति, रूस, चीन, इतिहास,

फ़ैशन, फ़िल्म, सेक्स कोई भी विषय वर्जित नहीं था—और बेशक, हर चीज़ की मार्क्सवादी दृष्टि से व्याख्या हो रही थी। पारम्परिक नीति, शिक्षा, संस्कार, परम्परा, रूढ़ि, समझ, धारणा, विश्वास, भय और ज़िद एक तरफ़ और एक हँसोड़, निःस्वार्थ, आकर्षक दोस्त और उसके कन्धे के पीछे से झाँकते मार्क्स-लेनिन दूसरी तरफ़ और वर्माजी बीच में। यह सब इतना नया, उत्तेजक और स्फूर्तिवर्धक था कि उस उनींदे कस्बे में जहाँ फ़िल्म भी तीन साल पुरानी लगती थी, जहाँ डबलरोटी भी तीन दिन पुरानी आती थी...शाम को घूमना हमारी दैनिक दिनचर्या में शामिल हो गया।

एक दिन पता नहीं कैसे लाइनमेन प्रेमाराम भी हमारे साथ घूमने चल पड़ा।

मेरे साथ एक बात यह थी कि मुझे हज़ार-दो हज़ार तो शे'र याद थे और हरसम्भव विषय पर सौ-दो सौ करारे वेज-नॉनवेज लतीफ़े भी जिन्हें मैं निरन्तर अपडेट करता रहता था, जिन्हें वाचिक तथा आवश्यक हो तो आंगिक अभिनय के साथ सुनाता था! लोग हैरान होते थे कि इसका शे'रों-लतीफ़ों का खज़ाना कभी खाली भी होता है!

और प्रेमाराम की खासियत यह थी कि वह लतीफ़ा सुनने के बाद खड़े-खड़े नहीं हँस सकता था, पेट पकड़कर बैठ जाता था और बैठा होता तो लेट जाता था और लेटा होता तो लोटपोट होने लगता था।

वह एक दिन में हमारा मुरीद हो गया। इसके बाद नियम-सा बन गया कि रोज़ शाम वह भी हमारे साथ संध्या भ्रमण पर जायेगा और मैं चलते-चलते कोई लतीफ़ा नहीं सुनाऊँगा, वरना प्रेमाराम बार-बार सड़क पर बैठेगा और हमारा घूमना धरा-का-धरा रह जायेगा।

प्रेमाराम से हमने बड़े शानदार और मज़ेदार राजस्थानी मुहावरे सीखे और उसके सौजन्य से खूब थ्री एक्स रम पी। उसकी ड्यूटी एयरफ़ोर्स एक्सचेंज में थी और वह कैन्टीन से सस्ती रम ले आता था। मैंने प्रेमाराम से पापड़ जैसे पतले और कुरकुरे परांठे बनाना भी सीखा। प्रेमाराम मीट भी बहुत अच्छा बनाता था और बाद में वह लाइन स्टाफ़ यूनियन का भी बहुत अच्छा संगठनकर्ता साबित हुआ।

जवाहर पैलेस के कुछ ही आगे रेत के धोरे थे। हम पहुँचते ही उनमें चित्त पड़ जाते। रेत में सारा शरीर धँस जाता। हम खुद रेत उठाकर अपनी छाती, पेट और पैरों पर डाल लेते। रेगिस्तान में रातें बहुत ठंडी होती हैं। रेत फटाफट तपती है और फटाफट ठंडी हो जाती है। थोड़ी ही देर के इस रेत स्नान से दिन भर की सारी थकान उतर जाती और हम ताज़ादम उठ खड़े होते। साथ में बीयर या रम या केसर कस्तूरी की बोतल होती तो जाते ही उसे रेत में गाड़ देते। चाँद ऊपर

आने तक गप्पें लगाते रहते या गाने गाते रहते। तब तक बोतल ठंडी टीप हो गयी होती। फिर हम वहीं बैठे उसकी दिव्य घुटकियाँ लगाते।

मणि मधुकर के शब्दों में 'सरासर सूफ़ी और निर्लिप्त' रेत कहीं नहीं चिपकती।

लेकिन यही रेत जब आँधी बनकर आती तो सारे शहर का जीवन अस्त-व्यस्त हो जाता।

यदि आप छत पर खड़े होकर देखें तो क्षितिज से बादलों के गुबार की तरह आँधी का उठना आपको साफ़ नज़र आ जायेगा। आँधी कई रंगों की होती है—पीली, लाल, काली, सफ़ेद और पुराने लोग क्षितिज पर ही उसे देखकर बता देंगे कि यह कितनी देर चलेगी, एक घंटा, चार घंटे, तीन दिन या सात दिन। अब फ़र्ज़ कर लीजिए तीन दिन चलने वाली आँधी है। तो तीन दिन तक रात-दिन सारा आकाश रेत से ढँका रहेगा। ज़मीन से लगाकर आसमान तक एक ही रफ़्तार में एक ही दिशा से रेत 'हूऽऽहूऽऽ' करती उड़ती रहेगी। मुँह-आँख में ढेर-सी कपड़छन रेत घुस जाएगी। बारिश, बर्फ़बारी से भी अधिक वह कोहरे की मानिन्द लगेगी। जैसे रेत का गतिमान कोहरा। सूरज निकलेगा लेकिन उसकी धूप धरती तक नहीं पहुँच पायेगी। एकदम अजीब असामान्य और अपशकुनी-सा कुछ।

आँधी को कहते हैं—जाँख।

आँधी चलती तो बिजली चली जाती। ज़ाहिर है बिजली के ज़िन्दा तार टूटकर कहीं गिर पड़ें और किसी की जान लें, इससे बचने के लिए बिजली बन्द करना ज़रूरी हो जाता था। बिजली नहीं होती तो अँधेरा होते ही सारा शहर अपने घरों में बन्द हो जाता। बाहर आपको एक कुत्ता भी नहीं मिलता। बिजली नहीं होती तो नलों में पानी भी नहीं आता। खिड़की-दरवाज़ों को लाख बन्द कर लो, उन पर परदा डाल दो या कम्बल टाँग दो, थोड़ी-बहुत रेत तो भीतर आती ही थी। मटका चाहे लाख ढँका हो, आप ढक्कन हटाते तो पाते कि पानी पर रेत की मलाई जमी हुई है। फिर हम बड़े निडर भाव से लोटे में पानी निकालते, जेब से रूमाल निकालकर लोटे के मुँह पर बाँधते और आराम से गट-गट पानी पी लेते, लेकिन खाना? तो जब जाँख चल रही हो तो शहर के हर घर में अनिवार्यतः खिचड़ी ही पकाई जाती। लेकिन अब इसे खाया कैसे जाये? तो हम खिचड़ी का भगोना, थाली, चम्मच सामने रखकर कम्बल ओढ़ लेते और कम्बल के तम्बू के भीतर भगोने से थाली में खिचड़ी परोसकर भीतर-ही-भीतर खाते। यही किया जा सकता था। सब ऐसा ही करते थे।

जाँख थम जाती तो सड़कों पर, नालियों में, सीढ़ियों पर, छत के कोनों

में कई-कई फ़ुट रेत जमी मिलती। जैसलमेर, जोधपुर मुख्य सड़क पर रेत के बड़े-बड़े टीले आ जमते, ठीक जैसे जम्मू-श्रीनगर मार्ग पर बर्फ़ जमा हो जाती है। फलस्वरूप सड़क यातायात बन्द हो जाता। बस बन्द, ट्रक बन्द...न डाक आती न सब्ज़ियाँ...न डीज़ल-पेट्रोल, न अखबार, न दवाएँ। फिर बीएसएफ की पलटनें जाकर सड़क पर से रेत हटातीं और दो-तीन रोज़ में जाकर सड़क यातायात फिर चालू हो पाता।

कई बार तो रेत भर जाने के कारण लोगों को अपने बने-बनाये, बसे-बसाये मकान खाली करके दूसरी जगह चले जाना पड़ता। जैसलमेर में मैंने अनेक ऐसे मकान देखे जो रेत से ढके हुए थे। जब मैं लालचन्द जी के मकान में रहता था, तो एक बार आँधी चलने के बाद मेरे घर से सटे रेत के टीले में से अचानक एक सीमेन्ट की लम्बी-चौड़ी छत निकल आयी। पता चला कि टीले के नीचे एक पूरा मकान दबा हुआ है।

रेत इतनी महीन होती है कि आप कल्पना नहीं कर सकते। जाँख में आदमी पगड़ी का ढाटा बाँधे बग़ैर बाहर निकलता नहीं, फिर भी जब वह लौटकर आयेगा तो आप उसे पहचान नहीं पायेंगे। उसके सारे चेहरे पर राख की तरह रेत पुती होगी, भौंहों, पलकों और कानों के भीतर तक। तो ज़रूर वह पेट में भी जाती होगी। कोई आश्चर्य नहीं कि टीबी और सिलिकॉसिस के बहुत केस होते थे और कोई आश्चर्य नहीं कि वहाँ लोग घी और गुड़ बहुत खाते थे।

~

जैसलमेर का फ़िल्मवालों के लिए अलग ही आकर्षण था। रेगिस्तान का प्राकृतिक सौन्दर्य तो अद्‌भुत है ही, पश्चिम राजस्थान में जितने और जिस कदर चटख और शोख रंग पाये जाते हैं, शायद ही कहीं और मिलें। वहाँ के लोग, उनकी वेशभूषा, बच्चों की अँगरखी, रबारियों के पोतिये (फेंटे), मोट्यारों के साफ़े, बुज़ुर्गों की बीच में से बँटी फरफराती दाढ़ी, लुगाइयों की बँधेज की रंग-बिरंगी ओढ़नी, गोटा लगी कांचली, अस्सी कली के घाघरे, मरदानी पगरखी...चाँदी के मोट-मोटे तोड़े, करधनी, पाजेब, बिछुए और बड़ी-सी नथ या दो लौंग-एक इधर, एक उधर, और तो और ऊँट के भी गहने...और गहनों के गीत...'गोरबन्द नखरालो', फिर महल, अटारी, झरोखे, गोखड़े, तालाब, पोखर, बावड़ी। सुग्गा, मैना, कमेड़ी, मोर हर चीज़...वहाँ की हर चीज़ फ़िल्मवालों के लिए एक जबर्दस्त आकर्षण रखती थी।

सबसे पहले ख्वाजा अहमद अब्बास ने यहाँ अपनी फ़िल्म 'दो बूँद पानी'

की शूटिंग की थी, के. आसिफ़ फ़िल्म 'लव एण्ड गॉड' के लिए यहाँ आये थे, सुनील दत्त की फ़िल्म 'रेशमा और शेरा' की यूनिट तो महीनों यहाँ पड़ी रही, यश चोपड़ा ने अपनी फ़िल्म 'लम्हे' की यहाँ शूटिंग की और सत्यजीत राय की फ़िल्म 'सोनार केल्ला की शूटिंग का तो मैं खुद गवाह हूँ। विदेशी फ़िल्मों और डॉक्यूमेंट्री की संख्या इनसे भी कहीं ज़्यादा है।

'रेशमा और शेरा' के निर्देशक थे, एस. सुखदेव जिन्होंने बिहार के अकाल पर एक अद्‌भुत डॉक्यूमेंट्री बनायी थी। रेत के ऊँचे-ऊँचे टीलों पर हवा से बनती बदलती मिटती आकृतियों के जादुई खेल से वह इतने अभिभूत हुए कि उसी को फ़िल्माते चले गये। ज़ाहिर है कि एक कमर्शियल फ़ीचर फ़िल्म में तो यह चल नहीं सकता था, अतः सुनील दत्त ने कमान खुद अपने हाथ में ले ली। जैसलमेर वालों को सुनील दत्त का दोस्ताना व्यवहार भुलाये नहीं भूलता था। यूनिट को निर्देश था कि सारे कलाकार देहाती वेषभूषा पहनकर घूमेंगे-फिरेंगे और स्थानीय लोगों से घुलने-मिलने की कोशिश करेंगे। खुद सुनील दत्त भी ऐसा ही करते, पीछे से आकर किसी के भी कन्धे पर हाथ रखकर खड़े हो जाते और बातें करने लगते। सुनील दत्त ने जैसलमेर की जनता को प्यार दिया तो जैसलमेर की जनता ने भी उनको पूरा साथ और सहयोग दिया।

सत्यजीत राय पहले लोकेशन देखने आये थे और इसी दौरे में मैं उनसे टकरा गया। मैं घूमने जा रहा था और बाज़ार में मैंने देखा कि एक बहुत लम्बा-चौड़ा आदमी जिसकी बड़ी-सी नाक है और गरुड़ जैसी आँखें, बड़े ध्यान से किले को देख रहा है। मैं बगैर रुके आगे बढ़ गया। कोई ताज्जुब नहीं यदि वह व्यक्ति अभी कैमरा निकाले और खट-खट दस-पाँच फ़ोटो खींच डाले। टूरिस्ट ऐसा ही करते हैं।

लेकिन इस शख्स का चेहरा जाना-पहचाना लग रहा था। बल्कि बहुत पहचाना लग रहा था। कौन हो सकता है ये शख्स?

अचानक ध्यान आया—सत्यजीत राय! मैं ठिठका, पीछे मुड़ा और लपका। कहीं चले न गये हों। वरना एक महान हस्ती से हाथ मिलाने से आज वंचित रह जाऊँगा।

मैंने पूछा यानी पहले खातरी कर ली कि आप सत्यजीत राय ही हैं ना? जब 'हाँ' हो गयी तब हाथ मिलाया। कहा कि आप कल्पना नहीं कर सकते आपका जैसलमेर में दिखाई दे जाना कितना बड़ा सरप्राइज़ है और कि मैं आपसे हाथ मिलाकर किस कदर उत्तेजित हूँ वगैरह।

सच बात तो यह है कि उन्हें भी बहुत अच्छा लगा कि जैसलमेर जैसी जगह

में भी उन्हें पहचानने वाला और उनसे हाथ मिलाकर उत्तेजना महसूस करने वाला कोई है। वैसे मैं भी उन दिनों खासा खूबसूरत हुआ करता था। कसरती बदन, सुनहरी दाढ़ी, चकमदार आँखें और लतीफ़ हिन्दी-अंग्रेज़ी। मैंने बातों-बातों में पता कर लिया कि वह अपनी आगामी फ़िल्म की शूटिंग यहाँ करना चाहते हैं, कि उन्हें एक गाँव चाहिए जिसकी अपनी आइडेंटिटी भी हो और जहाँ से किला भी दिखाई देता हो, ''कोमल कोठारी ने जोधपुर में बताया तो था लेकिन...यदि आप मदद कर सकें।''

मैंने कहा, ''ज़रूर''। तय हो गया कि सुबह छह बजे मैं उनके पास पहुँच जाऊँगा और फिर हम लोग वह गाँव देखने जायेंगे।

उनसे छूटकर मैं सीधा नन्दकिशोर शर्मा के पास पहुँचा जो अध्यापक थे, कवि थे, फ़ोटोग्राफर थे और सचमुच जैसलमेर के ही थे। वह सत्यजीत राय के नाम से कुछ खास प्रभावित नहीं हुए क्योंकि इकहत्तर के युद्ध से पहले वह पोलेंड से आये मशहूर फ़िल्मकार आन्द्रे वायदा को भी जैसलमेर 'घुमा' चुके थे। काफ़ी देर के विचार-विमर्श के बाद हमने तय किया कि सत्यजीत राय के लिए कौन-सा गाँव ठीक रहेगा और फिर मैं घर जाकर सो गया। सो क्या गया, सपने देखता रहा कि सत्यजीत राय कह रहे हैं—''स्वयं प्रकाश। मैं तुम्हारी अमुक कहानी पर फ़िल्म बनाना चाहता हूँ''...या ''स्वयं प्रकाश! उधर कैमरे के पीछे क्या कर रहे हो? इधर आओ सामने, मैं तुम्हें अपनी फ़िल्म में एक रोल देना चाहता हूँ,'' इसी चक्कर में पाँच बज गये। जल्दी-जल्दी नहा-धोकर, तैयार होकर नन्दकिशोर जी को लिया और छह बजने में पाँच मिनट पर हम जवाहर विलास पहुँच गये। हम मुख्य द्वार से भीतर घुसे भी नहीं थे कि ऊपर से गुरु गम्भीर, गूँजती-गरजती आवाज़ आयी—''गुड मॉर्निंग! सो यू हैव कम?'' और लकड़ी के ज़ीने से चार जोड़ी जूतों के उतरने की आवाज़ आयी। आगे-आगे सत्यजीत राय...गले में मफ़लर और कैमरा...और पीछे-पीछे उनके तीन सहयोगी। गाड़ी भी तैयार थी। बैठे और रवाना हो गये।

रास्ते में मैंने पूछा कि आप हिन्दी में फ़िल्में क्यों नहीं बनाते? उन्होंने कहा, ''लगता है अब बनानी ही पड़ेगी, हर कोई मुझसे यही सवाल पूछता है, बंगाली फ़िल्म के लिए पूँजी जुगाड़ना दिन-ब-दिन मुश्किल होता जा रहा है। हिन्दी फ़िल्मों का बाज़ार बड़ा है, पैसा लगाने वाले भी मिल जाते हैं, इसलिए अगर फ़िल्म बनाने से तौबा ही नहीं कर लेना है, तो हिन्दी में बनानी पड़ेगी। दिक्कत लेकिन यह है कि मुझे हिन्दी नहीं आती।''

सच पूछो तो सत्यजीत राय का जवाब मुझे अच्छा नहीं लगा। इतने बड़े

कलाकार से फ़िल्म और कैमरे की भाषा और संवेदना पर कुछ चुटीली और मार्मिक उक्तियाँ सुनने की प्रत्याशा में डूबे मेरे किशोर मन को उन्हें पूँजी और बाज़ार की भाषा में बात करते देखना अच्छा नहीं लगा। दूसरे, हिन्दी को लेकर जो ज़िबह किये जाने का-सा भाव उन्होंने प्रकट किया उसने मुझे उन आम बंगालियों की याद दिला दी जो हिन्दी को दूसरे दर्जे की-सी भाषा समझकर हिकारत से देखते हैं। सारी दुनिया को अपनी देशज और आंचलिक फ़िल्में दिखाते फिरने वाले सत्यजीत राय ने अब तक अपनी कोई फ़िल्म हिन्दी में डब भी नहीं की थी कि हिन्दी भाषी जनता उनकी अन्तर्राष्ट्रीय ख्याति का रहस्य समझ सके।

अचानक दूर सुबह की धूप में चमकता पानी से भरा कोई समुन्दर जैसा दिखाई दिया। उनके सहयोगियों ने सोचा कि शायद यह मृगतृष्णा है। हमने उन्हें बताया कि यह सचमुच का पानी है, 73 की बरसात में भर गया था, अभी तक सूखा नहीं।

जिस गाँव में हम पहुँचे...वह सुन्दर था और सुबह की कोमल धूप में और भी सुन्दर लग रहा था। वहाँ एक बूढ़ा एक स्कूल जाते बच्चे के बाल काढ़ रहा था, सत्यजीत राय ठिठके, उनका हाथ कैमरे पर गया, लेकिन बूढ़ा और बच्चा सचेत होकर हमें देखने लगे। उन्होंने तुरन्त कैमरा छोड़ दिया।

किला वहाँ से दिखाई दे रहा था, लेकिन धुँधला, क्योंकि धूप किले के पीछे से आ रही थी। सत्यजीत राय अपने सहयोगियों से बोले, ''गाँव यही रखेंगे, किला चीट कर लेंगे, चीट कर लेंगे!''

मुझे लगा कि मैं; मुझे सौंपा गया काम ठीक से नहीं कर पाया।

लौटते समय उन्होंने नन्दकिशोरजी से पूछा कि कोई लोकगायक उनकी पहचान का है क्या? वह थोड़ी प्रभाती टेप करना चाहते हैं।

हम दोनों दिन भर दौड़-धूप करते रहे और शाम को रामगढ़ से फादा खान लंगा अपनी सारंगी लेकर आ गया।

सत्यजीत राय ने उसे सुना भी, प्रशंसा भी की, टेप भी किया, लेकिन जितनी देर फादा खान गाता रहा वे अपनी डायरी में उसका स्कैच बनाते रहे... और उन्होंने बेहद खूबसूरत और भावप्रवण स्कैच बनाया।

दो महीने बाद जब सत्यजीत राय अपनी यूनिट के साथ 'सोनार केल्ला' की शूटिंग करने आये, उनके साथ एक बस भरकर बंगाल के पत्रकार भी थे। सब जवाहर विलास में ठहरे थे और दावत उड़ा रहे थे। पता चला कि फ़िल्म को पश्चिम बंगाल सरकार ने ही फ़ायनेन्स किया है। उन दिनों बेल्जियम से आयी कैथरीन और हिल्डा के साथ मेरी दोस्ती और घूमना-फिरना चल रहा था, इसलिए मेरा ध्यान

सत्यजीत राय और उनकी यूनिट पर ज़्यादा नहीं टिक रहा था। फिर भी उन्होंने देखा तो दूर से ही चिल्लाकर 'हलो फ्रेंड' कहा, हाथ उठाया। मैंने पास जाकर हाथ मिलाया, तो दोपहर को शूटिंग देखने के लिए किले पर आने की दावत दी और आग्रह किया कि मैं, कैथरीन और हिल्डा शाम को यूनिट के साथ ही डिनर लें।

पहले मैं सोच रहा था कि अपना एक कहानी संग्रह उन्हें भेंट कर दूँ। क्या पता! मेरी कोई कहानी इन्हें पसन्द आ जाए! फिर टाल गया। छोड़ो। हिन्दी तो इन्हें आती नहीं और हिन्दी के बारे में इनकी भावना भी अच्छी नहीं। ये क्या पढ़ेंगे। इधर-उधर फेंक देंगे। हो सकता है कि यहीं छोड़ जायें और फिर कोई लाकर मुझे ही दे—आपकी ये...वो छोड़ गये थे।

लेकिन मैंने एक काम ज़रूर कर लिया। सत्यजीत राय का एक इन्टरव्यू ज़रूर ले लिया जो उनकी और मेरी फ़ोटो के साथ *जनयुग* में छपा। इन्टरव्यू का शीर्षक था—'कलाकार को प्रतिबद्ध होना ही चाहिए।'

~

कैथरीन और हिल्डा बेल्ज़ियम की थीं। कैथरीन एक किताबों की दूकान में काम करती थी और हिल्डा एक एडवर्टाइज़मेन्ट एजेन्सी में। मैं जोधपुर से जिस बस से जैसलमेर आ रहा था, उसी में ये दोनों थीं। पोखरन के बाद बस में बीस-पच्चीस सवारियाँ ही रह गयी थीं। जब दूर की रोशनियाँ दिखाई देने लगीं तब उनमें से एक ने मुझसे पूछा कि टूरिस्ट बंगला बस स्टैंड से कितनी दूर होगा? उस समय पौने दस बज रहे थे। सर्दियों के दिन थे और जिसे बस-स्टैंड कहा जा रहा था वह कोई बस स्टैंड नहीं सिर्फ़ एक चौराहा था जहाँ दिन में तो खूब रौनक रहती थी, लेकिन इस समय तो सारी दूकानें बन्द हो चुकी होंगी। भारतीजी भी अपना होटल बन्द करके घर जा चुके होंगे। कुछ कंडक्टर, ड्राइवर बैठकर दारू पी रहे हों तो और बात है। लेकिन इतनी सर्दी में?

'बस-स्टैंड' पर अँधेरे और सन्नाटे के सिवा कुछ नहीं था। टूरिस्ट बंगला वहाँ से लगभग दो किलोमीटर दूर था, लेकिन टेढ़ी-मेढ़ी अँधेरी गलियों से होते हुए वहाँ तक पहुँचना इन लोगों के बस का नहीं था। मैं नहीं होता तो वहीं किसी होटल की बैंच पर सिकुड़-सिमटकर बैठ जातीं या पेंट में घुटने घुसेड़े पड़ जातीं, डरती रहतीं और इंडिया आने के लिए खुद को कोसती रहतीं।

हम तेज़ कदमों से अँधेरी गलियाँ पार कर रहे थे, हमारे कदमों की आवाज़ भी गूँज रही थी।

''रिज़र्वेशन है आप लोगों का?'' मैंने पूछा।

''हमने जोधपुर से फ़ोन कर दिया था,'' कैथरीन ने कहा

''खाना भी नहीं खाया है ना?'' कुछ देर बाद मैंने फिर पूछा।

उन्होंने एक-दूसरे की तरफ़ देखा और फिर दोनों लगभग एक साथ बोलीं, ''हमारे पास बिस्कुट हैं''

जैसे रोज़ रात को खाने में चार-चार बिस्कुट ही खाती हों।

फिर हम चुप रहे।

टूरिस्ट बंगले के चौकीदार को जगाया, रजिस्टर में इनका नाम-पता लिखवाया कमरा दिलवाया। कहा कि भैया तेरे पास कुछ बचा हो तो गरम करके खिला दे इन्हें, ये दोनों भूखी हैं बेचारी। बारह घंटे से तो मेरे साथ बस में ही थीं, रास्ते में चाय तक नहीं पी।

फिर घर आ गया। घर पहुँचते-पहुँचते रात के ग्यारह बज गये।

दो दिन बाद रास्ते में टकरा गयीं। खुश हुईं। मैंने कहा, ''चलो चाय पीते हैं।'' पास ही एक होटल था जहाँ लौंग-कालीमिर्च-अदरक-जायफल डालकर चाय 'औटाई' जाती थी, लेकिन खुश होकर पी। फिर हम सबने सिगरेट पी, मेरी बगैर फ़िल्टर की पनामा, फिर हिल्डा ने पूछा कि वो क्या पी रहा है? तो वो से एक बीड़ी माँगकर हिल्डा को पिलायी। मैंने पूछा कि क्या-क्या देख लिया? कितने दिनों का कार्यक्रम है वगैरह। फिर मैंने कहा, ''कल सुबह ब्रेकफ़ास्ट मेरे साथ करो,'' वे तुरन्त राज़ी हो गयीं। जैसे प्रतीक्षा ही कर रही हों। वे मुझे भरोसे के काबिल आदमी समझ रही थीं। जबकि मेरी भावना सिर्फ़ यह थी कि नब्बे प्रतिशत लोग बाहर से आयी गोरी टूरिस्ट लड़कियों को चालू समझते हैं और ठगने के चक्कर में रहते हैं, लेकिन इन्हें महसूस होना चाहिए कि इंडिया में सब ऐसे ही नहीं हैं।

दूसरे दिन मैं उन्हें एक महँगे से होटल में ले गया, जो पहले हवेली था। हमने नाश्ता किया और भुगतान मैंने ही किया। इस छोटी-सी बात से वह भरोसे वाली भावना और सघन हो गयी। हम किले पर चले गये। खुलकर अपने घर, परिवार और जीवन की बातें करने लगे और आने वाले दस रोज़ तक हमारी यह निश्छल दोस्ती चलती रही। इस बीच दोनों एक बार मेरे कमरे पर भी आयीं। एक फ़ोटोग्राफ़र के यहाँ हमने एक ग्रुप फ़ोटो भी खिंचवाया, एक बगीची में भांगवाली ठंडाई भी पी, एक सुबह एक हलवाई के यहाँ गरम-गरम जलेबी भी खायी, एक रात एक राजपूत मित्र के यहाँ तीतर खाने से पहले अम्मल भी घाला, एक रात सेकेंड शो में कस्बे के एकमात्र ओपन एयर थियेटर में एक चालू बम्बइया

फ़िल्म भी देखी और सत्यजीत राय की यूनिट के साथ खाना भी खाया। मैं उन्हें अम्मा जी के होटल पर भी ले गया जहाँ एक रुपये में दाल या कढ़ी या सब्ज़ी और चूल्हे पर सिंकी चार रोटियाँ मिलती थीं। मैंने उन्हें लौंग, कालीमिर्च और इलायची भी चखायी और अपना टेलीफ़ोन एक्सचेंज भी दिखाया। मैं हरदम यही जानने की कोशिश में रहा कि इनकी आँखों से देखने पर हमारा देश कैसा दिखाई देता है। एक दिन वे ज़िला पुस्तकालय पहुँच गयीं और वहाँ से इंडियन लिट्रेचर की साहित्य अकादमी द्वारा प्रकाशित दो पुस्तकें उठा लायीं—बेशक डिपॉज़िट रखकर, एक स्वातन्त्रयोत्तर भारतीय कविता का चयन और एक स्वातन्त्रयोत्तर भारतीय कहानी का चयन। दो दिन बाद मैंने पूछा कि उन्हें भारतीय कहानियाँ कैसी लगीं तो बोलीं कि कुछ अजीब-सी ही लगीं। उनमें वर्णन काफ़ी लम्बे थे, एक्शन बहुत कम था और कहानियों का कोई अन्त तो जैसे था ही नहीं। मैंने लाज बचाने की कोशिश में कहा, ''हाँ तो ठीक है ना! किसी भी अच्छी चीज़ का अन्त क्यों होना चाहिए?'' हिल्डा ने जो पहले से ही मुझ पर आसक्त जैसी लग रही थी, इसे मेरी तरफ़ से प्रेम की स्वीकृति समझकर मेरे निकट आना शुरू कर दिया। अब हिल्डा जैसी गोरी-सुन्दर जवान लडकी आपके नज़दीक आने की कोशिश करे तो आपको अच्छा ही लगेगा। आप तो फूलकर कुप्पा ही होंगे, पर फिर एक ज़रा-सी बात पर यह आर्कषण एक झटके से समाप्त हो गया।

एक दिन हम सर्दियों की गुनगुनी धूप में गढ़सीसर के पाल पर बैठे बातें कर रहे थे। हिल्डा को दो छींकें आयीं। उसे नाक छिनकना होगा। उसने पर्स देखा, पर्स में रूमाल नहीं था। उसने पर्स में से एक कागज़ निकाला। वह एक चिट्ठी थी। चिट्ठी किसी बच्चे की लिखी हुई लग रही थी, शायद हिल्डा के छोटे भाई ने या छोटी बहन ने उसे लिखी हो। चिट्ठी में बच्चों जैसी लिखाई के अलावा एक स्कूल जाते बच्चे का चित्र भी बना हुआ था।

हिल्डा ने चिट्ठी को पर्स से निकालकर अपने हाथों में फैलाया, उसी में ज़ोर से नाक सिनकी और उठकर...उसे ऊपर से गढ़सीसर के पानी में गिरा दिया।

~

पंचायत समिति के अधिकांश विद्यालय एक ही अध्यापक वाले थे। श्री वल्लभ, मनोहर माहेचा और नत्थू सिंह की वजह से उनमें से बहुतों से दोस्ती हो गई। सब जैसलमेर के थे। सब हफ़्ते में एक बार घरवालों से मिलने और राशन-पानी लेने जैसलमेर आते थे। मैंने तय किया कि उनमें से हर एक गाँव में एक-एक बार

जाऊँगा। हर गाँव में एक रात रुकूँगा। मैंने अपनी इस मनोकामना में मोहन वर्मा और प्रेमाराम को भी शामिल कर लिया। मेरे पास एक ट्रांज़िस्टर था और एक छोटा सा टेपरिकॉर्डर भी और वहीं बीएसएफ़ के एक मेले से मैंने एक क्लिक थर्ड कैमरा भी खरीद लिया था। इसी असलाह के साथ हमें निकल पड़ना था।

और हम निकल पड़े। कई गाँव ऐसे थे जहाँ हफ़्ते में एक ही दिन बस जाती थी। मान लीजिए मंगल को गयी, तो बुध को वहाँ से चलेगी और फिर अगले मंगलवार को फिर उसी गाँव जायेगी। कुछ गाँव ऐसे थे जहाँ बस जाती ही नहीं थी, बस के आखिरी स्टॉप से वहाँ रेत में चार या पाँच किलोमीटर पैदल जाना पड़ता था या यदि आपकी व्यवस्था है तो ऊँट पर भी जाया जा सकता था।

रामगढ़ गये तो वहाँ मैंने हिन्दुओं की कब्रें देखीं। ज़ाहिर-सी बात है कि जब लकड़ी है ही नहीं तो मुर्दे को जलायेंगे कैसे? पूरे गाँव में किसी भी तरह का एक भी पेड़ नहीं था, सिर्फ़ जंगली बबूल की झाड़ियाँ थीं जिनकी पतली लकड़ियों को सुखाकर उनकी आँच पर खाना पका लिया जाता था। वहाँ मैंने घर भी कुछ अजीब तरह के देखे। ध्यान से देखने पर पता चला कि वे पत्थर के भी नहीं हैं, वे रेतपिंडों को ही एक पर एक चुनकर बना लिये गये हैं क्योंकि वहाँ पत्थर भी उपलब्ध नहीं हैं। अब ऐसे घरों में रहने वाले भला क्यों तेज़ या अधिक वर्षा चाहेंगे?

वहीं मुझे पता चला कि 'राजपूत' कोई जाति नहीं होती। वहाँ अनेक मुसलमान थे जो राजपूत थे। 'राजपुत्र' ही राजपूत बन गया और यदि राजा कोई भी हो सकता है तो राजपूत भी कोई भी हो सकता है। वहाँ यह भी पता चला कि इस क्षेत्र में रहने वालों की एक बड़ी संख्या 'साध' है जो न हिन्दू हैं, न मुसलमान। बस वे हैं, अच्छे-खासे मनुष्य हैं। कबीर, दादू, पीपा, सैना की बानियों और स्वरचित बाबा रामचन्द्र पीर जैसों की चमत्कार कथाओं के सहारे जीवित हैं। आज तक कोई ब्राह्मण उनसे पूजा करवाने नहीं आया, कोई मौलवी उन्हें कलमा पढ़वाने नहीं आया, अब मुल्ला-मौलवी या पंडित कहाँ से लायें? और क्यों लायें? कौन-सा काम रुक रहा है उनके बगैर?

मनोहर माहेचा जिस गाँव में था वहाँ एक मज़ेदार किस्सा हुआ। मनोहर के स्कूल में पढ़ने वाले एक बच्चे के बड़े भाई की शादी थी। उसने मनोहर से विशेष तौर पर प्रार्थना की थी कि इस बार जैसलमेर जाये तो उसके लिए 'मेणबत्ती' ज़रूर लेकर आये। मेणबत्ती यानी मोमबत्ती जो मनोहर जलाता था पर गाँववालों के लिए एक वी.आई.पी. चीज़ थी। हमारे पहुँचते ही वह बच्चा आ गया। मनोहर माहेचा ने अपने बैग से उसे मोमबत्ती और माचिस का पुड़ा निकालकर दिया तो बच्चा बोला, ''जलाने के लिए तो आपको ही चलना पड़ेगा।'' मनोहर हमारी

तरफ़ देखकर मुस्कुराया और बच्चे की तरफ़ देखकर गुस्सा दिखाता हुआ बोला, ''एक बार बता दूँगा, उसके बाद फिर अपने आप करना।'' इसके बाद हम सब उठकर उस बच्चे के घर गये और वहाँ एक मोमबत्ती जलाकर आये। बच्चे की खुशी का ठिकाना नहीं था।

श्रीवल्लभ के साथ उसके गाँव पहुँचे शाम को तो पता चला कि एक दम्पती पास के गाँव के सुबह से आये बैठे हैं और श्रीवल्लभ की प्रतीक्षा कर रहे हैं। क्यों? क्योंकि बच्चे का नाम रखवाना है। श्रीवल्लभ ब्राह्मण था—वह बच्चे के सिर पर हाथ रखकर जो वर्ण बतायेगा, उसी पर माँ-बाप बच्चे का नाम रखेंगे। वे इस काम के लिए श्रीवल्लभ के पैर भी छुएँगे और उसे यथासामर्थ्य दक्षिणा भी देंगे। मेरे जी में आया कि खुद को ब्राह्मण बताकर आज यह काम मैं करूँ और बच्चे का नाम 'विप्लव' रख दूँ। लेकिन यह सिर्फ़ एक ख़याल था। श्रीवल्लभ ने बच्चे का नाम रखने से पहले पूरा प्रपंच किया। कब जन्म हुआ? दिन? तिथि? वार? समय? माँ का नाम? बाप का नाम? वगैरह। हो सकता है कुछ मन्त्र भी बुदबुदाये हों। हम दूर खड़े थे। वह आया तो पता चला 'ह' वर्ण बताया है लेकिन 'ह' ही क्यों? इसका जवाब श्रीवल्लभ नहीं दे पाया।

जगदीश भाटिया के गाँव में एक मज़ेदार लतीफ़ा सुनने का मौका मिला। पिछले साल इस गाँव का एक आदमी रामदेवरा के मेले में गया। जैसलमेर से रामदेवरा के लिए रेलगाड़ी में बैठा तो जूतियाँ प्लेटफ़ॉर्म पर ही उतार दीं। आखिर धार्मिक स्थान पर जा रहा था। लौटकर उसने गाँववालों को अपनी यात्रा के किस्से सुनाये और रेलगाड़ी के बारे में बताते हुए कहा, 'भाई रे! एक बात तो माननी पड़ेगी। रेलगाड़ी के डिब्बों में एका बहुत होता है। जिधर एक चले उधर सब चल पड़ते हैं। एक रुके तो सब रुक जाते हैं। और इन्सान! लौटकर आया तो रेलगाड़ी से उतरकर खूब ढूँढा, लेकिन मेरी पगरखी, जो मैं उतारकर गया था, नहीं मिलीं तो नहीं मिलीं।

हर जगह एक जैसा ही भोजन मिला। बाजरी के सोगरे और छाछ। पता चला कि यह बारहों महीनों का मीनू है। हमें विकल्प भी दिया गया था, हम पसन्द करें तो छाछ में बाजरी का आटा घोलकर राब पका ली जाये। हमने रोटी पसन्द की, गुड़ हम अपने साथ ले गये थे। घी का जुगाड़ गुरुजी के पास था। तो चूल्हे पर सिंकी बाजरी की गरम-गरम रोटियाँ और घी और गुड़ कोई बुरा विकल्प तो नहीं। लेकिन दालें? और हरी सब्ज़ियाँ? और फल? क्या यहाँ के बच्चों को इन चीज़ों का स्वाद कभी नहीं मिलेगा?

एक जगह हम बॉर्डर सिक्योरिटी फ़ोर्स की चौकी पर बैठे थे। चारों तरफ़

रेत के टीलों का असीम आक्षितिज समन्दर फैला हुआ था। ये टीले चलते थे, जी हाँ। ज़रूरी नहीं कि आप जब अगली बार यहाँ आयें, वे टीले वहीं मिलें जहाँ आज हैं। दोपहर की चिलचिलाती धूप में चारों तरफ़ पसरे रेत के इस बेतहाशा फैलाव को देखकर मैंने सोचा, 'इसमें यदि कोई भटक गया तो सिवा छटपटा-छटपटाकर, तड़प-तड़पकर मरने के वह कुछ नहीं कर सकता। और मरने के बाद भी कोई गिद्ध, कोई चील, कोई कुत्ता, कोई कीड़ा आपके शरीर को खाने-कुतरने या नोचने नहीं आयेगा, वह सूखकर काठ होने तक ऐसा ही पड़ा रहेगा या रेत में दबा रहेगा।'

"सूबेदार साहब! आपको यहाँ डर नहीं लगता?" मैंने पूछा

मेरी आवाज़ जैसे किसी गहरे कुएँ से निकलकर आ रही थी।

जवान थोड़ी देर शून्य में देखता रहा, फिर फीका-सा मुस्कुराकर बोला, "आदत-सी पड़ जाती है।"

यह तन्नोट था। पाकिस्तान से पहले की अन्तिम भारतीय चौकी। चारों तरफ़ रेत के एक जैसे लहरदार टीले और बीच में बीएसएफ की चौकी, उनका वॉच टॉवर, एक छोटा-सा देवी का मन्दिर।

मैंने कहा, "सूबेदार साहब! ज़रा आपकी दूरबीन से बॉर्डर देख लूँ?"

उसने खुशी-खुशी अपनी गर्दन से दूरबीन उतारकर मुझे दे दी, मैंने आँखों से लगा ली।

काहे का पाकिस्तान? कौन-सा पाकिस्तान? कौन-सा हिन्दुस्तान? यहाँ तो धोरे-ही-धोरे हैं! इधर और उधर जैसी कोई चीज़ ही नहीं है, रेत के टीलों का अन्तहीन सिलसिला है जिसमें दो बूँद पानी नहीं है। वहाँ हमने कुछ जवान बैठा रखे हैं कि ये हमारा देश, हमारी सीमा और हमारी सीमा के रक्षक और कुछ दूर उन्होंने भी कुछ जवान बैठा रखे हैं कि उनका देश, उनकी सीमा और उनकी सीमा के रक्षक। शुद्ध और शास्त्रीय मूर्खता, प्रचंड और दुर्धर्ष। प्रणम्य और धिक्कार योग्य, जैसे अन्तरिक्ष में दो उपग्रह अपने बीच एक काल्पनिक सीमा रेखा खींचे बैठे हों। जहाँ सड़क नहीं, वनस्पति नहीं, चिड़िया नहीं, घास नहीं, पानी की एक बूँद नहीं, सिर्फ़ निसर्ग का भयानक सन्नाटा है। वहाँ देश का आइडिया ही सच पूछो तो मुझे बहुत असंगत और बचकाना लग रहा था।

सहसा मुझे अपनी दूरबीन में कुछ दिखायी दिया। एक ऊँट इधर-से-उधर जा रहा था।

जवान ने हँसकर कहा, "मघा खान है, नाज पिसाने जा रहा है।"

"मतलब?"

“इदर चक्की नहीं है ना! तो उदर से पिसाकर लाता है।”

“पाकिस्तान से?”

“हाँ।”

“........”

“मगर इसमें चालाकी वाली कोई बात नहीं है, बताकर जाता है। गोली से सबको डर लगता है। चाहे बीएसएफ की हो चाहे रेन्जर की, हमारे लिए भी फ़ायदा हो जाता है। कोई गलत हरकत उधर देखता है तो तुरन्त आकर बताता है, नज़र रखने में क्या हर्ज है? भीतर तक नज़र रख सको तो क्या हर्ज है?”

“और पिसाई के पैसे? यहाँ का रुपया वहाँ चल जाता है?”

“दोनों तरफ़ के पैसे दोनों तरफ़ चलते हैं,” दूसरा जवान बोला।

उन्हें मेरी अज्ञता और जिज्ञासाओं में रस आने लगा था।

“और कोई गड़बड़ आदमी आ जाये तो?” मैंने पूछा।

“आके करेगा क्या? इन धोरों में क्या छोड़ जायेगा और क्या ले जायेगा? इधर एक बुड्ढा है, वो बीमार ऊँट का अच्छा इलाज करता है, तो उधर से आते हैं लोग साँड़नी लेकर, इलाज करवाकर लौट जाते हैं।”

“आप मना नहीं करते?”

“चलता नहीं ना एक-दूसरे के बिना, अब इस बियाबान में आदमी को आदमी के सिवा और किसका सहारा है? अलग देश होणे से क्या होता है? वो चीज़ अपनी जगह है, बाकी आदमी तो एक-दूसरे से मिलेगा ही, उसे तो कोई गोरमिंट नहीं रोक सकती।”

“ये तो कुछ नहीं है जी!” दूसरा जवान बोला, “शादी के दिनों में तो बारातें आती हैं और बारातें जाती हैं।”

मैं अवाक् था। मुझे लग रहा था कि दुनिया की ताकतवर से ताकतवर सेना या सरकार या तानाशाह भी अगर ‘कॉमनसेन्स’ के खिलाफ़ खड़े होने की कोशिश करेगा तो एक दिन मुँह की खाएगा।

बहुत सारी बातें हुईं बीएसएफ के जवानों से उस दिन। लगता था कि बहुत दिन बाद उन्हें बात करने के लिए शहरी सिविलियन मिले थे। और इतने जिज्ञासु तो शायद इस पोस्टिंग पर पहली बार।

रात नौ बजे ड्यूटी बदली। नये जवानों को लेकर जोंगा जीप आयी, पुराने जवानों के साथ हम जीप में बैठे। रात उन्हीं के बेस कैम्प में रुके, रम पी, खाना खाया। कैम्प फ़ायर में गाने गाये। लतीफ़े सुनाये। सुबह बस में बैठकर वापस जैसलमेर आ गये।

रात जीप में बहुत ठंड लगी, एकदम जैसे बर्फ़ पड़ रही हो। अँधेरी रात थी, चारों तरफ़ डरावना रेगिस्तान। न सड़क, न पगडंडी, न दिशासूचक, ऐसा भी हो सकता था कि हम इंडिया जाने के बजाय पाकिस्तान पहुँच जाते। मैंने ड्राइवर से पूछा, ''ड्राइवर साहब! आपको रास्ता याद है?'' उसने कोई जवाब नहीं दिया, मैंने फिर पूछा, ''ड्राइवर साहब! आपको रास्ता याद है?'' उसने कोई जवाब नहीं दिया। मैंने फिर पूछा, ''ड्राइवर साहब! अपन पहुँच तो जायेंगे ना?'' पीछे के परिचित जवान ने कहा, ''शुरू में आये थे तो यहाँ के किसी आदमी को साथ बैठा लेते थे। ज़रूरी था। वह तारों को देख-देखकर रास्ता बताता जाता था, तारे ही रास्ता बता सकते हैं। अब हम भी थोड़ा-बहुत सीख गये हैं, तारे देखकर चलना।''

मेरी तसल्ली नहीं हुई। कुछ रुककर मैंने पूछा, ''लेकिन तारों की तो पोज़ीशन बदलती रहती है, सिवा ध्रुवतारे के। फिर?''

कोई जवाब नहीं आया।

''आप लोग कुतुबनुमा पास में नहीं रखते? जैसे पानी के जहाज़ वाले रखते हैं?''

कोई जवाब नहीं आया।

''आपकी जीप में वायरलैस नहीं है?'' कुछ देर बाद मैंने फिर पूछा।

कोई जवाब नहीं आया।

मैं चुप हो गया, जीप में ड्राइवर समेत हम पाँच लोग थे। हम पाँचों के और मौत के बीच एक सूनी-सपाट-हृदयहीन रात थी। एक भयानक रूप से चारों तरफ़ फैला रेगिस्तान था और सर के ऊपर खौफ़नाक तरीके से झुका हुआ तारों भरा आसमान था। मैं हिल भी नहीं रहा था कि कहीं ड्राइवर की एकाग्रता भंग न हो जाये। मैं साँस भी बहुत आहिस्ता ले रहा था, पीछे बैठे जवान भी चुप थे, मुझे अपने नेवी के दिन याद आये। एक रात मैं जहाज़ के डैक पर चित लेटा था, ऊपर तारों भरा आसमान था, दूर कहीं किसी के ट्रांज़िस्टर पर गाना बज रहा था, 'ओ आजा पिया, तोहे प्यार दूँ...गोरी बैयाँ तोपे वार दूँ।' अचानक जहाज़ हिला और जहाज़ क्या हिला तारों भरा पूरा आसमान बायीं तरफ़ झुकने लगा, मैं फ़र्श से कसकर चिपक गया। लेकिन इससे पहले कि मैं इस टेढ़े आसमान से अपना सन्तुलन बैठा पाता, जहाज़ और आसमान फिर से दाहिनी तरफ़ झुके। मुझे उस क्षण पता नहीं क्यों ऐसा लगा कि जैसे मरने के लिए इससे अच्छा समय और स्थान और कोई नहीं हो सकता जब इस समूची सृष्टि में अखिल ब्रह्मांड में मैं एकदम अकेला हूँ।

जीप अँधेरे में चली जा रही थी, हवा की 'शूँ ऽ ऽ शूँ ऽ ऽ' के अलावा

कहीं कोई आवाज़ नहीं थी और हैडलाइट की रोशनी में दिखाई देती, पीली रेत के अलावा अँधेरा ही अँधेरा था और अँधेरे में सिर पर गिर पड़ता-सा तारों भरा आसमान। मुझे लगा कि पुराने ज़माने में यात्रा करना कितना जोखिम भरा रहता होगा! मुझे लगा, मेहंदी क्या इसीलिए ससुराल जाते समय बेटियों के रोने की परम्परा पड़ गयी? एक लोकगीत याद आया—'काहे को ब्याही बिदेश बाबुल!' अहमद फ़राज़ और मेहंदी हसन याद आये...'अब के हम बिछड़े तो शायद कभी ख़्वाबों में मिलें,' मुझे कुरजाँ से, पिया मिलाने की बिनती करती नायिका याद आयी, मुझे ढोला की याद में रोती मरवण मानो सामने दिखाई देने लगी, मुझे अपनी नानीजी याद आयीं, "दिन में कहानी सुनाने से मामा रास्ता भूल जाता है।" मेरी नानीजी भी राजस्थान की ही थीं। मुझे भूलने का अर्थ आज से पहले कभी समझ में नहीं आया। नानीजी कितना प्यार करती थीं मुझे। और मैं उनसे! मुझे लगा कि आँसुओं का एक बड़ा-सा गोला पेट से उठकर हलक की तरफ़ आ रहा है, मुझे लगा हर वो इन्सान कितना भाग्यशाली है जिसे प्यार करने वाला कोई-न-कोई इस दुनिया में है।

यदि आपने जे.पी. दत्ता की फ़िल्म 'बॉर्डर' देखी है तो उसमें इसी तन्नोट चौकी पर इकहत्तर के पाकिस्तान युद्ध की कहानी है। फ़र्क सिर्फ़ इतना है कि फ़िल्म में नाना बलिदानों के बाद भारतीय सेना को चौकी फ़तेह करते दिखाया गया है, जबकि हकीकत यह है कि पाकिस्तान आर्मी के आने की खबर मिलते ही भारतीय सेना ने तन्नोट की चौकी खाली कर दी थी।

तन्नोट के बाद लौंगावाला भी देख आये जहाँ प्रसिद्ध टैंकवार हुआ था और जहाँ से बहुत सारे पैटन टैंक हम जीत की ट्रॉफ़ी की बतौर लाये थे और उन्हें जगह-जगह सजा दिया था। एक ऐसा टैंक जैसलमेर में भी किले के प्रवेश द्वार के पास सजा हुआ है। लौंगावाला की रेत में आज भी टैंकों के गोलाबारूद के अवशेष और मनुष्यों की हड्डियाँ मिल जाती है। टैंक का एक टुकड़ा मैं भी उठा लाया। कुछ दिन बाद खुद को गाली देते हुए ज़ोर से खिड़की से बाहर फेंक दिया।

एक बार डॉक्यूमेंट्री फ़िल्म बनाने वाली एक टीम राजस्थान संगीत नाटक अकादमी के सचिव नरपतसिंह चाँपावत के साथ जैसलमेर आयी। उन्हें मैंने बादल विलास के वे हिस्से भी दिखाये जहाँ तक पर्यटकों, आगन्तुकों या आम जनता को जाने की इजाज़त नहीं थी। वे चलती जीप में से फ़ोटोग्राफ़ी करते थे और इस तरह उन्होंने किले के बहुत सुन्दर शॉट लिये थे। जैसलमेर के स्वतन्त्रता सेनानी सागरमल गोपा की मूर्ति के भी। लेकिन इसमें एक गड़बड़ हो गयी। मैं, मनोहर और श्रीवल्लभ गोपाजी की मूर्ति से थोड़ी ही दूर पोस्ट ऑफ़िस के चबूतरे पर

खड़े किसी ज़ोरदार बहस में उलझे थे, गोपाजी की मूर्ति से कैमरा हमारे ऊपर आ गया और करीब डेढ़ मिनट वहीं अड़ा रहा। पता नहीं क्यों, इसे एडिट भी नहीं किया गया। नतीजा यह हुआ कि जब यह फ़िल्म जैसलमेर में दिखायी गयी, लोगों ने गोपाजी की मूर्ति को कम देखा, हमें ज़्यादा देखा, ''भाल! ओ धर्मेन्दर मन्नू के पास खड़ा है,'' कद काठी और सूरत शक्ल की दस पैसा समानता के आधार पर जैसलमेर में बहुत सारे लोग—खासकर बच्चे और युवक-युवती मुझे धर्मेन्दर कहते थे।

सत्यजीत राय की यात्रा के कुछ ही दिन बाद कलकत्ता से ऑल इंडिया कॉलेज एंड यूनिवर्सिटी टीचर्स फ़ेडरेशन के महासचिव मृण्मय भट्टाचार्य जैसलमेर आये, उनके साथ पश्चिम बंगाल की विभिन्न शिक्षक यूनियनों के सात-आठ पदाधिकारियों का एक दल भी था। पता चला कि ये लोग साल भर पैसा जमा करते हैं और पूजा की छुट्टियों में घूमने निकल पड़ते हैं।

इन लोगों के लिए किफ़ायती व्यवस्थाएँ कीं।

उन्होंने कभी ऊँट नहीं देखा था। उन्हें ऊँट की सवारी करवायी। उनके साथ खूब आनन्द आया। बड़े मस्त लोग थे। कहीं भी खड़े हों। कोई एक गाना शुरू कर देता और एक गाता तो पीछे-पीछे सब गाने लगते।

~

फिर मन्नू की शादी तय हो गयी।

जैसलमेर में शादियाँ बड़े कबीलाई तरीके से होती थीं। एक रिवाज यह था कि दूल्हे के घर से बारात चली तो बेधड़क दुल्हन के घर नहीं पहुँच जायेगी, बीच रास्ते में दुल्हन के घरवाले उसे रोक लेंगे। दूल्हे को घोड़ी से उतारकर एक चौकी पर खड़ा कर दिया जायेगा और फिर दुल्हन के घरवाले एक कलावे से बाकायदा उसका नाप लेंगे। नाप यानी सिर्फ़ कद नहीं कन्धे भी, बाजू भी, सीना भी, कमर भी...और जूते उतरवा कर ऐड़ी से पंजे तक पैर भी और नाप लिये ही नहीं जाते थे, उन्हें बाकायदा एक बही में लिखा भी जाता था। फिर दूल्हे को शरबत पिलाया जाता था। पान खिलाया जाता था। नारियल दिया जाता था। घोड़ी पर बैठाया जाता था और बारात आगे बढ़ती थी।

जैसलमेर की शादियों में जो भोज होता था उसमें भात खिलाया जाता था। बढ़िया बासमती चावल का भात और मीट। अब कहाँ जैसलमेर और कहाँ बासमती चावल! और पूड़ी-कचौड़ी क्यों नहीं? चावल ही क्यों? तो समझ में

आता है कि सुदूर रेगिस्तान में चावल से बड़ी नियामत भी कौन-सी? गेहूँ के आटे की पूड़ी-कचौड़ी तो कभी भी बनाकर खायी जा सकती हैं लेकिन भात तो राजा-महाराजा का भोजन है। वो तो मँगाने पड़ेंगे वहाँ से जहाँ पैदा होते हैं।

लेकिन खाने का तरीका भी बड़ा अजीब-सा था। थोड़ी-थोड़ी दूरी पर चौकियाँ रख दी जायेंगी। चौकियों पर बड़े-बड़े पीतल के थाल परोसकर रख दिये जायेंगे। भात और मीट। थाल के गिर्द चार या पाँच या छह लोग बैठे जायेंगे और हाथ से एक ही थाल में से लेकर खाना शुरू कर देंगे। हाथ धोये या धुलाये भी नहीं जायेंगे और खाना शुरू कर देंगे। अभी इन्हीं हाथों से जूतों के फीते खोल रहे थे और खाना शुरू भी ऐसे ही नहीं कर देंगे, पहला कौर मेरी बगल में बैठा शख्स मेरे मुँह में डालेगा और मैं उसके मुँह में...और फिर अपने-अपने मुँह में। पहली बार देखा तो ये तरीका मुझे बहुत असभ्यतापूर्ण और स्वच्छता विरोधी लगा। पर मीट और भात इतना स्वादिष्ट बना था कि मैं डटकर खाने के बाद ही उठा।

पता नहीं जैसलमेर की शादियों में सामूहिक भोज का यह पारम्परिक तरीका बचा है या नहीं। ज़्यादा सम्भावना तो इसी बात की है कि नहीं बचा होगा। बफ़े यानी खड़खाना और स्टाल्स यानी घर को बाज़ार या मेला बना लेने का प्रहसन जैसलमेर वालों ने भी अपना लिया होगा। पर मुझे लगता है कि जनता या प्रजा हर युग में और हर प्रसंग में राजा की नकल करने की कोशिश करती है। मार्क्स ने कहा भी था कि प्रभुवर्ग की विचारधारा सारे समाज की विचारधारा हो जाती है और इसका स्पष्ट प्रमाण हमारे विवाह समारोहों में देखने को मिलता है। रोज़ पहनते हैं अच्छे-खासे आदमियों जैसे कपड़े, शादी के दिन राजा जैसी फ़ैन्सी ड्रेस! शेरवानी, चूड़ीदार कमरबन्द साफ़ा और तो और एक ठो तलवार भी—भले ही उससे नींबू तक न कटे...रोज़ बैठते हैं स्कूटर या मोटरसाइकिल पर, उस दिन बैठेंगे घोड़ी पर! क्यों भई, कोई लीद करने वाला वाहन ज़रूरी है क्या? अरे भाई? शादी तुम्हारी हो रही है, खामखाँ बेचारे बेज़ुबान जानवर को क्यों तकलीफ़ दे रहे हो? ऐसा भी तो हो सकता है कि दूल्हा और दुल्हन साइकिल या स्कूटर पर बैठकर आ जायें और पीछे-पीछे बाराती लोग टैम्पो करके आ जायें या बस में बैठकर आ जायें।

अब जब सब कुछ राजाओं से ले लिया तो साथ बैठकर एक-दूसरे को खिलाकर भोजन करने में भी क्या हर्ज है? दोस्ती की परख भी हो गयी और भोजन के किसी भाग में ज़हर मिला होने का अन्देशा भी नहीं रहा। सलाम भी तो इसीलिए किया या करवाया जाता था। राजा आ रहा है। सब अपना दाहिना हाथ खोलकर दिखाओ...खाली है या नहीं, ऊपर उठाओ और उठाये रखो जब तक राजा चला न जाये।

वैसे तो जैसलमेर में जो भाषा बोली जाती है उसे भी राजस्थानी ही कहा जाता है, लेकिन और जगहों की राजस्थानी और जैसलमेर की राजस्थानी में बहुत फ़र्क था। जैसलमेर की राजस्थानी में काफ़ी मात्रा में सिन्धी मिली हुई थी, यहाँ तक कि उसके क्रियापद भी सिन्धी के थे। यह स्वाभाविक ही था क्योंकि जैसलमेर सिन्ध से सटा हुआ है। विभाजन से पहले सिन्ध के तकरीबन सारे बड़े ज़मींदार हिन्दू थे और उनका इस तरफ़ काफ़ी आना-जाना था। दरअसल कई लोग तो यह भी कहते थे कि जैसलमेर, सक्खर, हैदराबाद और क्वेटा उसी व्यापारिक मार्ग पर थे जो अफ़गानिस्तान होता हुआ मध्य एशिया तक जाता था। जहाँ से सूखे मेवे लाये जाते थे और भारतीय मसाले ले जाये जाते थे। उनका यह भी कहना था कि जैसलमेर के मामूली से मामूली आदमी के मकान में जो यह अद्भुत पच्चीकारी और पत्थर के जाली-झरोखों का काम आप देख रहे हैं इसका राज़ यह है कि मुगल साम्राज्य के पतन के बाद मकराना, आगरा और दिल्ली के पत्थर के कारीगर मारवाड़ियों की समृद्धि की बात सुनकर जोधपुर और पालीवालों की समृद्धि की बात सुनकर जैसलमेर की तरफ़ आ निकले थे। पालीवालों का गाँव कुलधरा भी हमने देखा जहाँ बहुत व्यवस्थित और खूबसूरत एकमंज़िले मकान और मोहल्ले लाइन से खड़े हुए हैं, ऐसा लगता है कि यदि मकानों पर छत डलवा दी जाये और फ़र्श पर झाड़ू लगा दी जाये तो कल से ही यहाँ रहना शुरू किया जा सकता है। कहते हैं कि पालीवाल लोग इतने समृद्ध थे कि राजाओं को ऋण देते थे और रियासतों को गिरवी रखते थे। कहते हैं राजा की किसी बात का उन्हें इतना बुरा लगा कि रातोरात हमेशा के लिए कुलधरा गाँव खाली करके चले गये और तब से आज तक यह गाँव वीरान पड़ा है।

बहरहाल, भाषा को लेकर दिक्कत तो थी।

दरअसल राजस्थान एक राजनीतिक इकाई आज़ादी से पहले कभी था ही नहीं, अंग्रेज़ों के समय भी नहीं। विभिन्न घरानों-ठिकानों, रियासतों, राज्यों में बँटे राजस्थान में मारवाड़ी, मेवाड़ी, ढूंढाडी, हाड़ौती आदि बोलियाँ बोली जाती थीं। राजस्थान बनने के बाद प्रान्तीय चेतना उदित हुई और कई लोगों को लगा कि हमारी 'मायड़ भासा' ही प्रान्त की राजभाषा होनी चाहिए। लेकिन एक भाषा थी कहाँ? तो तय किया कि जैसे हिन्दी बोली प्रदेशों की केन्द्रीय बोली हरियाणवी या कौरवी के क्रियापद और अन्य बोलियों की शब्द सम्पदा लेकर खड़ी बोली ने रूपाकार ग्रहण किया, उसी तरह राजस्थान में भी केन्द्रीय बोली मारवाड़ी के गिर्द अन्य बोलियों की शब्द सम्पदा जोड़कर-शुरू में थोड़ा लचीला रुख रखकर 'राजस्थानी' नामक भाषा विकसित की जा सकती है और कालान्तर में उसका

मानकीकरण भी किया जा सकता है। इसी दृष्टि से कुछ समाचार पत्र भी निकाले गये, कुछ पत्रिकाएँ भी प्रकाशित की गयीं और राजस्थानी की कुछ ध्वनियों को यथावत अभिव्यक्त करने के लिए देवनागरी लिपि में भी कुछ संवर्द्धन किये गये (मसलन ल के नीचे नुक्ता लगाना या मराठी का 'ळ' ले लेना)। राजस्थानी की अलग अकादमी भी बन गयी, अलग पुरस्कार मिलने लगे और एक-दो कवियों की रचनाएँ पाठ्यक्रम में भी लग गयीं। जोधपुर के एक अध्यापक पद्मश्री सीताराम लालस ने अपार परिश्रम से राजस्थानी का वृहद शब्दकोश भी तैयार कर दिया, लेकिन दिक्कत यह थी कि सदियों से बोली जा रही भाषा का भी कोई सुनिश्चित लिखित रूप नहीं था और एक लगभग निरक्षर समाज को उसकी आवश्यकता भी नहीं थी। (राजस्थान का पहला विश्वविद्यालय 1947 में स्थापित हुआ था, हाईस्कूल की परीक्षाएँ अजमेर स्थित राजपूताना बोर्ड ज़रूर आयोजित करता था, लेकिन आगे की पढ़ाई के लिए मसलन बी.ए. की परीक्षा देने के लिए राजस्थान के बच्चों को आगरा जाना पड़ता था और सितम यह कि आगरा जाने के लिए हर जगह से सीधी ट्रेन भी नहीं थी। उस समय राजा-महाराजा अपने राज्य के होनहार और होशियार बच्चों को आगे पढ़ने के लिए वज़ीफ़ा देकर बनारस भेजा करते थे)। नयी राजस्थानी पढ़ने में भी दिक्कत होती थी और लिखना तो कतई आसान नहीं था, सबसे बड़ी बात तो यह है कि इस तरह अस्वाभाविक तरीके से गढ़ी गयी 'राजस्थानी' को राजस्थान के विभिन्न बोली प्रदेशों ने ही स्वीकार करने से इनकार कर दिया।

'मायड़ भासा' के लिए छटपटाते कुछ लेखकों-कवियों को लगा कि उनकी भाषा को सम्मान न मिल पाना ज़रूर हिन्दी भाषियों का षड्यन्त्र है और राजस्थानी तथा हिन्दी के बीच एक प्रकार की अघोषित प्रतिद्वन्द्विता आरम्भ हो गयी।

इसी समय राजस्थान के कुछ सांसदों पर दबाव डालकर राजस्थानी को मान्यता देने का सवाल संसद में भी उठवाया गया। वहाँ सरकार की तरफ़ से यह कहा गया कि राजस्थानी कोई भाषा नहीं है और कि पहले राज्य की विधानसभा इसे राजभाषा के रूप में स्वीकार करे। बस, यहीं आकर राजस्थानी आन्दोलन के हौसले हमेशा के लिए ढीले पड़ गये।

इसी पर जैसलमेर के एक कवि श्यामसुन्दर पुरोहित ने एक लम्बी भावुकतापूर्ण कविता लिखी थी—'साँची केवे संसदवाला, राजस्थानी भाषा कोनी।'

मैं भीनमाल से स्थानान्तरित होकर आया था। भीनमाल जालोर ज़िले में है जो गुजरात से सटा हुआ है। वहाँ शक्कर को 'मोरस' बोलते थे और नमक को 'मीठू'। फिर भी मुझे लगता था कि राजस्थान में कहीं भी चला जाऊँ वहाँ की भाषा

समझने में मुझे कठिनाई नहीं होगी। कठिनाई हुई और बड़े मज़ेदार तरीके से हुई।

लेकिन भाउसा वाला मामला तो और भी मज़ेदार था। उस दिन हम लोग कहीं जा रहे थे कि भाउसा की चप्पल का अँगूठा टूट गया। आस-पास कोई मोची नहीं था। अब इस अँगूठा टूटी चप्पल के साथ रेत में चलना आसान नहीं था। लेकिन भाउसा ने कोई परेशानी ज़ाहिर नहीं की। लेकिन जिससे मिलने गये थे, जब उसने कहा कि आपको देर कैसे हो गयी, मैं कब से वेट कर रहा हूँ, तो भाउसा ने उससे कहा कि चले तो हम समय पर ही थे लेकिन क्या करें, रास्ते में (चप्पल दिखाते हुए) 'मुंझी चप्पल भगी पई'।

भाउसा की बात सुनते ही मैं ठठाकर हँस पड़ा। दरअसल उनकी व्यंजना मुझे बहुत पसन्द आयी। मेरी चप्पल भाग गयी या मेरी चप्पल भागी जा रही है। बगैर अँगूठे की चप्पल पैर से निकल-निकल जाती है। रेत में तो कुछ ज़्यादा ही। जैसे कोई बच्चा आपकी उंगली छुड़ाकर भागे। चप्पल के टूटने को भागने का सादृश्य देना मुझे बहुत काव्यात्मक लगा।

जबकि भाउसा के कथन में ऐसी कोई व्यंजना थी ही नहीं। उनका सीधा-सा मतलब था कि मेरी चप्पल टूट गयी है, 'भगी' अर्थात् टूटी, यह संस्कृत के 'भंग' से बना था।

बाद में जब आदरणीय रामविलास शर्मा दरीबा आये, उन्हें मैंने यह बात बतायी। वह खूब हँसे।

मोहनसिंह भाटी के नाम से एक छोटी-सी हज़ल मैंने साप्ताहिक *हिन्दुस्तान* में भेज दी, वह छप गयी। साप्ताहिक *हिन्दुस्तान* में अपना नाम छपा देखकर मोहनसिंह भाटी के पैर ज़मीन पर नहीं पड़ रहे थे। मैंने कहा—"बेटा! तू जितना चाहे खुश हो ले, पर जो पैसे आयें उनमें से आधे मुझे ज़रूर दे देना।" कुछ रोज़ बाद साप्ताहिक *हिन्दुस्तान* से उसके नाम पचास रुपये का मनीऑर्डर आया, पर उसने मुझे एक पैसा नहीं दिया। लेकिन उसके सौजन्य से मुझे एक बहुत बड़ा खज़ाना मिल गया।

मोहनसिंह भाटी ज़िला परिषद् में नौकरी करता था। ज़िला परिषद् में एक लायब्रेरी भी थी। जिसके बारे में अधिकांश लोगों को पता नहीं था। किताबों से भरी बड़ी-बड़ी चार अलमारियाँ जिनकी चाभी मोहनसिंह भाटी के पास थी। एक बार उसने इनका ज़िक्र किया और दूसरे दिन मैं देखने पहुँच गया और देखा तो देखता रह गया। *कम्प्लीट वर्क्स ऑफ़ तोलस्तोय, कम्प्लीट वर्क्स ऑफ़ गोर्की, कम्प्लीट वर्क्स ऑफ़ दोस्तोयेव्स्की, कम्प्लीट वर्क्स ऑफ़ चेखव, कम्प्लीट वर्क्स ऑफ़ शेक्सपीयर, कम्प्लीट वर्क्स ऑफ़ मार्क ट्वेन, कम्प्लीट वर्क्स ऑफ़*

बर्नार्ड शॉ, एन्साइक्लोपीडिया ब्रिटानिका और गोगोल पुश्किन मायकोव्सकी, अलेक्सी तोलस्तोय, फेदिन, शोलोखोव, पास्तरनाक, जैक लंडन, हेमिंग्वे आदि की अनेकानेक चर्चित पुस्तकें। जैसे सारी दुनिया का साहित्यिक खज़ाना वहाँ भरा था। कौन लाया? यहाँ कैसे आया? पता चला कि बरसों पहले एक ठाकुर साहब ज़िला प्रमुख थे, उन्हीं के समय में ये किताबें आयी थीं। तो तब से अब तक बन्द क्यों पड़ी हैं? इसका मोहनसिंह भाटी के पास कोई जवाब नही है, सिवा इसके—"कौन इशू करे और एक्सेशन रजिस्टर मेन्टेन करे और हिसाब रखे और लोग नहीं लौटायें तो उनके पीछे-पीछे दौड़े। शान्ति से बैठे हैं किसी को कोई चिन्ता नहीं है। आराम से ग्यारह-साढ़े ग्यारह बजे खाना-खाकर आते हैं, चार बजे चले जाते हैं, खामखाँ उड़ता तीर कौन ले?"

लेकिन मैं तो इस खजाने के लिए हर महीने एक हज़ल मोहनसिंह भाटी के नाम से साप्ताहिक *हिन्दुस्तान* में या जहाँ वह चाहे छपवा सकता था। लिखने को तैयार था। मोहनसिंह भाटी ने खैर दोस्ती का लिहाज़ रखा, एक-एक करके सारी पुस्तकें मुझे पढ़ लेने दीं और बदले में मुझे हज़ल भी नहीं लिखनी पड़ी।

~

एक बार मैंने, मोहनसिंह भाटी और भाउसा ने तय किया कि रामदेवरा चला जाये और मेले के दिनों में ही चला जाये।

रामदेवरा एक प्रसिद्ध तीर्थस्थान है जहाँ मध्यकाल के एक बड़े वीर योद्धा रामदेव का मन्दिर है। उस ज़माने में पश्चिमी राजस्थान में अधिकांशत: पशुपालक समाज था और धाड़ैत लोग—जो बाद में राजा-महाराजा बनकर बैठ गये—गरीब पशुपालकों के पशु चुरा लेते थे। और रातोरात उन्हें सरसब्ज़ इलाकों में जाकर बेच देते थे। गरीब जनता इससे त्रस्त थी। बाबा रामदेव ने अपने चन्द वफ़ादार साथियों के साथ एक घुड़सवार दस्ता बनाया, गरीबों के पशुओं की रक्षा की और उनके पशु वापस प्राप्त करने के लिए धाड़ैतों से युद्ध भी लड़े। इस कारण पशुपालक समाज में आज भी बाबा रामदेव देवता स्वरूप पूजे जाते हैं। फिर चमत्कार तो जुड़ ही जाते हैं। कथाएँ बन जाती हैं, चित्र बन जाते हैं, कैसेट बन जाते हैं। साल में एक बार रामदेवरा में बड़ा भारी मेला लगता है जिसमें सारे राजस्थान से ही नहीं गुजरात, मध्यप्रदेश और उत्तर प्रदेश तक से बाबा रामदेव के भक्तगण आते हैं। उस मेले के दौरान इस तरफ़ आने और जाने वाली रेलगाड़ियाँ ठसाठस भरी रहती हैं। छतों पर भी यात्री सटे-सटे बैठे रहते हैं।

इसी दर्मियान रामदेवरा जाने का हमने निश्चय किया।

और हम गये भी। हम बस से गये और बावजूद इसके कि जैसलमेर से रामदेवरा के छह घंटे के सफ़र में हम न पानी-पेशाब के लिए उठ पाये न हाथ-पैर सीधे करने के लिए—एक तरह से हम सानन्द ही पहुँच गये।

बाहर चूनरी, तस्वीर, फूलमाला, नारियल, चिंरौजीदाना, सिन्दूर, चुटीला आदि की ढेरों दूकानें थीं, जैसे कि हर तीर्थ में होती हैं। फिर एक मुख्य द्वार था जिस पर रंग-बिरंगे तोरण बँधे हुए थे। बाबा रामदेव का भजन ऊँची आवाज़ में लाउडस्पीकर पर बज रहा था और एक कोने में एक नल लगा था, जिसमें भक्तजन हाथ, पैर, मुँह धो रहे थे। पानी भी पी रहे थे। यह पहाड़ी की तलहटी में स्थित एक सुरम्य स्थान था।

लेकिन भीतर जाकर मैं हैरान रह गया। मन्दिर में एक कब्र थी और बस कब्र ही थी। उस पर हरा कपड़ा ढँका हुआ था। पास ही एक पुजारी बैठा था, उसके हाथ में मोर के पंखोंवाला झाड़ू था जिससे वह हवा कर रहा था। अगरबत्तियाँ जल रही थीं। पीछे शीशे में जड़ी बाबा रामदेव पीर की एक बहुत बड़ी तस्वीर थी। यह तस्वीर बहुत लोकप्रिय थी जिसमें बाबा रामदेव अपने ख्यात नीले घोड़े पर सवार दिखाये गये थे और...और बस!

मैंने बाहर आकर मोहनसिंह भाटी और भाउसा से हैरानी से पूछा कि ये क्या है? बाबा रामदेव की कब्र! यह मन्दिर है या दरगाह?

वे दोनों कुछ नहीं बोले। हो सकता है कि ये भी पहली बार यहाँ आये हों।

लौटते समय पूरे रास्ते हम लोग लगभग चुप रहे।

मैंने सोचा था कि इस पर कुछ लिखूँगा कि कुछ ही दिन बाद मैंने दूरदर्शन पर सईद नकवी को सुना जो ऐसी ही सात-आठ जगहों के बारे में धारावाही रूप से बता रहे थे और दिखा भी रहे थे।

इस क्षेत्र में राजपूतों की दो किस्मों की खास तौर पर बसावट रही है, एक भाटी और दूसरे सोढ़ा। यदि भाटी लोगों का गाँव है तो वहाँ नाई, धोबी, लोहार, सुथार, पिंजारा, पंडित, ढोली, मेघवाल, बजाज सब हो सकते हैं, पर सोढ़ा नहीं होंगे। और सोढ़ों का गाँव है तो वहाँ और छत्तीस कौमें हो सकती हैं, भाटी नहीं हो सकते।

सोढ़ों के बारे में मशहूर था कि वे अपने घर लड़की पैदा होते ही उसे अफ़ीम चटाकर या उसकी छाती पर गर्म रेत की पोटली रखकर उसे मार दिया करते थे। सोढ़ा गर्व से कहते थे कि उनके गाँव से बारातें जाती हैं, बारातें आती नहीं। हो सकता है कि यह बहुत पुरानी बात हो, लेकिन अनमेल विवाह वहाँ बहुत देखे

और इस कारण बड़ी संख्या में विधवाएँ और इस कारण खूब और लगभग खुला स्वैराचार। मेन्युअल टेलीफ़ोन एक्सचेंज था। रात बारह बजे के बाद यदि एक नम्बर से दूसरा नम्बर माँगा गया और बात है कि खत्म ही नहीं हो रही, ताकि ऑपरेटर कनेक्शन काटकर सोये आराम से—तो वह क्या करेगा? धीरे से की खोलकर सुन सकता होगा तो क्यों नहीं सुनेगा? और दूसरे दिन उसे प्रतीक्षा रहेगी कि कब इस नम्बर से वो नम्बर माँगा जाता है। वह अपने दोस्तों को बतायेगा और तीसरे दिन हो सकता है कि चार आदमी लाइन पर खड़े उस कॉल को सुन रहे हो।

लेकिन बात करने वालों को भी क्या चिन्ता है? लड़की बार-बार कह रही है—"ऐसी बातें मत करो, बीच में कोई सुन लेगा तो क्या कहेगा!" और लड़का कह रहा है—"सुनने दो! क्या फ़र्क पड़ता है।" कई बार फ़ोन उठाये जाते और कनेक्ट होते ही दो मिनट में बन्द कर दिये जाते। इस सूरत में कुछ देर बाद ऑपरेटर खुद लड़की के नम्बर पर बार-बार घंटी करता। चौथी-पाँचवीं कोशिश में तो उसे दोनों की चिढ़ी हुई आवाज़ सुनाई दे ही जाती और उसके सामने चित्र सा खिंच जाता कि रात के अँधेरे में कौन किसके घर गया है। आप चाहें तो टेलीफ़ोन ऑपरेटरों से सारे शहर का कच्चा चिट्ठा सुन लें।

इसके अलावा सर्दियों की दोपहर में लगभग सारी औरतें छत पर बैठकर नहाती थीं। रात के समय, विशेषकर गर्मियों में, छतों पर रति क्रीड़ा चलती रहती थी। पास ही एक लालटेन जलती थी जिसकी मद्धिम रोशनी में पास की दीवार पर बड़ी-बड़ी उत्तेजक छायाएँ नाच रही होती थीं।

शादियों में गालियाँ गाने का रिवाज था। मोहल्ले भर की महिलाएँ बेटे या बेटी के ससुराल के मर्दों को बुला पास की छत पर या गोखड़े में बैठाकर गालियाँ गाती थीं, और खूब खुले गले से। वहाँ किसी किस्म की कोई पर्दादारी नहीं थी। कोई लाज-लिहाज़ नहीं था।

सम्भवत: पशुपालक समाजों की सांस्कृतिक परिपाटियाँ भिन्न होती हैं, या हो सकता है कि वहाँ का भूगोल उन्हें रंजन का यही एकमात्र अवसर प्रदान करता हो। पता नहीं समाजशास्त्री इसे किस तरह व्याख्यायित करेंगे, लेकिन मुझे तो लगता था हर दिशा में अनंग नृत्यरत है।

इसी सिलसिले में जैसलमेर की कोड़ामार होली याद आये बिना नहीं रहती।

धुलेंडी के दिन चौराहे पर रंग से भरे बड़े-बड़े कढ़ाव रख दिये जाते हैं। उसमें खुले मुँह वाले एक-एक किलो के टीन के डिब्बे या लोटे पड़े रहते हैं। अब देवर लोग आयेंगे और डिब्बे में रंग भरकर सामने खड़ी भाभी के शरीर पर चाहे जहाँ चाहे जितनी ज़ोर से पानी मारेंगे। जवाब में भाभी अपने हाथ में पकड़े

हुए कपड़े के भीगे हुए कोड़े को घुमाकर देवर को मारेगी। कोड़ा साड़ी को गोल-गोल बटकर चोटी की तरह गूँथकर बनाया जाता था। आज के दिन हर पुरुष देवर है और हर स्त्री भाभी। मैं कहता हूँ कि बड़ी हिम्मत की ज़रूरत थी महिलाओं के साथ वह कोड़ामार होली खेलने के लिए। यद्यपि उसके तर-बतर बदन पर ज़ोर से पानी मारकर देहयष्टि के जादू का नज़दीकी नजारा करने की हवस में बीसियों देवर कढ़ाव के पास जाते थे, लेकिन जल्द ही जब्बर भाभी का कोड़ा खाकर भाग जाते थे। हाँ कोई भाभी ही बड़े धीरे से कोड़ा मारे, मानो पुचकार रही हो, तो बात अलग है। लेकिन तीन सौ पैंसठ में से एक ही दिन ऐसा दुर्लभ अवसर पाने वाली भारतीय रमणियों से ऐसी दया की प्रत्याशा करना व्यर्थ ही था।

पहले साल तो मैं भी फँस गया। मुझे तो कुछ पता नहीं था कि क्या रीत है, क्या होना है, क्या अपेक्षित है। मैंने प्रेम से डिब्बा भरा और बड़ी कलाकारी से नत्थूसिंह की पत्नी पर डालने लगा। जवाब में बायें हाथ पर नत्थूसिंह की पत्नी का जो करारा कोड़ा पड़ा कि डिब्बा-विब्बा सब हाथ से छूट गया। बाद में ऊपर उनके घर जाकर मिठाई भी ठीक से नहीं खायी गयी। महीने भर हाथ सूजा रहा।

~

इमरजेन्सी लग गयी थी।

हालाँकि जैसलमेर जैसी जगह में तो यह एक समाचार से ज़्यादा कुछ नहीं था। कइयों को समझ में ही नहीं आया कि इमरजेन्सी तो पहले से लगी हुई थी, अब यह दोबारा क्या लग गया। कहा कि आन्तरिक आपातकाल! पूछा कि आन्तरिक आपातकाल फिर क्या होता है? कहा कि पता नहीं क्या होता है! पहले तो कभी लगा नहीं। इस बार देख लेते हैं। अगली बार लगे तो पूछना, सही-सही बता देंगे।

जीवन में कोई विशेष अन्तर नहीं पड़ा था, हाँ इतना ज़रूर था कि किशनसिंह वकील टाइप आरएसएस के आदमी दिखाई देना बन्द हो गये थे।

कुछ दिन बाद मोहनसिंह भाटी जैसे लोग—शायद जीवन में पहली बार—समय पर दफ़्तर पहुँचने लगे। रेलगाड़ियाँ समय पर चलने लगीं। तरह-तरह के पोस्टर दिखाई देने लगे। सरकारी महकमों में चुस्ती दिखाई देने लगी। डॉक्टर कम्पाउंडर-नर्स-वार्डबॉय सबने मुझसे पूछा कि मेरे कितने बच्चे हैं? जब मैंने बताया कि भैया, अभी तो मेरी शादी भी नहीं हुई है तो जैसे उन्हें बड़ी निराशा हुई। एक दिन तो सी.एम.ओ. डॉक्टर चौहान खुद टेलीफ़ोन एक्सचेंज आ गये और हरेक से पूछने लगे कि उसके कितने बच्चे हैं?

उन्हीं दिनों कोई राष्ट्रीय पर्व आया और सूचना विभाग की तरफ़ से एक कवि सम्मेलन आयोजित किया गया। हमें भी बुलाया गया। हम गये, कविताएँ सुनायीं, पैसे लिये और आ गये। यह सोचा ही नहीं कि क्या सुना रहे हैं, जनता सुन रही है, पसन्द कर रही है, तालियाँ बजा रही है। अब मेरी कविताओं में तो सरकार की और व्यवस्था की कटु-कठोर आलोचना के सिवा कुछ होता ही नहीं था। धड़ाधड़ लोग तालियाँ पीटते थे। सफ़ेद टोपीवाले तिलमिलाते थे। यही मैं चाहता भी था और इस तरह के और भी कई ऊटपटाँग काम मैं करता रहता था। मसलन मन्दिर के सामने खड़े होकर भगवान को गालियाँ देना, अनुसूचित जाति-जनजाति के मित्रों को सम्भ्रान्त ब्राह्मण होटलों में ले जाकर अपने साथ चाय पिलाना, मुसलमानों के साथ एक ही थाली में खाना खाना अन्धविश्वासों के खिलाफ़ स्थानीय प्रान्तीय और आंचलिक अखबारों में लेख लिखना, अपने नाम के आगे से जातिसूचक पुछल्ला हटाने के लिए लोगों को निरन्तर उकसाना, अन्तर्जातीय विवाह करने वालों का सार्वजनिक अभिनन्दन और आर्थिक सहयोग करना, प्रायवेट ट्यूशन क्लासेस की धौंस तोड़ने के लिए फ्री कोचिंग क्लासेस चलाना और जैनियों-ब्राह्मणों को दिखा-दिखाकर मीट खाना। मैं एक बवंडर की तरह या अनगाइडेड मिसाइल की तरह था। जोश बहुत था होश कम। रास्ता बताने-वाला और काबू में रखनेवाला कोई नहीं था। अक्सर नहीं था इसलिए कई बार अनजाने में कइयों का खामखाँ दिल भी दुखा दिया होगा या अपने राजनीतिक पक्ष के लिए सहानुभूति हासिल करने की बजाय हो सकता है, चिढ़ और नापसन्दगी पैदा करवा दी हो। थोड़ी-बहुत धूम-धमाल तो जिसने नहीं मचायी, समझो वह जवान ही नहीं हुआ। पर अपना थोड़ा ज़्यादा ही था।

एक दिन की बात है। रात के कोई दस बजे थे। मैं और मेरे दोनों रूम पार्टनर रवीन्द्र पटवारी और गुप्ताजी कमरों से बाहर आँगन में बैठे खाना खा रहे थे। अचानक किसी ने दरवाज़ा खटखटाया। ठीक इसी समय मेरे कमरे के बाहरवाले दरवाज़े पर भी किसी ने दस्तक दी। मैं कटोरियों में सब्ज़ी डाल रहा था, इसलिए गुप्ताजी ने उठकर सामने वाला दरवाज़ा खोला और रवि उठकर मेरे कमरे का दरवाज़ा खोलने गया। ठीक इसी समय मैंने देखा कि दो मोटे-तगड़े आदमी पड़ौस की छत से हमारी छत पर कूदे हैं और अब सीढ़ियों से नीचे आ रहे हैं। इसी समय रवि के पिछले दरवाज़े पर कुछ हरकत हुई। उस दरवाज़े पर चिटखनी कमज़ोर थी। रवि ने उसके आगे अपनी मेज़ अड़ा रखी थी। मेज़ ज़ोर से आवाज़ करती हुई सरकी, दरवाज़ा खुला और एक टोपीवाले आदमी ने भीतर पैर रखा। पैरों में पुलिस के काले एन्कल शूज़। इस तरह दो-तीन मिनट के भीतर हम पाँच तगड़े आदियों से घिरे हुए थे। सब सिविल ड्रेस में थे। किसी

के पास हथियार नहीं था। यह तो हम समझ गये कि ये पुलिस वाले हैं, पर हमें यह समझ नहीं आया कि माजरा क्या है?

संयोग से बोलने की सारी ज़िम्मेदारी उस दिन गुप्ताजी ने अपने ऊपर ले ली। एक आदमी ने हम तीनों से हमारे नाम, पिताजी का नाम, कहाँ के रहने वाले हो, कब से यहाँ रहते हो, कहाँ नौकरी करते हो वगैरह पूछा। फिर उसने पूछा कि कौन-सा कमरा किसका है। तीनों कमरों में एक-एक आदमी चला गया और बत्ती जलाकर तलाशी लेने लगा। रवि के और गुप्ता जी के कमरे से तो खैर उनके कपड़ों-जूतों बिस्तर और एकाध इन्जीनियरिंग की किताब के सिवाय और कुछ नहीं मिला, लेकिन मेरे कमरे में काफ़ी सारी किताबें थीं, सीपीआई और सीपीएम की पुस्तिकाएँ थीं, वामपन्थी पत्रिकाएँ थीं, आपातकाल का विरोध करने वाले पम्फ़्लेट्स थे, कविता पोस्टर थे, ढेरों तरह-तरह के समाचार पत्र थे, मेरी डायरियाँ थीं, मेरी प्रेमिका के लिखे हुए प्रेम पत्र थे और उसकी तस्वीरें थीं *प्लेबॉय* और *पेंटहाउस* के कुछ अंक भी थे।

पन्द्रह बीस मिनट में उन्होंने मेरे कमरे को तहस-नहस कर दिया और फिर बिना कुछ बोले-बताये चले गये।

मैं इस बीच यही सोचता रहा कि रवि के कमरे में पीछे के रास्ते से घुसने वाला टोपीवाला कौन था?

अचानक मुझे याद आ गया कि यह मनोहर माहेचा का कोई रिश्तेदार है या सीआइडी में ड्राइवर या इन्फ़ार्मर या ऐसा ही कुछ है, सब इसे जज साहब कहते हैं।

उनके जाने के बाद मैंने अपने कमरे में जाकर देखा, *मधुमतियाँ, कल्पनाएँ* और *सारिकाएँ* कुचले-मसले सेव-चिवड़े के कागज़ों की तरह फ़र्श पर बिखरी पड़ी थीं, मार्क्स की *पूँजी* आधी खुली उनके ऊपर औंधी पड़ी थी, *कम्प्लीट वर्क्स आफ़ लेनिन* का एक खंड *पूँजी* और *सारिका* के बीच नज़र आ रहा था, दूसरे का पता नहीं था। जैक लंडन और मार्क ट्वेन के बीच जैसे आर्थर कानन डायल दोनों में बीच-बचाव करते हुए चक्कर खाकर पीछे लुढ़क गये थे... *आदि विद्रोही* का मुँह दीवार की तरफ़ था और डीपी चट्टोपाध्याय दस फुट दूर अकेले और चित्त पड़े थे।

जैसे-तैसे दो रोटी खायीं और सब कुछ जमाया। कुछ था कुछ नहीं था, *प्लेबॉय* और *पेंटहाउस* के अंक नहीं थे, मेरी प्रेमिका के कुछ पत्र भी नहीं थे।

दूसरे दिन जब मैं भारतीजी के होटल पर अपने मित्रों को कल रात का किस्सा सुना रहा था, जज चलकर मेरे पास आया। वह मुझे एक तरफ़ ले गया और बताया कि वे लोग तुम्हें ही अरेस्ट करने आये थे, लेकिन मैंने साफ़ कह

दिया कि वे तो लिटरेट आदमी हैं, उनका हाथ किसी वारदात में नहीं हो सकता। वो ऐसे आदमी हैं ही नहीं, मैं जानता हूँ वो तो लिटरेट आदमी हैं।

जज ने तीन-चार बार 'लिटरेट' कहा। उसका आशय था लिट्रेचर से जुड़े हुए या लॉरेट या लीटेरॉट..!! पता नहीं, पर साहित्य ने उस दिन मुझे शब्दश: बचाया।

आपातकाल का एक लतीफ़ा—

जैसलमेर और बीकानेर बस रूट पर बीच में एक बड़ा-सा गाँव है जिसका नाम है नाचना, वहाँ से बस आती है तो लोग कहते हैं कि नाचने वाली बस आ गयी... या नाचने वाली सवारियाँ उतर रही हैं।

इमरजेन्सी में 'रॉ' का एक नौजवान अधिकारी जैसलमेर आया, रात बहुत हो चुकी थी, वह सीधा थाने पहुँचा और ड्यूटी पर तैनात सिपाही से पूछा, "थानेदार साहब कहाँ हैं?"

सिपाही ने जवाब दिया, "थानेदार साहब नाचने गये हैं"

अफ़सर का माथा ठनका, उसने पूछा, "डिप्टी साहब कहाँ गये हैं"

सिपाही ने विनम्रता से जवाब दिया—"होकम! डिप्टी साहब भी नाचने पधारे हैं।"

अफ़सर को लगा सिपाही अफ़ीम की पीनक में है, उसने एसपी के निवास पर फ़ोन किया।

"एसपी साहब हैं?"

"नाचने गये हैं।"

"कहाँ?"

"नाचने।"

"लेकिन कहाँ।"

"बताया न नाचने!"

"कब लौटेंगे?"

"सुबह तक आ जायेंगे।"

कलेक्टर के घर फ़ोन लगाया, वहाँ से भी यही जवाब मिला, "साहब तो नाचने गये हैं।" दिमाग खराब! ये हो क्या रहा है इस सीमावर्ती ज़िले में? और वो भी इमरजेन्सी में! पास खड़ा मुंशी ध्यान से सुन रहा था, बोला, "बात ऐसी है होकम कि दिल्ली से आज कोई मिनिस्टर साहब नाचने आये हैं, इसलिए सब हाकिम लोग भी नाचने पधारे हैं।"

ये खज़ाने तुझे मुमकिन है ख़राबों में मिलें

जैसलमेर से सुमेरपुर आना ऐसा ही था, जैसे किसी छोटे ठिकाने से किसी बड़ी रियासत में आ जाना। जैसलमेर में सौ लाइन का एक नॉन मल्टीपल एक्सचेंज था, जिसे पाँच ऑपरेटर रात-दिन चलाते थे। दो ट्रंक लाइन थीं सिर्फ़ बाड़मेर और जोधपुर तक की। बाकी सारा काम आर्मी और एयरफ़ोर्स की वजह से था। सुमेरपुर में आठ सौ लाइनों का मल्टीपल एक्सचेंज था, टेलीफ़ोन और पोस्ट ऑफ़िस की इमारतें एक ही कम्पाउण्ड में थीं और दोनों में मिलाकर लगभग सौ आदमियों का स्टाफ़ था। महकमा तो एक था ही—पोस्ट एण्ड टेलीग्राफ़, जैसा अंग्रेज़ों ने उसे बनाया होगा।

सुमेरपुर कस्बा कम, बाज़ार ज़्यादा था। यहाँ अनाज और कपास की बहुत बड़ी मंडी थी। चार-पाँच जिनिंग फ़ैक्ट्री थीं, जिनमें सबसे बड़ी कांकरिया मेरे उपन्यास *बीच में विनय* में आयी। आस-पास के पचासियों गाँवों के किसान अपनी उपज लेकर रोज़ इस कस्बे में आते थे। कस्बे में एक लड़कों का और एक लड़कियों का हाईस्कूल भी था, लेकिन कॉलेज नहीं था। निकटस्थ रेलवे स्टेशन आठ किलोमीटर दूर था जहाँ जोधपुर के राजा ने कभी जवाई नदी पर एक शानदार बाँध बनवाया था। वहाँ से एक पक्की नहर जोधपुर तक सिंचाई और पीने का पानी ले जाती थी।

व्यापारिक केन्द्र होने के नाते टेलीफ़ोन ऑपरेटरों की चाँदी थी, लेकिन अजीब बात यह थी कि किराये पर मकान मिलना महामुश्किल था। एक तो इसलिए कि कस्बे के व्यापारी जो मकान मालिक भी थे, नौकरीपेशा लोगों पर बहुत ज़्यादा विश्वास नहीं करते थे—क्या पता कब इनका तबादला हो जाये और ये बगैर बताये, बगैर किराया दिये भाग जायें! और दूसरे इसलिए कि पच्चीस-पचास रुपया महीना किराये के लिए खिड़की, दरवाज़ा, हवा, रोशनी, बिजली, पानी, लैटरीन, बाथरूम आदि सबकी व्यवस्था करने का झंझट मोल लेने की बजाय अपनी कोठरी किसी को कपासिया, रायड़ा या गुड़ भरने के लिए दे दी जाये तो उसमें ज़्यादा फ़ायदा है।

इसलिए टेलीफ़ोन एक्सचेंज के अधिकांश कर्मचारी दड़बेनुमा कोठरियों

में किसी तरह बीवी-बच्चों को लेकर रहते थे, जहाँ न हवा होती, न रोशनी, न पानी, न लैटरीन। और मेरी समस्या यह थी कि मैं कभी गाँव में रहा ही नहीं, इसलिए रोज़ सवेरे डिब्बा लेकर जंगल जाना मुझसे बनता ही नहीं था। किसी ने कहा कि औरों की तरह आप भी इस काम के लिए टेलीफ़ोन एक्सचेंज आ सकते हैं। लेकिन यह संभावित व्यवस्था मुझे जँची नहीं।

अंत में तय हुआ कि शिवगंज में मकान तलाश किया जाये।

शिवगंज और सुमेरपुर जुड़वाँ कस्बे हैं, दोनों के बीच एक नदी बहती है और दोनों के बीच की दूरी चार किलोमीटर भी नहीं होगी। दोनों का रेलवे स्टेशन भी एक ही है, लेकिन सुमेरपुर है पाली ज़िले में और शिवगंज सिरोही ज़िले में। शिवगंज को सुमेरपुर से जोड़ने वाले पुल के आरंभ में दाहिनी तरफ़ एक स्मारक बना है। यह वह स्थान है जहाँ सन् 1952 में जोधपुर के महाराजा हनुमंत सिंह जी का टू सीटर हवाई जहाज़ दुर्घटनाग्रस्त होकर गिरा था और महाराजा की मृत्यु हो गयी थी। कहते हैं कि उस समय वह खुद हवाई जहाज़ उड़ा रहे थे और उनके बगल में उनकी प्रेमिका ज़ुबैदा बैठी थी। उसकी भी इस दुर्घटना में मृत्यु हो गयी। बाद में श्याम बेनेगल ने इस पर 'ज़ुबैदा' फ़िल्म बनायी।

सुमेरपुर और शिवगंज—दोनों कस्बों के मिज़ाज में काफ़ी अन्तर था। सुमेरपुर मण्डी ज़्यादा था और शिवगंज रिहायशी इलाका ज़्यादा। सुमेरपुर की हवा में रुई के फाहे, रायड़े की बदबू और तरह-तरह के कीट-पतंगे हमेशा तैरते रहते थे। शिवगंज की हवा साफ़ थी। सुमेरपुर की सड़कें धूल से पटी रहती थीं, पेड़ों की पत्तियों तक पर धूल की परतें जमी रहती थीं, चाय की दूकानों पर मक्खियाँ भिनकती रहती थीं, गलियों में सूअर घूमते रहते थे, नालियाँ जगह-जगह उफ़नती रहती थीं, खुजियाल आवारा कुत्ते और सांड इधर-उधर घूमते रहते थे और भीड़भाड़ तथा शोरगुल से भरे बाज़ार से पैदल गुज़रना भी झंझटवाला काम था। शिवगंज में साफ़-सुन्दर चौड़ी सड़कें थीं, बड़ी-बड़ी शानदार रंगीन अट्टालिकाएँ थीं...शोरगुल, कीचड़, बदबू, गन्दगी एकदम नहीं थी और यहाँ की नगरपालिका अधिक सक्रिय थी। यहाँ एक मिठाइयों की गली भी थी जिसमें गरम इमरती और ठंडी टीप मक्खनिया लस्सी हर समय मिलती थी।

मैं अपने एक सहकर्मी के साथ मकान की तलाश में शिवगंज गया तो बीच बाज़ार मुझे एक प्रिंटिंग प्रेस नज़र आयी जहाँ उगमराज जैसा एक आदमी बैठा हुआ था। मेरे पैर जहाँ थे वहीं जम गये। 'उगमराज? यहाँ? कहीं मेरी आँखें धोखा तो नहीं खा रहीं? उगमराज तो भीनमाल में था। वहाँ उसकी प्रेस में हमारा अखबार *मुक्तवाणी* और हमारी पत्रिका *क्यों* छपती थी।'

हाँ वह उगमराज ही था। जैसे मैं, वैसे ही उगमराज भी विश्वास नहीं कर पा रहा था कि मैं शिवगंज में कैसे हो सकता हूँ? मुझे तो बतौर सज़ा जैसलमेर भेजा गया था। कहीं मैंने नौकरी छोड़ तो नहीं दी जिसका मूड भीनमाल में बन रहा था? या कहीं ऐसा तो नहीं कि मैं नहीं बल्कि मेरा कोई हमशक्ल जुड़वां भाई होऊँ जो आज से ठीक...गपतालीस साल पहले कुंभ के मेले में बिछुड़ गया था? उगमराज कुर्सी फेंककर उठा और कूदकर मुझसे इतनी ज़ोर से लिपट गया और इतनी देर तक लिपटा रहा मानो अब मुझे छोड़ेगा ही नहीं। और अगर छोड़ देगा तो मैं वापस जैसलमेर भाग जाऊँगा।

पता चला कि चार साल पहले अपनी प्रेस उठाकर वह यहाँ आ बसा था। क्योंकि वहाँ धंधे में कोई कस नहीं था। यहाँ धंधा काफ़ी बढ़ गया है। तीन नयी मशीनें ले ली हैं, बीस वर्कर हैं और फ़ेमिली भी खुश है। भीनमाल में उगमराज संयुक्त परिवार में रहता था, अपने पिता को ऑडीटर कहता था और सिगरेट पीने मेरे घर आता था। मुझसे कहता था—ऑडिट साल में एक बार ही होना चाहिए। यहाँ अब ऐसा ही हो रहा था और इसका सुकून उसके चेहरे पर पसरा पड़ा था।

मैंने बताया कि मुझे मकान की तलाश है तो वह मुझे अपनी मोटरसाइकिल पर बैठाकर अपने घर ले गया। उसकी गली में चार मकान छोड़कर एक मकान खाली था। मकान मालिक बम्बई में रहता था, पर संयोग से इन दिनों आया हुआ था। उगमराज पत्नी को चाय-नाश्ता तैयार करने को कहकर मुझे उस मकान मालिक के पास ले गया और उगमराज की ज़मानत पर उसी वक्त बात पक्की हो गयी।

यह एक बारह कमरों वाला दुमंज़िला मकान था जिसका फ़र्श संगमरमर का था, छतों पर प्लास्टर ऑफ़ पेरिस की रंगीन गुलकारी और दरवाज़ों पर नक्काशी थी। दीवारों में रंगीन काँच के दरवाज़े वाली अलमारियाँ थीं, हर कमरे में ट्यूब लाइट और पंखे लगे हुए थे, ड्राइंगरूम में फ़ानूस और नाइटलैम्प भी लगा था और एक दीवार ऐसी भी थी जिसका बीच का हिस्सा खुलकर मेज़ बन जाता था। फ़्लश की लैटरीन थी जिसमें टाइल्स लगी हुई थीं, चौबीस घंटे बिजली, पानी की व्यवस्था थी, खुली छत थी, वहाँ भी दो कमरे बने हुए थे। ''आपके लिए कम तो नहीं पड़ेगा?'' उगमराज ने झीना-सा मुस्कराते हुए पूछा। मैंने मुँह बनाकर कहा—''ठीक है चला लेंगे। किराया कितना है?'' पता चला बिजली, पानी सहित पच्चीस रुपया महीना। बस यही है कि साल में एक बार जब सेठ का परिवार बम्बई से आएगा तो नीचे का पोर्शन चार-छह रोज़ के लिए खाली करना पड़ेगा।

इसमें मुझे क्या दिक्कत हो सकती थी?

फटाफट उगमराज के साथ बाज़ार जाकर एक ताला खरीदकर लाये और घर में लगा दिया। मेरी तरफ़ से दो महीने का एडवांस किराया भी उगमराज ने दे दिया।

अगले महीने मेरे मित्र नंद भारद्वाज, जो आकाशवाणी जोधपुर में कार्यक्रम अधिकारी थे, इन्दिरा गाँधी की एक सभा कवर करने आये और मेरे घर ठहरे, तो उनका सहायक लैटरीन से आकर बोला—''बॉस! मेरा बिस्तर तो आप लैटरीन में ही लगा दो!''

इस मकान से नदी बहुत पास थी और टेलीफ़ोन एक्सचेंज के लिए एक शॉर्टकट था, जिससे पच्चीस मिनट में पैदल घर से एक्सचेंज पहुँचा जा सकता था। जब मैंने अपने मित्र सदाशिव श्रोत्रिय को लिखा कि मैं जवाई नदी के किनारे रहता हूँ और जूते उतारकर भीगी रेत पर चलते हुए छपाक्-छपाक् नदी पार करके रोज़ दफ़्तर जाता हूँ तो वह मेरा यह घर देखने के लिए भयंकर उत्सुक हो गये और पहली फ़ुर्सत में ही सुमेरपुर चले आये।

लेकिन तीन महीने बाद एक दिन अचानक मुझे यह मकान छोड़ना पड़ा। बम्बई से मकान मालिक और उसका परिवार आ गया। उसकी बिरादरी में अचानक कोई शादी निकल आई थी। उसने मुझसे कहा कि मैं शाम तक मकान खाली कर दूँ। मैंने उगमराज से कहा। उसने कहा कि यहाँ तो ऐसा ही होता है। आप सामान लेकर मेरे घर आ जायें। मैंने एक्सचेंज में दोस्तों से बात की। कुछ देर में एक्सचेंज से महेश और बालकिशन नाम के दो लाइनमैन आ गये। बालकिशन ने कहा कि मेरी पलटी सिरोही हो गयी है, दस पन्द्रह रोज में तो मैं वहीं जाने वाला हूँ। आप मेरे मकान में जम जाओ। दस-पन्द्रह दिन भेले रह लेंगे। रोटी भी भेले बना लेंगे। आपको नहीं जँचेगी तो दस-पन्द्रह दिन मैं एक्सचेंज में जाकर सो जाऊँगा। वैसे भी दिन भर तो वहीं रहते हैं।

दोनों ने मेरा सामान समेटा-बाँधा, साइकिल के केरियर पर लगाया, एक ने मुझे आगे डंडे पर बिठाया और हम शिवगंज छोड़कर सुमेरपुर आ गये।

बालकिशन की कोठरी में तीन तरफ़ दीवारें और एक तरफ़ लोहे की जाफरी थी जिसमें आने-जाने को दरवाज़ा था। जाफरी पर टाट का परदा डालकर धूप, हवा, पानी, धूल, चिड़ियाओं को रोकने और यत्किंचित परदादारी की व्यवस्था कर ली गयी थी। एक कोने में नाली थी जहाँ नहाना, कपड़े धोना आदि हो जाता था और दूसरे कोने में खाना बन जाता था। नाली बाहर जाकर एक छोटे से गड्ढे में गिरती थी जिसे हम रात एक टीन के डिब्बे से उलीचकर अगले दिन के लिए खाली कर देते थे। पीने के पानी के लिए कुछ दूर एक सार्वजनिक कुआँ था और

हर रहवासी के पास अपनी निजी रस्सी-बाल्टी थी। लैटरीन, बाथरूम जैसी कोई चीज़ नहीं थी...पचास रुपया महीना में क्या-क्या लोगे बाबा?

~

एक दिन फिर एक मज़ेदार इत्तफ़ाक हुआ। डॉक्टर पुरोहित मिल गये।

डॉ. पुरोहित मेरे भीनमाल छोड़ने के कुछ ही पहले वहाँ पहुँचे थे। उन्हें सिर्फ़ घर के भीतर मोटरसाइकिल के बगैर देखा जा सकता था। वह और उनकी राजदूत मोटरसाइकिल 'एक जिस्म दो जान' जैसे थे। डॉक्टर पुरोहित किवाम वाले पान और गज़लों के बेहद शौकीन थे और एक अत्यंत लोकप्रिय चिकित्सक थे। उनकी लोकप्रियता का यह आलम था कि वह दिन भर मोटरसाइकिल पर यहाँ-वहाँ मरीज़ देखने दौड़ते रहते थे और अक्सर खाना भी समय पर नहीं खा पाते थे। और इस बात ने उनकी पत्नी की आँखों में नाराज़गी का एक नटखट सुरमा स्थायी रूप से डाल रखा था, जैसा कि अक्सर डॉक्टरों की पत्नियों के साथ होता है। वे भी जानती हैं कि यदि किसी दिन सुबह से शाम तक कोई कॉल नहीं आये तो डॉक्टर साहब से ज़्यादा वह खुद परेशान हो जाएँगी।

हुआ यह कि मैं तीन-चार नये मित्रों के साथ कहीं जा रहा था कि सामने से एक मोटरसाइकिल आती दिखी और मुझे लगा कि शायद मोटरसाइकिल सवार को मैंने कहीं देखा है। हाँ, डॉक्टर पुरोहित जैसा ही कोई था। कई बार कितनी मिलती-जुलती शक्लें होती हैं न!

दो ढाई मिनट बाद पीछे से किसी ने डाँटकर पूछा—"यहाँ क्या कर रहे हो?" पीछे मुड़कर देखा तो वही मोटरसाइकिल और उस पर सवार सचमुच के डॉक्टर पुरोहित! मुझे ऐसी कोई तरकीब मालूम नहीं थी कि मोटरसाइकिल पर सवार किसी शख़्स से गले कैसे मिला जाए, न डॉक्टर पुरोहित से इतनी अंतरंगता ही थी, हाँ नये शहर में एक परिचित मिल जाने का सुखद आश्चर्य ज़रूर था, इसलिए हाथ ही मिलाया, लेकिन हथेलियों की ऊष्मा गले लगने से कम न थी।

सात दिन बाद जब मेरी तबीयत अचानक खराब हो गयी, इन्हीं डॉक्टर पुरोहित ने बताया कि आपको टायफ़ायड हो गया है। वही दिन में दो बार देखने आते, दवा लाते, खिलाते, दूध साथ लाते, गरम करके पिलाते, आधा घण्टा बातें करते और हौसला बढ़ाकर चले जाते और ऐसा वह कोई पन्द्रह दिन तक करते रहे, जब तक कि मैं पूरी तरह से अच्छा होकर दफ़्तर जाने लायक नहीं हो गया। इन पन्द्रह दिनों में मैं सुबह से शाम, शाम से रात और रात से सुबह तक छत

को देखता पड़ा रहता और खामोशी को सुनता रहता। इन पन्द्रह दिनों में डॉक्टर पुरोहित के अलावा कोई और मुझसे मिलने आया तो एक चिड़िया, जो आती सुबह दस बजे के करीब, फ़र्श पर फुदकती, पंखे पर बैठकर झूलती, आईने में अपने प्रतिबिम्ब को चिढ़ाती, मुझसे पूछती—''कुछ खाने को नहीं है?'' और चली जाती। फिर मैं दाल-चावल के कुछ दाने फ़र्श पर बिखेरने लगा। लेकिन चिड़िया को मेरी यह भलमनसाहत पसन्द नहीं आयी। शायद वह कुछ और चाहती थी।

~

मेरे पहुँचने से पहले मेरी बदनामी सुमेरपुर पहुँच गयी थी। यह कि मैं अपना काम नहीं जानता हूँ और लड़ाकू हूँ। पहली बात एकदम सही थी, दूसरी एकदम गलत। पता नहीं कैसे इस तरह की बात उड़ी थी। लेकिन यह बात उड़ी थी इसलिए सहकर्मी यथासंभव दूर-दूर रहने की कोशिश कर रहे थे। आपसी बातचीत में भी वे बोलते कम थे, सुनते ज़्यादा थे। और देखते भी तो सीधे आँखों में आँखें डालकर कम और कनखियों से ज़्यादा। वरना हर नये सहकर्मी को वे कम-से-कम एक बार अपने घर बुलाकर खाना ज़रूर खिलाते थे, उसे स्थानीय परिस्थितियों से परिचित करवाते थे, मकान ढूँढने में उसकी मदद करते थे—ऐसा नहीं हो सकता था कि कोई पन्द्रह दिन टायफ़ायड में पड़ा रहे और स्टाफ़ उसे देखने भी न आये और बाद में यह कहकर टाल दें कि हम तो समझे आप गाँव चले गये।

इसलिए दफ़्तर की भीड़ के बीच भी मैं अकेला था और निरन्तर इस एहसास से बंधा हुआ कि मुझे लगातार देखा जा रहा है, लगातार मुझ पर नज़र रखी जा रही है, मुझमें कुछ अप्रत्याशित घटित होने और मुझसे कुछ विस्मयकारी प्रकट होने की प्रतीक्षा की जा रही है।

यह बात बिलकुल सही थी कि मैं अपना काम नहीं जानता था। तेरह साल डाकतार विभाग में मैंने लगातार इस बात से डरते हुए नौकरी की कि किसी भी समय अपना कार्य ठीक से न कर पाने के लिए मुझे नौकरी से निकाल दिया जाएगा या मेरा तबादला किसी टेढ़ी-मेढ़ी जगह पर कर दिया जाएगा। जब भी कोई उच्चाधिकारी दौरे पर आता, मैं उसकी नज़र में पड़ने से बचने की कोशिश करता। मुझे डर लगता कि किसी भी समय वह मुझसे कोई पेचीदा तकनीकी सवाल पूछ लेगा जिसका जवाब मैं नहीं दे पाऊँगा और वह मुझे खड़े-खड़े सस्पेंड कर देगा। मेरा काम टेलीकम्यूनिकेशन इंजीनियरिंग से सम्बन्धित था, जिसका मुझे प्रशिक्षण दिया गया था, लेकिन जिसका खाक भी मेरे भेजे में नहीं घुसा था। दरअसल गणित

के बगैर इंजीनियरिंग होती नहीं और गणित में शुरू से मेरी हवा खराब होती थी। मेरी तो बचपन से ही भाषा, साहित्य और कलाओं में रुचि थी और अध्यापक बनना मेरी सबसे बड़ी महत्त्वाकांक्षा थी, लेकिन बचपन में मेरा हाथ देखकर एक ज्योतिषी ने पिताजी को बताया था कि यह इंजीनियर बनेगा और बस, पिताजी मुझे इंजीनियर बनाने पर तुल गये थे। इसके दो कारण और भी थे। एक तो यह कि बेटे को इंजीनियर या डॉक्टर बनाना उस ज़माने में मध्यवित्त परिवारों के अभिभावकों का अल्टीमेट सपना होता था, इसलिए बड़ा बेटा किसी तरह इंजीनियर बन जाए तो उम्मीद की जाती थी कि पूरे परिवार का उद्धार हो जाएगा। और दूसरे, स्वतंत्रता आन्दोलन, स्वदेशी, सरस्वती, आचार्य रामचन्द्र शुक्ल और छायावाद के उत्कर्ष के उस ज़माने में भी मेरे पिताजी जैसे लोग भी समझते थे कि सूर, कबीर, मीर, नज़ीर के ये वंशज तो पैदा ही भूखों मरने के लिए होते हैं।

मैं अपने नानाजी के घर रहकर पढ़ता था जिनका अपना काफ़ी बड़ा परिवार था और आर्थिक स्थिति भी कोई बहुत अच्छी नहीं थी। उन्होंने ग्यारहवीं के बाद मुझे रखने में असमर्थता ज़ाहिर कर दी। मुझे अजमेर में दाखिला दिलाया गया, लेकिन राजस्थान और मध्यप्रदेश के पाठ्यक्रमों में इतना अन्तर था कि जो मैं वहाँ ग्यारहवीं में पढ़कर आया—स्टेटिक्स और डायनामिक्स, यहाँ अब पढ़ाए जाने थे और जिनसे मेरा कोई वास्ता कभी नहीं पड़ा, कैलकूलस और कोऑर्डिनेट जॉमेट्री, वे यहाँ के विद्यार्थी दसवीं-ग्यारहवीं में ही काफ़ी कुछ पढ़ आये थे। ऐसा ही और विषयों में भी था। नतीजा यह हुआ कि मैं फर्स्ट ईयर साइंस में बुरी तरह फ़ेल हो गया। नैतिक और आर्थिक दबावों के चलते जल्दी-से-जल्दी 'कमाऊ पूत' बनने की भावना में मैंने पॉलिटेक्नीक के डिप्लोमा में दाखिला ले लिया।

पॉलिटेक्नीक कॉलेज में तीन शाखाएँ थीं-सिविल इंजीनियरिंग, मैकेनिकल इंजीनियरिंग और इलेक्ट्रिकल इंजीनियरिंग। पहले साल तीनों की सामान्य जानकारी दी जाती थी और दूसरे साल शाखाओं में विभाजन होता था। प्राचार्य मेरे अभिभावक को अच्छी तरह जानते थे, बल्कि उनके मित्रवत थे। मैंने उनसे लाख प्रार्थना की कि मुझे सिविल ब्रांच दे दी जाए, वही मुझे सबसे अच्छी लगती है, लेकिन उनका कहना था कि सिविल सबसे ड़फ़र छात्रों को दी जाती है और तुम्हारे तो फर्स्ट ईयर में इतने अच्छे नम्बर आये हैं इसलिए तुम नहीं समझते, हम समझते हैं तुम्हारी भलाई किसमें है, चुपचाप मैकेनिकल इंजीनियरिंग की क्लास में जाकर बैठो।

ये दुनिया मेरे जैसे सामान्य प्रतिभाशाली लोगों से पटी पड़ी है, जिन्होंने सिर्फ़ मिसफिट होने की वजह से अपनी ज़िन्दगी को मिट्टी कर लिया या कर रहे हैं। अगर उन्हें सही जगह मिल जाती तो संभव था कि वे भी कुछ कर दिखाते।

कम-से-कम मरते-मरते तो नहीं जीते। हमारा देश एक ऐसी विशाल मशीन की तरह है जिसमें पुर्ज़े तो बहुत शानदार हैं, पर सब गलत जगह फिट किये हुए हैं। जिसे कहते हैं, 'स्क्वैयर पैग इन द राउण्ड होल' या 'राउण्ड पैग इन द स्क्वायर होल!' बहुत कम लोग होते हैं जो इस बाड़ेबन्दी को तोड़कर बाहर निकल पाते हैं या इसमें रहते हुए भी कुछ अश्रुतपूर्व और चमत्कारपूर्ण कर दिखाते हैं। खुद मेरे पिताजी चित्रकार थे, जे.जे. स्कूल ऑफ़ आर्ट्स से डिप्लोमा कर चुके थे, उनके बनाये चित्र अपने ज़माने की प्रतिष्ठित पत्रिकाओं के कवर पर छपते थे और वो फिर भी रेलवे में क्लर्क की नौकरी कर रहे थे। वह भी मेरी इच्छाओं को नहीं समझ पाये। मुझे यह कहने में कोई संकोच नहीं है कि मेरी दोनों बेटियों में से किसी को हिन्दी साहित्य में कोई रुचि नहीं है। एक बार मैं कवि मित्र विनोद दास के घर गया तो उन्होंने बताया कि उनकी बेटी, जो आठवीं कक्षा में पढ़ती है, प्रेमचन्द का सारा साहित्य पढ़ चुकी है। मेरे मुँह से यही निकल पाया कि क्यों? क्यों वह इस उमर में प्रेमचन्द का सारा साहित्य पढ़ चुकी है? क्या हमारी यह ज़िद वाजिब है कि गुलाब के पौधे या चमेली की बेल पर भी बैंगन लगें?

काम में मेरे नाकारा और निकम्मा होने को मेरे साथी बगैर ज़रा भी नाक, भौं सिकोड़े निभा लेते थे, क्योंकि मैं दूसरी चीज़ों से उसकी यत्किंचित क्षतिपूर्ति कर देता था। मसलन, मेरे अलावा सारे विवाहित थे और नाइट ड्यूटी करने को अनिच्छुक। और मैं खुशी-खुशी उनसे ड्यूटी बदल लेता था और महीनों लगातार नाइट ड्यूटी करता रहता था। नाइट ड्यूटी में टेलीफ़ोन सुनने और शिकायत दर्ज कर लेने के अलावा कोई खास काम नहीं होता था। इसमें यह फ़ायदा भी था कि मुझे पढ़ने-लिखने, आवारागर्दी करने और यूनियन या पार्टी का काम करने के लिए पूरा दिन मिल जाता था।

टेलीफ़ोन एक्सचेंज में एक छोटा-सा क्लब भी चलता था। मैंने क्लब की गतिविधियों में सहयोग करना शुरू कर दिया। वहाँ एक यूनियन भी थी। यूनियन का सेक्रेट्री जल्द ही मेरा दोस्त बन गया और हम लोग एक-दूसरे के घर आने-जाने लगे। मुझे पचासियों लतीफ़े याद थे, सैकड़ों शे'र, मैं ठीक-ठाक सा गा भी लेता था और थोड़ा मिमिक्री भी कर लेता था। टेलीफ़ोन ऑपरेटरों की थकाने वाली, उबाऊ और एकरस ज़िन्दगी में इस सरल-सी राहत की बेहद ज़रूरत थी। वे आठ-आठ घण्टे ड्यूटी और चार-चार घण्टे ओवरटाइम करते थे, अपने आपको, पड़ोसियों को, समाज को या परिवार को पर्याप्त समय नहीं दे पाते थे और इतना खटने के बावजूद हर समय अफ़सरों और टेलीफ़ोन उपभोक्ताओं की गालियाँ खाते रहते थे। और यह भी याद रखा जाना चाहिए कि उस समय न मोबाइल टेलीफ़ोन था

न एफ एम रेडियो, न कम्प्यूटर, न वीडियो गेम्स। हाँ दारू ज़रूर थी।

कुछ ही दिनों में हमने क्लब को जीवित और जीवंत कर दिया। एक रुपया प्रति सिर प्रति माह चन्दा लेकर हमने 'सारा आकाश' नामक एक मंच बना लिया जिसमें हर रविवार को बाहर से किसी वक्ता को आमंत्रित किया जाता और उससे अपनी विशेषज्ञता के क्षेत्र अथवा विभागीय कामकाज के बारे में बोलने को कहा जाता। उसके भाषण के बाद सवाल-जवाब होते। राष्ट्रीय समाचार पत्रों में एक सप्ताह जो भी सुर्खी होती उसी के अनुसार, या श्रोताओं की इच्छानुसार वक्ता का चुनाव किया जाता। इस कार्यक्रम में हमने वकील, डॉक्टर, आयकर अधिकारी, नापतौल निरीक्षक, थानेदार, जेलर, पत्रकार, बुकसेलर, नर्स, अध्यापिका, पटवारी आदि सब तरह के लोगों को बुलाया और यह देखकर हैरान रह गये कि लोगों के पास इन लोगों से समझने और पूछने के लिए कितने सारे प्रश्न हैं। हर बार क्लब का हॉल खचाखच भरा रहता और एक घण्टे का कार्यक्रम दो-ढाई घण्टे से कम में खत्म नहीं होता। लाइनमैन, एसआईटी, मैकेनिक, पोस्टमैन, टेलीफ़ोन ऑपरेटर आदि ऐसे लोग थे, जिन्हें कभी कोई सुलभ नहीं हुआ था न होने वाला था जिससे वे अपने दिल की बात पूछ सकें। बीमारियों के बारे में, बच्चों के रोज़गार के बारे में, क़ायदे-कानून के बारे में, ज़मीन-जायदाद, मामले-मुकदमे के बारे में या बचत, निवेश, कराधान जैसे आर्थिक विषयों के बारे में।

संयोग से इस कार्यक्रम का आरंभ डॉक्टर पुरोहित से ही हुआ। उन्हें बोलने के लिए विषय दिया गया, 'हमारा यौन जीवन'। यह वह समय था जब परिवार नियोजन कार्यक्रम विवाद के घेरे में था और उसके औचित्य पर सारे देश में बहस चल रही थी। उस दिन हॉल में तिल रखने की जगह नहीं थी। कई लोग दरवाज़े, खिड़की पर खड़े हुए थे। डॉक्टर पुरोहित ने बाकायदा बोर्ड पर चॉक से डायग्राम वगैरह बनाकर जननांगों की प्रकृति, संभोग, गर्भाधान प्रसव आदि के बारे में जानकारी दी और फिर आरंभ हुए बेबाक प्रश्न और उत्तर। अधिकांश लोग नहीं जानते थे कि परिवार नियोजन ऑपरेशन में क्या काटते हैं? कहाँ काटते हैं? पट्टी बाँधते हैं या टाँका लगाते हैं, काटी गयी नस दोबारा जोड़ी जा सकती है या नहीं? नसबन्दी के बाद सम्भोग के समय वीर्यपात होता है या नहीं? यदि नहीं होता तो वह वीर्य कहाँ जाता है? तो क्या वह शरीर में कोई विकार पैदा नहीं करता? आदि-आदि। मैं विश्वास के साथ कह सकता हूँ कि उस दिन वहाँ जो लोग उपस्थित थे उनके जीवन में यह पहला अवसर था जब वे अपनी सेक्स सम्बन्धी जिज्ञासाएँ सार्वजनिक रूप से एक चिकित्सक के सामने रख पा रहे थे और शायद उनका संतोषजनक समाधान भी पा रहे थे।

एक ही कार्यक्रम के बाद स्टाफ़ के अनेक लोग मुझे आभार और प्रशंसा भाव से देखने लगे।

इसी मंच के तहत शरदपूर्णिमा पर एक्सचेंज की छत पर खीर बनायी गयी और कवि गोष्ठी की गयी। एक वकील साहब के भाषण के दौरान तो लोग अपने घरों से ज़मीन-जायदाद सम्बन्धी कागज़ पत्तर ले आये और मुफ़्त परामर्श का सुख पाने लगे। पटवारी जी के भाषण में सबसे मज़ेदार रहा टेढ़े-मेढ़े ज़मीन के टुकड़ों का क्षेत्रफल निकालना। कई साइंस ग्रेजुएट ऑपरेटर इसमें फ़ेल हो गये।

लेकिन इस सिलसिले का सबसे मज़ेदार भाषण एक थानेदार ने दिया। वह हमारी उम्मीद से दस गुना ज़्यादा मज़ाकिया निकला। उसने डराया भी खूब और हँसाया भी खूब। वह एक मिनट ऐसा डराता कि सबकी हवा गुम हो जाती और फिर पाँच मिनट हँसा-हँसाकर लोटपोट कर देता। चोरी की तपतीश कैसे की जाती है, चोरी उगलवायी कैसे जाती है, थर्ड डिग्री क्या होती है, ऐसी पिटाई कैसे होती है अदालत में जिसकी शिनाख्त तक न हो पाये, भीड़ की हिंसा से कैसे निपटा जाता है और पुलिस को क्या-क्या पता होता है। उसके पास लम्बा तजुरबा था और एक-से-एक दिलचस्प ढेरों किस्से। राजनेताओं का नाम ले-लेकर उनकी पोल खोलने में उसे रत्ती भर भी संकोच या लिहाज नहीं था। उसके स्वर में नाटकीय उतार-चढ़ाव था। एक कुशल बातपोश की तरह। और यथावसर, यथाज़रूरत मोटी-ताज़ी गालियाँ भी। यह गोष्ठी यकीनन मित्रों को आज तक याद होगी और यह तथ्य भी कि जिन कायदे-कानूनों को हमें जानना ही चाहिए उन्हें वास्तव में हम कितना कम जानते हैं।

लेकिन महीने में एक बार भाषण और प्रश्नोत्तरी का यह बेहद दिलचस्प सिलसिला एक दिन अचानक खत्म हो गया।

हुआ यह कि एक दिन मेरे एक नक्सलवादी मित्र माउण्ट आबू से जयपुर जाते समय रास्ते में मेरे पास एक रात के लिए रुक गये और मैंने 'सारा आकाश' में उनका भाषण करवा दिया। बस, इस बात पर भाजपाई मानसिकता के कुछ कर्मचारी भड़क गये। उन्होंने शाखावाले भाई साहबों से शिकायत कर दी और उन्होंने घूम-घूमकर सारे शहर में खबर फैला दी कि टेलीफ़ोन एक्सचेंज में राजनीति हो रही है। पहले उन्होंने कहा कि इन्हें बुलाया है तो हमारे प्रचारक महोदय को भी बुलाया जाये। हम राज़ी भी हो गये। लेकिन प्रचारक महोदय हूट हो गये, सभा बिखर गयी और 'सारा आकाश' हमेशा के लिए बन्द हो गया। यह कार्यक्रम जिस हॉल में होता था, उसे स्टोर रूम बना दिया गया और उसमें लोहा, लंगड़ भरकर उस पर ताला लगा दिया गया।

अब तक शहर के पढ़ने-लिखने वालों में भी इस कार्यक्रम को लेकर काफ़ी दिलचस्पी पैदा हो गयी थी, इसलिए हमने 'सारा आकाश' के स्थान पर 'सटरडे क्लब' चला लिया जो हर शनिवार की रात किसी-न-किसी सदस्य के घर होता था। वह चला, लेकिन 'सारा आकाश' जैसा मज़ा नहीं आया।

मैं एक अशान्त आत्मा की तरह था। खाली बैठ ही नहीं सकता था। किसी दिन कुछ न करूँ तो मुझे खाना हज़म नहीं होता था। दिन भर बेकाम बैठे रहने को कहना उन दिनों मेरी सबसे बड़ी सज़ा होती। घुमक्कड़ी, पढ़ाई और कहानियाँ लिखने के अलावा टेलीफ़ोन एक्सचेंज में भी मैं कुछ नया करने के गुंताड़े में लगा रहता था। कभी परिणाम अनुकूल रहता था, कभी प्रतिकूल और कभी मिला-जुला।

हमारा एक लाइनमैन सस्पेंड हो गया। वह थोड़ा सनकी और अक्खड़ किस्म का था। गाँव में उसकी घरवाली बीमार हो गयी और वह बगैर बताये, बगैर बाकायदा छुट्टी लिए गाँव चला गया था। बस, यही उसका गुनाह था। जब उसे किसी तरह काम पर वापस नहीं लिया गया तो हमने एक्सचेंज के गेट के बाहर ही एक नीम के पेड़ के नीचे उसकी चाय की दूकान खुलवा दी। दूकान ऐसी चली कि साल भर बाद जब उसे बहाल किया गया तो वह ड्यूटी चढ़ने को तैयार नहीं हुआ।

एक्सचेंज और पोस्ट ऑफ़िस के बीच की थोड़ी-सी जगह में कर्मचारियों ने वॉलीबॉल कोर्ट बना रखा था, जहाँ रोज़ शाम को सब वॉलीबॉल खेलते थे। कभी-कभी बिजली, पानी आदि महकमों की टीमों के साथ दोस्ताना मैच भी होते थे। खेल में नियम वगैरह को लेकर अक्सर काफ़ी झगड़ा-झंझट होता था। एक दिन मैं अपने एक साथी के साथ गर्ल्स स्कूल की पी टी आई सुधाजी के घर पहुँच गया जो मेरी परिचित थीं। मैंने उनसे प्रार्थना की कि किसी दिन आकर हमारे खिलाड़ियों को ज़रा नियम-कायदे सिखा जायें। ऐसे प्रस्ताव के अचानक आने से सुधाजी चौंक गयीं। पर सोचा स्वयं प्रकाश जी हैं तो इसमें कोई बदमाशी तो नहीं ही होगी। वह खुद भी खेलने के लिए कुलबुला रही थीं। थोड़ी मशक्कत के बाद वह सहमत हो गयीं। मैं एक सरप्राइज की तरह शाम को उन्हें ले आया और खिलाड़ियों से कहा, "सुधाजी भी खेलेंगी।"

अब पोस्ट ऑफ़िस, टेलीफ़ोन एक्सचेंज के कर्मचारियों ने वॉलीबॉल तो खूब खेली थी लेकिन किसी लड़की के साथ तो हर्गिज़ नहीं खेली थी। वे हक्के-बक्के रह गये और कमर में चुन्नी बाँधे सेन्टर में खेलती सुधाजी का लिहाज़ करते हुए दमदार वॉली मारने की बजाय गेंद को धीरे-धीरे टॉस करने लगे। लेकिन जवाब में सुधाजी ने ऐसे ज़ोरदार शॉट मारना शुरू किया कि जिनको अधिकांश खिलाड़ी अपने शरीर पर झेलने के अलावा कुछ नहीं कर पा रहे थे। अब एक

लड़की से मात खाना किस पारम्परिक भारतीय पुरुष को पसन्द है? या स्वीकार्य है? लिहाज़ा वे दाँत किचकिचाकर पूरी ताकत लगाकर शॉट लगाने लगे। सुधाजी ने चीखते-चिल्लाते कुछ देर उनका मुकाबला किया, फिर थक गयीं, हाँफ़ गयीं, पसीना-पसीना हो गयीं, मैदान पर ही बैठ गयीं और खिसियानी हँसी हँसते हुए मेरी तरफ़ देखने लगीं। इससे सारे पुरुष खिलाड़ियों का मानो अहम् तृप्त हो गया और उन्हें 'बहनजी' पर गर्व होने लगा और लाड़ आने लगा। उन्हें रेफ़्री की कुर्सी पर खड़ा कर दिया गया, बेहद अनुशासित तरीके से उनके निर्णयों का सम्मान किया गया और नियम सम्बन्धी उनके स्पष्टीकरणों को ध्यान से नोट किया गया।

मेरा ऐसा अनुमान है कि कम-से-कम उस रात तो वॉलीबॉल खेलती, पसीने में तर, छोटे-से कद की, मीठा-सा मुस्कुराने वाली सुधाजी उन सब खिलाड़ियों के सपने में ज़रूर आयी होंगी।

मैंने लेखक मित्रों से पुस्तकें माँग-माँगकर क्लब में एक अच्छी-खासी लायब्रेरी बनवा दी। अलमारियों का जुगाड़ ऑपरेटरों ने सेठों से डोनेशन लेकर कर दिया। वैसे भी सुमेरपुर में लोहे के पलँग, अलमारी आदि बनाने के कई कारखाने थे और लोहे की छोटी अलमारी कोई चारेक सौ रुपये में आ जाती थी। लेकिन यह प्रयोग एकदम असफल हो गया। पढ़ने का शौक बहुत कम लोगों को था। और जिन्हें था भी वे साहित्यिक पुस्तकें पढ़ने के अभ्यस्त नहीं थे। उनके प्रिय लेखक थे वेदप्रकाश कम्बोज, प्यारेलाल आवारा, गुलशन नंदा आदि। वे *कातिल हसीना, गलियों का राजा* और *वर्दीवाला गुण्डा* जैसी किताबें माँगते थे।

एक बार एक बालमेला करवा दिया। कुछ एडवेंचर जैसे रस्सी का पुल, डरावनी सुरंग, ढेर सारे खेल, हर बच्चे को एक तोहफ़ा और अंत में मेजिक शो। दिन भर का कार्यक्रम। वर्षों से यहाँ टेलीफ़ोन एक्सचेंज चल रहा था, लेकिन यह पहली बार था कि कर्मचारियों की पत्नियों और बच्चों ने वह जगह देखी—जहाँ उनके बाऊजी काम करते हैं। कई महिलाएँ तो पहली बार आपस में मिली थीं।

इस सिलसिले में घटित एक घटना को तो मैं ज़िन्दगी भर नहीं भूल पाऊँगा।

हमने एक सांस्कृतिक कार्यक्रम रखा था जिसमें जनता भी आमन्त्रित थी। महीने भर से रिहर्सल चल रही थी। इधर-उधर से तख्ते लाकर स्टेज बनाया गया था। सेट, परदे, मेकअप, लाइट सारी व्यवस्थाएँ ज़ोर-शोर से की जा रही थीं। लेकिन जिस दिन कार्यक्रम होना था, उसी सुबह एक अनपेक्षित और अजीबोगरीब व्यवधान आ गया।

टेलीफ़ोन एक्सचेंज के अनेक कर्मचारी सुबह-सुबह निबटने के लिए एक्सचेंज आते थे, क्योंकि उनके घरों में लैटरीन नहीं थी। यह लैटरीन जो

एक्सचेंज की एकमात्र लैटरीन थी और जहाँ स्टेज बनायी गयी उसके ठीक पीछे थी, सुबह-सुबह चोक हो गयी। लोगों ने ब्रश से, डंडे से, झाड़ू से, तार से खोलने की कोशिश की, लेकिन लैटरीन नहीं खुली। इस पर भी प्रेशर रोक न पाने के कारण दो-चार और चले गये। कुछ देर बाद एक मोटा-सा तार लाया गया और उसे लैटरीन में डालकर ज़ोर-ज़ोर से घुमाया गया। कोई फ़र्क नहीं पड़ा। सुपरवाइज़र को फ़ोन किया गया। वहाँ तीन-तीन सुपरवाइज़र थे। उन्हें अच्छी तरह मालूम था कि शाम को प्रोग्राम है, जनता आने वाली है, लेकिन उनमें से कोई झाँकने भी नहीं आया। ऐसे ही एक बार एक्सचेंज में एक कबूतर मर गया था और सारा स्टाफ़ सात रोज़ से परेशान हो रहा था, तब भी सुपरवाइज़र छिपकर बैठ गये थे। स्टाफ़ को खुद ही इसका इलाज करना पड़ा था।

आठ बजे तक हालत भयंकर हो गयी। लैटरीन खोलने की कोशिश में डंडा, तार, झाड़ू, ब्रश घुमाकर जितना पानी डाला जाता...गन्दगी का स्तर उतना ही ऊँचा हो जाता। होते-होते यह हुआ कि गंदा पानी और उसमें तैरती लैटरीन बाहर तक आ गयी और फ़र्श पर फैल गयी। एक लाइनमैन को स्वीपर को बुलाकर लाने के लिए भेजा गया। कोई स्वीपर नहीं मिला। कुछ नये लोग आये। उन्होंने नये सिरे से कोशिश की। हालत और बिगड़ गयी। फिर एक लाइनमैन को स्वीपर को ढूँढकर लाने के लिए भेजा गया। जगह-जगह फ़ोन किये गये। कोई पचास रुपये लेकर कर दे। बाहर से लैटरीन का पाइप खोलने की कोशिश की गयी। खोल भी लिया गया। लेकिन थोड़े से पानी के अलावा कुछ नहीं निकला। उधर से डंडा, झाड़ू, तार आदि डाला गया। पर बेकार गया।

दस बजते-बजते लैटरीन के सामने का पूरा फ़र्श गंदे बदबूदार पानी और उसमें तैरती लैटरीन का तालाब बन गया। और इस माहौल में शाम का कार्यक्रम हो पाना असंभव लगने लगा। लोग इस बात पर विचार करने लगे कि कार्यक्रम रद्द होने की सूचना जनता को किस तरह दी जाये। और कारण क्या बताया जाये?

सब गुंताड़े लगा-लगाकर थक गये। सौ लोगों का स्टाफ़ मिलकर भी एक स्वीपर का काम करने में असमर्थ था। स्वीपर क्या करता? शायद लैटरीन में अपना हाथ कोहनी तक डालकर जो भी अवरोध था उसे निकाल देता। या शायद वह कुछ और करता जो हम नहीं जानते।

लेकिन अब? अब क्या किया जाये?

मैं नहीं जानता कि उनमें आपस में कोई बात हुई थी या नहीं। लेकिन आरएसए भँवर सिंह रावत और टेलीफ़ोन ऑपरेटर राजकुमार बूलचन्दानी ने अचानक चप्पलें उतारीं, पतलून के पाँयचे मोड़कर घुटनों के ऊपर तक चढ़ाए,

बाहर से 'फ़ायर' की दो बाल्टियाँ और दो खाली डिब्बे उठाए और गुनगनाते हुए गन्दे पानी में तैरती लैटरीन के उस बदबूदार तालाब में उतर गये। और डिब्बों से सारा मलबा बाल्टियों में भरने लगे। मेरे भीतर किसी ने कहा—"शर्म कर! हाथ बाँधकर खड़ा है।" तुरन्त मुझे आत्मग्लानि का ज़बर्दस्त एहसास हुआ और मैं उन दोनों से भरी हुई बाल्टियाँ ले-लेकर एक्सचेंज की बाउण्ड्री के पीछे खेत में फेंकने लगा। मेरी देखादेखी लाइनमैन चन्द्रेश और बालकिशन भी। धीरे-धीरे सारा इलाका खाली और साफ़ हो गया। शायद थोड़ी-थोड़ी मात्रा में हमारी आत्माओं पर पारम्परिक रूप से जमा कलुष भी साफ़ हो गया! क्या पता!

दोपहर में स्वीपर ने आकर अवरोध हटा दिया और लैटरीन खोल दी।

शाम का प्रोग्राम धूमधाम से हुआ।

~

सुमेरपुर से कोई चालीस किलोमीटर दूर सिरोही नाम का एक छोटा-सा, लेकिन खूबसूरत और हरा-भरा कस्बा था। आज़ादी से पहले सिरोही एक स्वतंत्र रियासत थी और अब वह ज़िला मुख्यालय था। वहाँ स्टेट के ज़माने की एक अच्छी लायब्रेरी 'श्री सारणेश्वर पुस्तकालय' था और एक डिग्री कॉलेज भी था, जहाँ सदाशिव श्रोत्रिय के मित्र दुर्गाप्रसाद अग्रवाल हिन्दी विभाग में व्याख्याता थे। संयोग से इस समय वहाँ जो प्राचार्य थे—एम. के. भार्गव—वह वर्षों पहले गवर्नमेण्ट कॉलेज अजमेर में मेरे अध्यापक रह चुके थे।

दुर्गाप्रसाद जी के परिवार से मैं एकदम घुल-मिल गया और उनके कारण उनके पूरे विभाग से मेरी दोस्ती जैसी हो गयी—जबकि मैं करता कुछ नहीं था, सिर्फ़ यह कि उनके आयोजनों में उनके अनुरोध पर कविता, गीत, गज़ल आदि सुना देता था। खुद दुर्गाप्रसाद जी संगीत के बेहद शौकीन थे और उनके पास पुराने ग्रामोफ़ोन रिकॉर्डस का एक खजाना भी था। उनके पास अनेक कंसट्र्स की लाइव रिकॉर्डिंग भी थी। उनका दखल सुगम संगीत में ही नहीं, कुछ-कुछ शास्त्रीय संगीत में भी था। और बेशक इस सब में जो प्रमुख चीज़ थी वह थी सुरुचि जो दुर्लभ नहीं तो बहुत ज़्यादा सुलभ भी नहीं होती, खासकर पैसे के पीछे भागते इस समय और समाज में यदि आपको ऐसे रसिक मिल जाएँ जिनके लिए कलाओं से प्राप्त उच्चतर आनन्द के सामने पैसा कुछ नहीं है, तो लगता है, बेशक जीना इसी का नाम है।

यह वह समय था जब भारतीय संगीत में गज़ल का ज़माना अपने पूरे शबाब पर था। पाकिस्तान से मेंहदी हसन आकर सुगम संगीत में एक नया ही जादू जगा गये थे। इसे बाद में गुलाम अली, फ़रीदा खानम, मुन्नीबाई, परवेज मेहंदी वगैरह ने और भी गाढ़ा किया। इधर अपने देश में बेगम अख्तर, मलिका पुखराज, पीनाज मसानी, चंदन दास, राजकुमार रिज़वी, पंकज उधास और सबसे बढ़कर जगजीत सिंह और चित्रा सिंह के रूप में नयी पीढ़ी को नौजवान ग़ज़ल गायक मिल गये जिनका मिज़ाज भी अलग था और अन्दाज़ भी अलग। अब न सिर्फ़ यह कि आज़ाद नज़्म भी गायी जा रही थी और ग़ज़ल के साथ गिटार सहित तमाम पश्चिमी साज़ बज रहे थे, बल्कि शायरी भी नये मिजाज की आ रही थी। साकी-शराब, शमा-परवाना, जुल्फ़ काकुल, ज़र्रा, आफ़ताब जैसी शायरी की पुरानी कद्रों की जगह एकदम ज़िन्दगी की हमाहमी से शायरी की नयी, सुर्ख और जदीद रूह खींची जा रही थी। फ़ैज़, कतील शिफ़ाई, नासिर काज़मी, इब्ने इंशा और अहमद फ़राज़ उधर तो फ़िराक, निदा फ़ाज़ली, कुमार पाशी, शहरयार, दुष्यंत कुमार और सुदर्शन फ़ाकिर वगैरह इधर। पूरा माहौल जैसे बिजली के सुरीले करंट से भरा हुआ था। लोग घरों में, होटलों में, बस में, कार में, दिन में, रात में, तन्हाई में, भीड़ में, महफिल में, एकान्त में, मिलन में, विरह में, गज़ल सुन रहे थे और सिर धुन रहे थे। कुछ ऐसे लोग भी थे, जिन्हें नये दौर की यह गज़ल गायकी पसन्द नहीं आ रही थी, लेकिन अधिकांश तो इसके रंग में सरापा रंग चुके थे।

दुर्गाप्रसाद जी की मेहमाननवाजी भी बेमिसाल थी। और सिर्फ़ मेरे लिए नहीं। दोस्त बनाने और दोस्ती निभाने में उनसे अधिक निपुण व्यक्ति मैंने नहीं देखा। साहित्य में तो उनकी रुचि थी ही—और उस समय तो हम दोनों राजस्थान साहित्य अकादमी की सरस्वती सभा और संचालिका के सदस्य थे—मेरी सोहबत में उन्हें मार्क्सवादी विचारधारा में भी रस आने लगा। उन दिनों भीनमाल में रह चुके पोस्ट ऑफ़िस के एक मित्र शर्माजी भी सिरोही में थे और कुछ रोज़ बाद कॉलेज के पीटीआई बाबूसिंह जी भी स्थानांतरित होकर सिरोही आ गये जो अपने वास्तविक नाम और रुप-रंग के साथ मेरे उपन्यास *बीच में विनय* में अवतरित हुए थे। बाबूसिंह जी का अभी पिछले साल ही देहान्त हुआ है। उनके बच्चे आज भी मुझे अंकल कहते हैं और अपने परिवार का एक सदस्य समझते हैं।

धीरे-धीरे सिरोही मेरे लिए दूसरे घर जैसा बन गया और मैं लगभग हर साप्ताहिक अवकाश में किसी भी बस या ट्रक में चढ़कर वहाँ पहुँचने लगा। मैं नौकरी करते-करते बी.ए. कर चुका था। सिरोही में ही तय हुआ कि अब मुझे

एम.ए. भी कर लेना चाहिए और दोस्तों के दबाव डालने पर मैंने सिरोही कॉलेज से अनियमित छात्र के रूप में एम.ए. का फ़ार्म भर दिया।

~

सारा आकाश के बाद डॉक्टर पुरोहित समझ गये कि ये जो स्वयं प्रकाश है, इसमें कुछ-न-कुछ 'हटकर' ज़रूर है। वह जहाँ भी मुझे देखते, पास आकर मोटरसाइकिल रोकते और हम लोग दस-पन्द्रह मिनट बात करने के बाद ही अपने-अपने रास्ते जाते। ऐसे ही बातों-बातों में पता चला कि जोधपुर के मेरे शायर दोस्त शीन क़ाफ़ निज़ाम डॉक्टर पुरोहित के भी दोस्त हैं, बल्कि बचपन में उनके सहपाठी भी रह चुके हैं। डॉक्टर पुरोहित के पास न सिर्फ़ निज़ाम साहब की किताबें हैं बल्कि उन की खुद की आवाज़ में रिकॉर्ड किये गये दो कैसेट भर कलाम भी हैं जो डॉक्टर पुरोहित ने हफ़्ते भर रात बारह बजे के बाद निज़ाम साहब के घर जाकर रिकॉर्ड किये हैं। मैं डॉक्टर पुरोहित का यह मित्र प्रेम और शायरी प्रेम देखकर प्रभावित हो गया, लेकिन यह तो सिर्फ़ एक झलक थी, असल मज़ा तो तब आना था जब कुछ ही रोज़ में डॉक्टर पुरोहित भी स्थानांतरित होकर शिवगंज से सुमेरपुर आ जाएँगे, वहाँ उन्हें रहने के लिए एक खूब बड़ा सरकारी बँगला मिल जाएगा, बँगले के बेडरूम में एक डबलबेड जैसा बड़ा तखत, सात-आठ गावतकिये, दीवारों पर बड़े-बड़े स्पीकर और सामने टेपरिकॉर्डर, ग्रामोफ़ोन, स्टीरियो म्यूज़िक सिस्टम, रिकॉर्ड कलेक्शन, कैसेट लायब्रेरी और अच्छा-खासा भरा-पूरा म्यूज़िक स्टूडियो जैसा दिखाई देगा।

नतीजा? हमारी हर शाम डॉक्टर पुरोहित के घर गुज़रने लगी और किसी दिन रात बारह बजे से पहले गुडनाइट नहीं हुई। मेरा तो अक्सर रात का खाना भी वहीं हो जाता। डॉक्टर पुरोहित गज़ल सुनकर सिर धुनने वाले श्रोता नहीं थे। वह कविता के मर्म तक पहुँचना चाहते थे और इस मामले में, थोड़ी बहुत उर्दू जानने की वजह से, मैं उनकी काफ़ी मदद कर देता था। पर इससे उन्हें तसल्ली नहीं थी और इसलिए वह एक दिन मेरे घर से 'मद्दाह वाला' उर्दू-हिन्दी शब्दकोश उठाकर ले गये जो मैं दिल्ली से लाया था और जो तब इतना सुलभ नहीं था। फिर इतना ही नहीं, अपनी अपार व्यस्तता में से समय निकालकर उन्होंने अपने एक मौलवी मरीज़ से उर्दू भी सीखी और एक दिन दरगाह बाज़ार, अजमेर में बीच सड़क पर लगे एक उर्दू बैनर को सरपट पढ़कर मुझे चौंका दिया। फिर तो मैं उनसे अटपटे और कठिन उर्दू शब्दों के अर्थ पूछने लगा और अशआर की रूह तक पहुँचने की कोशिश करने लगा। कभी-कभी ऐसा भी हुआ कि हम खटिया

पर आमने-सामने पालथी मारे बैठे हैं, हमारे बीच ग़ालिब या मीर पसरे या उठंगे हैं और हम अपने-अपने उर्दू ज्ञान और जैसी-तैसी साहित्यिक संवेदना के सहारे किसी शे'र के वास्तविक मर्म को पकड़ने की कोशिश कर रहे हैं और भाभीजी रसोई में कुढ़ रही हैं कि इस मरी शायरी ने सारे संडे का सत्यानास कर रखा है। सुबह से दस तो चाय पी चुके हैं और साढ़े बारह बज गये अभी तक नहाने-धोने का नाम नहीं लिया। इससे तो मरीज़ों को देखने जाना ही ठीक था। कम-से-कम चार पैसे तो मिलते थे। भले ही कभी-कभी परोसी थाली छोड़कर जाना पड़ता। ये क्या दे देंगे? ग़ालिब-फ़ालिब! बाबा जी का ठेंगा!

~

मेरे ठलुवा होने और हर फटे में टाँग देने के शौक ने मुझे एक्सचेंजवालों की नज़र में एक रोचक वस्तु बना दिया और इसलिए जब अगले साल यूनियन के चुनाव हुए तो 'होऽऽ होऽऽ होऽऽ' करते हुए सबने सर्वसम्मति से मुझे यूनियन का शाखा सचिव बना दिया। वैचारिक प्रतिबद्धता के लिहाज़ से तो मुझे न सिर्फ़ यूनियन का सदस्य होना चाहिए था, बल्कि उसकी गतिविधियों में बढ़-चढ़कर हिस्सा भी लेना चाहिए था, लेकिन मार्क्सवादी होने के बावजूद मेरे यूनियन के साथ बुनियादी वैचारिक मतभेद थे। मेरी दृष्टि में यूनियन का प्रमुख कार्यभार मज़दूरों को संगठित करना और राजनीतिक रूप से शिक्षित करना था, लेकिन अधिकांश कर्मचारी यूनियन, बल्कि कहा जाये तो पूरे देश का ट्रेड यूनियन आंदोलन अर्थवाद की दलदल में फँसा हुआ था। न सिर्फ़ यह कि उन्होंने एक नयी कार्य संस्कृति नहीं बनायी थी, उन्होंने कामचोरों और हरामखोरों को अपने पहलू में पनाह दे रखी थी। यही कारण था कि कार्यकुशल और श्रेष्ठ मज़दूर मज़दूरों में सम्माननीय तो थे लेकिन अनुकरणीय नहीं थे। वे यूनियन के लीडर नहीं थे। यूनियन के जो लीडर थे वे न काम करते थे, न काम जानते थे। उन्होंने फ़ुलटाइम रिलीज़ का जुगाड़ कर रखा था और वे इसका-उसका ट्रान्सफ़र करवाने-रुकवाने में लगे रहते थे। उनमें से अधिकांश अपनी पूरी ज़िन्दगी में एक बार भी जेल नहीं गये थे और उनके बच्चों की शादियाँ उसी तामझाम और धूमधाम से होती थीं जैसे सेठों के बच्चों की शादियाँ। वे सैद्धांतिक रूप से लगभग अँगूठा छाप थे और उनमें से कइयों को तो 'मज़दूर दिवस' का इतिहास भी मालूम नहीं था। खैर, इस सबके बारे में मैं विस्तार से अपनी कहानी 'संहारकर्ता' में कह चुका हूँ इसलिए यहाँ उसे दोहराना ज़रूरी नहीं है। इतना ज़रूर कहूँगा कि मैं जब तक रहा, यूनियन की

मर्यादा निभाते हुए भी सही लाइन के लिए यूनियन के भीतर संघर्ष करता रहा और इसमें मुझे अपने नौजवान दोस्तों का भरपूर सहयोग मिला। मजे की बात यह है कि मद्रास में मेरे साथ ट्रेनिंग कर चुके मेरे मित्र इस समय अलग-अलग डिवीज़नों के सेक्रेट्री थे इसलिए जब हम प्रान्तीय सम्मेलन में गये तो बगैर किसी खास कठिनाई के मुझे प्रान्त का संगठन सचिव चुन लिया गया और बाद में जब मैंने डाकतार विभाग छोड़ा तो उन्हीं प्रांतीय महासचिव ने मेरी बहुत मदद की जो हम लोगों के स्थायी धिक्कार के पात्र थे। जो नहीं जानते उन्हें मैं बताना चाहता हूँ कि कभी-कभी नौकरी छोड़ना भी उतना ही मुश्किल होता है जितना नौकरी पकड़ना।

~

जिस दिन एम.ए. का अन्तिम पेपर था, राजस्थान रोडवेज में अचानक किसी बात पर हड़ताल हो गयी और इस बात से बेखबर मैं सुमेरपुर बस स्टैंड पर बैठा सिरोही जाने वाली बस का इंतज़ार करता रहा। पेपर दस बजे से था और सुमेरपुर से बस से सिरोही पहुँचने में कम-से-कम एक घण्टा लगता था। जब सवा नौ बज गये और कोई बस नहीं आयी तो मैंने पूछताछ की। हड़ताल का पता चला तो मैं थोड़ा घबराया, लेकिन अभी ट्रकों की उम्मीद बाकी थी। मैं बस स्टैंड से चलकर चुंगी नाके चला गया, क्योंकि वहाँ से ट्रक मिलने की संभावना ज़्यादा थी। जब पौने दस तक कोई ट्रक नहीं दिखाई दिया तो मैंने सोचा कि उगमराज या डॉक्टर पुरोहित को फ़ोन करके अनुरोध किया जाए कि वह अपनी मोटरसाइकिल पर मुझे सिरोही छोड़ दें। उधर सिरोही में भार्गव साहब, दुर्गाप्रसाद जी और मेरे अन्य मित्र परेशान हो रहे थे कि पेपर शुरू हुए इतनी देर हो गयी और स्वयं प्रकाश का कोई पता नहीं है। इसी समय एक जर्जर ट्रक धीमी गति से आता दिखाई दिया। मेरे हाथ देने से ट्रक रुक भी गया, वह जा भी सिरोही रहा था, उसने मुझे बैठा भी लिया, लेकिन रास्ते में पालड़ी गाँव में एक ढाबे के सामने खड़ा हो गया। ड्राइवर-खलासी ने बताया कि वे खाना खाएंगे। मैंने हाथ जोड़कर उन्हें समझाया कि मेरी परीक्षा है, समय पर नहीं पहुँच पाया तो मेरा पूरा साल खराब हो जायेगा, इससे तो आज वे अगर पालड़ी की बजाय सिरोही में खाना खा लें, मेरी तरफ़ से, तो बड़ी मेहरबानी होगी। उन्होंने मेरी बात का कोई जवाब नहीं दिया और मुझे वहीं छोड़ ढाबे में घुस गये। मैं मायूस होकर हाइवे पर आ गया और आते-जाते वाहनों को हाथ देने लगा। कुछ देर बाद वही जर्जर ट्रक आया और खलासी ने आवाज़ लगायी-''चलिए।'' मैं कुछ समझ नहीं

पाया कि हुआ क्या है, और समझने का समय कहाँ था? मैं फुर्ती से ट्रक में चढ़ गया। ड्राइवर ने ट्रक ऐसे भगाया कि मैं बार-बार दाहिने-बाएँ गिरने लगा, लेकिन साढ़े ग्यारह बजे उसने मुझे सिरोही के तीन बत्ती चौराहे पर उतार दिया। यहाँ से कॉलेज का पन्द्रह मिनट का रास्ता था। आम-तौर पर चार-पाँच ऑटो इस चौराहे पर हमेशा खड़े मिलते हैं, लेकिन उस दिन एक भी नहीं था। मैं तेज़-तेज़ चलते और बीच-बीच में दौड़ लगाते हाँफ्ता-काँपता पौने बारह बजे कॉलेज पहुँचा। दुर्गाप्रसादजी अपनी इन्वीजिलेशन ड्यूटी छोड़कर मेन गेट पर खड़े मेरा रास्ता देख रहे थे। मुझे देखते ही उन्होंने अपने नीले विजय सुपर स्कूटर में किक मारी और मुझे बगैर एक भी शब्द पूछे, बोले परीक्षा हॉल तक ले गये। वहाँ फ़ौरन मुझे कॉपी-पेपर पकड़ाया गया और आँखों के आगे पहले प्रश्न के कुछ शब्द आते ही मैं उसका उत्तर लिखने लगा। कुछ देर बाद भार्गव साहब आये और हस्बमामूल सभी परीक्षार्थियों के बीच टहलते हुए मेरे पास आकर एक मिनट रुके, धीरे से मेरी पीठ पर हाथ रखा और चले गये। एक आदमी को बनाने में किस-किस व्यक्ति का कैसा-कैसा योगदान रहता है। दस बजे की परीक्षा में किसी परीक्षार्थी को बारह बजे प्रवेश की अनुमति देना भार्गव साहब के लिए भी सरल नहीं रहा होगा। और उन ड्राइवर या खलासी का आभार कैसे व्यक्त किया जाये जिन्होंने मेरी खातिर अपना खाना छोड़ दिया। क्या मैं इन लोगों की मानवीयता और कृपा को कभी भूल सकता हूँ?

~

आबू रोड सुमेरपुर से...काफ़ी दूर है। वहाँ से पहाड़ चढ़कर माउण्ट आबू जाया जाता है जो कि एक लोकप्रिय पर्यटनस्थल है। माउण्ट आबू राजस्थान और गुजरात के बीच अकेला हिल स्टेशन है। माउण्ट आबू गुजराती सैलानियों के आमोद-प्रमोद का सबसे सुलभ और प्रिय स्थान है। शादी से पहले और शादी के बाद गुजराती युवक-युवती बड़ी संख्या में सप्ताहांत में माउण्ट आबू आ जाते हैं और एक रात बिताकर लौट जाते हैं। माउण्ट आबू से ज़रा दूर स्थित गुरुशिखर अरावली पर्वत का सर्वोच्च शिखर है और उसकी तलहटी में अर्थात् माउण्ट आबू में एक प्यारी-सी झील है जो कभी-कभी सर्दियों में, जब तापमान शून्य से भी कम हो जाता है, जम भी जाती है। गुरुशिखर से दूर-दूर तक फैली अरावली की पर्वत शृंखलाएँ और उन पर फैले घने जंगल दिखाई देते हैं। वहाँ एक बड़ा-सा पीतल का घंटा लगा हुआ है जिसे बजाने पर उसकी प्रतिध्वनि दूर-दूर तक गूँजती-लौटती सुनाई

देती है। कहते हैं कि वहाँ जंगली जानवर भी घूमते रहते हैं, इसलिए सूर्यास्त के बाद वहाँ कोई नहीं जाता।

पहली बार मैं माउण्ट आबू अकेला ही गया था। मैंने दस होटल घूमे लेकिन उन सब में बगैर हवा-रोशनी वाले दड़बेनुमा कमरे थे, जबकि मैं एक ऐसे कमरे की तलाश में था जिसमें खिड़कियाँ ही खिड़कियाँ हों और चारों तरफ़ का दृश्य दिखाई दे। अंत में एक होटल की तीसरी और सबसे ऊपर वाली मंज़िल पर ऐसा एक कमरा मुझे मिल भी गया। कमरे में चार पलँग पड़े थे, लेकिन पूरा कमरा मैंने ले लिया। लेकिन रात को ऐसी कड़कड़ाती सर्दी पड़ी कि खिड़कियाँ तो बंद करनी ही पड़ीं, चारों पलँगों की रज़ाइयाँ भी एक पर एक डालकर मुझे ही ओढ़नी पड़ीं।

मैं जिस दिन गया उस दिन कोई पूर्णिमा या अमावस्या या ऐसा ही कुछ था। यह स्थानीय आदिवासियों का त्यौहार था। बड़ी संख्या में आदिवासी स्त्री-पुरुष आ रहे थे, नक्की झील में नहा रहे थे और झील की परिक्रमा कर रहे थे। मैंने किसी से रास्ता नहीं पूछा, न दर्शनीय स्थलों की जानकारी ली, बस चुपचाप नक्की झील की परिक्रमा करते आदिवासियों में शामिल हो गया, उनके अबूझ लेकिन मीठे गीत सुनता रहा। परिक्रमा के लगभग अन्त में मैंने देखा कि सारे स्त्री-पुरुष कलई से ताज़ा-ताज़ा पुते पत्थरों से बने एक बड़े से कमरे में एक तरफ़ से घुसते हैं और दूसरी तरफ़ से निकलकर फिर चलने लगते हैं। मुझे समझ में नहीं आया कि यदि यह कोई मन्दिर या दरगाह नहीं है तो फिर क्या है। क्योंकि अपने स्थापत्य से वह न मन्दिर लग रहा है न दरगाह। दूसरी तरफ़ से जाकर देखा तो उस सफ़ेद कमरे की एक दीवार पर नीले रंग की बेडौल-सी लिखाई में लिखा था, 'बालम रसिया का मन्दिर' और इसके नीचे सिन्दूर से एक सतिया बना हुआ था। मुझे थोड़ा मज़ा तो आया लेकिन समझ में कुछ नहीं आया। बाद में आबू रोड की रहने वाली एक मित्र ने बताया कि यह 'गरासियों' अर्थात् गिरिवासियों के इष्ट देवता वाल्मीकि ऋषि का मन्दिर है। वाल्मीकि ऋषि घिसते-घिसते 'बालम रसिया' हो गया है। पता नहीं यह हकीकत है या चौथी दुनिया की प्रथाओं-परिपाटियों के प्रति 'दुग्धशर्करामिश्रित' की तरह नागर दुनिया का कोई मज़ाक।

माउण्ट आबू में ब्रह्मकुमारी आश्रम का प्रमुख केन्द्र भी है और उस समय उसी की प्रमुख बहनजी या माताजी जीवित भी थीं। मैंने उसे दूर से देखा, भीतर जाने की ज़रूरत महसूस नहीं की। इसी तरह देलवाड़ा के प्रसिद्ध मन्दिरों को भी मैं केवल बाहर से देखकर आ गया।

दूसरी बार मैं अपनी चार बहनों, जीजाजी और उनके बच्चों के साथ माउण्ट

आबू गया। जीजाजी रेलवे में डॉक्टर थे और उन्होंने माउण्ट आबू में बने रेलवे के रेस्टहाउस में सबके ठहरने की व्यवस्था कर रखी थी, लेकिन कुछ ऐसा हुआ कि वहाँ कमरे खाली न मिले। अब इतने सारे लोग कहाँ जाकर ठहरें? अभी हम इस बात पर परेशान होना शुरू कर ही रहे थे कि सामने से आता हमारा लाइनमैन चन्द्रेश दिख गया जो कुछ रोज़ पहले ही सुमेरपुर से स्थानांतरित होकर माउण्ट आबू आया था। चन्द्रेश न सिर्फ़ हम सबको अपने घर ले गया बल्कि उसने हमें गरम-गरम खाना भी खिलाया। वह एक बड़ी-सी इमारत में सिर्फ़ एक कमरे का किरायेदार था, लेकिन उसने रात को छत पर हमारे सोने की व्यवस्था भी कर दी। दिन भर खूब घूम-घामकर और थक-थकाकर हम ऊपर जाकर आराम से सो गये। मैं यही सोचता रहा कि चन्द्रेश इतने गद्दे, चादर, तकिये, रज़ाई कहाँ से लाया होगा। और क्या हमारा उस पर इतना वजन डालना ठीक है? इत्तफ़ाक ऐसा हुआ कि रात को आँधी चलने लगी और पानी बरसने लगा, अब? अब क्या किया जाये? ऊपर एक बड़ा-सा कमरा था जो मकान मालिक ने किसी को नहीं दिया था। उस कमरे में मकान मालिक का ताला लटका रहता था। चन्द्रेश ने एक पत्थर से वह ताला तोड़ दिया और हम सबको भीतर सुला दिया। हमारे आने के बाद चन्द्रेश मकान मालिक से कैसे निपटा होगा, मैं नहीं जानता। मैं तो इस घटना पर सोचने भी लगता हूँ तो यही सोचता रह जाता हूँ कि अगली सुबह चन्द्रेश की पत्नी ने जितने प्यार से हमें अपने प्रायमस स्टोव के गिर्द बैठाकर गरमागरम हलुवा खिलाया था, क्या कभी मेरी माँ ने भी हम बहन-भाइयों को खिलाया था?

~

एक दिन डॉक्टर पुरोहित रास्ते में मिले तो मैंने देखा उनके कोट पर एक छोटा-सा चमकीला बिल्ला लगा हुआ है। मैंने पूछा—''यह क्या लगा लिया?'' तो बोले—''ये लॉयन्स क्लब का बैज है। सबने मिलकर मुझे लॉयन्स क्लब का सेक्रेट्री बना दिया है।'' मैंने कहा—''बधाई हो! मुझे नहीं मालूम था कि सुमेरपुर में भी लॉयन्स रहते हैं।'' बोले—''काहे के लॉयन! हैं तो सब साले गीदड़ जैसे ही, पर नाम लॉयन रख लिया है।'' मैंने पूछा—''तो इसमें आप क्या करेंगे?'' बोले—''देखेंगे। फ़िलहाल तो मैंने एक केम्पेन शुरू किया है कि जिसके घर में जो भी दवा बच जाये, वो अमुक जगह लाकर दे दे, ताकि जो अफ़ोर्ड नहीं कर सकते उनके काम आ जाये। तीन-चार मेडिकल स्टोर्स के बाहर पेटियाँ लगवा दी हैं। पर्चे भी बंटवाये हैं। आपके एक्सचेंज, पोस्ट ऑफ़िस में भी आप बोल

देना, किसी बीमार के ठीक होने के बाद बची दवा रखने या फेंक देने की बजाय किसी दूसरे के काम आ जाये तो क्या बुराई है?''

मैंने पूछा—''तो इस केम्पेन का कोई फ़ायदा हुआ?''

डॉक्टर पुरोहित ने मोटरसाइकिल के पीछे लगा बड़ा-सा बैग खोलकर दिखाते हुए कहा—''ये देखो!'' मैंने देखा पूरा बैग दवाओं के छोटे-बड़े, मुड़े-तुड़े पत्तों से भरा था। अनेक भरी-अधभरी शीशियाँ भी थीं।

मैंने कहा—''अरे वाह! यह तो अच्छा है। फिर तो आप यह भी कर सकते हैं कि अमीर मरीज़ों को एक की जगह चार दवा लिखें, ताकि गरीबों के लिए बचे ही बचे। डॉक्टर पुरोहित ने असहमति में सिर हिलाया। असहमति में कुछ नापसन्दगी का भी भाव था। जैसे मैंने उन्हें उनके व्यवसाय की नैतिकता से विचलित करने वाली कोई सलाह दी हो। फिर सहज होकर बोले—''दवाओं की कोई कमी थोड़ी है स्वयं प्रकाश जी! सेम्पल की ही ढेर सारी आ जाती हैं। मेरे घर में पूरा एक कमरा सेम्पल की दवाओं से भरा पड़ा है। प्रॉब्लम यह है कि ये दवाएँ गरीब आदमी तक, ज़रूरतमंद आदमी तक पहुँच नहीं पातीं। तो उसके लिए अपन हैं। सब थोड़ी-थोड़ी कोशिश करें तो हो भी सकता है। अरे भाई, पाँच मरीज़ों के पास तक भी पहुँच गयीं तो क्या हर्ज है? अपने हाथ में जितना है उतना तो करें।''

मैंने उसी दिन एक्सचेंज, पोस्ट ऑफ़िस के नोटिस बोर्ड पर नोटिस लगवा दिया।

कोई महीने भर बाद डॉक्टर पुरोहित का फ़ोन आया कि लॉयन्स क्लब का एक फ़ंक्शन है और वह चाहते हैं कि उसका संचालन मैं करूँ। ऐसी संस्थाओं के प्रति अपनी घोर अरुचि के बावजूद सिर्फ़ डॉक्टर पुरोहित की खातिर मैं राज़ी हो गया। लेकिन वहाँ जाकर जो देखा उससे डॉक्टर पुरोहित के प्रति मेरे मन में आदर की भावना और बढ़ गयी।

फ़ंक्शन कृषि उपज मंडी समिति के प्रांगण में था। कृषि उपज मंडी एक लम्बे-चौड़े क्षेत्र में फैली हुई थी और वहाँ कोई एक हज़ार दूकानें, गोदाम और दफ़्तर थे। रोज़ सुबह वहाँ आस-पास के गाँवों से पचासों अनाज की गाड़ियाँ आती थीं। जगह-जगह अनाज के ऊँचे-ऊँचे ढेर लग जाते थे। उनकी नीलामी और बेच-खरीद होती थी और अनाज को बोरियों में भरकर गोदाम में बन्द कर दिया जाता था। इस प्रक्रिया में कुछ अनाज प्लेटफ़ॉर्म के फ़र्श पर छूट जाता था जिसे अगली सुबह ढेर-के-ढेर कबूतर चुगते थे या जो जीपों, ट्रकों, ट्रेक्टरों, मोटरसाइकिलों के पहियों तले या लोगों के जूतों तले कुचला जाता था और बरसात

के दिनों में सड़ता था और बदबू मारता था। डॉक्टर पुरोहित ने अपने तथाकथित 'शेरों' के सहयोग से यह व्यवस्था करवाई कि रोज़ सुबह मण्डी के विशाल क्षेत्र में झाड़ू लगेगी और इस तरह बोरी-दो बोरी जो अनाज इकट्ठा होगा उसे बेचकर उसके पैसों से निर्धन मरीज़ों के लिए दवा खरीदी जाएगी। तीन 'शेरों' की एक समिति इस फ़ंड की देख-रेख करेगी। किसी को दवा चाहिए—समिति के किसी सदस्य से पर्ची लिखवा लाओ और केमिस्ट को पर्ची दिखाकर दवा ले लो।

मेहंदी हसन, गुलाम अली, जगजीत सिंह, फरीदा खानम! आप लोगों ने कभी सोचा भी नहीं होगा कि मीर, ग़ालिब, फ़ैज़, फ़राज़ वगैरह का जो कलाम आप अपनी पुरसोज़ लरजती आवाज़ में गा रहे हैं, उसका कैसा-कैसा असर किसी पर हो सकता है।

~

एम.ए. हो गया तो दोस्त पीछे पड़ गये कि लगे हाथ पीएच-डी. भी कर डालो। दुर्गाबाबू ने भी अब तक नहीं की थी, लेकिन उनका रजिस्ट्रेशन हो चुका था। वह राजस्थान के हिन्दी उपन्यासों पर कर रहे थे। प्रकाश आतुर राजस्थान साहित्य अकादमी के अध्यक्ष थे और वह राजस्थान की हिन्दी कविता पर पीएच-डी. कर चुके थे। मैंने सोचा कि मैं राजस्थान की हिन्दी कहानी पर पीएच-डी. कर लेता हूँ। संभवत: हम तीनों पहले शख्स थे जिन्होंने राजस्थान की हिन्दी कविता, कहानी और उपन्यास पर शोधकार्य किया था। यह बेहद कठिन इसलिए भी था क्योंकि इसमें अध्ययन से अधिक अनुसंधान, खोजबीन और सर्वेक्षण की ज़रूरत थी। राजस्थान में पुस्तक प्रकाशन व्यवसाय कभी बहुत व्यवस्थित नहीं रहा। एक समय अपनी किताब छपवाने के लिए राजस्थान के साहित्यकार आगरा, इलाहाबाद या बनारस ही जाते थे। पत्रिकाएँ भी वहीं से निकलती थीं। समाचार पत्र, विश्वविद्यालय, समीक्षक, आलोचक और पाठक भी वहीं थे। उस समय की पुस्तकों को ढूँढ़-ढूँढ़कर इकट्ठा करना अपने आप में काफ़ी श्रमसाध्य काम था। मुझे तो इस मामले में जिसने सबसे ज़्यादा मदद की वे थे मेरे कहानीकार मित्र स्वर्गीय ईश्वरचन्दर और *लहर* के सम्पादक प्रकाश जैन और मनमोहिनी। फिर भी किताबें ढूँढ़ने और इकट्ठा करने के लिए मैं अजमेर, जयपुर, कोटा, बीकानेर, जोधपुर, भरतपुर, उदयपुर आदि अनेक शहरों में गया और बन्द पड़े प्रकाशन संस्थानों, स्टेट टाइम की बची-खुची लायब्रेरियों और बुज़ुर्ग लेखकों या उनके वंशजों के सम्पर्क में आया। उस समय फ़ोटोकॉपी जैसी चीज़ उपलब्ध नहीं थी।

हाँ, आप नोट्स ले सकते थे या कैमरा पास हो तो किताब की फ़ोटो खींच सकते थे। कुल मिलाकर यह अभियान काफ़ी दिलचस्प, थकाने वाला, लेकिन भविष्य के शोधार्थियों के लिए काफ़ी लाभप्रद रहा। असल में तो ऐसे काम यू.जी.सी. फ़ैलोशिप के तहत होने चाहिए जो काम पूरा होने के बाद भी दी जा सकती है, लेकिन जब यह उन्होंने *आवारा मसीहा* के लिए विष्णु प्रभाकर को नहीं दी, तो मैं तो किस खेत की मूली था। मैं तो विश्वविद्यालयों द्वारा आयोजित साहित्यिक कार्यक्रमों, सेमीनारों, शिविरों में भी इसलिए नहीं जाता, क्योंकि उनका कोई अक्खड़, उजड्ड और अनपढ़ बाबू अन्त में आमंत्रित लेखकों से टीए डीए फ़ॉर्म भरवाता है और उसमें अपना पदनाम और वेतनमान भरने को कहता है। एक बार तो—शायद वल्लभ विद्यानगर विश्वविद्यालय में या कहीं—मैंने झुँझलाकर पदनाम के खाने में 'बेरोज़गार' और वेतनमान के खाने में 'शून्य' लिख दिया, हाशिये पर बड़े-बड़े अक्षरों में लिखा, मुझे किस हैसियत से बुलाया गया है? और बगैर टीए-डीए लिये उसी समय लौट आया।

बहरहाल, किस्सा कोताह पीएच-डी. की बुनियादी तैयारी में ही छह महीने निकल गये। इसके बाद डेढ़ साल तक मेरा कार्यक्रम यह रहा कि मैं हर हफ़्ते एक बार सुमेरपुर से सिरोही जाता था, झोला भर पुस्तकें ले आता था और अगले सप्ताह ये पुस्तकें लौटाकर झोला भर दूसरी पुस्तकें लेकर सुमेरपुर आ जाता था। नौकरी और शोधकार्य साथ-साथ चल रहे थे। कहानियाँ-लेख इत्यादि लिखना भी। यूनियन का काम भी। यदा-कदा गज़लें सुनना भी।

उस दौरान दो साल मैंने रात का खाना नहीं खाया। रात बारह बजे तक मैं अपनी शोध सम्बन्धी पुस्तकें लिखता-पढ़ता रहता, बारह बजे कमरे में ताला लगाकर तीन किलोमीटर दूर स्थित कमल टॉकीज़ जाता जहाँ रात साढ़े बारह बजे सेकण्ड शो छूटता था, उसकी प्रतीक्षा में एक चाय का होटल खुला रहता था। वहाँ मैं आठ आने की नमकीन खाकर एक कप चाय पीता था और घर आकर फिर लिखने या पढ़ने बैठ जाता था। तीन या चार बजे तक लिखता-पढ़ता था, फिर सो जाता था, सुबह की ड्यूटी हुई तो सात बजे ड्यूटी पर चला जाता था।

सिरोही के दोस्तों के अप्रत्याशित सहयोग के कारण दो साल के रिकॉर्ड समय में मेरी थीसिस पूरी हो गयी और सबमिट भी कर दी गयी। मेरे गाइड ने पूरी थीसिस में एक कॉमा या फुल स्टॉप तक नहीं बदला। वायवा में सब वरिष्ठ साहित्यकार ही थे जो मुझे एक शोधार्थी से पहले एक कहानीकार के रूप में जानते थे। डॉ. प्रकाश आतुर, डॉ. नवलकिशोर, आलमशाह खान, नेमनारायण जोशी आदि। वायवा से कुछ रोज़ पहले *मधुमती* में आलमशाह खान पर मेरा एक

लम्बा लेख छपा था जिसमें उनकी प्रशंसा तो थी ही, लेकिन कुछ मुद्दों पर बेबाक आलोचना भी थी। इसे आलमशाह खान हज़म नहीं कर पाये थे और वायवा से पन्द्रह मिनट पहले मुझे अपने चेम्बर में बुलाकर धमकी दे चुके थे कि आपने मुझ पर जो लिखा है उसके लिए आज आपको भुगतना पड़ेगा। मैं इस धमकी से ज़रा भी विचलित नहीं हुआ क्योंकि मेरे लिए तो पीएच-डी. करना खेल-खेल में हो गया कुछ काम जैसा था। पीएच-डी. की उपाधि मेरे लिए न आजीविका की विवशता थी न जीवन-मरण का प्रश्न। मुझमें ऐसी कोई महत्त्वाकांक्षा भी नहीं थी कि पीएच-डी. कर लूँगा तो बेहतर या पसन्दीदा नौकरी मिल जाएगी। मैं जहाँ था खुश था। हाँ, यह ज़रूर अच्छा लगता था कि पीएच-डी. के बहाने पहली बार राजस्थान की अब तक की हिन्दी कहानी खोजने, व्यवस्थित करने और मूल्यांकित करने का ज़रूरी काम हो गया। अब यह भविष्य के अध्येताओं के लिए एक अनिवार्य सन्दर्भ बिन्दु का काम दे सकेगा। प्रसंगवश, शोधग्रंथ के आरम्भ में ही इस मुद्दे पर बहस भी थी कि क्या हमें हिन्दी साहित्य को सूबों, प्रान्तों या ज़िलों के हिसाब से बाँटकर देखना चाहिए? यह साहित्य का अध्ययन है या साहित्य की चकबन्दी? कल यदि एक राज्य दो टुकड़ों में बँट जाये तो क्या उसकी साहित्यिक विरासत भी बँट जाएगी? कुछ अपनी रह जाएगी और शेष परायी हो जाएगी? क्या पाकिस्तान आधी सदी से इसी मानसिक द्विभाजन को नहीं भुगत रहा है? क्या टोबाटेकसिंह से हमने कुछ नहीं सीखा?

इस मायने में मेरी थीसिस प्रचलित शोध प्रबन्धों से काफ़ी कुछ हटकर थी। इस बात की तरफ़ विभागाध्यक्ष डॉ. रामगोपाल शर्मा 'दिनेश' ने मुझे पसन्द करने वाले सहकर्मी प्राध्यापकों का लिहाज़ करते हुए और बाह्य मूल्यांकनकर्त्ताओं ने बेबाकी से 'शोधार्थी को शोध प्रविधि का ज्ञान नहीं है' कहकर प्रतिकूल टिप्पणी की थी। पूरी संभावना इस बात की थी कि मुझे शोधप्रबन्ध दोबारा लिखकर प्रस्तुत करने को कहा जाएगा। इसलिए भी कि नवलकिशोर जी भी मुझसे इस बात पर नाराज़ थे कि मैंने उन्हें गाइड क्यों नहीं बनाया, जबकि लेखन में वह मेरे सबसे ज़्यादा नज़दीक थे। प्राध्यापकों की आपसी खींचातानी और ईर्ष्या-द्वेष का खामियाजा अधिकांशतः निर्दोष बटुकों को ही भुगतना पड़ता है।

लेकिन प्रकाश आतुर मेरे लिए ढाल बनकर खड़े हो गये। आलमशाह खान को तो एक तरह से उन्होंने डपट ही दिया और नवल जी को ऐसी निगाहों से देखते रहे कि नवल जी की कुछ बोलने की हिम्मत ही नहीं पड़ी। प्रकाश आतुर के व्यक्तित्व का एक विशिष्ट दबदबा था। कुछ रोज़ पहले ही वह विश्वविद्यालय की नौकरी से त्यागपत्र देकर कांग्रेस के टिकट पर विधानसभा का चुनाव लड़

चुके थे और मुख्यमंत्री शिवचरण माथुर के काफ़ी नज़दीकी माने जाते थे। डॉ. रामगोपाल शर्मा 'दिनेश' पर भी उनके कोई कम एहसान नहीं थे। मेरे लिए एक के बाद एक ये सारी चीज़ें हैरान करने वाली थीं। नवल जी का मुझसे नाराज होना, जिस आलमशाह खान पर मैंने इतने मन से और मेहनत से लेख लिखा, उनका मुझसे खुन्नस खाना, नेमनारायण जोशी का जानबूझकर मुझे ऐसे प्रश्नों की तरफ़ धकेलना जो लगते तो बेहद मुश्किल हों, लेकिन जिनका जवाब देना मेरे लिए बेहद सरल हो! अध्यापकों का मेरे शोधप्रबन्ध की मूलवस्तु को नज़रअन्दाज कर मात्र तकनीकी बातों के आधार पर—(मसलन मैंने मैथिलीशरण गुप्त को मैथिलीशरण गुप्त क्यों लिखा, गुप्ता एम.एस. क्यों नहीं लिखा)—नापसन्द करना और अस्वीकृत करने योग्य समझना, इस बारे में मेरे शोधनिदेशक का मुझे एक बार भी आगाह न करना और सबसे बढ़कर प्रकाश आतुर का मेरी रक्षा में डटकर खड़े हो जाना।

इस घटनापूर्ण और चमत्कारिक दिन का अंत विश्वविद्यालय द्वारा मुझे पीएच-डी. की उपाधि दिये जाने की अधिसूचना जारी किये जाने से नहीं और भी चमत्कारिक तरीके से हुआ।

उस शाम राजस्थान साहित्य अकादमी के अध्यक्ष डॉक्टर प्रकाश आतुर ने—जिन्हें मैं ठीक से जानता तक नहीं था—मुझे पीएच-डी. मिलने की खुशी में अपने आवास पर अपने अंतरंग मित्रों को दावत दी, सबसे पहले उन्होंने मुझे 'डॉक्टर स्वयं प्रकाश' कहकर हँसते हुए गले लगाया। हम सबको छककर दारू पिलायी और रात लगभग ढाई बजे श्रीमती प्रकाश आतुर ने हमें बेहद लज़ीज़ और गरमागरम खाना खिलाया।

बाद में जब सुनता था कि पीएच-डी. के वायवा के समय शोधार्थियों को पूरे विभाग को खिलाना-पिलाना पड़ता है, जिसमें पाँच-छह हज़ार रुपये तक खर्च हो जाते हैं तो हैरान होकर सोचता था कि मैंने कैसे पीएच-डी. कर ली कि जेब से पाँच रुपये भी खर्च नहीं हुए।

खैर बाद में 'विद्यावाचस्पति' नामक इस उपाधि का ऐसा भयंकर अवमूल्यन और अध:पतन हुआ कि उसके बारे में बात करना भी अपने मुँह का ज़ायका खराब कर लेने जैसा है। लेकिन मैं खुद भी इसकी कटु-कठोर चोटों से सर्वथा अछूता नहीं बच सका।

कुछ वर्ष बाद मेरे एक परिचित साहित्यकार—प्राध्यापक ने मुझे सूचित किया कि उनका एक छात्र उनके निर्देशन में 'स्वयं प्रकाश की कहानियों में जनचेतना' विषय पर पीएच-डी. करना चाहता है, रजिस्ट्रेशन हो चुका है, मैं अपने प्रकाशनों की अद्यतन सूची भेज दूँ और बताऊँ कि अपने बारे में और क्या आलोचनात्मक

सामग्री मुहैया करवा सकता हूँ। मैंने लिखा कि मुझे खुशी हुई कि उनके योग्य निर्देशन में कोई विद्यार्थी मेरे काम पर पीएच-डी. कर रहा है। आलोचनात्मक सामग्री तो जो मेरे पास है, मैं मुहैया करवा ही दूंगा, आप अपने शोधार्थी को सिनॉप्सिस के साथ मेरे पास भिजवा दीजिए।

शोधार्थी जो एक उच्चतर माध्यमिक विद्यालय में हिन्दी का अध्यापक था, दो घंटे मेरे ड्रॉइंग रूम में मेरे सामने बैठा रहा और दो घण्टे में वह अपनी पसन्द की मेरी दस हिन्दी कहानियाँ नहीं गिना पाया। मैंने उसे सलाह दी कि पहले वह मेरी कहानियाँ पढ़ ले, फिर हम लोग उन पर आपस में बात करेंगे। मैं उसकी जिज्ञासाओं का समाधान करता जाऊँगा, सहायक सामग्री भी सुझाता जाऊँगा और उसके अलावा भी वह कोई जानकारी चाहेगा तो दे दूँगा। उसने कसमसाते हुए बताया कि इतना पढ़ने का उसके पास समय नहीं है। संभवत: फरवरी में पदोन्नति के लिए राज्य सेवा आयोग के साक्षात्कार होने वाले हैं और वह चाहता है कि तब तक किसी भी तरह उसकी पीएच-डी. 'कम्प्लीट' हो जाए। मुझे उसकी इस बात से घोर निराशा हुई, लेकिन उसने इसकी कोई परवाह नहीं की और मेरे पैर छूकर—जिससे मैं और चिढ़ गया—चला गया।

इसके बाद मैंने उसे कभी नहीं देखा। बाद में पता चला कि उसकी पीएच-डी. न सिर्फ़ वांछित अवधि में 'कम्प्लीट' हो गयी थी बल्कि उसके आधार पर उसे व्याख्याता पद पर पदोन्नति भी मिल गयी थी। तब मुझे समझ में आया कि शोधार्थी को खिलाने-पिलाने पर पाँच-छह हज़ार क्यों खर्च करने पड़ते हैं। अनेक वर्ष बाद जब मैंने उसकी थीसिस देखी तो सिर पीट लिया। थीसिस बेहद व्यवस्थित और संतुलित थी, लेकिन उसका एक शब्द भी शोधार्थी का लिखा हुआ नहीं लग रहा था।

और पीएच-डी. प्रसंग का चरमबिन्दु मेरे जीवन में तब आया जब मेरा एक मित्र जो बैंक में काम करता था मुझ पर पीएच-डी. करने की तैयारी के साथ किसी दूर नगर से मेरे पास आया और साथ में गबन के आरोप में दो साल से निलम्बित एक अध्यापक को भी लाया जो पैसे लेकर दो महीने में उसकी थीसिस लिख देने वाला था। इस 'मित्र' को भी मैंने दोबारा कभी नहीं देखा। पीएच-डी. तो उन्हें मिल ही गयी होगी। लेकिन मैं यह क्या रोना लेकर बैठ गया। जब यहाँ भोपाल में एक उपकुलपति चोरी की पीएच-डी. का आरोपी है और कल ही जबलपुर हाईकोर्ट ने उसकी पीएच-डी. की उपाधि छीन लेने को उचित बताया है।

मैं हिन्दी के प्रोफ़ेसर और 'डॉक्टर साहबों' से जानना चाहूँगा कि क्या अंग्रेज़ी साहित्य में भी पीएच-डी. इसी तरह होती है?

माटी मटाल की दुनिया में

पहली बार तो सर्गीपल्ली मैं अकेला ही गया था।

मेरे पास तीन सामान थे। एक सन्दूक, एक बिस्तरा और एक कनस्तर जिसमें बत्तीवाले स्टोव से लेकर मोमबत्ती तक वह सब था जो मेरी पत्नी के अनुसार जीने के लिए ज़रूरी हो सकता था। झारसूगुड़ा तक तो कोई परेशानी नहीं हुई लेकिन सर्गीपल्ली वहाँ से पचपन किलोमीटर दूर था और जाने के लिए दिन में एक ही प्राइवेट बस थी जिसमें न सिर्फ़ यह कि आदमी, औरत भेड़-बकरी की तरह ठुँसे हुए थे, बल्कि कुछ लोग सचमुच की बकरियाँ लेकर चढ़े थे। कुछ टोकरियाँ भी थीं जिनमें मुर्गे-मुर्गियां थीं। रास्ते में अनेक गाँव थे और दूर-दूर तक धान के हरे-भरे खेत। हर गाँव के स्टॉप पर बस जैसे थककर खड़ी हो जाती। लोग चढ़ते-उतरते। फिर कोई कहता ज़रा रुको, अमुक साहब आ रहे हैं और बस अमुक साहब की प्रतीक्षा करने लगती। जब कंडक्टर-ड्राइवर का चायपान, ज़र्दा सेवन का कार्यक्रम पूरा हो जाता और अमुक साहब अब तक नहीं आए होते तो कंडक्टर पूछता कि क्या बात है भाई! अमुक साहब अभी आए नहीं। खबर देने वाला कहता, क्या पता! सुबह कह तो रहे थे कि आज सुन्दरगढ़ जाना है करके। हो सकता है मूड बदल गया हो। थोड़ी देर और देख लो, शायद आ जाएँ! बस थोड़ी देर और 'देखती', फिर ऊबकर चलने को होती कि दूर खेतों के बीच पगडंडी पर कोई साइकिल आती दिखाई देती, साइकिल सवार हवा में हाथ हिला रहा होता, बस का इंजन फिर बन्द कर दिया जाता। अमुक साहब और यह अमुक साहब कोई भी ठीक-ठाक सा सम्पन्न व्यक्ति हो सकता था, ज़रूरी नहीं कि बहुत सम्पन्न ज़मींदार टाइप ही हो, क्योंकि वे बस में क्यों चढ़ते? उनके पास तो जीप या मोटरसाइकिल होती! तो अमुक साहब आते, नमस्ते जुहार इत्यादि होती, उनकी साइकिल बस की छत पर चढ़ाई जाती, पान-वान खाया जाता, अमुक साहब बैठते और बस रवाना होती।

पचपन किलोमीटर पक्की सड़क पार करने में इस तरह छह घण्टे लगे और जब मैं सर्गीपल्ली के चौराहे पर उतरा, शाम के चार बजे रहे थे।

— ''लेकिन माइन्स यहाँ कहाँ!''

— ''क्यों? सर्गीपल्ली में ही तो है। कागज़ में तो यही लिखा है।''

— ''है! पर यहाँ से छह किलोमीटर दूर। और बीच में इच्छा नाला है जिसे नाव से पार करना होता है।''

— ''नाव से? और नाव कहाँ से मिलेगी?''

— ''घाट से''

— ''और घाट कहाँ है?''

— ''ऐसे चले जाओ सीधे-सीधे। पन्द्रह मिनट का रास्ता है। लेकिन जल्दी जाओ। अँधेरा हो जाने के बाद नाव चलनी बन्द हो जाएगी।''

— ''यहाँ कोई होटल-वोटल नहीं है?''

— ''यहाँ कहाँ होटल साहब! उसके लिए झारसूगुड़ा जाना पड़ेगा। लेकिन झारसूगुड़ा की बस तो सुबह ही जाएगी।''

अब समस्या यह थी कि मेरे पास तीन सामान थे। तीन सामान उठाकर मैं किसी भी तरह घाट तक नहीं जा सकता था। मैं यह भी नहीं कर सकता था कि तीन में से कोई एक सामान यहीं छोड़ दूँ या फेंक दूँ। फिर नाव तो सिर्फ़ नाला पार करा देगी। वहाँ से छह किलोमीटर तीन सामान लेकर कैसे जाऊँगा?

मैंने सोचा कि इस चायवाली झोंपड़ी के पास एकाध सामान छोड़ दूँ?

लेकिन पहले अपने पथप्रदर्शक से ही पूछा—''कोई सामान उठाने वाला मिलेगा क्या?''

''था तो सही एक बच्चा। लेकिन कहाँ चला गया कुछ ठीक नहीं। घर भी चला गया हो सकता है। देखता हूँ, मैं उधर ही जा रहा हूँ, कहीं देखा तो भेज दूँगा।''

और पथप्रदर्शक भी चला गया। मैं हतबुद्धि खड़ा हूँ सर्गीपल्ली गाँव के इकलौते चौराहे पर। अँधेरा हो रहा है और मुझे कुछ समझ में नहीं आ रहा कि क्या किया जाए। लेकिन डर नहीं लग रहा। घबराहट नहीं हो रही। पास ही चाय की झोंपड़ी में हालाँकि इस समय धुआँ भरा है, चूल्हा जल रहा है, भजिये बन रहे हैं, बैंचें, मेज़ें पड़ी हैं। न हुआ तो रात में इसी में कहीं बिस्तर बिछाकर पड़ जाऊँगा। भूख लगी तो भजिये खा लूँगा।

अचानक ख़याल आया, यदि माइन्स फ़ोन कर दूँ तो? सम्भव है कोई लेने आ जाए। एक पतलून-कमीज वाले से पूछा—''यहाँ कहीं टेलीफ़ोन है?'' उसने दाहिने-बायें ऊपर-नीचे आगे-पीछे देखा, मानो टेलीफ़ोन यहीं-कहीं पेड़ पर टँगा-या पिल्ले की तरह घूमता नज़र आ जाएगा। फिर बोला ''टेलीफ़ोन?'' मैंने कहा, ''हाँ टेलीफ़ोन!'' टेलीफ़ोन का अभिनय किया। उसने किसी को आवाज़ देकर बुलाया और उससे टेलीफ़ोन के बारे में ओड़िया में पूछा। दूसरे ने ओड़िया में उसे जो जवाब दिया उसे हिन्दी में अनूदित करते हुए पहले ने मुझे सूचना

दी कि इस गाँव में दो टेलीफ़ोन हैं। एक प्राथमिक स्वास्थ्य केन्द्र में और दूसरा बिरंची पटेल के घर जो भुवनेश्वर गया हुआ है। वैसे भी वह अपने टेलीफ़ोन से दूसरों को बात नहीं करने देता है।

— ''तो यहाँ किसी को बात करनी हो तो वह क्या करता है?''

— ''माइन्स जाता है या ऊजलपुर थाने।''

अब? माइन्स का कोई कर्मचारी, मज़दूर ही आता-जाता दिख जाए। चलो देखा जाएगा। आराम से पास की दूकान के ओटले पर बैठ गया और सिगरेट पीने लगा।

कुछ देर हुई थी कि एक बलिष्ठ, नाटा-सा नंगे बदन नौजवान मेरे पास आया और मुस्कुराकर उसने मुझे नमस्कार किया।

मैंने चकित भाव से नमस्कार का जवाब दिया। यह मुझे कोई और तो नहीं समझ रहा? नमस्कार के बाद बातचीत का सिलसिला चला ही नहीं। मैं चुपचाप सिगरेट पीता रहा, वह चुपचाप खड़ा मुस्कुराता रहा। जब वह टला नहीं तो मैंने प्रश्नसूचक भाव से उसे देखा। मानो पूछ रहा होऊँ—''क्या चाहिए?''

वह बोला—''माइन्स जाना है?''

मैंने तुरन्त कहा—''हाँ, हाँ जाना है। तुम सामान ले लोगे?''

— ''हाँ।'' भावशून्य मुस्कुराहट के साथ उसने कहा। पीछे मुड़ा और एक गली में चला गया।

क्या हुआ? यह क्या हुआ? उस आदमी ने इस आदमी को भेजा, उसने पूछा भी, तो फिर चला क्यों गया?

लौटा। लौटा तो रस्सी के छींकोंवाली एक काँवड़ लेकर। काँवड़ बिछाई। एक तरफ़ सन्दूक रखा, दूसरी तरफ़ बिस्तर और कनस्तर और झूलता-झूलता तेज़ कदमों से चल पड़ा। मैं पीछे-पीछे। जैसे फ़िल्मों में। बस ज़रा-सी कसर थी। पार्श्व संगीत के रूप में मोरचंग या मृदंग नहीं बज रहा था।

घाट पर पहुँचे तो नाव छूटने ही वाली थी। जवान ने मेरा सामान नाव में रखा, हाथ पकड़कर मुझे भी खींचा। हम दोनों नाव में पास-पास खड़े हो गए। नाव में सब खड़े ही थे। मैंने देखा सामान और सवारियों से नाव इतनी भारी हो चुकी है कि पानी करीब-करीब नाव की किनोर तक आ रहा है। ऐसे में कोई ज़रा टेढ़ा-मेढ़ा पाँव भी रख देगा तो नाव को उलटते देर नहीं लगेगी। मैं साँस रोके खड़ा था। यह एक पुरानी, बड़ी, जर्जर-सी नाव थी जिसे एक बड़े-से बाँस की मदद से ठेला जाता था। माँझी की आँखें लाल सुर्ख थीं। नाव में टिन के डिब्बे लिये दो बच्चे भी बैठे हुए थे जिनका काम यह था कि सूराखों-संधों से लगातार नाव में आ रहे पानी को बाहर उलीचते रहें।

पूरी नाव भर गई तो नाव चली। धारा के बीच तक बहाव के साथ आई और फिर बहाव के विपरीत दूसरे किनारे की तरफ़ ठेली जाने लगी। बहाव तेज़ था। हवा भी चल रही थी। दूसरे किनारे तक नाव के पहुँचते-पहुँचते पानी बरसने लगा। जिनके पास छतरी थी उन्होंने छतरी खोल ली। जो प्लास्टिक ओढ़े थे उन्हें कुछ फ़र्क नहीं पड़ा। मैं और जवान भीगने के सिवा क्या कर सकते थे?

नाव से उतरकर फिर झूलती काँवड़ पर फुदकता तेज़ गति जवान और उसका पीछा करता मैं। धान के खेतों की मेड़ से होते-होते बीस एक मिनट चल लिए तो सामने अनेक पक्की इमारतें नज़र आने लगीं। था वहाँ सब कुछ। एक सुसज्जित गेस्ट हाउस। मेरे पहुँचने की सूचना और आरामदेह बिस्तर। हिन्दी बोलने-समझने वाले लोग और जैसी भी सही पर रोटी भी।

काँवड़ वाले भैया ने सिर्फ़ दस रुपए लिए। मेरी समझ से कम-से-कम पचास लेने चाहिए थे।

~

और इसी इच्छा नाला में हम एक बार डूबते-डूबते बचे थे।

यह तीन साल बाद की बात है।

मैं, मेरी पत्नी और मेरी छोटी बहन अजमेर से साथ-साथ आए थे। बरसात के दिन थे। झारसूगड़ा पहुँचते-पहुँचते शाम के पाँच बज गए थे। मेरे सामने दो विकल्प थे। या तो होटल में कमरा लेकर रात को यहीं रुक जाऊँ या चले चलूँ। मैंने चलने का ही निश्चय किया। बहन साथ है। क्या पता उसे यहाँ का होटल और खाना पसन्द आए ना आए। उसके पति जमशेदपुर में डॉक्टर थे। दो साल की बच्ची साथ में थी। मेरी बच्ची भी इतनी ही बड़ी होगी। छोटे बच्चों के साथ यहाँ कहाँ पड़े रहेंगे। चलते हैं। होशियारी मैंने यह की कि कार टैक्सी की बजाय जीप टैक्सी किराए पर ली। पीछे सामान रखा और आगे हम तीनों बैठ गए। ''चलो भाई, अब घर चलकर ही आराम करेंगे।''

लेकिन सर्गीपल्ली पहुँचते-पहुँचते घुप्प अँधेरा हो गया और बरसात भी होने लगी। अब फिर सामने इच्छा नाला था जो किसी नदी की तरह उफ़न रहा था। पिछले दो साल में मैं कितनी ही बार उसे पैदल पार कर चुका था। जानता था कि कहीं भी कमर से ज़्यादा पानी नहीं है इसलिए ड्राइवर को जोश दिलाकर जीप पानी में डाल देने के लिए राज़ी कर लिया। लेकिन दुर्भाग्य से ठीक जीप के ही रास्ते में बीच धारा में पानी के नीचे पता नहीं कैसे एक बड़ा-सा गड्ढा बन

गया था। उसे देखना क्या, उसका अनुमान लगाना भी असम्भव था, जब तक कि पतलून उतारकर नाला पैदल पार नहीं किया जाता। जो कि न मैंने किया न ड्राइवर ने। नतीजा यह हुआ कि बीच धारा तक पहुँचकर जीप का अगला हिस्सा गड्ढे में धँस गया और हम पैंतालीस डिग्री के कोण पर आगे की तरफ़ झूलने लगे। गीयर ने काम करना बन्द कर दिया। पहले पानी में डूबी हैडलाइट बन्द हुई, फिर जीप का इंजन। अब हम थे, घुप्प अँधेरी रात, तड़ातड़ बरसात और बीच धार पानी में फँसी जीप। मेरी पत्नी और बहन के कंधों तक पानी आ गया था। दोनों ने अपनी-अपनी बच्चियों को कंधों पर बैठा रखा था। जीप के अड़ जाने से दाहिनी तरफ़ से पानी का स्तर बढ़ता जा रहा था। मैंने बहन की बच्ची को गोद में लिया, बहन का हाथ पकड़कर उसे जीप से बाहर उतारा...जीप की बॉडी पकड़कर पीछे तक लाया...और फिर वहाँ से धीमे-धीमे पाँव सरकाते हुए और गिरने से बचते हुए हम दोनों किनारे तक आए। बच्ची को बहन की गोद में दिया, बहन का हाथ ड्राइवर को पकड़वाया और वापस जीप की तरफ़ जाने के लिए पानी में धँसा।

बच्ची को गोद में लिया, पत्नी को हाथ पकड़कर बाहर निकाला कि उन्होंने कहा कि उनकी साड़ी किसी चीज़ में फँस गई है। छुड़ाने की कोशिश वह कर रही थीं, लेकिन तेज़ बहते पानी में खड़े होकर एक हाथ से साड़ी छुड़ाना कठिन था। मैंने कहा—"फाड़ दो।" पर फाड़ें भी कैसे? मेरे एक हाथ में बच्ची थी। मैंने दूसरे हाथ से पत्नी की कमर पकड़ी और कहा कि छुड़ा लो या फाड़ दो या उतार दो। इस समय मैं लगभग अधर में था, पैरों के नीचे से तेज़ गति से पानी निकल रहा था और किसी भी पल मैं, पत्नी और बच्ची को लेकर पानी में गिर सकता था। सिर्फ़ दृढ़ इच्छाशक्ति ने बचाए रखा।

ड्राइवर सामान निकाल रहा था। अब तक हमारा काफ़ी सामान बह चुका था। बहता दिखाई भी दे रहा था। खाने की टोकरी, थर्मस फ़्लास्क, दूध का डिब्बा, बच्चों के कपड़ों की थैली, दूध की बोतल, जूते, प्लास्टिक का बैग, पर्स।

पानी भर जाने से अटैचियाँ मन-मन भर भारी हो गईं थीं। बड़ी मुश्किल से चार-पाँच चक्कर में हम उन्हें खींच-खींचकर बाहर और किनारे तक लाए।

बारिश तेज़ हो गई थी। बादल ज़ोर-ज़ोर से गरज रहे थे। बिजली चमक रही थी और चारों तरफ़ घुप्प अँधेरे के सिवा कुछ नज़र नहीं आ रहा था। मुझे कुछ समझ में नहीं आ रहा था कि सामान...बहन...पत्नी...और उनकी गोदी में दाँत किटकिटाते भीगते बच्चों को लेकर अब मैं कहाँ जाऊँ...क्या करूँ? जब कुछ समझ में नहीं आया तो मैं फेफड़ों की पूरी ताकत से चीखा—"कोई है? हमारी मदद करो। हम पानी में फँस गए हैं। कोई है? कोई है?"

कोई नहीं था। दूर-दूर तक कोई नहीं था। पूरी सृष्टि में सिर्फ़ हम थे। और बरसात और ज़्यादा तूफ़ानी हो गयी थी।

नहीं, मैंने गलत कहा था। कोई था। उस घुप्प अँधेरी बरसाती रात में भी कोई था जो हम मुसीबत में फँसे हुए लोगों का आर्त्तनाद सुन रहा था। अविश्वनीय! लेकिन सच!

लगभग पन्द्रह मिनट हम इसी तरह किंकर्तव्यविमूढ़ उफ़नती इच्छा नदी के किनारे अँधेरे में भीगते खड़े रहे। अभी मैं सोच ही रहा था कि पीछे सर्गीपल्ली गाँव जाकर किसी को मदद के लिए लेकर आऊँ कि कोई दो फलाँग दूर एक पहाड़ी से चार-पाँच जुगनू उतरते हुए दिखाई दिए। यह ठीक ऐसा था जैसे अन्तरिक्ष के निचाट अकेलेपन में किसी और ग्रह से उतरते कुछ प्राणी दिखाई दे जाएँ। आँखें मसलकर देखा। हाँ—चार, पाँच टॉर्च हैं। कोई आ रहा है। किसी ने सुन ली है। ''कोई है!!'' मैं एक बार फिर चिल्लाया ताकि उन्हें ठीक अनुमान हो जाए कि हम कहाँ हैं।

थोड़ी ही दूर इच्छा नदी पर पुल बन रहा था। पिलर सिंक हो रहे थे। वहाँ साइट इंजीनियर एक वृद्ध व्यक्ति थे—महापात्र। अपनी लेबर के साथ झोपड़ियाँ बनाकर रहते थे। कई लोग टेंट में भी। दिन भर की मेहनत के बाद शाम के समय लोग साथ बैठकर खाते-पीते थे। ट्रांज़िस्टर सुनते थे। किस्से सुनते-सुनाते थे। ताश खेलते थे। बीड़ियाँ धूँकते थे।

हमारे लिए तो महापात्र अपने साथियों के साथ किसी देवदूत की तरह ही आए थे। वे हमारे हाथ पकड़कर हमें अपनी झोंपड़ियों में ले गए। हमारा बचा-खुचा सामान उठवाकर लाए। हमें हाथ-पाँव सिर पोंछने के लिए अपने तौलिए दिए। एक महिला किसी बच्चे के दो बड़े-बड़े फ्रॉक ले आई-''बच्चों को पहना दो बदलकर, नहीं तो ताप आ जाएगा।'' उन्होंने हमें चाय पिलाई, बिस्कुट खिलाए. साइकिल पर आदमी भेजकर माइन्स खबर करवाई। ऐसे देवदूत को कोई कभी भूल सकता है? क्या मैं महापात्र बाबू का दयालु चेहरा मरते दम तक भूल सकता हूँ?

अगर इस दुनिया में सौ-दो सौ महापात्र बाबू भी हैं, तो इससे अच्छी जगह और कहाँ हो सकती है?

और क्या तुम्हारी ज़िन्दगी में कभी कोई महापात्र बाबू नहीं आए?

और छाती पर हाथ रखकर बताना। इतने बरस जी लिए। क्या तुम कभी किसी के लिए महापात्र बाबू बनकर पहुँचे?

~

पाँच सौ टन प्रतिदिन की क्षमता वाली उस सीसे की खान में कुल तीन सौ कर्मचारी थे जिनमें हिन्दी भाषियों की संख्या मात्र पच्चीस थी। बाकी सारे कर्मचारी ओड़िया नहीं थे। अधिकांश ओड़िया थे लेकिन अनेक बंगाली भी थे। तमिल भाषी भी थे। कुछेक पंजाबी, मराठी और एकाध कश्मीरी और असमिया भी थे। बाँग्ला भाषियों को ओड़ियावालों के साथ घुलने-मिलने में ज़्यादा परेशानी नहीं होती थी। उनका खानपान, रहन-सहन, वार-त्यौहार, रीत-रस्म काफ़ी मिलते-जुलते थे। ये बात और है कि वे ओड़िया लोगों को अपने से कुछ नीचा समझते थे और अपने में ही मस्त रहते थे। हालाँकि काम की जगह पर और खासकर ज़मीन के नीचे, जिसे अंडरग्राउंड या खाड़ी कहा जाता था—वहाँ कोई ऊँच-नीच नहीं चलती थी। न भाषा की, न वर्ग की, न ओहदे की। वह एक जहाज़ की तरह था जो अगर डूबता तो सब मरते।

इन सब विभिन्न भाषा-भाषियों में एक बात समान थी, हिन्दीवालों के प्रति उनमें कोई स्वागत भाव नहीं था। बल्कि साफ़ कहें तो एक प्रकार का प्रच्छन्न शत्रु भाव ही था। मैं बिलकुल नहीं समझ पाया कि क्यों? मुझे पहुँचे पन्द्रह दिन हो गए थे और तब भी मेरी किसी के साथ मित्रता नहीं हुई थी। किसी ने मुझे चाय तक पीने के लिए पास नहीं बुलाया था। हिन्दी भाषियों ने भी नहीं। यहाँ तक कि गेस्ट हाउस में काम करने वाले तीन बन्दे भी मुझे देखकर मुस्कराते तक नहीं थे। मैं उनके सामने बैठा होता और वे आपस में ओड़िया में बातें करते रहते मेरे ही बारे में। मैं पूछता कि क्या बात है तो वे टाल जाते, इधर-उधर हो जाते या बात बनाने लगते। मैं समझ जाता पर चुप रहता। किसी का दिल कोई खाली मकान नहीं जिस पर दादागिरी से कब्ज़ा कर लिया जाए। मैं रह-रहकर सोचता कि क्या अनजाने में मुझसे कोई ऐसी हरकत तो नहीं हो गई जिसका इन लोगों को बुरा लग रहा हो! कुछ समझ में नहीं आता।

अक्सर तो गेस्ट हाउस में मैं अकेला ही गेस्ट होता। सिर्फ़ मेरे लिए उन्हें आकर सुबह-सुबह चाय बनानी पड़ती, मेरे भोजन के लिए दोपहर तक रुकना पड़ता और मेरे ही खाने के लिए रात को फिर आना पड़ता। शाम की चाय अक्सर मुझे नहीं मिलती। दफ़्तर से लौटने के बाद आठ कमरों और तीन डाइनिंग हॉल वाले उस गेस्ट हाउस में मैं अकेला जीव होता। छुट्टी के दिन तो मैं सुबह से रात तक अकेला ही अकेला होता। ऊबता तो आस-पास थोड़ा बहुत घूम आता। आस-पास जंगल ही जंगल। कुछ दूर तीन कॉलोनियाँ। लेकिन हर दरवाज़ा बन्द। न कोई बाज़ार न दूकान, न क्लब, न ढाबा, न चाय का खोखा। यहाँ तक कि कोई कुत्ता तक नहीं। गाय नहीं। बकरी नहीं। चिड़ियाएँ तक नहीं।

सिर्फ़ नि:शब्द चुप्पी। पथराया हुआ सन्नाटा। जीव-जगत के नाम पर छोटी-बड़ी तितलियाँ...यदा-कदा ततैये...चींटियाँ...गिरगिट...लम्बी पूँछवाली चिकनी-डरावनी नागर ब्राह्मणी। सब चुपचाप अपने-अपने काम में व्यस्त। सिर्फ़ ततैये कभी-कभी आवाज़ करते। मैं निरन्तर, घण्टों उन्हें देखता रहता...उनकी आवाज़ को पीता रहता। अकेला गुनगुनाता या बड़बड़ाता रहता। फिर ऊबकर, थककर, चिढ़कर चुप हो जाता। इस कदर सन्नाटे में नींद भी नहीं आती।

साथ में एक किताब लाया था। हेली का उपन्यास *रुट्स*। उसे दो बार पढ़ लिया। गेस्ट हाउस में ओड़िया और अंग्रेज़ी का एक-एक समाचार पत्र आता था। दिल्ली से चला अंग्रेज़ी अखबार तीसरे दिन पहुँचता था। पर चूँकि गेस्ट हाउस में अक्सर कोई गेस्ट नहीं होता था, इसलिए अखबारवाला—जो बाईस किलोमीटर दूर सुन्दरगढ़ से रोज़ साइकिल चलाकर आता था—ये अखबार जूनियर पर्सनल ऑफ़िसर नायर साहब के घर दे जाता था। रेडियो, टीवी, टेलीफ़ोन जैसी कोई चीज़ नहीं थी। मैंने एक दिन एक जगह गेस्ट हाउस की रद्दी पा ली थी, लेकिन उसमें भी सारे अखबार, सारी पत्रिकाएँ सिर्फ़ ओड़िया की थीं। और ओड़िया मुझे आती नहीं थी। सिखाने वाला भी कोई नहीं था। ओड़िया के गोल-गोल अक्षरों से कुछ अन्दाज़ा नहीं लगता था।

मैंने सोचा कि कुछ लिखूँ। लेकिन आदत ऐसी थी कि लिखते समय थोड़ी-थोड़ी देर में चाय पीने की इच्छा होती थी। वहाँ चाय कौन पिलाता?

जंगल में हथेली बराबर के काले-काले बिच्छू थे। बहुत बार रास्ते में छोटे-बड़े साँप मिल जाते थे। खासकर शाम के बाद। मेंढक बड़े अजीब से थे। लम्बे, पीले, चिकने और चमकदार। जैसे किसी सामान्य मेंढक को खींच-तानकर अँगड़ाई लेते चीते की तरह लम्बा कर दिया गया हो। और ये मेंढक छिपकली की तरह दीवारों पर चढ़ जाते। और हफ़्तों वहीं अचल बैठे रहते। बहुत तरह के टिड्डे, ग्रास-हॉपर्स और अजीब-अजीब तरह के कीड़े, जैसे मैंने पहले कभी नहीं देखे, नाम जानना तो दूर की बात है। बगुले भी तरह-तरह के देखने में आते और वे भी कुछ कहे-सुने बगैर चुपचाप आते और चले जाते। जुगनू तो हज़ारों-लाखों की संख्या में थे। धान के खेत के बीच खड़ा कोई-कोई पेड़ तो रात में जुगनू का पेड़ ही लगता। पर उनकी इतनी गतिविधि भी नि:शब्द ही रहती। उफ! कोई बोलो! कुछ तो बोलो।

बस्ती में भी निकलता तो कोई आवाज़ नहीं मिलती। लोग घरों में बन्द। घरों के दरवाज़े बन्द। खिड़कियाँ भी बन्द। न किसी की हँसी...न सब्ज़ी छौंकने की आवाज़, न चूड़ियों की खनखनाहट, न किसी बच्चे का रोना, न किसी लड़की

का पाठ याद करना...न किसी बुज़ुर्ग की खाँसी!

और आसमान धरती से भी ज़्यादा चुप। इतना चाँद, इतनी चाँदनी इतनी नज़दीक और इतनी बुरी तरह अपने आस-पास और ऊपर मैंने पहले कभी नहीं देखी थी। जैसे यह कोई और अभिशप्त लोक था जिसमें मैं फेंक दिया गया था। जहाँ मेरी स्मृतियाँ आते हुए हिचकती थीं, आ जाएँ तो सहमी हुई रहती थीं और जल्दी-से-जल्दी खिसक लेने की फ़िराक में लगती थीं।

कुछ ही दिन बाद दिवाली आई।

लेकिन दीवाली ओड़िया लोगों का त्यौहार नहीं। बंगालियों का भी नहीं। तमिल, तेलुगु, कन्नड़, मलयालमभाषियों का भी नहीं। माइन्स में तो वैसे भी कभी छुट्टी नहीं होती। ज़मीन में चट्टानों से रिसते पानी को लगातार बाहर फेंकते रहने के लिए पम्प चलते रहते हैं। हैडलाइट की बैटरियाँ चार्ज होती रहती हैं। ड्रिलिंग, मकिंग, डम्पिंग, हॉलिंग सारी क्रियाएँ चलती रहती हैं। तो कैन्टीन भी चलती रहती है।

दीवाली की शाम मेनलाइन का ट्रान्सफ़ॉर्मर जल गया। तीनों कॉलोनियों में घुप्प अँधेरा हो गया। घरों के भीतर मोमबत्तियाँ जल रही होंगी, लेकिन कई लोग लगता था बेकार जागते रहने की बजाय जल्दी-जल्दी कुछ भी खा-पीकर सो चुके थे। किसी दरवाज़े, खिड़की, छज्जे, बारजे पर एक भी दीपक नहीं जल रहा था। आसमान में भी घुप्प अँधेरी रात थी। आतिशबाज़ी पटाखे स्मृति में थे। मैं जैसे भारत में नहीं, किसी और देश में था। बिलकुल ऐसा ही तो महसूस होता होगा उन्हें जो आजीविका के लिए अपना घर-बार और देश छोड़कर दक्षिण अफ्रीका या जाम्बिया या घाना या मॉरीशस चले गए थे। या जो नॉर्वे, स्वीडन, ताइवान या मलेशिया में रहते हैं। नहीं, मैंने गलत कहा। छोटी ही सही, प्रवासियों और शरणार्थियों की भी अपनी एक बिरादरी होती है।

मैंने तय किया कि मैं भी यहाँ और यहीं एक जीवित और जीवन्त दुनिया बसाकर ही रहूँगा।

~

यहाँ मैं आया था अहिन्दीभाषी कर्मचारियों को हिन्दी पढ़ाने और मैं पहला व्यक्ति था जो इस काम के लिए यहाँ आया था। मुझे अनेक लोगों ने समझाया था कि यहीं राजस्थान में घर के पास नियुक्ति माँग लो, तुम्हारा तो हो भी जाएगा। लेकिन मैं तो ज़िद करके ओडिशा आया था। ठीक है, ओडिशा भी अपने देश का एक

भाग है। इसे भी देखना चाहिए। मौका मिले तो ज़रूर।

प्रशासनिक भवन की इमारत काफ़ी बड़ी थी। मैं जहाँ चाहे दफ़्तर बना सकता था। फ़र्नीचर, फ़िक्सचर, स्टेशनरी किसी चीज़ की कोई कमी नहीं थी। और तो और, हिन्दी का एक टाइपराइटर भी था। उसे मैंने ही खुलवाया। एक किताबों का बड़ा-सा पार्सल भी था। पुस्तकालय के लिए हिन्दी की पुस्तकें जो प्रधान कार्यालय ने खरीदकर भेजी थीं और जो साल भर से पार्सल में बन्द पड़ी थीं। सहायक का एक पद भी था। पैसा था जितना चाहिए। गाड़ियाँ थीं जहाँ मैं जाना चाहूँ। अब सब कुछ मेरे हाथ में था।

कर्मचारियों में एक कौतुक भाव था। अच्छा? ऐसा भी होता है? इंडस्ट्री में कोई ऐसा अधिकारी भी होता है जो न अंडरग्राउंड जाएगा न कोई मशीन चलाएगा न उत्पादन में और किसी रूप में सहायक होगा, बल्कि जो सिर्फ़ लोगों को हिन्दी पढ़ाएगा? फिर वह स्कूल या यूनिवर्सिटी में क्यों नहीं है? फिर तो उसे वहीं होना चाहिए।

अधिकारियों में विरोधभाव। हर महीने कॉस्ट शीट बनाएँगे तो इसका खर्चा कहाँ दिखाएँगे? हैड ऑफ़िस वाले भी क्या-क्या फ़ालतू के आदमी भेज देते हैं। एकाध ने महाप्रबन्धक से कहा भी कि हिन्दी कितनी देर पढ़ाएगा? बाकी समय टाइम ऑफ़िस में ड्यूटी लगाइए इसकी। मज़दूरों की हाज़री लेगा। चिट्ठियाँ टाइप करेगा हमारी बैठे-बैठे। मेन पॉवर का ऑप्टिमम यूटिलाइज़ेशन तो होना ही चाहिए।

हिन्दी शिक्षण की बात शुरू हुई। हर तरफ़ कौतुक और कोलाहल। सुना दासबाबू? कॉपी-पेन भी ये देंगे, किताब भी ये देंगे, कार्यालय समय में ही कक्षा लगाएंगे, चाय-नाश्ता भी कराएँगे, अपने खर्चे पर हमें कलकत्ता ले जाएँगे परीक्षा दिलवाने, ठहराएँगे, खिलाएँगे, पिलाएँगे और हम पास हो गए तो एक अतिरिक्त वार्षिक वेतनवृद्धि भी देंगे और पदोन्नति के समय भी जिसे हिन्दी आती होगी उसे प्राथमिकता देंगे, तो इतना सब क्यों कर रहे हैं ये? हिन्दी के लिए इतना सब क्यों किया जा रहा है? हिन्दी में ऐसा क्या खास है? क्या उसमें वेद-पुराण हैं? कोई इतिहास दर्शन हैं? और हिन्दी के लिए इतना करना है तो ओड़िया के लिए क्यों नहीं? ओड़िया सीखने वाले को इंक्रीमेण्ट, प्रमोशन क्यों नहीं मिलेगा? हिन्दी हमारी राष्ट्रभाषा है इसलिए,? किसने उसे राष्ट्रभाषा बनाया? क्या सबसे पूछकर बनाया था? हमसे पूछा था? सम्पर्क भाषा ही कोई चाहिए तो अंग्रेज़ी क्यों नहीं? उसमें क्या खराबी है? उसमें तो अंतर्राष्ट्रीय सम्पर्क भी हो जाएगा। ये अच्छी चतुराई है। अपनी भाषा को राष्ट्रभाषा बना लिया। आप और आपके बच्चे तो फ़ायदे में रहे फिर।

किसकी भाषा है हिन्दी? क्या उन्हीं की नहीं जो लोटा-डोर लेकर आए थे और हमारे देश के पूरे व्यापार वाणिज्य पर कब्ज़ा करके बैठे हैं? जिनके झारसूगुड़ा जैसी छोटी-सी जगह में तीन सौ घर हैं। जो अपने नाई, धोबी, तेली, रसोइया, दाई, पुजारी भी अपने मुलुक से लेकर आए हैं। जो कमाते यहाँ हैं और स्कूल, कॉलेज, प्याऊ, धर्मशाला, मन्दिर वहाँ अपने मुलुक में बनवाते हैं। जिनकी हर गाँव, कस्बे में पॉन ब्रोकर की दूकान है जो बर्तन से पुराने ब्लेड तक सब गिरवी रख लेते हैं। जिन्होंने राष्ट्रीय राजनीति पर पचास साल से छलपूर्वक कब्ज़ा कर रखा है। जो हमारी धरती से रूपा सोना खोदकर ले जा रहे हैं, लेकिन स्मेल्टर यहाँ नहीं लगा रहे हैं, जब माइन्स में माल खत्म हो जाएगा, ये हमारी धरती को पोला करके वापस भाग जाएँगे। बस हो गया। इनसे बोलो माफ़ करो बाबा! और इन्हें लोटा-डोर देकर वापस भेजो।

तो यह था मैं, तो क्यों होता स्वागत भाव मेरे लिए? तो इसलिए था वह प्रच्छन्न शत्रु भाव जो हरेक की आँखों से झाँक रहा था।

...नहीं। नहीं सीखेंगे हम हिन्दी। हम हिन्दी सिर्फ़ तभी सीखेंगे जब आप लोग ओड़िया सीखेंगे और उसकी कक्षाएँ भी कार्यालय समय में ही लगनी चाहिए।

इसका तो कोई प्रावधान नहीं था। मैंने महाप्रबन्धक से बात की। क्या किया जाए? मैंने कहा कि प्रावधानों को छोड़िये। अधिकारीगण थोड़ी बहुत ओड़िया जानेंगे तो श्रम सम्बन्धों के लिए लाभप्रद होगा या नहीं? मैं डाकतार विभाग की तेरह साल की नौकरी छोड़कर आया था। इससे पहले फ़िल्म इंडस्ट्री और भारतीय नौसेना में भी रह चुका था। महाप्रबन्धक नौजवान आदमी थे। उन्हें मेरी अक्ल, अनुभव और नीयत पर भरोसा था, पर उन्हें मैं बहुत मुश्किल से राज़ी कर पाया।

ऐसा ही झगड़ा हिन्दी दिवस मनाने को लेकर खड़ा किया गया। हिन्दी दिवस तब मनाने देंगे जब आप महाकवि उपेन्द्रनाथ भंज की जयंती मनाएँगे। ठीक है। कोई किताब महाकवि भंज की? कोई उनके बारे में कुछ जानने वाला? उनका कोई चित्र? ओड़िया भाषा-साहित्य के पाठ्यक्रम में उनके बारे में कुछ? सम्भलपुर से बमुश्किल किसी को बुलवाया गया महाकवि उपेन्द्रनाथ भंज पर बोलने के लिए। श्रोताओं की संख्या कुल पाँच।

मुझे लगा कि यह हिन्दी के प्रति शत्रुता नहीं है, अपनी भाषा के लिए प्रेम की ही एक विकृत अभिव्यक्ति है। अपनी भाषा के लिए कुछ नहीं कर पाने की कुण्ठा है। अपने प्रदेश को भारतीय राजनीति में एक असरकारक शक्ति नहीं बना पाने की ही पीड़ा है। अपने ही गोत्र के राजनेताओं द्वारा निरन्तर ठगे जाने से उपजा खिसियानापन है। गुमशुदा होते चले जाने की गुम चोट और ठहरा हुआ

गुस्सा है जिसे खुद पता नहीं कि वह कहाँ से फूटेगा।

कक्षाओं में भाषाओं की यह जंग और भी रोचक रूप ले रही थी।

क्यों? क्यों लेकिन? किस तर्क से? अगर 'ट्रक आता है' ठीक है तो 'बस आता है' क्यों गलत है? 'राम खाता है' सही है तो 'पिताजी खाता है' में क्या प्रॉब्लम है? नींद आती है, उबासी आती है, सुस्ती आती है, डकार आती है तो गुस्सा आता है क्यों? लड़के जाते हैं, लड़कियाँ जाती हैं तो लड़के-लड़कियाँ जाते हैं क्यों? हम कहते हैं गाय-भैंस आता है तो आप हँसते क्यों हैं? एक दफ़ा को एक दफ़ा कह दिया, कई बार को कई दफ़ा कह दिया, तो इन्दिराजी ने दफ़ा-दफ़ा यह बात कही है इसे कैसे गलत बोलेगा? हिन्दी में क्लीव लिंग क्यों नहीं हैं? किस तर्क से कोई बेजान चीज़ स्त्रीलिंग तो कोई पुल्लिंग हो जाती है? और संज्ञा के अनुरूप क्रियारूप भी बदल लेते हैं? और तो और विदेशी शब्दों का भी आप अपनी इच्छा से लिंग निर्धारण कर लेते हैं, यह तो कोई अच्छा व्याकरण नहीं हुआ। हम जिन भाषाओं से परिचित हैं—संस्कृत, बाँग्ला, ओड़िया उनमें तो ऐसी नियमहीनता नहीं है।

और माफ़ कीजिएगा आप अपने मुँह से इसे चाहे जितना वैज्ञानिक कह लें, सच तो यह कि आपकी लिपि भी निर्दोष नहीं है। आपके यहाँ वर्तनी और उच्चारण में एकरूपता नहीं है। लिखते हैं 'आमदनी' और बोलते हैं 'आम दनी', लिखते हैं 'सरकार' और बोलते हैं 'सर्कार', लिखते हैं 'उपन्यास' और बोलते हैं 'उपन्न्यास', लिखते हैं 'हाथ' और बोलते हैं 'हात', लिखते हैं 'वगैरह' और बोलते हैं 'वगैरा'।

उधर ओड़िया की कक्षा में इससे भी ज़्यादा तमाशे होते।

ओड़िया पढ़ाने का ज़िम्मा सौंपा गया था आई.आई.टी. खड़गपुर में पढ़े एक ओड़िया भूविज्ञानी श्री लम्बोदर महारणा को जिन्हें अधिकांश गैर ओड़िया भाषी 'महाराणा' कहते थे। दोपहर में चार से पाँच उनकी कक्षा होती थीं। पहले ही दिन उन्होंने सबसे पूछा कि आपने खाने में क्या खाया? अधिकांश 'छात्रों' ने कहा—दाल, चावल। इस पर महारणा जी बोले—ओड़िया भाषी लोग कभी चावल नहीं खाते। कोई बच्चा या मुर्गा यदा-कदा दो-चार खा ले तो और बात है, पर हम भोजन में चावल कभी नहीं खाते। हम भात खाते हैं।

इसके बाद उन्होंने बोर्ड पर एक शब्द लिखा—'कटक' और पूरी कक्षा से पढ़वाया। सबने पढ़ा—'कटक'। फिर उन्होंने अन्तिम क में हलन्त लगाकर फिर सबसे पढ़वाया। सबने कहा—'कटक'।

महारणा जी बोले—''आप ओड़िया सीखने को इच्छुक हुए, इसके लिए मैं आपका स्वागत करता हूँ, तो अब यह विशेषता जान लीजिए कि ओड़िया में

जैसा लिखते हैं वैसा ही बोलते हैं। ओड़िया एक सीनियर माने बड़ी और व्याकरण निष्ठ भाषा है। धन्यवाद।''

यह सब ठीक वैसे हो रहा था जैसे बचपन में हम अपनी कक्षा में कहा करते थे कि जब बी.यू.टी 'बट' होता है तो पी.यू.टी 'पट' क्यों नहीं होता? या जब टी.ओ 'टू' होता है तो जी.ओ 'गू' क्यों नहीं होता? मैं समझ रहा था कि यह सब इसलिए ही है क्योंकि मैं इनका दोस्त नहीं हूँ। अर्थात् अभी मैं इनका दोस्त नहीं हूँ। थोड़ा-बहुत साथ खाएँगे-पियेंगे, लतीफ़े वगैरह सुनाएँगे, गाने-वाने गाएँगे... इन्हें मैं दोस्ती के लायक लगने लगूँगा...फिर जैसे ही इन्हें यकीन हो जाएगा कि मैं इनका कुछ छीनने या बिगाड़ने नहीं, देने और सँवारने आया हूँ...बचकाना तर्क पर खड़े ये सारे सवाल अपने आप तिरोहित हो जाएँगे।

लेकिन इतना ज़रूर था कि तथाकथित राष्ट्रभाषा प्रेमियों और राष्ट्रभाषा सेवकों ने इतने सारे वर्षों में भाषा के प्रश्न पर जैसा रायता फ़ैला रखा था और राष्ट्रभाषा को राजभाषा बनवाकर जैसी साम्राज्यवादी धारणा बना ली थी...उसकी सज़ा और खामियाज़ा तो मुझे भुगतना ही था। खुद राजभाषा विभाग के अधिकारी इतने फूहड़, अनपढ़, दम्भी और मानव मनोविज्ञान से कोरे थे कि उनके हाथ के नीचे काम करना, उनकी सही-गलत फरमाइशें पूरी करना, उनकी झूठे आँकड़ेबाज़ी के खेल में बेमन से ही सही पर शरीक होना किसी सज़ा से कम नहीं था। ताज्जुब और अफ़सोस तो इस बात पर भी होता था कि राजभाषा विभाग गृह मंत्रालय के अंतर्गत क्यों है? क्या भाषा और उस पर राजभाषा सरकार की नज़र में लॉ एण्ड ऑर्डर का मामला है? मन में यह सवाल भी उठता था कि मंत्रालयों की राजभाषा सलाहकार समितियों में अक्सर भोंदू किस्म के नेता ही क्यों होते हैं? एक अकेले डॉ. रघुवीर हिन्दी का मज़ाक उड़ाने के लिए तीन पीढ़ियों को मसाला दे गए। यहाँ तो हर डाल पर इसी माजने का एक बंदा बैठा नज़र आ रहा है।

1979 में मैंने अखबारों में एक लेख लिखा था जिसका एक अंश उद्धृत करता हूँ—

हिन्दी के शहीद किस्म के आतंकवादियों ने कुछ धारणाएँ हमारे ज़ेहन में भर रखी हैं जो इस प्रकार हैं—

1. संस्कृत आर्यों की भाषा है।
2. आर्य अनार्यों से अधिक सभ्य थे।
3. संस्कृत विश्व की सबसे पुरानी भाषा है।
4. वेद दुनिया की सबसे पुरानी किताब है।
5. भारत की सभी भाषाएँ संस्कृत से निकली हैं।

6. हिन्दी संस्कृत से ही (सीधे) निकली है।
7. संस्कृत हमारी राष्ट्रभाषा थी।
8. हिन्दी सभी देशी भाषाओं की बड़ी बहन है।
9. हिन्दी साहित्य भारतीय भाषाओं के साहित्य में श्रेष्ठ है।
10. हिन्दी में जैसा बोलते हैं वैसा ही लिखते हैं।
11. नागरी और देवनागरी एक ही चीज़ है।
12. प्रेस, टेलीप्रिन्टर, टाइपराइटर, कम्प्यूटर आदि के लिए हिन्दी और देवनागरी सर्वथा उपयुक्त है।
13. भारत की भाषा समस्या का सबसे अच्छा हल यह है कि सभी भाषाएँ देवनागरी लिपि में लिखी जाएँ।
14. देवनागरी संसार की सबसे वैज्ञानिक लिपि है। (दूसरा पहलू पृ. 43 सन् 1990)

मेरे ख़याल से इस बारे में लोगों की सोच में आज भी कोई अन्तर नहीं आया है और आज जब अंग्रेज़ी हिन्दी को खा रही है, वे एक-दूसरे को मुँह बाये देख रहे हैं।

छह साल बाद जब मैं सर्गीपल्ली से आया, सौ से भी अधिक कर्मचारी हिन्दी सीख चुके थे और हिन्दी में काम करते थे। हिन्दी विभाग के पुस्तकालय में डेढ़ हज़ार से भी अधिक श्रेष्ठ हिन्दी पुस्तकें थीं। दीवाली पर तीनों कॉलोनियों के लगभग हर घर में दीपक जलाए जाते थे और होली पर न सिर्फ़ कॉलोनी के सभी निवासी बल्कि अन्य कर्मचारी और आस-पास के गाँववाले भी एक साथ रंग खेलते थे।

~

कोई महीने भर बाद हम तीन लोगों को तीन कमरों का एक क्वार्टर अलॉट हो गया। कार्मिक अधिकारी असीम हालदार, लेखा अधिकारी विवेकानन्द बिस्वाल और हिन्दी अधिकारी स्वयं प्रकाश, यानी मैं।

एक कमरा हालदार ने ले लिया, क्योंकि उसे रोज़ नहाकर बग़ैर बदन पोंछे-कपड़े पहने, काफ़ी मात्रा में पूजा करनी पड़ती थी। दूसरा कमरा बिस्वाल ने ले लिया, क्योंकि वह सिर्फ़ एम.कॉम, एल.एल.बी. (दोनों प्रथम श्रेणी) और कॉस्ट एकाउण्टेन्सी पास थे और उन्हें कम्पनी सेक्रेट्री की तैयारी के लिए काफ़ी मात्रा में पढ़ाई करनी पड़ती थी। मैंने अपनी खटिया तीसरे कमरे—यानी ड्राइंगरूम

में लगा ली। हालदार के पास कुकिंग गैस थी, बिस्वाल के पास बर्तन और मेरे पास खाना बनाने का शौक और तजुरबा। बिस्वाल ने कहा कि मैं घर, गृहस्थी के खर्च का हिसाब ही रख सकता हूँ, सो रख लूँगा। हालदार ने कहा कि तुम लोग जो भी करना चाहो करो, जनसम्पर्क और जनरल एडमिनिस्ट्रेशन की टोटल ज़िम्मेदारी मुझ पर छोड़ देना। मैंने कहा—इस प्रकार तो घर का सारा काम निबट गया। अब जो यत्किंचित बचा-खुचा है, अर्थात् झाड़ू-पोंछा, सफ़ाई, खाना पकाना, बर्तन माँजना इत्यादि वह कृपा करके मुझे करने दिया जाये।

इस तरह हम तीन कुँवारों की अलबेली गृहस्थी शुरू हुई।

हालदार नाटा, गठीला, बेहद बातूनी और अड्डेबाज़ किस्म का आदमी था। था तो बंगाली पर दिल्ली का रहने वाला। उसने दिल्ली स्कूल ऑफ़ सोशल वर्क्स से एम.एस.डब्ल्यू. किया था और कुछ साल पंजाब में नौकरी कर चुका था। उसमें भाषा सीखने की गज़ब की सलाहियत थी। हिन्दी, अंग्रेज़ी, बाँग्ला और पंजाबी तो उसे आती ही थीं। सर्गीपल्ली आने के पहले ही दिन से उसने अपनी बाँग्ला में ओड़िया शब्द घुसाने शुरू कर दिये थे और दो महीने में तो वह फटाफट ओड़िया बोलने लगा था। यह बात और है कि ओड़िया लिपि उसके बस के बाहर थी। स्थानीय अखबार भी पढ़ना होता तो हमें अपने श्रम कल्याण अधिकारी सुराई मांझी को बुलाना पड़ता था।

बातूनी होने के अलावा हालदार लोगों को पटाने और उनका दिल जीतने में भी माहिर था। कॉलोनी के तमाम बच्चों से उसकी दोस्ती हो चुकी थी और कॉलोनी की अनेकानेक महिलाओं को वह बाउदी, भरजाई, भौजी या भाभीजी बना चुका था। उसका रात का खाना भी अक्सर कभी इसके यहाँ कभी उसके यहाँ होने लगा था और यूँ भी घर में उसका पैर बिलकुल नहीं टिकता था।

इसके बिलकुल उलट बिस्वाल चौबीसों घंटे किताबों में घुसा रहता। उसके लिए हमारे घर के दूसरे कमरे भी मानो 'दूसरे का घर' थे जिनमें अनुमति लिए बगैर नहीं जाना चाहिए। एक बार तो सचमुच अपने कमरे से निकलकर ड्रॉइंग रूम में आते समय उसने ठिठककर 'मे आई कम इन' कहा। बिस्वाल अंग्रेज़ी के दो अखबार रोज़ लेता था और दफ़्तर से लौटने के बाद अंधेरा होने तक उसकी गर्दन इन अखबारों में ही घुसी रहती थी। मैंने कभी भी उसे किसी के घर जाते या किसी को उससे मिलने के लिए आते नहीं देखा। वह गुनगुनाता भी नहीं था, हँसता-बोलता भी बहुत कम था और बोलता भी तो हिन्दी बोलने में उसे बहुत कठिनाई होती थी। 'मने...ये करने में बहुत ये होता था।' और लगभग यही हाल अंग्रेज़ी का था।

क्योंकि जाने की कोई जगह नहीं थी और करने को कोई काम नहीं था इसलिए शुरू-शुरू के उन सपाट दिनों में किचन एडवेंचर्स ने हमें बहुत गुलज़ार रखा। यूँ तो हम तीनों एक-दूसरे से भिन्न पृष्ठभूमि से थे इसलिए हरेक के खाने दूसरे के लिए कौतुहल और उत्सुकता के बायस होते पर खासतौर पर हालदार के दिल्ली छाप धड़ल्ले और प्रयोगशीलता से तो मज़े ही आ जाते। मसलन हम खीर बना रहे होते तो पता नहीं कब-कहाँ से आकर उसमें आधा बोतल रुहअफ़जा डाल जाता। हम मिक्स वेजीटेबल बना रहे होते तो उसमें सोया सॉस और चिली सॉस, और हमने भजिए बनाने के लिए मसाला तैयार किया होता तो उसमें गरम मसाला और उबले अण्डे की फाँकें। हमें पकाते समय अपनी वस्तुओं के कौमार्य की हालदार से रक्षा करनी होती। वह खुद जब पकाता तो ऐसा लगता जैसे नेपथ्य में रावण रचित रामरक्षा स्तोत्र का पाठ चल रहा है। बैंगन का भरता बनाता तो बैंगनों को मरे हुए चूहों की तरह पकड़कर गैस पर जलाता और फिर उन्हें उस कड़वे धुएँ के बीच हवा में लटकाकर उनकी चमड़ी उतारता। हाथी के रोट जैसे आलू के परांठे बनाता तो परांठे की भरी हुई लोई चकले पर रखकर उसे हथेली से ठप! ठप! ठोकता जाता और दूसरे हाथ से चकले को घुमाता जाता। जाने हमें भूख बहुत ज़्यादा लगती थी या जिस्म में जवानी के सोते फूटते रहते थे कि जो भी बनता—बेहद स्वादिष्ट लगता और हम ही क्यों, हमारे यहाँ आने वालों को भी। और जब से हमारा किचन शुरू हुआ, शायद ही कोई शाम ऐसी गई हो जब हालदार किसी-न-किसी को पकड़ न लाया हो। इस क्रम में हमने न सिर्फ़ यह कि एक-दूसरे के व्यंजनों का आनंद लिया अपितु साबूदाने के परांठे, साबुत टमाटर के भजिये, मंगोड़े के कबाब, दाल के रसगुल्ले, चावल के गुलगुले, संतरे, चीकू की खीर और पालक-परवल की बिरयानी जैसे अंसभव, अभूतपूर्व व्यंजनों की भी रचना की।

चूँकि उस इतने बड़े मकान में और कुछ था नहीं, परदे और फ़र्नीचर तक नहीं, इसलिए एक दिन मैं सुन्दरगढ़ से पोस्टर कलर, स्केचपैन और खूब सारी ड्रॉइंग शीट्स ले आया और घर की दीवारों को तरह-तरह के गुदगुदाने-हँसाने वाले वचनों और कार्टूनों से भर दिया। आइडिया यह था कि इन्हें हर हफ़्ते बदल दिया जाएगा, पर यह आइडिया हालदार की वजह से छोड़ देना पड़ा। चूँकि घर के बाहर एक नेमप्लेट लगाना भी ज़रूरी था इसलिए एक नेमप्लेट भी लगा दी- 'श्री हो श्री पो और श्री ओ यहाँ रहते है।'' एच.ओ. हो यानी हिन्दी ऑफ़िसर, पी.ओ.पो यानी पर्सनेल ऑफ़िसर और ए.ओ.ओ यानी अकाउण्ट्स ऑफ़ीसर। श्री हमने खुद लगा लिया। हम स्वयं अपना सम्मान नहीं करेंगे तो दूसरे कैसे करेंगे?

मीनू हमारे किचन की स्थायी समस्या था। लंच में क्या बनाया जाये यह कभी-कभी डिनर तक डिसाइड नहीं हो पाता था और अंतत: पोहे या नूडल्स बनाकर उसे ही लंच-डिनर सब मान लिया जाता था। कभी-कभी तो दूध पीकर ही इस कर्मकाण्ड की छुट्टी कर दी जाती थी। एक बार तो हद हो गई कि हमने हाजमोला खा-खाकर ही पेट भरा। मुझे लगा कि बहुओं को ऐसा नहीं करना चाहिए। उस गृहस्थी में स्वयं को स्वयंभू सास के पद पर सुशोभित करते हुए मैंने ऐसा सोचा। तो काफ़ी मात्रा में दिमाग और समय, लगाकार मैंने एक बड़ा-सा चार्ट तैयार किया जिसमें पूरे सप्ताह के हर दिन के ब्रेकफ़ास्ट, लंच और डिनर का ब्यौरा लिखा था। देखने वाली बात यह थी कि सिवाय लंच के—क्योंकि वह दफ़्तर समय के बीच फटाफट होता था—पूरे सप्ताह के मीनू में एक भी डिश दो बार नहीं आई थी। अब इस पर अमल करवाना ज़रूरी था और अमल के लिए इसे प्रभावी तरीके से कहना—इफ़ेक्टिव कम्यूनिकेशन ज़रूरी था। तो मैंने ऊपर बड़े-बड़े अक्षरों में लिखा—

'द ग्रेट बेघरबार बादशाह पवित्र भोजनालय।' दूसरी पंक्ति में—इस, जिस, तिस सप्ताह का मीनू। फिर अलग-अलग रंगों में अलग-अलग दिनों की डिशेस और हर दिन का एक अलग मॅस्कॉट। जैसे राशिफल में हर राशि का होता है। और अंत में—

नोट :

1. मीनू में कभी भी बगैर नोटिस या ज़रूरत के परिवर्तन किया जा सकता है।
2. सारे बादशाह अपनी-अपनी प्लेटें खुद धोकर रखेंगे।
3. खाना पसन्द नहीं आये तो हम क्या करें?

आज्ञा से

व्यवस्थापक

अब हमारा घर क्या हुआ एक लाफ़िंग गैलेरी हो गया। और हालदार ने सही कहा था कि वह पीआर की पूरी परवाह कर लेगा—उसने एक-एक कर पूरी कॉलोनी को बुलाकर हमारे घर की विस्तृत यात्रा करवायी और तब भी मन नहीं भरा तो घर की दीवारों का फ़ोटो खींचकर अपने परिवार के मनोरंजन के लिए सुदीर्घ पत्र के साथ दिल्ली भेजीं। जब ख्याति कुछ ज़्यादा ही बढ़ गयी तो कॉलोनी की महिलाएँ भी दो-दो, चार-चार की टोली में हमारा घर देखने आने लगीं और आप यकीन नहीं करेंगे—उनमें से दो-चार तो पूरे सप्ताह का मीनू नोट करके ले गयीं।

पर इस चक्कर में मेरी डे साहब और शिवरामन साहब से दोस्ती हो गयी जो पढ़ने के भयंकर शौकीन थे। जिनके पास सन्दूक भर किताबें थीं और जो हर

महीने दिल्ली-कलकत्ता कंपनी के काम से जाते तो दो-चार किताबें निश्चित रूप से खरीद लाते थे। डे साहब ने कम ही किताबें पूरी पढ़ी थीं, क्योंकि 'एक सौ पैंतालीस पृष्ठ के बाद मज़ा नहीं आया या 'दो सौ तीस तक तो ठीक था, फिर फ़ार्मूला जैसा हो गया' आदि, लेकिन जो भी किताबें पूरी पढ़ी थीं वे उन्हें पात्रों के नामों सहित कंठस्थ थीं, जैसे *रुट्स* जो उन्होंने मेरे घर देखी थी।

शिवरामन साहब ने हर किताब पूरी पढ़ी थी और हर किताब की 'स्टोरी' भी उन्हें याद थी, लेकिन सिर्फ़ स्टोरी। *मर्डर मिस्ट्री* और *सस्पेन्स थ्रिलर* उन्हें सबसे ज़्यादा पसन्द थे और अक्सर अपनी पढ़ी हुई किताबों की बातें करते-करते वह अपनी देखी हुईं फ़िल्मों की बातें करने लगते थे।

पढ़ने का शौक हालदार को भी कम नहीं था, लेकिन पढ़ने से ज़्यादा उसके बारे में बताने या बातें करने का। वह सिलीगुड़ी गया तो वहाँ से तस्लीमा नसरीन की प्रतिबंधित पुस्तक *निर्वाचित कलाम* ले आया जो बाँग्लादेश से स्मगल होकर आयी थी। उसने कई रात मुझे सामने बैठाकर उसकी एक-एक पंक्ति का अर्थ करके समझाया था। यह तब की बात है जब भारत में किसी ने तस्लीमा नसरीन का नाम भी नहीं सुना था। *परिवर्तन, सन्देश,* और *देश* पत्रिकाओं में छपी अनेक रोचक रचनाओं का आनंद भी मुझे हालदार के माध्यम से ही मिला।

पढ़ने का शौक महाप्रबन्धक अशोक अग्रवाल को भी था और जब मैंने सबके घर उपलब्ध पुरानी पुस्तकों और पत्रिकाओं को पूल करके एक कम्यूनिटी पुस्तकालय की शुरुआत की तो वह न सिर्फ़ उसमें पुस्तक देने और पुस्तक लेने आये बल्कि उन्होंने मुझे कुछ हज़ार की ग्राण्ट भी दिलवा दी जिससे मैं राउरकेला से कुछ नयी और चर्चित पुस्तकें भी खरीदकर ले आया और इस योजना का आकर्षण और उम्र बढ़ सकी।

~

हमारी कॉलोनी से कोई तीन किलोमीटर दूर एक गाँव था, लोकडेगा। वहाँ एक झोंपड़ी में एक किराने की दूकान थी। सारी कॉलोनी घर-गृहस्थी का सामान वहीं से लाती थी। वहाँ चार रुपये किलो जो चावल मिलता था, पकाने पर उसकी खुशबू सारे मोहल्ले में फैल जाती थी और स्वाद इतना अच्छा था कि आप उन्हें रूखे ही खा जायें। दूसरी खास चीज़ वहाँ मिलती थी चिरौंजी। ताज़ा, मोटी और ऐसी ज़ायकेदार कि खाना शुरू करो तो रुकने का जी ही न करे। और भाव? सिर्फ़ चालीस रुपये किलो। दूकानदार बेहद ठंडे दिमाग का आदमी था और

कॉलोनी की ज़रूरत और फ़रमाइशों के हिसाब से हर नयी और फ़ैशनेबल चीज़ वह लाकर दूकान में रख लेता था। दसअसल खदान के कर्मचारी काफ़ी अच्छी तनख़्वाह पाते थे और अपनी छोटी-छोटी इच्छाओं के लिए काफ़ी पैसा खर्च कर सकते थे। फिर भी जो चीज़ें नहीं थीं, वे नहीं थीं। जैसे टीवी, जैसे गैस एजेन्सी, जैसे एसटीडी, जैसे आइसक्रीम, जैसे गेहूँ का आटा।

गेहूँ का आटा खरीदने के लिए हमें डेढ़ सौ किलोमीटर दूर राउरकेला जाना पड़ता था। वहीं से एसटीडी से देश भर में बात कर पाना भी संभव हो पाता था। सुबह छह बजे निकलते तो रात ग्यारह-बारह बजे तक लौट पाते। दोपहर के बारह बजते-बजते वहाँ सारी दूकानें, सारे बाज़ार बंद हो जाते जो शाम चार बजे से पहले नहीं खुलते। पौने बारह बजे दूकान में पहुँचे ग्राहक को भी लौटा दिया जाता। इस दरमियान सारे व्यापारी खाना खाकर मस्ती से नींद निकालते। मैं इनकी तुलना उत्तर भारत के सिंधी, पंजाबी, जैन, मारवाड़ी दूकानदारों से करता तो हैरान हो जाता। सोचता क्या ये लोग सिर्फ़ शौकिया दूकान खोलकर बैठे हैं? याद आता कि ओडिशा एक ऐसा प्रांत है जो पचास साल से लगातार केन्द्र से सहायता माँग-माँगकर ही जी रहा है। ऐसे प्रदेश का नागरिक होना क्या मन में किसी भी प्रकार का स्वाभिमान पैदा कर सकता है? प्राकृतिक दृष्टि से सम्पन्न होने का फिर क्या अर्थ रह जाता है जब पुरुषार्थ और मनोरथ के मामले में इतनी विपन्नता हो।

इस्पात संयंत्र के कारण राउरकेला एक अपेक्षाकृत काफ़ी गर्म शहर है। यहाँ भी हिन्दी विभाग था और हिन्दी अधिकारी श्री मधुसूदन साहा, जिनसे ऐसी दोस्ती हुई कि हम दोनों की नौकरियाँ खत्म हो गयीं, दोस्ती जारी है। केन्द्रीय उपक्रम होने के कारण राउरकेला के लोगों की प्रकृति कुछ कॉस्मोपोलिटन थी और वहाँ हिन्दीभाषी भी बड़ी संख्या में थे। इसमें राजस्थानी, बिहारी, हरियाणवी और पंजाबी सभी थे। सबको ओड़िया आती थी, सब फ़र्राटे से ओड़िया बोलते थे, सबके बच्चे ओड़िया स्कूलों में पढ़ते थे। बल्कि वहाँ महाविद्यालय में हिन्दी विभाग भी था जिसमें प्रभात कुमार त्रिपाठी पढ़ाते थे। हिन्दी भाषी व्यापारी सम्पन्न और प्रभु दिखाई देते थे। उनकी दूकानें व्यावसायिक प्रतिष्ठानों जैसी दिखाई देती थीं जबकि ओड़िया व्यापारियों की दूकानें ज़मींदारों की बैठकों के संशोधित संस्करण।

पास ही दूसरी दिशा में सम्बलपुर था जहाँ विश्वविद्यालय भी था। सम्बलपुर का चरित्र राउरकेला से बिलकुल भिन्न था। वह गरम भी नहीं था। वहाँ कुछ दूर हीराकुंड बाँध था—एशिया का सबसे बड़ा 'अरदन डैम' जिसकी आयु गाद भरने के कारण प्रतिदिन कम होती जा रही है। सम्बलपुर में आकाशवाणी केन्द्र भी था

जहाँ से हर सप्ताह आधे घंटे का हिन्दी कार्यक्रम प्रसारित किया जाता था। इसमें से पन्द्रह मिनट हिन्दी शिक्षण और शेष पन्द्रह मिनट कविता-कहानी पाठ को दे दिये जाते थे। यदा-कदा पूरे तीस मिनट की कोई कविगोष्ठी कर ली जाती थी। लेकिन शहर में हिन्दी का कोई नामोनिशान नहीं था।

जबकि झारसूगुड़ा में हिन्दी भाषियों के डेढ़ सौ घर थे। इनकी बड़ी-बड़ी हवेलियाँ, घरों में एकाधिक गाड़ियाँ, अक्सर संयुक्त परिवार और काफ़ी फैला हुआ कारोबार था। अधिकांश घरों, दूकानों, प्रतिष्ठानों में बड़ी संख्या में नौकर भी थे, और ज़ाहिर है कि वे स्थानीय और ओड़ियाभाषी थे। बगैर बाहुबल, बगैर राजनीतिक शरण, बगैर शस्त्र जिस तरह एक विजातीय माहौल में नये सिरे से अपने व्यापार-वाणिज्य का पौधा रोपकर मारवाड़ियों ने अपना वर्चस्व और प्रभुता को स्थापित किया है और इसके बावजूद जिस तरह स्वयं को राजनीतिक सत्ता से विरत रखा है, वह कभी-कभी आश्चर्यचकित करता है। परदेस जाकर धनार्जन करना मारवाड़ियों की पुश्तैनी कला है, लेकिन कहीं से भी तो ऐसा समाचार नहीं आता कि फलाँ जगह मारवाड़ी व्यापारी को पीट दिया गया या लूट लिया गया या उसके बही-खाते फाड़ डाले गये या उसके दूकान, मकान, गोदाम में आग लगा दी गई। यह जानते हुए, समझते हुए कि बंदा शोषण कर रहा है, यदि उसका प्रकट या प्रच्छन्न किसी तरह का प्रतिरोध नहीं है, तो यह क्या हिकमत है, यह शोध का विषय है। मैंने अपने एक आरंभिक उपन्यास *ज्योतिरथ के सारथी* में कुछ क्रांतिकारियों से बनिये की बहियाँ बीच चौराहे और दिनदहाड़े जलवा दीं...जिनमें पुश्तैनी कर्ज़, ब्याज और ज़मीन के रेहननामों का हिसाब दर्ज था। क्रांतिकारी तो बहीखाते जलाकर चले गये, अब गाँववाले बनिये को भरोसा दिला रहे थे कि कोई बात नहीं, बही जल गयी तो क्या, हमारा धरम हमारे साथ है। जिसका जो निकलता है, वह तो देगा ही। तुम कोई पराये नहीं हो। चिन्ता मत करो।

वर्षा खूब होती थी, अक्सर तेज़ चक्रवाती हवाओं के साथ, लेकिन पानी रुकता नहीं था, बह जाता था। ज़मीन पथरीली थी और सिंचाई के साधन नहीं थे। वर्षा के जल को रोककर धान रोप दिया जाता था और यही वर्ष की एकमात्र फ़सल थी। आस-पास के पहाड़ों पर जंगल जलाये जाते थे। वहाँ 'लाइचास' की आदिम प्रथा अब तक चालू थी। जंगल जलाओ और राख में धान के बीज फेंक दो। बस, अपने आप जो होना है हो जाएगा। गरीब घरों में आम भोजन 'पौखाल' था। एक मिट्टी की हाँडी में उसना (उबले हुए) चावल पकाओ और हाँडी को ऊपर लटका दो। अगले दिन तक कुछ फ़र्मेण्टेशन हो जाएगा। सुबह उसमें चुटकी भर नमक डालकर माँड पी जाओ और हाँडी में फिर से पानी भरकर

टाँग दो। इस तरह एक बार पकाये गये चावल चार-पाँच समय तक चल जायेंगे।

हर गाँव में पोखर था। गाँव के सारे स्त्री-पुरुष, बच्चे वहीं नहाते थे। उनके नहाने के लिए अलग-अलग समय निश्चित थे। स्त्रियों के शरीर पर एकमात्र एक धोती होती। न ब्लाउज़, न चोली, न पेटीकोट। आधी धोती उतारकर उसे धो लेतीं और फिर उसे पहनकर शेष आधी को धो लेतीं। बदन पोंछने या सूखे कपड़े पहनने का सवाल ही नहीं था। शरीर की गर्मी से कपड़े अपने आप सूख जाते थे।

ऊजलपुर थाने से साइकिल पर बैठकर अक्सर हवलदार आता। उसने वर्दी तो पूरी पहनी होती, पाँव में जूते नहीं होते। स्पंज की हवाई चप्पल होती, या वह भी नहीं। हमें बड़ा अजीब लगता। पुलिस के सिपाही को इस धज में हमने पहले कभी नहीं देखा था। वह आता और अक्सर कुछ-न-कुछ माँगता। ''चार ठो कार्बन पेपर दे दीजिए। स्टेपलर की पिन दे दीजिए। चार-पाँच पुराने लिफ़ाफ़े मिल जाते तो...। एक गोंद की शीशी तो इस बार दिलवा ही दीजिए''...आदि। हम दे देते। इस समय यह सब कहने में अच्छा नहीं लग रहा है...पर मैं सोचता था क्या यह किसी एक भ्रष्ट, शराबी, जुआरी पुलिसवाले का किस्सा है या पूरे महकमे की यही दशा है? संयोग से ओडिशा में डीआईजी रह चुके एक अधिकारी के साथ बाद में काम करने का मौका मिला, जब मैं राजभाषा छोड़कर विजिलेन्स में चला गया। उनसे पता चला कि पूरे महकमे का यही हाल है। और सिर्फ़ ओडिशा ही क्यों, क्या और जगहों का भी यही हाल नहीं है? क्या थाने की बिल्डिगें जनसहयोग से नहीं बन रहीं? और पुलिस ही क्यों, सार्वजनिक चिकित्सालयों में डॉक्टर जो पर्ची लिखते हैं क्या वह भी किसी दवा कम्पनी या किसी स्थानीय केमिस्ट द्वारा दी हुई नहीं होती?

मर्द दिन भर पोखर में डोरी डाले मछली पकड़ने बैठे रहते। अक्सर वे शिकायत करते कि सारा दिन बैठे रहे, कुछ नहीं मिला, चारा भी बेकार गया। लेकिन वे कोई और काम नहीं करते। उत्तर भारत में मैंने देखा था कि देहात में जो लोग सीधे खेती से नहीं जुड़े होते—मसलन बुज़ुर्ग या विकलांग, वे भी किसी-न-किसी काम में लगे रहते हैं। चाहे वह रस्सी बटने जैसा काम ही क्यों ना हो। औरतों को तो घड़ी भर की फ़ुर्सत नहीं होती। और कुछ नहीं तो बच्चों की जूँ निकालेंगी, बर्तन चमाकाएँगी, झोंपड़ी की दीवारों को पोतेंगी, ओसारे को लीपेंगी, दीवारों पर मांडने बनाएँगी, आलता लगाएँगी, मेहंदी रचाएँगी, चोटी गूँथेंगी, गीत गायेंगी, जानवरों की सार-सँभाल करेंगी। गाँव में बच्चों को छोड़ किसी के भी पास फ़ुर्सत कहाँ?

लेकिन यहाँ तो जानवर भी नहीं थे।

सर्गीपल्ली से लोकडेगा तक बल्कि और आगे इच्छा नदी तक सड़क के दोनों तरफ़ महुवे के और आम के पेड़ थे। महुवा जब फूलता तो पूरा दृश्य बेहद सुन्दर और दर्शनीय हो जाता था। महुवा चूता तो सड़क चलते ऐसा महसूस होता जैसे बारिश हो रही हो। सुबह के वक्त सैर पर निकलो तो पेड़ों के नीचे सारी धरती फूलों से ढँकी होती और हवा में एक किस्म का मीठा-मीठा नशा घुला होता। फिर महुवे में फल लगते तो उन्हें बीनने का सिलसिला आरंभ होता। गुरुवार के हाट में महुवे के पहाड़ खड़े नज़र आते। बिहारी व्यापारी मिट्टी के मोल यह महुवा खरीद लेते और ट्रकों में भरकर ले जाते।

आम के पेड़ों पर जब बौर लगता तो इस कदर कि पेड़ नज़र ही नहीं आते और मद चूता दिखाई देता। केरियाँ लगतीं तो लगतीं—मैंने किसी बच्चे को भी वहाँ पत्थर मारकर केरी गिराते नहीं देखा। यहाँ तक कि हवा आँधी से जब केरियाँ अपने आप टूटकर गिरतीं तो उन्हें उठाने वाला कोई न होता। ये देशी आम के पेड़ थे। चूसने वाले। अच्छी किस्म के तो नहीं थे—गुठली बड़ी, रस कम, लेकिन हद होती है। मौसम में हमारी कॉलोनी में साइकिल पर आम बेचने वाले आते थे और एक रुपये के सोलह किलो तक आम दे जाते थे।

गुरुवार को हाट लगता था जिसमें सब्ज़ी तथा अन्य वस्तुएँ मिलती थीं। सब्ज़ीवाले तो ज़्यादातर आस-पास के काश्तकार ही होते थे लेकिन बाकी की चालीस-पचास दूकानें कॉपी-किताब, लकड़ी का सामान, मनिआरी-चूड़ी, बिन्दी, चुटीला, रिबिन-क्लिप, सिन्दूर पाउडर, नेलपॉलिश, दवाएँ, तेल, जड़ी-बूटी, खिलौने, कपड़े, सन्दूक-अलमारी, पेटी, पिटारी, मसाले, जूते-चप्पल इत्यादि साथ चलती थीं और सप्ताह में सात दिन सात जगह हाट लगती थीं। वहीं दो-चार होटल भी होते थे और क्षेत्र की पंचायतें भी। दूकानदारों का भोजन एक साथ पक जाता था, जनजातियों के आपसी विवाद सुलझ जाते थे, शादी-ब्याह तक हो जाते थे, लेना-देना, मिलना-जुलना हो जाता था। हाट सिर्फ़ चलते-फ़िरते वस्तु विनिमय केन्द्र नहीं, सामाजिक, सांस्कृतिक, आर्थिक लीलास्थली जैसे भी थे। (आज से तेईस साल पहले मैंने सर्गीपल्ली के हाट से एक रुपये की एक हथौड़ी खरीदी थी। वह आज भी मेरे पास है और अच्छी-खासी काम आ रही है।)

हम लोग नाव से इच्छा नाला पार कर सब्ज़ी खरीदने हाट जाते थे और दो बड़े-बड़े थैलों में 'विलायती बैंगन' यानी टमाटर, एक रुपये के छह गोभी के फूल या आठ पत्तागोभी या बीस बैंगन या दो किलो परवल या दो लौकी (गोलवाली मीठी। आठ आने की एक लौकी मैं अपने पड़ोसी के साथ साझे में खरीदता था कि आधी हम ले लेंगे, आधी आप ले लेना)। कटहल खूब होता था,

लेकिन कच्चा कटहल नहीं मिलता था जिसकी हम सब्ज़ी बना सकें। उसे पेड़ पर ही पकने दिया जाता था, जब तक कि वह पककर जगह-जगह से फूटने न लगे। उसकी महक बहुत मीठी और तीखी होती थी और हाट में उसे ताज़ा बने दोने में बेचा जाता था और आम की तरह खाया जाता था।

दोने में एक और चीज़ बिकती थी—बाँस! उसकी भी सब्ज़ी बनाकर खाई जाती थी। असल में यह कच्चे बाँस का भीतरी गूदा होता था जिसे घिस दिया जाता था। मुझे बताया गया कि सिर्फ़ बहुत गरीब लोग ही इसे खाते हैं। हाट में बीसियों पत्ते, बेलें, जड़ें, झाड़ियाँ, बीज, फलियाँ आदि ऐसे थे जिन्हें लोग बहुत चाव से खरीदते थे। पर हम न उनके नाम जानते थे, न पकाने की विधि। मैंने अनेक स्थानीय खान कर्मचारियों से इनके नाम और पकाने की विधि ज़ाननी चाही, लेकिन एक ने भी इसके लिए मुझे प्रोत्साहित नहीं किया। उन लोगों को लगता था कि यह मेरे जैसे अधिकारी की गरिमा के अनुकूल बात न होगी। बल्कि इसमें उन्हें अपनी भी बेइज़्ज़ती लगती थी। कोई कहेगा कि तुम ऐसी कम्पनी में काम करते हो जहाँ के लोग अक्सर ऐसी-ऐसी चीज़ें खाते हैं और यह धारणा इतनी बद्धमूल थी कि वे इस बात पर भी राज़ी नहीं होते कि मेरी तरफ़ से वे उसे खरीद लें और अपने घर में ही पका लें, मैं खुद उनके घर खाने आ जाऊँगा। इसलिए चाहते हुए भी मैं अनेक चीज़ों से परिचित होने से वंचित रह गया।

इसके पीछे एक बात और हो सकती है। हाट में अनेक प्रकार की मछली भी मिलती थी और लगता था कि एक सर्वमान्य धारणा यह थी कि साग-पात तो वही खाता है जो माँस-मछली नहीं खा पाता। यह पता चलने पर कि हम स्वेच्छा से शाकाहारी हैं, जो गरीब-से-गरीब चीज़ वे पेश करते वह होती एग करी। जब हम कहते कि हम अण्डे भी नहीं खाते तो उन्हें बड़ा आश्चर्य होता।

एक बार सुनील पटेल नाम के हमारे विभाग के चपरासी के गाँव गये। उसकी बहन की शादी थी। गाँव में बिजली नहीं थी। झोंपड़ी के चबूतरे पर बगैर कुछ बिछाये पंगत बैठ गयी। किसी ने कहीं से एक गैस का हण्डा लाकर रख दिया। और दोने में परोसा गया तो क्या—कि मीट!

हाट का एक दूसरा हिस्सा भी था। वहाँ दैनिक उपयोग की वस्तुएँ नहीं, बड़ी आढ़त होती थी। मसलन चावल, महुवा, गोंद, चिरौंजी, आम की सूखी गुठलियाँ, खेती के यंत्र, लोहे-टीन के बड़े बर्तन इत्यादि। यहाँ एक तरफ़ बैलगाड़ियों, छोटे ट्रकों और लॉरियों, मोटरसाइकिलों की बड़ी आबादी दिखाई देती थी। छोटे-मोटे, हट्टे-कट्टे व्यापारी सिर पर टोकरी रखे अपनी वनोपज बेचने आयी आदिवासी महिलाओं को दूर से आता देख उनके पीछे लपकते थे। उनकी भाषा में गंदे मज़ाक करते थे, सरेआम

बेहद निर्लज्ज भाव से उनकी छातियाँ दबाते थे और उनके सिर पर रखे टोकरे में हाथ डालकर, माल का अंदाज़ लगाकर भावताव करने लगते थे। आदिवासियों का जीवन बड़ी हद तक आत्मनिर्भर था। साल में एक-दो जोड़ी कपड़ा और यदा-कदा की बिन्दी-टिकुली के अलावा उन्हें 'सभ्य' समाज से कुछ दरकार नहीं थी। हाँ! लेकिन एक चीज़ ज़रूर ऐसी थी जिसके बगैर उनका काम नहीं चलता था। और वह चीज़ थी—नमक। और हाट के हट्टे-कट्टे व्यापारी घने पेड़ों की छाँव में जो तिरपाल बिछाकर टाँग पर टाँग चढ़ाकर बैठते थे, उस पर एक या दो खड़े नमक के ढेर ज़रूर होते थे। यही था उनका हथियार और यही था उनका व्यापार। सीधी-सी बात थी। एक डिब्बा चिरौंजी के बदले दस डिब्बे नमक। डिब्बा कोई एक किलो का। पर वह कितने भी किलो का हो, क्या इससे कुछ फ़र्क पड़ता था?

हममें से जिनके पास स्कूटर या मोटरसाइकिल थी, वे उसी से हाट जाते थे। वाहन इस तरफ़ खड़े करके नाव में बैठ जाते और लौटते समय नाव से उतरकर फिर अपने वाहन पर सवार हो जाते। इन्हीं वाहनों में से किसी एक से हम भी लिफ़्ट माँग लेते। पर कभी-कभी पैदल भी आना पड़ता। एक दिन मैं एक सरदारजी की मोटरसाइकिल पर बैठा था और हम बस्ती से गुज़र रहे थे कि पता नहीं कहाँ से सड़क पर बहुत सारे मुर्गे-मुर्गी आ गये और बचाते-बचाते भी एक मुर्गा पहिए के नीचे आ गया। देखते-ही-देखते भीड़ इकट्ठी हो गयी और कोलाहल मच गया। हमें हाथ पकड़कर उतार दिया गया और मोटरसाइकिल एक तरफ़ खड़ी कर दी गयी। सब एक साथ हमसे कुछ कहने लगे, फिर आपस में विवाद करने लगे। इस गाँव के कई लोग माइन्स में काम करते थे, लेकिन इस समय कोई नहीं दिखाई नहीं दे रहा था, न हाट से कोई अन्य गाड़ी आती दिखाई दे रही थी। मुर्गेवाला मुर्गे का दाम पचास रुपये माँगने लगा। एक थोड़ी बहुत हिन्दी जानने वाले ने मध्यस्थता की। बात बीस रुपये में तय हुई। बीस रुपये देकर हम 'जान बची' के भाव से चले आये।

शाम को कोई बता रहा था कि वे लोग हँस रहे थे। बैठे-बिठाये बीस रुपये की आमदनी हो गयी और चिकन भी खाने को मिल गया। वे खुद घात लगाकर बैठे रहते हैं और अनुकूल आदमी देखकर मुर्गे छोड़ते हैं।

हमने, कम-से-कम मैंने इस बात पर कभी विश्वास नहीं किया। लेकिन वह व्यक्ति भी वहाँ फिर कभी दिखाई नहीं दिया।

~

हमारे घरों के आस-पास काजू के अनगिनत पेड़ थे। झाड़ियाँ ही कह लीजिए। उनमें खूब फूल लगते थे और हर फूल के सिरे पर एक बड़ा-सा काजू दूर से दिखाई देता था और लगता था कि कभी भी हाथ बढ़ाकर तोड़ा जा सकता है। लेकिन कोई उन्हें तोड़ता नहीं था। बकरियाँ तक काजू के पेड़ पर मुँह नहीं मारती थीं। चिड़ियाएँ भी उस पर नहीं बैठती थीं। बात यह है कि जब काजू जैसी चीज़ इतने खुलेआम खिली है तो जाहिर है कुदरत ने उसकी सुरक्षा का भी कोई इंतज़ाम किया होगा। काजू तोड़ा जा सकता था, लेकिन छीला नहीं जा सकता था। यदि छीलने की कोशिश की जाती तो उँगलियाँ या दाँत जो भी इस कोशिश में लगे होते बुरी तरह जल जाते। छिलके की भीतरी सतह पर बहुत तेज़ अम्ल होता है और यही उसका सुरक्षा कवच है।

ओड़िया लोग बुखार आने पर रोटी खाते थे। दाल पकाते तो उसमें बहुत सारी सब्ज़ियाँ काटकर डाल देते और पकाते समय घोंट देते थे। इसे कहते थे 'डालमा'। चावल दो प्रकार के होते थे—अरवाँ अर्थात् कच्चे और उसना अर्थात् आधे उबालकर सुखाये हुए। अधिकांश ओड़िया लोग उसना ही खाते थे, उनका ख़याल था कि उसना खाने से जल्दी भूख नहीं लगती। दाल पकते समय न उसे बीना जाता था न धोया जाता था। खाते समय मुँह में कंकड़ आयेंगे तो कोई बात नहीं, निकालते जाएँगे। आलू का भुरता बनाते तो पक जाने के बाद उसमें ऊपर से सरसों का कच्चा तेल डाल देते। मूड़ी अर्थात् मुरमुरे या परमल भी वहाँ का एक प्रिय आहार था और इसमें भी ऊपर से कच्चा तेल ज़रूर डाला जाता था ताकि 'झल' आ जाये।

एक बार बिस्वाल बोला—"आपको मेरे साथ भुवनेश्वर चलना होगा।" मैंने पूछा-"क्यों?" तो बोला—"मैं वहाँ लोगों को दिखाना चाहता हूँ कि तवे के ऊपर भी रोटी फूल सकती है।" मैं उस समय यही कर रहा था। तवे पर रोटियाँ फुला रहा था।

वे मसालेदार भोजन को 'पंजाबी' बोलते थे। और कुरते-पाजामे को भी पंजाबी। एक बार मैंने बिस्वाल को पोहे बनाकर खिलाये। वहाँ तो चिउड़ा को 'दही चिउड़ा' या 'दूध चिउड़ा' के रूप में खाया जाता है, इस तरह राई, हल्दी, नमक, में छौंककर, ऊपर से हरा धनिया, हरी मिर्च और बारीक कटी प्याज़ छोड़कर, नींबू निचोड़कर और नमकीन सेव बुरककर खाने का सवाल ही नहीं। मेरे पोहे बिस्वाल को इस कदर पसन्द आये कि फिर वह रोज़, जब भी थोड़ी भूख लगती—पोहे बनाने लगा और मेरा परिवार आ जाने के बाद तो इस प्रकार के जितने अकेले मित्र थे, मेरा घर उनके लिए अपनी खाने-पीने सम्बन्धी फ़रमाइशें

निस्संकोच पूरी करने का अनवरत अड्डा बन गया। चमत्कार यह नहीं था कि मेरी पत्नी हर चीज़ बहुत स्वादिष्ट बनाती थीं। चमत्कार यह था कि शाकाहारी भोजन इतना स्वादिष्ट कैसे बन सकता है। कहने की ज़रूरत नहीं कि इन दावतों का हमारे मेहमानों, मित्रों से भी ज़्यादा हमने आनंद लिया। मेरी पत्नी पास-पड़ोस से तुरन्त घुल-मिल जाने में महानिपुण है और इस मामले में मेरी सौ प्रतिशत से भी अधिक क्षतिपूर्ति कर देती है। मैं जितना असामाजिक, संकोची और घरघुस्सू हूँ रश्मि उतनी ही मिलनसार, सहायोगातुर और खुशमिज़ाज है।

परिवार के साथ अलग मकान में रहने लगा तो कॉलोनी के घरों में भी थोड़ी-थोड़ी रसाई होने लगी। लोग सपरिवार हमारे घर आते और फिर हम लोग भी उनके घर जाते। छोटी-सी उस कॉलोनी में भिन्न जाति, धर्म, प्रांत, स्तर और ओहदे के लोग रहते थे लेकिन परिवारों में पूरा घुलामिलापन और बेतकल्लुफ़ी थी। किसी के घर कोई दिखावा, टीमटाम या तड़क-भड़क नहीं। कुछ कुर्सियाँ, या एक पुराना सा सोफ़ा और कुछ डेटोनेटर के खोके जिन्हें उल्टा रखकर उस पर दरी-चादर बिछाकर कोच का रूप दे दिया गया होता। कारपेट किसी घर में नहीं होता, बल्कि कुछ के घर तो खिड़की दरवाज़ों में परदे भी नहीं होते। प्लेट-कप, गिलास सब एकदम सादा।

मुझे यह सब नया भी लगता और अपनी रुचि तथा आदर्शों के अनुकूल भी। ये सब खूब पढ़े-लिखे लोग थे। अधिकांश आई.आई.टी. या धनबाद स्कूल ऑफ़ माइन्स से निकले अभियंता या भू-वैज्ञानिक। अनेक दो-तीन या पाँच साल विदेश रह आये थे। कुछ इंजीनियरिंग में यहाँ से या बाहर से पीएच-डी. कर चुके थे। उनके लेख अंतर्राष्ट्रीय शोध-पत्रिकाओं में छपते थे। कइयों को विदेशी कंपनियाँ अपने यहाँ बुलाती रहती थीं, फिर भी वे भारत के इस अत्यंत पिछड़े और सुविधाओं से महरूम इलाके में थे तो इसलिए कि इस प्रकार के धातु उत्पादन के मामले में हमारा देश अभी आत्मनिर्भरता से काफ़ी दूर था। डिप्टी जनरल मैनेजर कहलाते हुए भी कंधे पर से फटी या फटकर सिली कमीज़ पहनने में किसी को शर्म नहीं आती थी। शाम की दो पैग शराब पर उनकी आपसी बातचीत पढ़े-लिखों का बौद्धिक विमर्श या मानसिक वाग्विलास जैसी होती थी। ऊबे हुए सुखी नौकरशाहों या शातिर धंधेबाज़ों जैसी नहीं। वे व्यक्तियों या घटनाओं की बातें नहीं करते थे, स्थानों की भी नहीं, राजनीति या अखबारी समाचारों की भी अक्सर नहीं। फ़िल्मों की हीरोइनों या चर्चित व्यक्तियों की तो बिलकुल नहीं...उनके पास समस्याएँ होतीं...खनन और धातु विज्ञान से सम्बन्धित और फैलते-फैलते उनके तार अभियांत्रिकी, विज्ञान, गणित और दर्शन तक फैल जाते। मैं हिन्दी में पीएच-डी. ज़रूर था, लेकिन मैंने इंजीनियरिंग पढ़ रखी

थी, दर्शन और मनोविज्ञान बी.ए. में मेरे प्रिय विषय रह चुके थे और मार्क्सवाद को ठीक से समझने के लिए भारतीय और पश्चिमी दर्शन मैंने बहुत रुचि और मनोयोग से पढ़ा था, इसलिए ऐसे मौके कम ही आते जब उनकी बातें मेरे लिए अबूझ हो जातीं और मैं चुप बैठने पर विवश हो जाता। लेकिन आते भी तो मैं बौद्धिक रूप से और उत्तेजित हो जाता जैसे कोई चुनौती मिली हो।

यही...ऐसा ही तो मैं चाहता था। इसलिए उनमें रम गया। और वहाँ भी रोज़-रोज़ कुछ नया करने लगा। जैसा उन्होंने कभी सोचा नहीं था या जिसे वे सिर्फ़ सोचकर रह गये थे।

कॉलोनी के सबसे बुज़ुर्ग व्यक्ति थे नन्दी साहब। यूँ वह एक कनिष्ठ अधिकारी थे, लेकिन अपनी उम्र के चलते उन्हें सहज ही सारी कॉलोनी का अभिभावक जैसा मान लिया गया था। दफ़्तर से लौटकर नन्दी साहब कमीज़, बनियान सब उतार देते, लुँगी पहन लेते, उसे भी दोहरा मोड़ देते और अपने बगीचे में जुट जाते। नन्दी साहब के बगीचे में एक से एक लाजवाब पेड़-पौधे थे। केले और पपीते तो वहाँ हर समय फ़लते रहते थे, बीज, खाद, मिट्टी, पानी की सारी हिकमतें नन्दी साहब को मालूम थीं। बागवानी के सारे गुण उनसे सीखे जा सकते थे और इस उम्र में उनकी सक्रियता प्रेरक भी लगती थी।

श्रीमती नन्दी भी नन्दी साहब की ही तरह सक्रिय, चपल और प्रसन्नवदन थीं। कॉलोनी की सारी महिलाओं के लिए वह मातृवत थीं और कभी किसी घर में होतीं तो कभी किसी घर में। किसी की कोई समस्या ऐसी नहीं थी जिसका माकूल समाधान श्रीमती नन्दी के पास न हो। किसी के घर कोई मेहमान या रिश्तेदार आता तो उसे एक बार नन्दी साहब के घर ज़रूर जाना होता जहाँ श्रीमती नन्दी के हाथ के बने व्यंजन उसे खिलाये जाते, विदा करते समय तिलक किया जाता और हाथ में दस-बीस रुपये भी पकड़ाये जाते।

एक बार नन्दी साहब हम सब लोगों को पिकनिक पर ले गये थे। क्योंकि और कोई साधन नहीं था इसलिए एक ट्रक में ही पीछे दरी बिछाकर सारे स्त्री-पुरुष, बच्चे बैठ गये थे। खाना महिलाओं ने मिल-बाँटकर बना लिया था। जहाँ गये वह एक सुरम्य स्थान था। जंगल और जंगल के बीच एक झरना। और खूब सारे इमली के पेड़। सबने न सिर्फ़ जी भरके इमली खायी बल्कि थैलों-बर्तनों में भर-भरकर ले भी आये। खूब मज़ा आया।

एक बार पाक प्रतियोगिता हुई। श्रीमती नन्दी के सब पीछे पड़ गये कि आपको भाग नहीं लेने देंगे, क्योंकि आप ज़रूर फ़र्स्ट आ जाएँगी। श्रीमती नन्दी बच्चियों की तरह ठुनकतीं, क्यों जी, वाह जी! अच्छा जी! मैं क्यों नहीं जी? अंततः

उन्हें निर्णायक बनाया गया। सबके अनुरोध पर कॉलोनी के मासिक प्रीतिभोज में उस बार श्रीमती नन्दी को कच्चे केले, कच्चे पपीते और तुरई की मिक्स सब्ज़ी बनानी पड़ी। उन्होंने बड़ी मात्रा में सब्ज़ी बनायी थी, फिर भी कम पड़ गयी।

बाद में हालदार की शादी नन्दी साहब की लड़की रूमा के साथ हुई।

~

माइन्स में बहुत सारे श्रमिक क्रिश्चियन थे। लेकिन नाम को छोड़ दिया जाये, और गले में लटके क्रॉसवाली चेन को छिपा लिया जाये, तो वे कहीं से भी क्रिश्चियन नहीं लगते थे। धर्म परिवर्तन के बाद भी उन्होंने अपनी मूल पहचान नहीं छोड़ी थी और सिवा कुछ शिक्षा और सम्पन्नता के उनकी जीवनशैली शत-प्रतिशत वैसी ही थी जैसी धर्म परिवर्तन से पहले रही होगी। हमारे एक ड्राइवर का नाम जोसेफ़ केरकटा था। एक दूसरे ड्राइवर का नाम साइमन लकरा था। माइन्स में ऐसे अनेक माझी, लकरा, मुण्डा हो या केरकटा थे जिनके पहले नाम साइमन, जोसेफ, पीटर, नेल्सन या चार्ल्स थे। एक बार इनमें से एक के घर जाना हुआ तो मैंने देखा कि ड्राइंग रूम के कोने में एक शेल्फ़ पर छोटे-छोटे बल्बों से लाइटिंग की गयी है और वहाँ देवी-देवताओं का एक पूरा झुंड जमा हुआ है। उनमें से दुर्गा और गणेश की फ़ोटो तो मैं दूर से ही पहचान गया। शंकरजी का चूँकि बड़ा-सा कैलेण्डर लटक रहा था इसलिए उसमें भी कोई दिक्कत नहीं थी। शेष की छोटी तस्वीरें, मूर्तियाँ या लॉकेट थे। और इन्हीं में माता मरियम और प्रभु यीशु भी शोभायमान थे। जो ड्रॉइंग रूम के कोने में लगे ब्रेकेट पर था, वही ज़िन्दगी में था। माता मरियम और प्रभु यीशु चुपचाप देवताओं की कतार में लाकर बैठा दिये गये थे। किसी ने कोई विरोध नहीं किया था। ये लोग दुर्गा पूजा, सरस्वती पूजा, गणेश उत्सव, नवान्न सबमें शमिल होते थे। पारंपरिक मेलों, पर्वों, त्यौहारों, यात्राओं, उपासनाओं, व्रतों, दर्शनों, जगरातों, तीर्थाटनों में उसी तरह शामिल होते थे। बस यह था कि विवाह चर्च में होते थे और कोई मर जाये तो उसे जलाया नहीं, दफ़नाया जाता था।

चर्च भी मैंने देखा। जैसे बहुत-सी झोंपड़ियाँ वैसे ही एक झोंपड़ी। झोंपड़ी के ऊपर बाँस से बना एक क्रॉस। भीतर प्रभु यीशु की छोटी-सी तस्वीर के आगे जलता दीपक। एक थाली में पड़े कुछ सिक्के। एक गुटका बाइबिल। भजन सारे लोकभाषा में अनूदित और लोकस्वरों में गुंजित। धर्म के लिए उतनी ही आस्था जितनी और धर्मों के अनुयाइयों में। रविवार की प्रार्थना सभा में सिर्फ़ बूढ़े और

महिलाएँ और महिलाओं के साथ जबरन लायी गयीं बच्चियाँ। और पुजारी ने शिकायत की कि आजकल धर्म के लिए किसी के पास टाइम नहीं है। कहते हैं कि पैसे ले जाओ।

जो कभी इनको पता चले कि इनका धर्मान्तरण एक राजनीतिक दल के लिए राष्ट्रीय मुद्दा है...इन्हें तो विश्वास ही नहीं होगा।

~

हम लोगों को झारसूगुड़ा जाना होता तो गैराज से पता करते रहते थे कि कोई गाड़ी जा रही है क्या? एक दिन मुझे जाना था। मैंने पता किया तो पता चला कि शाम चार बजे ऑडीटर को ट्रेन पर छोड़ने एक गाड़ी जाएगी। मैंने लेखा विभाग में बिस्वाल को फ़ोन किया, "मुझे झारसूगुड़ा जाना है।"

बिस्वाल ने ऑडीटर से कहा—"शाम को हिन्दी अधिकारी जी भी आपके साथ जाएँगे।" अच्छा? यहाँ ऐसी भी पोस्ट होती है?

धुर ओडिशा के देहात में स्थित एक छोटी-सी माइन्स। और उसमें भी हिन्दी अधिकारी।

कुछ देर बाद एक खनन अभियंता धर्माधिकारी जी ने बिस्वाल को फ़ोन किया।

— "सुना ऑडीटर को लेकर झारसूगुड़ा जा रही है गाड़ी?"
— "हाँ।"
— "यार उससे कहना मैं भी उसके साथ जाऊँगा।"
— "ठीक है।" बिस्वाल ने फ़ोन रख दिया।
— "क्या हुआ?" ऑडीटर ने पूछा।
— "धर्माधिकारी जी भी जाना चाहते हैं आपके साथ।"
— "अच्छा। ऐसी भी कोई पोस्ट होती है क्या आपके यहाँ?"

दोनों खूब हँसे।

~

माँग उठी कि कॉलोनी में एक मन्दिर होना चाहिए। माँग के पीछे भक्तजन ऊँच-नीच भूलकर इकट्ठे होने लगे। बल कर्मचारियों का था, नेतृत्व अधिकारियों का। एक दिन माइनिंग इंजीनियर सेनापति के नेतृत्व में दसेक कर्मचारियों का एक दल

महाप्रबन्धक अशोक अग्रवाल से मिलने आया। अशोक अग्रवाल एक साहसी और चतुर व्यक्ति थे। अग्रवाल साहब ने चुपचाप उनकी बात सुन ली। वादा कोई नहीं किया। मालूम सब कर लिया। कहाँ बनाओगे? कैसे बनेगा? किस देवी-देवता का बनाओगे? पैसा कहाँ से आएगा? पूजा कौन करेगा? चढ़ावा कौन रखेगा? देख-रेख कैसे होगी? 'सोचेंगे, सोचेंगे' करके विदा कर दिया।

उन्होंने सोचा कि यूनियन लीडर पटेल को बुलाकर पूछें कि यह सब कौन कर रहा है और उसे यूनियन का समर्थन है या नहीं? लेकिन इससे पहले उन्होंने हालदार को बुलवा लिया। और न जाने क्यों मुझे भी। हमारे पहुँचने पर उन्होंने लालबत्ती जला ली अर्थात् कोई डिस्टर्ब न करे और सारी बात बताकर पूछा—"क्या करें?"

हालदार को दो मिनट नहीं लगे कहने में कि मेरे हिसाब से इट शुड नॉट बी अलाउड!

—"क्यों?"

—"क्योंकि आप बोलते हो जे मन्दिर चाहिए। ठीक है, कल को कोई बोलेगा हम मस्जिद बनाना चाहते हैं। फिर? आप मना करोगे उन्हें? और फिर परसों कोई बोलेगा जे हम एक छोटा-सा चर्च बनाएँगे। बहुत लोग है क्रिश्चेनिटी वाले माइन्स में। तो आप उन लोगों को न नहीं बोल सकोगे। फिर उनका फ़ंक्शन भी होगा। क्यूँ नहीं होगा? कभी मन्दिर में, कभी चर्च में, कभी मस्जिद में। कॉलोनी वालों से चंदा माँगेगा। फिर वरशिप का प्लेस इज़ अ पब्लिक प्लेस। बाहर की पब्लिक भी आएगी। दर्शन करने, प्रसाद चढ़ाने, पूजा करने। फिर कॉलोनी में चोरी-चूरी हुई तो बोलने को सकेगा नई कि कौन किया। फिर कोई बोलेगा जे एक पोलिस थाना भी माँगता है करके। नो सर। आइ थिंक देयर शुड बी नो... बनाओ ज़रूर। बाहर बनाओ। कौन मना किया? हाम लोक बी आएगा।"

अचानक अग्रवाल साहब उठकर खड़े हो गये। "आओ"। बाहर आए, उठायी जिप्सी और कॉलोनी की ओर चल दिए। पहले वह जगह देखी जहाँ सेनापति लोग मन्दिर बनाना चाहते थे। फिर कॉलोनी के बाहर कच्चे में जीप घुमाते रहे। अचानक एक टेकड़ी के आगे जीप रोककर उतर गये। फिर बोले—"मन्दिर के लिए स्थान ठीक है या नहीं, यह तो पण्डित से ही पूछना पड़ता होगा ना?" हमने कहा—"जी हाँ।" फिर टेकड़ी पर चढ़ने लगे। पीछे-पीछे हम। ऊपर पहुँचकर बोले—"और मुँह किधर रखा जाता है मन्दिर का?" हम दोनों को पता नहीं था। हम दोनों एक-दूसरे का मुँह देखने लगे। अग्रवाल साहब बोले—"वह भी पण्डित बताएगा?"

जगह सुहानी थी। हवा ठण्डी थी। झाड़-झंखाड़ साफ़ हो जाएँ और दस-बीस डम्पर कम पड़ जाएं तो कभी-कभी आने लायक हो जाए।

चुपचाप नीचे उतर आए। दफ़्तर आ गये। अग्रवाल साहब ने अपने पी.ए.

तरफ़दार को बुलाया। "इस इलाके का पण्डित कौन है? माइन्स का भूमिपूजन किसने किया था? बुलाओ उसे।"

दो महीने बाद उसी टेकड़ी पर मन्दिर का शिलान्यास हुआ। खुद अग्रवाल साहब ने किया। कोसा सिल्क का कुरता और लाल किनारेवाली चुन्नटदार बंगाली धोती पहनकर। आयोजन के बाद हथेली में प्रसाद लेकर कुरता झाड़ते हुए मेरे पास आए। मैं सबसे दूर चुपचाप खड़ा था। बोले—"मैं भी आपकी तरह भगवान-वगवान को नहीं मानता। मेरे बच्चों को तो पता भी नहीं कि कौन-सा भगवान किसका बाप है, किसका सन इन लॉ है, क्या है। पर यह जगह बहुत अच्छी है। आप पहले कभी आए थे यहाँ?"

— "नहीं।"

— "मन्दिर बनने के बाद शाम को घूमने के लिए अच्छी जगह हो जाएगी कॉलोनी वालों के लिए। क्यों? वैसे तो यहाँ कौन आता? और चढ़े-उतरेंगे तो थोड़ी एक्सरसाइज़ भी हो जायेगी।"

मैं चुप रहा। हम दूर नीचे लोकडेगा वाली सड़क के किनारे लगे पेड़ों का हवा में हिलना देखते रहे।

अचानक अग्रवाल साहब बोले, वो तो अच्छा हुआ आप आ गये उस दिन। नहीं तो मैं तो कॉलोनी में मन्दिर बनाने की परमीशन देने ही वाला था। एक सौ एक रुपये ज़रूर लगे अपनी जेब से। पण्डित ने कहा कि...तो ये सब पीछे पड़ गये कि पहाड़ी पर बनाएँगे। मैंने कहा कि यह जगह तो मैगज़ीन (बारूद घर) के लिए ईयरमार्क्ड है। यह हम कैसे दे सकते हैं? कुटिलता से मुस्कुराये।... 'हेडऑफ़िस से पूछना पड़ेगा'...फिर मेरे चेहरे के पास चेहरा लाकर बच्चों की तरह खूब खुश होकर हँसते हुए बोले—'लो, प्रसाद खाओ।' मैंने चुटकी भर लिया तो शेष मुखस्थ कर हाथ झाड़ते हुए वापस भीड़ में चले गये।

अग्रवाल साहब सिगरेट नहीं पीते थे। लेकिन ऑस्ट्रेलिया गये तो वहाँ से मेरे लिए बेन्सन एण्ड हेजेस का एक पैकेट लेकर आए और खुद घर लाकर दिया।

हमारा शब्दों पर बहुत ज़ोर रहता है। ओडिशा ने सिखाया कि जब हम नहीं बोलते, तब भी बोल रहे होते हैं।

~

एक दिन पास के किसी गाँव से तीन युवक आए। उन्होंने कहा कि अमुक तारीख को वे अपने गाँव में विवेकानन्द जयन्ती मना रहे हैं और चाहते हैं कि हम उसमें

मुख्य अतिथि के रूप में आएँ। क्या वे हमसे कुछ चाहते हैं? सहयोग? सामान? नकद सहायता? नहीं, सिर्फ़ मुख्य अतिथि बनाना चाहते हैं। क्या वे चाहते हैं कि महाप्रबन्धक या उपमहाप्रबन्धक...नहीं, आप ही। आप लेखक हैं।

हालदार ने उनके गाँव का नाम नोट कर लिया और पता नहीं क्या सोचकर हाँ कर दी। जिस दिन जाना था उस दिन पता चला कि जिस गाँव जाना है वहाँ के लिए कोई सड़क तो है ही नहीं। मतलब, कभी रही होगी, अब तो खाई, खन्दक, झाड़ी, जंगल में से कूदते-फाँदते जाना पड़ता है। उस दिन ड्राइवर तिर्की की ड्यूटी थी। उसने बताया कि वह कभी गया तो नहीं, पर पहुँचा देगा। शाम चार बजे के करीब चले। रास्ता ऐसा कि जीप में हम पकड़े-पकड़े बैठे होने पर भी एक-एक फुट उछल रहे थे। और रास्ते में कोई चिड़िया, खरगोश तक भी नहीं जिससे पूछ लें कि सही दिशा में जा रहे हैं या नहीं।

दिमाग पर एक बोझ और था। अभी तो चलो उजाला है। इधर-उधर करते पहुँच जाएँगे, लेकिन घनी अँधेरी रात में इस सुनसान बियाबान जंगल में सिर्फ़ जीप की हैडलाइट के सहारे वापस कैसे आएँगे? और अगर जीप रास्ते में खराब हो गई...न पानी की बोतल पास है, न टॉर्च और न कोई हथियार। लड़कपन करवा दिया हालदार ने।

लेकिन गाँव पहुँचकर सब भूल गये।

दूर से स्कूल की इमारत नज़र आ रही थी। स्कूल से बाहर निकलती कच्ची सड़क के किनारे एक अध्यापिका की निगरानी में थोड़ी-थोड़ी दूरी पर छोटे-छोटे बच्चे फूल और मालाएँ लिये खड़े थे। मालाएँ स्थानीय पौधों पर खिले फूलों को धागे में पिरोकर स्थानीय और गैर पेशेवर कलाकारों द्वारा बनायी गई थीं। स्कूल की इमारत से सटे एक मिट्टी के टीले पर स्टेज बनाया गया था। पीछे का पर्दा बनाने के लिए बहुत सारी अलग-अलग रंग की चादरों को जोड़ दिया गया था। विंग्स बनाने के लिए सूती साड़ियाँ काम में ली गई थीं। स्टेज पर एक बाँस का सोफ़ा रखा हुआ था जिसके आगे रखी लोहे की मेज़ पर प्लास्टिक का मेज़पोश बिछा था। उस पर प्लास्टिक के दो गुलदस्ते भी रखे थे जिनमें प्लास्टिक के फूल लगे हुए थे।

उस शाम बहुत से भाषण हुए। बीच में न तो बच्चों को चुप रहने को कहना पड़ा न लोगों का चलना-फिरना दिखाई दिया, और अंत में तालियाँ भी बजीं, इससे अंदाज़ा हुआ कि भाषण अच्छे ही हुए होंगे। इसके बाद अचानक एक नृत्य का कार्यक्रम हुआ। दर्शकों में से छह-सात स्त्रियाँ उठीं, मंच के सामने आईं और एक-दूसरे की कमर में हाथ डालकर आगे की ओर आधा झुककर नृत्य करने लगीं। वे एक ओड़िया गीत भी गा रही थीं जिसमें बीच-बीच में 'शूऽऽऽ' की लम्बी

पुकार-सी लगती थी। मैंने पास बैठे सज्जन से पूछा कि स्त्रियाँ क्या गा रही हैं? वे बोले कि कुछ नहीं, गाँव का भजन है। हमारा लोकगीत समझ लीजिए। इस तरफ़ के गाँवों में गाया जाता है। इसका भावार्थ यह है कि 'हे यीशु! हमारे घर आइये।'

नृत्य की समाप्ति पर संचालक ने घोषणा की कि अब हमारे आज के कार्यक्रम के मुख्य अतिथि श्री स्वयं प्रकाश हालदार अपना भाषण वितरित करेंगे। मैं और हालदार एक-दूसरे का मुँह देखने लगे।

हालदार खड़ा हुआ। अँधेरा हो चुका था। गाँव में लाइट नहीं थी। हालदार ने अपनी बंगाली-ओड़िया में जनसमुदाय को बताया कि वह हालदार है और मैं स्वयं प्रकाश और कि उन्हें यहाँ आकर बहुत अच्छा लग रहा है। कम्पनी यहाँ बहुत लोगों के लिए रोज़गार के अवसर प्रदान कर रही है। विवेकानन्द एक महापुरुष थे। रवीन्द्रनाथ भी महापुरुष थे। दोनों समकालीन थे। युवा होते-होते जगतप्रसिद्ध हो चुके थे। लेकिन दोनों की परम्परा में भेंट का, विचार का, आलोचना का कोई प्रसंग सुनने में नहीं आता। यह मेरे लिए एक रहस्य है।

इसके बाद मैं बोला। मैंने कहा कि महापुरुषों को याद करना बहुत अच्छा है, लेकिन पर्याप्त नहीं। यदि आप अपने स्कूल में पुस्तकालय खोलना चाहें तो हम अपनी ओर से कुछ पुस्तकें और आपकी पसन्द की कुछ पत्रिकाओं की वार्षिक सदस्यता देने को तैयार हैं, आदि।

फिर लम्बा आभार प्रदर्शन। गाँव के लगभग सभी लोगों को समेटता हुआ। श्रोताओं द्वारा कुछ नामों की याददिहानी। अरे वह...उसे तो भूल ही गये। कुछ हँसी। संतोष।

अंत में नाश्ता-चाय। अखबार के कागज़ पर थोड़ी सी नमकीन और एक गुलाबजामुन। जर्मन सिलवर की छोटी-सी केतली में बड़ी देर से चुपचाप प्रतीक्षारत चाय। अभी वह शरमाते हुए गैस के हण्डे पर गर्म हो रही है...।

और फिर अँधेरी रात में बियाबान जंगल में कूदती-फाँदती जीप की हैडलाइट में वापसी की यात्रा। हालदार ने रास्ते में तिर्की से पूछा—"तुम रास्ता कैसे याद रखते हो ऐसे जंगल में? तिर्की ने अपने झक सफ़ेद और मज़बूत दाँत दिखाते हुए कहा—"तारे हैं न।"

~

पूरी कम्पनी में एक ही यूनियन थी। वह इण्टक समर्थित यूनियन थी। यहाँ भी यही यूनियन थी। एक ही यूनियन रखने की बहुत बड़ी कीमत कम्पनी को चुकानी

पड़ती थी। लेकिन कम्पनी फिर भी खुश थी। एक ही यूनियन होने से यूनियन वालों को खरीदा-खुश रखा जा सकता था। आपस में सिरफुटौव्वल नहीं होती थी। श्रमविवाद गर्मागर्मी तक तो पहुँचते थे, लेकिन धींगामस्ती और हाथापाई नहीं होती थी। मामला हड़ताल तक नहीं पहुँचता था। उत्पादन प्रभावित नहीं होता था इसलिए मंत्रालय में छवि खराब नहीं होती थी। पर्यावरण प्रदूषण जैसे मुद्दे दबे रहते थे। कानून चुपचाप तोड़े जा सकते थे। हल्ला नहीं मचता था।

लोगों का कहना था कि प्रबन्धन और यूनियन के बीच पहले ही तय हो जाता है कि क्या लेना, क्या देना है, उससे पहले क्या डिमाण्ड करना है, कितनी देर अड़ना है, कब आपको झुका देना है और कब-कितने पर समझौता कर लेना है।

स्थानीय यूनियन सचिव निहायत उजड्ड, बदतमीज़, गुण्डा और असभ्य किस्म का व्यक्ति था। वह पटेल था, उसके पास ज़मीन थी, परंपरागत दबदबा था और निचले स्तर की राजनीतिक जान-पहचान थी। गले में मोटी-सी सोने की चेन थी, आँखों पर काला चश्मा था, पुठ्ठों के नीचे मोटरसाइकिल थी, घर में लायसेन्स वाला रिवॉल्वर था, मज़दूरों से तू-तड़ाक से बात करने में सोचना नहीं पड़ता था, सरकारी कार्यालयों में गये तो कुर्सी पर बैठने या भीतर आने के लिए किसी की अनुमति नहीं लेनी पड़ती थी।

पटेल को यूनियन के काम के लिए फुलटाइम रिलीव किया हुआ था। अर्थात् उसके लिए कार्यालय में आना ज़रूरी ही नहीं था। मर्ज़ी आए जब आए। न उसे कोई काम दिया जा सकता था। उसे तनख्वाह ज़रूर नियमित और पूरी मिलती थी। यूनियन के लिए एक अलग कार्यालय बना हुआ था। पटेल की मोटरसाइकिल को सिक्योरिटी वाले भी गेट पर चैक नहीं कर सकते थे। इसमें वह अपनी हतक समझता था। वह जब मर्ज़ी हुई धड़धड़ाता हुआ आता, जहाँ चाहता बैठता-घूमता और जब चाहता चला जाता। उसके मुँह में हर समय जर्दे का पान ठुंसा रहता। अधिकांश कर्मचारी उसे देखते ही खड़े हो जाते और उसके आगे हाथ जोड़े 'आज्ञा-आज्ञा' करते रहते। उसने कई अधिकारियों को माँ-बहन की गाली दी थी, अनेक का कॉलर पकड़ा था और एक-दो को थप्पड़ भी मारा था। एक अधिकारी की तो रातपाली में पटेल और नशे में धुत्त उसके साथियों ने यूनियन ऑफ़िस के सामने जमकर धुनाई की थी। इस कदर कि उसे सुन्दरगढ़ अस्पताल में भर्ती कराना पड़ा था। एक बार वह रात को रिवॉल्वर लेकर उपमहाप्रबन्धक के घर पहुँच गया था। एक बार उसे कुछ तकलीफ़ थी। कॉलोनी में स्थित डिस्पेन्सरी में आया। डॉक्टर के पास गया। डॉक्टर ने कहा—"पहले बाहर जाकर पान थूककर आओ।" इस पर उसे इतना गुस्सा आया कि उसने डॉक्टर को कमरे में बन्द कर

दिया और बाहर से ताला लगाकर सुन्दरगढ़ चला गया।

और इन जैसे उजड्ड और आतंकवादी किस्म के लोगों को ही मुफ़्त में सारी वी.आई.पी. सुविधाएँ प्रदान की जाती थीं। ये लोग कम्पनी के खर्च पर खूब विदेश यात्राएँ भी करते थे। कभी जिनेवा, कभी टोकियो, कभी श्रीलंका। कभी आइएलओ, कभी सेमीनार, कभी वर्कशॉप। पता नहीं वहाँ जाकर ये भारतीय श्रमिकों का कैसा प्रतिनिधित्व करते होंगे। इनके टीए बिल पास करने वाले भी इन्हीं की यूनियन के सदस्य थे। यूनियन के चंदे की, हिसाब-किताब की, कहने को ऑडिट होती थी, पर यह हिसाब सदस्यों को कभी नहीं बताया जाता था। न उसे देखने में किसी की दिलचस्पी थी। प्रमोशन, डिमोशन, इनक्वायरी, सस्पेन्शन कुछ भी इनकी मर्ज़ी के बगैर हो गया तो ये सम्बन्धित अधिकारी को सबके सामने गाली देने में या मारने में संकोच नहीं करते थे। और ऐसी हर घटना में प्रबन्धन सिर्फ़ चुप रहता था या सम्बन्धित अधिकारी को ही घुड़कता था कि उसे वर्कर्स के साथ डील करना नहीं आता। अधिकारी गैरतमन्द होता तो इस्तीफा देकर चला जाता और इतनी कुव्वत नहीं होती तो ज़िन्दगी भर के लिए भीगी बिल्ली बन जाता।

लेकिन यह भी है कि साढ़े तीन सौ कर्मचारियों या उनके परिवार के सदस्यों में से किसी को भी कुछ हो जाए तो पता नहीं कैसे पटेल को पता चल जाता था और वह सबसे पहले घटनास्थल पर पहुँच भी जाता था। जीना-मरना, पारिवारिक कलह, पड़ोसियों का झगड़ा, पैसे की दिक्कत, स्वास्थ्य सम्बन्धी समस्या, इंक्रीमेण्ट, प्रमोशन...कुछ ऐसा नहीं था जिसकी समस्या सुलझाना पटेल के लिए असंभव हो। गाड़ी, पैसा, प्रभाव जो भी व्यवस्था करनी होगी, पटेल तुरन्त कर देगा। एक बार राउत नाम के एक कर्मचारी की पत्नी ने आत्महत्या कर ली। सारी कॉलोनी कह रही थी कि यह आत्महत्या नहीं, हत्या है। राउत ने ही घासलेट डालकर अपनी पत्नी को जलाया है। पाँच सिपाही और हवलदार बाहर खड़े थे। पटेल ने कुछ नहीं होने दिया। शान्ति से अन्त्येष्टि हुई...और राउत को एक पैसा भी खर्च नहीं करना पड़ा।

एक बार सड़क पर एक दुर्घटना हो गई थी। तीन-चार लोग घायल हो गये थे। ये माइन्स के कर्मचारी नहीं थे। एक महिला के शरीर से बुरी तरह खून निकल रहा था। पटेल उसे पकड़े खड़ा था। माइन्स की तरफ़ से एक कार आती दिखाई दी। चकाचक और चमकदार सफ़ेद एम्बेसडर। पटेल ने हाथ देकर गाड़ी रोकी। गाड़ी में महाप्रबन्धक और दो अन्य अधिकारी थे। ये डीजीएमएस के साथ ज़रूरी बैठक के लिए राउरकेला जा रहे थे। पटेल ने इन सबको उतारा, गाड़ी

में घायलों को भरा और गाड़ी को सुन्दरगढ़ अस्पताल भेज दिया। उस दिन भी ड्राइवर जोसेफ़ ही था। महाप्रबन्धक और साथ के दो अधिकारी तीन किलोमीटर पैदल चलकर माइन्स आए, दूसरी गाड़ी ली और राउरकेला गये।

बाद में जोसेफ़ ने बताया कि गाड़ी साफ़ करने में उसे तीन घण्टे लगे।

अक्सर कहा जाता है कि नेता तो गुण्डे होते हैं। कभी-कभी मैं सोचता हूँ कि यदि साहस और दबंगपन के सन्दर्भ में ही उन्हें गुण्डा कहा जा रहा है तो क्या कभी मेरे और आपके जैसे लोग नेता हो सकते हैं? सत्ता शक्ति का विमर्श है और उसकी अपनी माँग और शर्तें होती हैं। मध्यवर्गीय आदर्शवादिता यहाँ औंधे मुँह गिरती है—जैसे भारत में राजस्थान के मुख्यमंत्री लोकनायक जयनारायण व्यास और बाहर चिली के राष्ट्रपति अलेन्दे। ज़रा सोचा जाए कि यदि नेहरू के स्थान पर गाँधी स्वतंत्र भारत के राष्ट्रपति या प्रधानमंत्री होते तो क्या होता? यकीनन या तो उन्हें खुद को बदलना पड़ता या उन्हें हटा दिया जाता। गहराई से सोचें तो स्तालिन इतिहास की दुर्घटना नहीं, इतिहास की अनिवार्यता था। हाँ, छवि की बात और है—जैसी शास्त्री, केनेडी या मण्डेला की बन गई है।

~

मैं शुरू से श्रमिकों के पक्ष में था। पिछली नौकरी में मैं खुद यूनियन का सक्रिय कार्यकर्ता था। प्रान्तीय संगठन सचिव था। सशक्त यूनियन, नेगोसिएशन इंस्ट्रूमेण्ट और जेसीसी आदि देखकर मुझसे ज़्यादा खुश और कौन होता? पटेल शुरू-शुरू में एक बार मुझे अपनी मोटरसाइकिल पर बैठाकर सुन्दरगढ़ ले गया था। मैं बस के लिए खड़ा था। उसने कहा, "मैं सुन्दरगढ़ ही जा रहा हूँ, आ जाइये।" पूरे रास्ते वह मेरी पीएच-डी. पर बात करता रहा और इस बहाने उसने मेरे बारे में जानने योग्य सब जान लिया।

मेरा सोचना था कि पटेल यूनियन सेक्रेट्री होने से पहले भंडार विभाग में लिपिक है और कम्पनी का कर्मचारी है। इसी बात की उसे तनख़्वाह मिलती है। कर्मचारी ही नहीं होता तो यूनियन का सेकेट्री भी कैसे होता? अब यदि वह भण्डार विभाग में अपना काम किये बगैर पूरी तनख़्वाह पा रहा है तो या तो वह हरामखोरी कर रहा है या अपने उन सहकर्मियों का शोषण कर रहा है जो अपने काम के अलावा उसके हिस्से का भी काम कर रहे हैं। दोनों बातें गलत हैं। यदि पटेल काम नहीं करता तो विभाग या कम्पनी के मामलों में बोलने का उसे कोई हक नहीं है।

मैं यह भी सोचता था कि जेसीसी (जॉइण्ट कन्सल्टेटिव कमेटी) के स्थान

पर जॉइण्ट मैनेजमेण्ट कमेटी होनी चाहिए और कर्मचारियों को नीति निर्धारण में ही नहीं, उत्पादन और उत्पादकता में भी बराबर का भागीदार होना चाहिए लेकिन चूँकि श्रमिकों को नीति निर्धारण में भागीदार नहीं बनाया जाता था इसलिए उन्हें कम्पनी के मुनाफ़े-घाटे, उत्पादन-विक्रय, प्रगति-विस्तार से भी कोई मतलब नहीं था। और नीति निर्धारण कौन करता था? नहीं, कम्पनी का निदेशक मण्डल भी नहीं, मंत्रालय के अवर सचिव, सहायक सचिव, सचिव और वरिष्ठ सचिव और मुख्य सचिव और न जाने किस-किस प्रजाति के सचिव जिन्हें न भू-विज्ञान की कोई समझ थी न धातु का कोई ज्ञान, न कारखानों, खदानों में काम करने का कोई अनुभव, न अंतरराष्ट्रीय धातु एक्सचेंज की कोई समझ। ये पुराने आई.ए.एस. अफ़सर थे, इनके कुछ सलाहकार थे—देशी भी और विदेशी भी, जो फ़ीस के रूप में भारत सरकार से भारी रकम पाते थे और जैसे चाहते इन्हें हाँकते थे।

गुस्सा मुझे इस बात पर भी आता था कि मामला चाहे देर से आने पर किसी को डाँटने का हो या महँगे उपकरण तोड़ने पर दण्डित करने का या लापरवाही और गफ़लत के लिए प्रताड़ित करने का...पटेल हर बात को ओड़िया-ग़ैर ओड़िया पर ले आता था। तुम लोग साले हिन्दी वाले। कम्पनी का प्रधान कार्यालय चूँकि हिन्दी प्रदेश में था इसलिए पटेल और उसके साथियों के लिए कम्पनी एक विदेशी शक्ति के समान थी जो 'उनका' सोना-रूपा खोदकर ले जा रही है। पटेल हिन्दी अच्छी तरह जानता था, हिन्दी में बात भी करता था, लेकिन जब उसे लड़ना होता वह ओड़िया में चीखने-चिल्लाने लगता था, बेशक उसमें से आधी गालियाँ ओड़िया होती थीं—ग़ैर ओड़िया भाषी अधिकारी जिनका अर्थ न समझने के कारण हक्के-बक्के खड़े रहते थे और ओड़िया भाषी कर्मचारी और श्रमिक जिन्हें सुनकर हँसते थे। शायद पटेल की इस हरकत से उन्हें एक विकृत किस्म का सुख और सन्तोष मिलता हो।

सत्ता शक्ति का विमर्श है और उसकी अपनी माँग और शर्तें होती हैं। शक्ति हो, पर एक सीमा से आगे उसका दुरुपयोग न हो इसकी गारंटी सिर्फ़ एक प्रबल और सक्रिय (प्रैक्टिसिंग) लोकतंत्र ही हो सकता है। अंग्रेज़ी में दो बड़ी अच्छी कहावतें हैं। एक है—हर देश की जनता को वैसी ही सरकार मिलती है जिसके कि वह लायक होती है। और दूसरी कहावत है—'सत्ता भ्रष्ट करती है और चरम सत्ता चरम भ्रष्ट करती है।'

अब इस लिहाज़ से मार्क्स की कल्पना 'स्टेटलैस स्टेट' या 'स्टेट विदर्स अवे' पर विचार करें तो लगेगा कि क्या इससे बड़ा भी कोई सपना देखा जा सकता है? दुनिया के सबसे बड़े सपने को साकार करने के लिए तो संकल्प और साथ भी दुनिया भर का चाहिए।

लेकिन पटेल को और उस जैसे तत्वों को श्रमिक नेता कहने में और मानने में मुझे घोर संकोच होता है। इन्हें लुम्पेन या उठाईगीर भी नहीं कहा जा सकता, यह सीधे-सीधे मध्यवर्गीय दल्लागिरी है जो ट्रेड यूनियन के नाम पर हमारे देश में चली है और जिसने भारत की गरीब जनता के धन से खड़े किये गये प्रतिष्ठानों में श्रम संस्कृति का सत्यानाश किया है। हालाँकि मुझे पूरा शक है कि इतिहास में कभी भी, कहीं भी सबसे कुशल श्रमिक मज़दूरों के चुने हुए नेता रहे होंगे। मशीन पर काम करने का हुनर और कौशल जानना अलग बात है और सांगठनिक क्षमता बिलकुल अलग बात। शायद जिस प्रकार के सांस्कृतिक प्रशिक्षण की आवश्यकता श्रमिक वर्ग को थी वह देने पर कभी ध्यान नहीं दिया गया और मान लिया गया कि समता, धर्मनिरपेक्षता, परिश्रम का सम्मान, ईमानदारी, सच्चरित्रता, समर्पण, उत्साह आदि समाजवादी मूल्य साथ रहने और काम करने से धीरे-धीरे अपने आप आ जाएँगे। क्योंकि प्रकृत्यया मनुष्य नेक, भला, सभ्य और चरित्रवान है।

हालत यह थी कि हर प्रकार की गोपनीय फ़ाइलों तक यूनियनवालों की रसाई थी। हस्ताक्षर कहीं नहीं। इसलिए पहले उन्होंने श्रम सम्बन्धों को प्रतिष्ठान के हितों की कीमत पर अपने हिसाब से तोड़ा-मरोड़ा। प्रबन्धन का और अपने सदस्यों, दोनों का शोषण किया और इसके बाद ठेका श्रमिकों से यूनियन का चंदा वसूल किया। ठेके की फ़ाइलें खोलकर देखीं, सप्लाई की फ़ाइलें खुलवाकर देखीं—बेटे या पत्नी के नाम पर फ़र्ज़ी फ़र्म खोलकर कम्पनी के सप्लायर बने, दोस्तों-रिश्तेदारों के नाम पर कम्पनी से ठेके लिये। भ्रष्ट अधिकारियों ने इन्हें प्रोत्साहित किया और कम्पनी को लूटने के नये-नये गुर सिखाये। सारे ट्रेड यूनियन आन्दोलन को अर्थवाद में सीमित कर इन्होंने प्रतिष्ठान को खोखला करना शुरू कर दिया। धीरे-धीरे इनका वज़न इतना बढ़ गया कि नवरत्न कहलाने वाला भारत सरकार का यह गौरवशाली प्रतिष्ठान सन् 2000 में मिट्टी के मोल एक बनिये को बेच दिया गया। तरह-तरह की वी.आर.एस. आईं, अधिकारियों को जलील करके निकाला गया, श्रम कानूनों की धज्जियाँ उड़ायी गईं और 'आर्थिक दृष्टि से अलाभकारी' इकाइयों को बन्द कर दिया गया।

यह इकाई भी बन्द हो गई।

खदान में क ख ग

छह साल ओडिशा में रहने के बाद बमुश्किल मेरा तबादला राजस्थान हुआ। तैनाती मिली उदयपुर से चालीस किलोमीटर दूर जावर माइन्स में, जो कम्पनी की सबसे बड़ी और सबसे पुरानी माइन्स थी। मदर माइन्स। इसमें एक नहीं चार-चार माइन्स थीं और बाद की खोजों से सिद्ध हो गया कि यह विश्व की प्राचीनतम् जस्ता खदानों में से एक है। इसे विश्व धरोहर का दर्जा भी मिल गया। खुदाई के दौरान न सिर्फ़ लकड़ी की सीढ़ियाँ, पत्थर के औज़ार, पकी मिट्टी के बर्तन और जानवरों तथा आदमियों की हड्डियाँ मिलीं बल्कि पचासों जस्ता पिघलाने की भट्ठियाँ और बीसियों मन्दिरों के अवशेष भी मिले। इनका अन्तरराष्ट्रीय विशेषज्ञों से अध्ययन करवाया गया, कार्बन डेटिंग करवाई गयी और जहाँ जितना सम्भव हुआ मन्दिरों के ढाँचों को खड़ा करने की कोशिश भी की गयी। उदयपुर-अहमदाबाद हाइवे पर टीडी से जावर तक की नौ किलोमीटर की कच्ची सड़क पर दोनों तरफ़ हरी-भरी वादियों के बीच बिखरे हुए यही भग्नावशेष (रिटॉर्ट्स) दिखाई देते थे।

कम्पनी के एक निदेशक श्री हरिहर विष्णु पालीवाल की इतिहास में विशेष रुचि थी। वह बनारस में पढ़े थे, स्वयं बहुत विद्वान थे और अपना नाम हमेशा ह. वि. पालीवाल लिखते थे ना कि एच. वी. पालीवाल। वह हस्ताक्षर भी हमेशा हर काग़ज़ पर—और इसमें अन्तरराष्ट्रीय संधि-करार आदि के काग़ज़ भी शामिल थे—हिन्दी में करते थे। उन्होंने पंडितों से मशविरा किया कि क्या प्राचीन ग्रन्थों में यशद उत्खनन के कुछ प्रमाण या संकेत मिलते हैं? नहीं मिले। आयुर्वेद के ग्रन्थों (शायद *वृहद निघण्टु रत्नाकर* या *शारंगधर संहिता*) में इतना अवश्य लिखा मिला कि जहाँ जस्ता होगा वहाँ चाँदी भी होगी और जहाँ सीसा होगा वहाँ सोना भी होगा। यह तो हमारे रासायनिक विश्लेषणों से भी स्पष्ट ही था।

लेकिन सबसे दिलचस्प बात मुझे यह लगी कि जावर में खुदाई के दौरान मुग़लकालीन चाँदी के सिक्के भी मिले थे। मेरा दिमाग़ घोड़े की तरह दौड़ने लगा। मैंने सोचा कि इतनी दूर दिल्ली से इतने लाव-लश्कर के साथ और इतना खर्चा करके अकबर-शहंशाह अकबर मेवाड़ की राजधानी चित्तौड़ पर चढ़ाई करने क्यों आया होगा? क्या सिर्फ़ राज्य विस्तार की महत्त्वाकांक्षा के चलते? और

महाराणा प्रताप आदि द्वारा मुग़लों का प्रबल प्रतिरोध क्यों किया गया? जयपुर जोधपुर-अजमेर आदि सबकी तरह उन्होंने भी सन्धि क्यों नहीं कर ली? मैंने अचरज से सोचा कि इतिहासकारों ने युद्ध के आर्थिक हेतुओं, गोपनीय उद्देश्यों और अलिखित एजेंडा पर पर्याप्त ध्यान क्यों नहीं केन्द्रित किया? क्या वे अर्थशास्त्रीय दृष्टिकोण से इतिहास को 'अपवित्र' नहीं करना चाहते थे?

लेकिन मेरे सवालों का जवाब वहाँ कौन देता?

~

जावर में भी कुछ विचित्र अनुभव हुए।

अहिन्दी भाषी क्षेत्रों में—खासकर दक्षिण भारत में—हिन्दी का विरोध एक समझ में आने वाली बात थी और उसके लिए मैं मानसिक रूप से तैयार भी था। मद्रास का मुझे अनुभव भी था। और यह अनुभव सुखद तो नहीं ही था।

1969 की बात है। होली का दिन था और हम कासीचेट्टी स्ट्रीट पहुँच गये थे, जहाँ उत्तर भारतीय लोगों का बहुमत है और बड़ी संख्या में मारवाड़ी लोग रहते हैं। वहाँ बाकायदा होली की धूम-धमाल का माहौल था। गुलाल और अबीर, रंग और पिचकारी, ढप और चंग, फाग और रसिया गाने वाली टोलियाँ...बच्चों की पिचकारियाँ, गेलेरी से निशाने साधकर रंग भरे गुब्बारे फेंकती लड़कियाँ...हर दूकान...हर घर में हर हुरियारे का दिल खोलकर स्वागत...भाँग-ठंडाई, मिठाई, गुझियाँ...दुर्लभ गुझियाँ...मावे-किशमिश-नारियल भरी। सुबह साढ़े दस-ग्यारह का वक्त होगा। अचानक एक तरफ़ से दूकानों के शटर गिरने लगे। भीड़ भाग-भागकर गलियों में दुबकने लगी। गैलरियाँ सूनी हो गयीं। दरवाज़े बन्द होने लगे। हम कुछ समझें इससे पहले ही चालीस-पचास शराब पिये गुंडे सरिये-चेन-लाठी-हॉकी लिए एक तरफ़ से भागते हुए आते दिखे। मेरे अनेक साथियों को स्थानीय निवासियों ने अपने घरों के भीतर छिपा लिया, लेकिन मैं...भला ऐसा दुर्लभ दृश्य छोड़कर कैसे भागता? मेरी देखा-देखी मेरे पाँच-छह मित्र भी। हम खड़े रहे। हमने सोचा कि हमने किसी का क्या बिगाड़ा है? हमें कोई क्यों मारना चाहेगा? लेकिन पागल साँड़ की तरह लाल-लाल आँखों वाले, तमिल में गन्दी-गन्दी गालियाँ बोलते उन गुंडों ने हमें भी मारा। दौलतराम का सिर फूट गया। शिवराम की पीठ पर पड़ी,... पाण्डे की टाँग पर चेन पड़ी...मेरे हाथ पर लाठी पड़ी।

हाथ सूज गया। महीने भर सूजन और दर्द रहा।

इसलिए ओडिशा में जो हुआ, उससे कहीं अधिक के लिए मैं मानसिक

रूप से तैयार होकर गया था। लेकिन यहाँ? हिन्दीभाषी प्रदेश में? राजस्थान में? उदयपुर में? जावर माइन्स में? यहाँ हिन्दी के कारण इतना विरोध सहना पड़ेगा, इसकी तो मैंने कल्पना भी नहीं की थी।

~

जावर माइन्स में यूनियन का बेहिसाब वर्चस्व था। न सिर्फ़ यह कि प्रबन्धन का हर निर्णय उनकी सहमति से किया जाता था बल्कि यह भी कि कम्पनी की हर गोपनीय फ़ाइल उनके लिए हमेशा सुलभ रहती थी। यूनियन के नेता जिसे चाहे नौकरी पर लगवा सकते थे और जिसे चाहे नौकरी से निकलवा सकते थे। कर्मचारियों की ही नहीं अधिकारियों तक की पदोन्नति उनकी सहमति के बाद होती थी। उनके बड़े-बड़े ऑफ़िस थे और वे कभी कोई ड्यूटी नहीं करते थे। बड़े-बड़े अधिकारी हमेशा उनकी लल्लो-चप्पो करते रहते थे, मंझोले तथा छोटे अधिकारी तो उन्हें देखते ही खड़े हो जाते थे। उनकी दिलचस्पी ख़रीद-फ़रोख़्त, ठेके और डिस्पोज़ल की फ़ाइलों में भी खूब रहती थी और उनमें से अनेक के रिश्तेदार माइन्स में ठेकेदारी करते थे। उनमें से अनेक भर्ती हुए जब जैसे भी रहे हों, अब सबके पास बड़ी-बड़ी ज़मीनें और अन्य सम्पत्ति थीं।

इस उद्योग में एक ही यूनियन थी जो इण्टक समर्थित थी। एक ही यूनियन थी तो झगड़े-झंझट चाहे जितने हों, हड़ताल कभी नहीं होती थी। उत्पादन ज़्यादा बाधित नहीं होता था। एक ही यूनियन रखने की प्रबन्धन को भारी कीमत चुकानी पड़ती थी।

लेकिन यह भी सच है कि ये नींव के पत्थर थे। इन्हीं के खून-पसीने के बल पर कम्पनी खड़ी हुई थी। ये लोग उस समय से कम्पनी में थे जिस समय कोई इन जंगलों में नौकरी करने के लिए आने को तैयार नहीं होता था। एक बार तो, राष्ट्रीयकरण से पहले, ऐसी नौबत भी आ गयी थी कि मज़दूरों को वेतन देने को पैसा नहीं था और माइन्स बन्द होने के कगार पर थी। उसे कोई खरीददार तक नहीं मिल रहा था। तब इन्हीं मज़दूरों ने बग़ैर वेतन काम किया था बल्कि चन्दा करके चक्का जाम होने से रोका था और माइन्स को कबाड़ में बिकने से बचाया था।

अब इस बात की कल्पना भी रोंगटे खड़े कर देती है कि एक ऐसा ज़माना भी था जब अयस्क पत्थर से धातु के कण अँगुलियों से खोद-खुरचकर इकट्ठे किये जाते थे। माइन्स के भीतर न रोशनी थी, न हवा, न सुरक्षा की कोई व्यवस्था

और इसलिए वहाँ आये दिन हादसे होते रहते थे। यही कारण था कि हर विभाग में कुछ विधवाएँ भी काम करती दिखाई देती थीं। शायद ही कोई ऐसा विभाग था, जिसमें कोई विधवा न हो और शायद ही कोई दूसरा उद्योग हो, जिसमें इतनी विधवाएँ काम करती हों। मज़दूर पढ़े-लिखे नहीं थे, तो विधवाओं की कार्यक्षमता भी सीमित थी और जिस तेज़ी से पहले यंत्रीकरण, फिर विद्युतीकरण और फिर कम्प्यूटरीकरण हुआ—ये अनुकम्पा नियुक्तियाँ प्रबन्धन को भारी पड़ने लगी थीं। उन्हें मजबूरी में ढोना पड़ रहा था।

और मुझ जैसे हिन्दी अधिकारी को भी।

सब ऐसा ही सोचते थे। ख़ासकर उत्पादन से किसी भी रूप से जुड़े विभागों के कर्मचारी और अधिकारी। उन्हें लगता था कि वे मर-पचकर, जान जोख़िम में डालकर जो मुनाफ़ा कमाते हैं—हिन्दी अधिकारी मुफ़्त में उसमें हिस्सा बँटाने आ गये हैं। 'किस बात का ऑफ़िस मिलना चाहिए इन्हें? किस बात का क्वार्टर? दो दिन अंडरग्राउंड जाना पड़े तो घुस जाये इनका ''क'' क्षेत्र!' ऐसे उद्‌गार अक्सर सुनने को मिल जाते थे। मेरे सामने या मुझे सम्बोधित करके तो कोई कुछ नहीं कहता था लेकिन मुझे उनकी आँखों में एक मुसलसल नापसन्दगी, बल्कि नफ़रत स्पष्ट तैरती दिखाई देती थी। हिन्दी के आयोजनों में यूनियन के नेता कभी नहीं आते थे और अन्य कर्मचारियों को भी आने के लिए दस-दस बार फ़ोन करना पड़ता था। अक्सर तो ऐसा भी होता कि जिस अधिकारी को अध्यक्षता के लिए पटाया गया है, ऐन टाइम पर उसका फ़ोन आ जाता कि नहीं आ पाऊँगा, अंडरग्राउंड में कुछ अर्जेंट काम आ गया है। बाद में पता चलता कि वह कहीं बैठकर गप्पें लगाता रहा था। कोई प्रतियोगिता रखी जाती तो सैकड़ों कर्मचारियों में से दस-बारह कर्मचारी आते, बार-बार आते, हर बार आते और हिन्दी दिवस पर हरेक को दस-दस पुरस्कार मिल जाते। बाहर से किसी अतिथि को बुलाया जाता तब तो झेंपने जैसी स्थिति पैदा हो जाती। क्योंकि अध्यक्ष तो शरमाहुज़ूरी में आ भी जाता, लेकिन श्रोताओं-दर्शकों-प्रतिभागियों की उपस्थिति दहाई तक भी नहीं पहुँचती। हर आयोजन के अध्यक्ष ने मानो ठान रखा था कि अपने भाषण में हिन्दी का मज़ाक उड़ाना है। वह कहता अध्यक्ष होते हुए भी उसके लिए दफ़्तर में हिन्दी में काम करना मुश्किल है क्योंकि उसकी इंजीनियरिंग की, या एकाउंट्स की या मैनेजमेन्ट की पढ़ाई अंग्रेज़ी में हुई है। इसलिए जब तक शिक्षा हिन्दी में नहीं होगी...अर्थात् साले हिन्दी अधिकारी! जाओ! पहले सारी शिक्षा हिन्दी में करवाकर आओ...उसके बाद हमसे हिन्दी में हस्ताक्षर करने को कहना! सिर्फ़ उसके बाद इंडस्ट्री में आने की हिम्मत करना!

हर आयोजन में जलपान के समय 'लौहपथगामिनी आवक-जावक-नतमस्तक...' और 'पर्वतीय प्रदेशोत्पन्न दुग्ध शर्करा मिश्रित' ज़रूर सुनने को मिलता। और इस पर सामूहिक ठहाका भी। जबकि शायद ही इससे अधिक घिसा-पिटा मज़ाक किसी ने सुना हो! मैंने भारत सरकार द्वारा प्रकाशित तमाम पारिभाषिक शब्दावलियाँ ध्यान से देखीं। मुझे सिग्नल और चाय के ये हास्यास्पद हिन्दी बदल कहीं नहीं मिले। मैंने कुछ वरिष्ठ मित्रों से पत्र लिखकर प्रार्थना की कि वे खोजबीन करके मुझे इन फूहड़ मज़ाकों का उत्स बताएँ! लेकिन शायद उनके लिए इस अपमान की नोक उतनी चुभने वाली नहीं थी जितनी मेरे लिए।

इसलिए इस उद्योग में हिन्दी अधिकारी की स्थिति वैसी ही थी जैसी बत्तीस दाँतों के बीच जीभ की। और हिन्दी अधिकारी भी इसे जानते थे, इसलिए वे अक्सर शरमाये या खिसियाए रहते थे। उनमें से अधिकांश पहले दूसरे विभागों में काम करते थे, पदोन्नति के लालच में हिन्दी में प्रायवेट एम.ए. करके इधर आ गये थे या सिफ़ारिश के सहारे नौकरी पर लगे थे। उनमें किसी तरह की कोई भाषिक समझ या साहित्यिक अभिरुचि नहीं थी। उनका भाषिक ज्ञान दयनीयता की हद तक दरिद्र था। उनके हिन्दी अनुवाद अक्सर खुद मेरे लिए लगभग अबूझ और अपठनीय होते थे। वे हर समय अधिकारियों के घर के चक्कर लगाते रहते थे और येन-केन अपनी उपयोगिता साबित करने में लगे रहते थे। यानी कहीं कचहरी का काम कर रहे हैं, कहीं जनसम्पर्क का, कहीं अफ़सरों के क्लब या लेडीज़ क्लब का तो कहीं प्रदर्शनी लगाने का, कहीं टाइपिंग का, कहीं खरीदारी का, कहीं भोजन पकवाने का। जैसे कोई निकम्मा-निठल्ला हर वक्त सामने खड़ा हो कि उसे जो भी काम कोई बता दे—वह तुरन्त कर दे। कम्पनी में हिन्दी के महकमे के वरिष्ठ अधिकारियों की दिलचस्पी सिर्फ़ और सिर्फ़ आँकड़ों में थी। उन्हें राजभाषा सम्बंधी संवैधानिक व्यवस्थाओं की धाराएँ ज़बानी याद थीं और उसका इस्तेमाल वे आत्मरक्षा के लिए कोड़े को तरह करते थे। उन्हें देखकर बचपन के वे जोगी और कालबेलिये याद आते थे जो चौराहे पर नाचते-नाचते खुद को एक भयानक आवाज़ करने वाले लम्बे कोड़े से बार-बार मारते थे—और फिर भीख माँगते थे।

और कौन-सा पेशा होगा, जिसमें रोज़ सुबह यह सवाल आपकी चेतना पर कोड़ा फटकारे कि जो रोटी आप खा रहे हैं और अपने परिवार को खिला रहे हैं—वह हलाल की है या हराम की!!!

मुझे हक़दार होने के बावजूद तीन महीने तक क्वार्टर नहीं दिया गया। तीन महीने मैं अपने परिवार और बँधे हुए सामान को लेकर ट्रांज़िट में पड़ा रहा जहाँ अक्सर ऊपर वाले लड़के नल खुला छोड़ जाते थे और हमारे नहाने-पीने के लिए

पानी नहीं बचता था, जहाँ गायें ऐन हमारे दरवाज़े के आगे गोबर कर जाती थीं, जहाँ मेरा स्कूटर हर समय बरसात में भीगता रहता था। गैस कनेक्शन नहीं मिला, स्टोव के लिए घासलेट इन सबसे माँगना पड़ता। मैं ओडिशा से पैसा खर्च करके अपना सामान ट्रक से लाया था—मेरा टीए बिल पास नहीं हुआ। मेरी एलपीसी नहीं आयी, बैंक एकाउंट ट्रांसफ़र होकर नहीं आया, तनख़्वाह नहीं मिल रही थी—उसके एवज में एडवान्स भी नहीं दिया गया। मेरा दफ़्तर ऐसे कोने में था जहाँ दिन में भी लाइट जलाकर रखनी पड़ती थी, बरसात में दीवारों से झरने की तरह पानी झरता था, काग़ज़ भीग जाते थे...डाक गायब हो जाती थी और उस सँकड़ाई में जितने मेहमान मेरे घर आये, उम्र की किसी तिमाही में नहीं आये। तीन महीने बाद एक क्वार्टर मिला भी तो ऐसा जिसका सारा फ़र्श खुदा हुआ था और नल टूटे हुए थे। मैंने कभी सोचा भी नहीं था कि अपने गृहप्रदेश में छह साल बाद लौटना मेरे लिए, पत्नी के लिए और बच्चों के लिए इतना उदास करने वाला होगा।

इसी समय विजिलेंस विभाग में सतर्कता अधिकारी की विभागीय रिक्ति विज्ञापित हुई। मैंने तुरन्त उसमें आवेदन कर दिया और महीने भर की परीक्षाओं के बाद अन्ततः उसमें मेरा चयन हो गया। मन ने बहुत बुरा माना। क्या मैं मुसीबतों से डरकर भाग रहा हूँ? क्या मैं हिन्दी के साथ गद्दारी कर रहा हूँ? क्या मैं चुनौती से घबरा रहा हूँ? क्या मैं एक ऐसे पेशे में कामयाब हो पाऊँगा जिसके बारे में कुछ नहीं जानता? क्या वह पुलिसिया काम मुझसे हो पायेगा? क्या मैं हर किसी पर शक कर पाऊँगा? मैं जो मानता रहा हूँ कि हर व्यक्ति के भीतर देवता छिपा होता है, क्या हर व्यक्ति को चोर समझकर उसकी जासूसी कर पाऊँगा? क्या यह मेरे लेखन को विपरीत रूप से प्रभावित नहीं करेगा?

लेकिन मैंने हिन्दी अधिकारी से सतर्कता अधिकारी बनने का प्रस्ताव अन्ततः स्वीकार कर लिया और प्रशिक्षण आदि के बाद मेरी पहली तैनाती राजपुरा दरीबा माइन्स में हुई तो हमें लगा चलो गंगा नहाये। काम जो भी हो, जैसा भी हो, ज़िल्लत की रोटी से तो पीछा छूटा।

और परिवार भी...जावर से पिंड छूटने पर खुश था। और यहाँ से मानो जीवन का एक नया अध्याय आरम्भ हुआ।

≈

दरीबा अपेक्षाकृत बड़ी माइन्स थी और इसका नाम राजपुरा और दरीबा, दो गाँवों—जहाँ वह स्थित थी—के नाम पर रखा गया था। 'दरीबा' फ़ारसी का शब्द है जिसका

मतलब ही होता है खान या खदान। मेवाड़ के इतने सुदूर और भीतरी क्षेत्र में फ़ारसी के एक शब्द की रसाई ठीक वैसी ही थी जैसी मैं महाराष्ट्र और ओडिशा के भीतरी अँचलों में देख आया था। ज़ाहिर है यहाँ भी कभी माइन्स रही थी। यहाँ भी खुदाई के दौरान प्राचीन भट्ठियों के अवशेष मिले थे और कुछ दूरी पर ज़मीन के ऊपर ही एक 'गोसान' भी मिला था जो अब राष्ट्रीय धरोहर है। गोसान एक ऐसी चट्टान को कहते हैं जिसमें अनेक प्रकार की धातु कुछ इस तरह मिली रहती हैं कि उन्हें अलग नहीं किया जा सकता। ऐसी चट्टानें अक्सर लावे के साथ ही प्रकट होती हैं और भू-गर्भ में धातु भंडार होने का सबसे पुष्ट और प्रबल प्रमाण होती हैं।

राजस्थान में अलौह धातुओं का भंडार है, जिसकी पट्टी पूरब में बाँसवाड़ा से पश्चिम में खेतड़ी तक चली गयी है। बाँसवाड़ा में सोना, जावर में जस्ता, दरीबा में सीसा, भीलवाड़ा में सीसा-जस्ता, बीच-बीच में अभ्रक, अजमेर में सीसा और खेतड़ी में ताँबा। इस परिप्रेक्ष्य में राजपूतों की वीरता, तलवारों की झंकार और मोहम्मद गौरी से लेकर अकबर तक की चढ़ाइयों को क्यों नहीं देखा जाता?

एक और विचित्र बात पता चली।

जहाँ भी खदान खोदी जायेगी, चारों तरफ़ का भूमिगत जल बहकर खदान में आयेगा और इसके फलस्वरूप आस-पास का जलस्तर नीचे गिर जायेगा। कुएँ सूख जायेंगे, खेती उजड़ जायेगी, वनस्पति बरबाद हो जायेगी और भूमि अनुपजाऊ और बंजर हो जायेगी। दरीबा माइन्स में कुदरतन ऐसी व्यवस्था थी कि माइन्स का पानी भूमिगत नालियों से बहकर माइन्स से सटे हुए एक तालाब में पहुँच जाता था। तालाब की पाल पर एक प्राचीन मन्दिर था और पुराने लोग बताते हैं कि तालाब से आठ चड़स रात दिन चलते थे और आजू-बाजू के खेतों की सिंचाई करते थे। बहरहाल, ये पुरानी नालियाँ आधुनिक खनन के चलते बन्द हो चुकी थीं, जहाँ ज़मीन के नीचे बारूद लगाकर चट्टानों को उड़ाया जाता है। बाजू के तालाब पर बने मन्दिर का मज़दूरों ने चन्दा करके पुनर्निर्माण ज़रूर कर दिया था, लेकिन तालाब सूख चुका था। चड़स चलने का सवाल नहीं था। आस-पास के खेत सूख चुके थे और वैसे भी किसानों ने ज़मीन के बदले मुआवज़ा लेकर खान मज़दूर बन जाना ज़्यादा पसन्द किया था। अब उनके हर घर में एक मोटरसाइकिल थी, हर कलाई पर घड़ी थी, हर बैठक में टीवी था, लगभग हर मज़दूर पक्का घर बनवा चुका था और हर महीने कुछ-न-कुछ रकम शेयर मार्केट में लगा रहा था।

दरीबा को बड़े योजनाबद्ध ढंग से बसाया गया था। माइन्स से चार किलोमीटर दूर माइन्स के अधिकारियों, कर्मचारियों और सुपरवाइज़रों की तीन बड़ी-बड़ी कॉलोनियाँ थीं। तीनों के बीच एक चिकित्सालय, एक केन्द्रीय विद्यालय और

एक सामुदायिक केन्द्र था जिसमें खुला रंगमंच और प्रेक्षागृह भी था। पास ही एक वॉलीबॉल स्टेडियम भी था। जहाँ रात में खेला जा सकता था। बैंक, पोस्ट ऑफ़िस, गैस एजेन्सी और शॉपिंग सेन्टर भी था। रोज़मर्रा की ज़रूरत की सारी चीज़ें आराम से मिल जाती थीं और बाहर जाने की लिए दिन में सात-आठ बार राजस्थान रोडवेज़ की बसें भी। खूब सारे फलदार पेड़ थे और सारी बसावट इतनी खुली-खुली थी कि हर सुबह मलमली और हर शाम मखमली लगती थी। पानी मीठा था और हवा साफ़। कम्पनी के अस्पताल में एक महिला चिकित्सक सहित पाँच चिकित्सक थे और गम्भीर मरीज़ों को बाहर ले जाने के लिए एम्बुलेन्स भी। जावर के मज़दूर अपनी एक दिन की तनख्वाह देकर हर साल ऑल इंडिया मोहन कुमारमंगलम्, फुटबॉल टूर्नामेन्ट आयोजित करते थे तो दरीबा वाले अखिल भारतीय वॉलीबॉल प्रतियोगिता। जावर में एक छोटा-सा खिलौने जैसा रेलवे स्टेशन भी था जहाँ सुबह-सुबह अहमदाबाद से आने वाली पैसेंजर गाड़ी पन्द्रह मिनट रुकती थी। मुसाफ़िर मंजन-कुल्ला करते थे और भाप का इंजन पानी पीता था। यहाँ निकटतम रेलवे स्टेशन फतहनगर सत्रह किलोमीटर दूर था और रेलगाड़ियाँ वहाँ सिर्फ़ दो मिनट रुकती थीं।

लेकिन दरीबा में मेरे साथ जिस तरह का व्यवहार हुआ, वह मेरे लिए कल्पनातीत था। पहुँचते ही मुझे तीन साफ़-सुथरे क्वार्टर दिखा दिये गये थे कि इनमें से जो चाहे पसन्द कर लूँ। सामान उतरवाने-जमवाने के लिए बग़ैर कहे आठ आदमी आ गये। सजा-सजाया दफ़्तर मिल गया। प्रबन्धक कार्मिक ने स्वयं आकर स्टेशनरी वगैरह जमवा दी। कार्मिक अधिकारी को भेजकर सभी विभागों के अधिकारियों से मेरा परिचय करवाया गया। मेरे कार्यालय में आकर लेखा विभाग का बाबू एक रसीद पर दस्तखत करवाकर मुझे एक महीने का अग्रिम वेतन दे गया। दूसरे ही दिन घर में टेलीफ़ोन लग गया और दफ़्तर में टीए बिल पास हो गया। वर्दी का कपड़ा और जूते इश्यू हो गये। ब्रीफ़केस खरीदने का एडवांस मिल गया। एक कनिष्ठ अधिकारी को साथ भिजवाकर बैंक में मेरा नया खाता खुलवा दिया गया। बच्चों के स्कूल में एडमीशन हो गये और महिलाएँ पत्नी से मिलने तथा 'कुछ चाहिए हो तो बताइयेगा' कहने घर आ गयीं।

जबकि अभी तक यहाँ सतर्कता विभाग ठीक से चालू भी नहीं हुआ था।

महाप्रबन्धक ने बुलवाकर पूछा कि सतर्कता विभाग स्थापित करने के लिए मुझे प्रशासन से किस प्रकार की मदद की दरकार होगी। वह मुझे सर्गीपल्ली से जानते थे। मेरे आने से पहले ही सबको पता लग चुका था कि मैं हिन्दी अधिकारी था और हिन्दी में शायद कुछ लिखता-विखता भी हूँ। यह सन् 1990 की बात

है। तब तक मेरी अनेक पुस्तकें प्रकाशित हो चुकी थीं और एक कहानीकार के रूप में मैं अच्छी तरह स्थापित हो चुका था। लेकिन अपने व्यक्तित्व के इस पहलू को मैंने कम्पनी के अधिकारियों और सहकर्मियों से जानबूझकर छिपा रखा था। एक तो इसलिए कि कवि होना उस समय भी उपहास का विषय बन चुका था और कवियों से यह अपेक्षा की जाती थी कि वे नवजात बच्चों के लिए अच्छे 'साहित्यिक' नाम सुझा देंगे और जन्मदिन, विवाह, मुंडन और विवाह समारोह जैसे अवसरों पर 'हो जाये इसी पर कुछ' कहते ही कोई मज़ेदार आशुकविता बनाकर सुना देंगे। और दूसरी इसलिए कि मैं नहीं चाहता था कि मेरी साहित्यिक ख्याति के चलते मुझे नौकरी में किसी प्रकार का कोई कन्सेशन मिले।

महाप्रबन्धक ने गम्भीरता से मुझे सलाह दी कि मैं शीघ्रातिशीघ्र विभागीय नियमावली, जाँच प्रक्रिया, दण्ड, विधान और एतद्सम्बन्धी नियम-अधिनियम आदि में पारंगत हो जाऊँ और फिर आधे घंटे घुमा-फिराकर यह सिद्ध करने में लगे रहे कि इस बेईमान दुनिया में भी मूर्खता समझो या कुछ भी—कि वह किस कदर ईमानदार हैं। आने वाले दो महीनों में मैं जिससे भी मिला उसने धैर्यपूर्वक और विस्तार से मेरे समक्ष यही सिद्ध करना चाहा कि इस बेईमान दुनिया में भी—मूर्खता समझो या कुछ भी—कि वह किस कदर ईमानदार है।

कुछ अधिकारियों से मैं सर्गीपल्ली से ही परिचित था और वे हर विषय पर मुझसे दिल खोलकर बात करते थे। मैं उनसे इसी खुलेपन की अपेक्षा करता था, लेकिन मुझे यह देखकर अफ़सोस हुआ कि वे लोग भी मेरे साथ तकल्लुफ़ बरत रहे थे। वे बड़े अदब और एहतिराम के साथ हमारे परिवार को डिनर पर बुला रहे थे और दूसरों को बता रहे थे कि हम तो सर्गीपल्ली में साथ-साथ रह चुके हैं और हमारे परिवारों में तो बहुत घरोपा है। बल्कि इनकी बेटी तो एक तरह से पूरे दिन हमारे घर ही रहती थी। फिर इतना ही नहीं...यह भी शुरू हो गया कि कोई अचार भिजवा रहा है और कोई घर में लगे आम और केले और जामुन...।

मैं परेशान हो गया। क्या ये सब चोर हैं और डर रहे हैं कि मैं इन्हें पकड़ लूँगा? नहीं, ऐसा तो कैसे हो सकता है! तो क्या यह सामान्य व्यवहार है और मैं यूँ ही खामखाँ आशंकित हो रहा हूँ? या फिर सतर्कता वालों ने ऐसी छवि बना रखी है कि वे बेकसूर लोगों को भी फँसाकर उनका कैरियर बरबाद कर देते हैं? या इज़्ज़त लोग उसी की करते हैं जो नुकसान पहुँचा सकता है? मैं कुछ तय नहीं कर पाया कि बात क्या है। लेकिन इतना मुझे ज़रूर समझ में आ गया—और बहुत तकलीफ़ के साथ—कि अब सहकर्मियों के साथ मेरे दोस्ती के सिलसिले कभी नहीं बन पायेंगे।

एक और मज़ेदार बात यह हो रही थी कि अब हर कोई मुझसे साहित्य की बात कर रहा था। हर किसी की साहित्य में गम्भीर अभिरुचि थी और हर किसी के बाबा या नाना खुद बड़े अच्छे कवि रह चुके थे। हर कोई मुझे विश्वास दिलाना चाहता था कि उसने प्रेमचन्दजी और नीरजजी और यशपालजी और काकाजी को पढ़ या सुन रखा है। जब मैं हिन्दी अधिकारी था तो हिन्दी भाषा और हिन्दी साहित्य दोनों उन्हें उद्योग के लिए फ़ालतू और बोझ, सरदर्द या इल्लत जैसे लगते थे और जब मैं सतर्कता अधिकारी हो गया तो वे गिड़गिड़ा रहे हैं—"ए भाई! और कुछ नहीं तो इसी बात का ज़रा लिहाज़ करना!"

लेकिन लिहाज़ से काम में बाधा पड़ती है। यह बात मैं शीघ्र समझ गया। मेरे वरिष्ठ अधिकारियों की भी यही हिदायत थी—किसी से ज़्यादा घुलो-मिलो नहीं, सामाजिक समारोहों में दिखाई न दो, क्लब की सदस्यता ज़रूर लो लेकिन पदाधिकारी मत बनो, किसी को अपने घर मत बुलाओ, हर विभाग में ऐसे आदमी को अपना मुखबिर और खबररसाँ बनाओ जिस पर किसी को शक भी न हो—बेशक, उस पर खर्च भी करो, जितना ज़रूरी लगे।

कुछ लोगों का यह भी ख़याल था कि यह बेचारा हिन्दी वाला—उधर प्रमोशन नहीं मिलने पर इधर आ गया होगा—पर देखना, विजिलेन्स-फ़िजिलेन्स इसके बस का नहीं है! लेकिन मैं कायस्थ कुल में पैदा हुआ था और बचपन में मैंने अपने पड़नानाजी, नानाजी, मौसियों और मामाओं के साथ खूब शतरंज खेली है, और ऊपर से लेखक, सो भी कहानीकार जिसकी जिज्ञासाओं का अन्त नहीं होता और जिन्हें चीज़ों की तह तक जाने का चस्का, बल्कि नशा होता है—नतीजा? अपने पहले ही केस में मैंने इन लोगों को गलत साबित कर दिया।

छह महीने में यह हालत हो गयी कि अब न कोई हमारे घर आता था, न हमें अपने घर बुलाता था। शुरू-शुरू की वह लपककर गले लगा लेने वाली ऊष्मा गायब हो चुकी थी। मैं किसी के भी दफ़्तर में कभी भी छापा मारकर कागज़-पत्तर ज़ब्त कर सकता था, किसी के भी पर्सनल फ़ाइल और प्रॉपर्टी रिटर्न मँगवा सकता था, किसी का भी बैंक एकाउंट और लॉकर चेक कर सकता था, किसी का भी वर्षों पुराना टीए-मेडिकल-एलटीसी बिल फिर खुलवा सकता था, किसी को भी दफ़्तर में बुलाकर उसका बयान दर्ज़ कर सकता था और किसी को भी मात्र शक के बिना पर स्थानांतरित या यहाँ तक कि निलम्बित करवा सकता था। मैं जहाँ जाना चाहता ड्रायवर वाली गाड़ी थी। मेरे लिए दफ़्तर आने-जाने का कोई समय नहीं था। मुझे अपने उच्चाधिकारियों के अलावा किसी को नहीं बताना था कि मैंने इस महीने या पिछले छह महीनों में क्या काम किया। मैं किसी भी गोपनीय

रिपोर्ट को सीधे केन्द्रीय सतर्कता आयोग को भेज सकता था और किसी की भी पदोन्नति रुकवा सकता था। मेरा बॉस कम्पनी का कोई अधिकारी नहीं, केन्द्र सरकार से प्रतिनियुक्ति पर आया आई.जी. स्तर का कोई आई.पी.एस. ऑफ़िसर था और मेरा ट्रांसफ़र-प्रमोशन वगैरह भी उसी के हाथ में था।

लेकिन परिवार भी था। और परिवार था तो सामाजिकता की आवश्यकता भी थी। शुरू-शुरू में ऐसा हुआ कि किसी के घर गये और ड्रॉइंग रूम में रखी किसी चीज़ की तारीफ़ कर दी। बाद में पता चला कि वह किसी ठेकेदार या सप्लायर द्वारा भेंट या रिश्वत में दी गयी चीज़ है। तो बताइए, ऐसे आदमी को कौन अपने घर बुलायेगा? अब यह होने लगा कि चार आदमी खड़े बातें कर रहे हैं कॉलोनी में या माइन्स में और मैं पहुँच गया तो चुप हो गये। 'हें हें हें हें' या 'और साहब? और साहब?' करने लगे।

समस्या लेकिन यह थी कि इस क़दर मित्रताविहीनता में कितने दिन रहा जा सकता था? कि आप किसी से दिल की बात ही न कह सको। और विकल्प भी कोई नहीं था। माइन्स की कॉलोनियों के अलावा वहाँ कुछ भी नहीं था। जो फिर भी मेरे मित्र बने रहने की चेष्टा करते उन्हें उनके विभागवाले धमकाते कि उससे दोस्ती रखनी है तो विभागवाले बायकॉट कर देंगे। समझो भैया! ये लोग किसी के सगे नहीं होते। तुमसे उगलावाकर तुम्हारी ही गर्दन दबा देंगे। किसी दिन बातों-बातों में तुम्हारे मुँह से कुछ निकल गया तो तुम्हारा तो कुछ नहीं जायेगा—हमारी इतने साल की नौकरी की ऐसी-तैसी हो जायेगी।

मैं बुझा-बुझा रहने लगा। दोस्तों को लम्बे-लम्बे पत्र लिखने लगा और अकेले में बड़बड़ाने लगा। महीने हो जाते कोई नया लतीफ़ा सुने, किसी से निरुद्देश्य गप्पें मारे...किसी से राजनीति, क्रीकेट या फ़िल्म की बात किए...और साहित्य? वह तो जैसे किसी दूसरी दुनिया की चीज़ था। मुझे लगता कि ये साली नौकरी है या जेल? कहीं विजिलेन्स में आकर मैंने कोई गलती तो नहीं की? क्या मैं एक ऐसा आदमी नहीं बन गया हूँ जिसे एक सिरे से सभी लोग नापसन्द करते हैं। और इस कीमत पर भी उपलब्धि क्या? क्या मैं अकेला या मेरे जैसे दस-बीस या सौ भी भ्रष्टाचार समाप्त कर सकते हैं? भ्रष्ट व्यक्तियों को उचित सज़ा दिलवा सकते हैं? क्या अन्तिम चरण में पहुँचकर यह नहीं कहा जाता है कि हाँ, अमुक ने गलती ज़रूर की है लेकिन वह बहुत होशियार और कम्पनी के लिए बहुत उपयोगी है, इस तथ्य के मद्देनज़र मैं कृपा करके अपनी सिफ़ारिश पर एक बार ज़रा पुनर्विचार कर लूँ! क्या यह दृश्य आम नहीं कि जो भ्रष्ट है वह होशियार तथा काम में माहिर है और जो ईमानदार है वह मूर्ख है या जड़बुद्धि

मात्र इतने से सन्तुष्ट और निष्क्रिय है कि वह ईमानदार हैं? क्या स्वयं सतर्कता विभाग वाले सब ईमानदार हैं? क्या उनमें से भी कुछ ऐसे नहीं हैं जो भयादोहन करके नाजायज़ सम्पत्तियाँ बना रहे हैं? क्या मैं उन्हें भी सज़ा दिलवा सकता हूँ?

एक दिन तय कर लिया कि वापस राजभाषा विभाग में चला जाऊँगा। इस बारे में महाप्रबन्धक से बात की तो वह बड़े भाई की तरह समझाने लगे कि ऐसा करना बिलकुल ठीक नहीं होगा। उस शाम वह पत्नी सहित मेरे घर आये और इसके बाद लगातार चार-पाँच दिन हम शाम को बैठकर दारू पीते रहे। वह मुझे अपनी हज़ार समस्याएँ बताते रहे, जो ज़ाहिर हैं किसी अन्य के साथ शेयर नहीं की जा सकती थीं। फिर एक बार मैं नौकरी से इस्तीफ़ा देने के निश्चय के साथ प्रधान कार्यालय गया। मेरा इस्तीफ़ा मेरे सामने ही फाड़कर फेंक दिया गया।

ज़ाहिर है कि जीना मुश्किल हो रहा था। ऐसे में कुछ राहत मिली तो बच्चों से।

आधिकारिक तौर पर मुझे कोई दूसरा काम सौंपा नहीं जा सकता था, लेकिन मुझे खुश करने के लिए महाप्रबन्धक ने पहुँचते ही मुझे इकाई सांस्कृतिक परिषद् का सचिव बना दिया था। वह हमेशा इस बात पर मुझसे लड़ते रहते थे कि मैं कम्पनी द्वारा दी जा रही सुविधाओं का लाभ क्यों नहीं उठाता? मिसाल के तौर पर उन्हीं दिनों श्रीराम सेन्टर, नई दिल्ली में मुझे एक दस दिवसीय ड्रामा वर्कशॉप में बुलाया गया। बाद में वहाँ मेरे द्वारा लिखा नाटक 'चौबोली' खेला भी गया। महाप्रबन्धक को पता चल गया और वह मेरे पीछे पड़ गये कि मैं छुट्टी लेकर क्यों गया? क्योंकि यह तो कम्पनी के लिए गर्व की बात है और मुझे इस यात्रा को सरकारी दौरा बना लेना चाहिए, खिलाड़ी भी तो जाते हैं! इसी तरह वह हर बार मुझे कहीं दौरे पर जाना होता—या जाना ज़रूरी नहीं होता तो भी—हवाई जहाज़ से भेजने की फ़िराक़ में रहते। मैं कभी नहीं गया। अगर एक बार भी मैंने उनकी बात मान ली होती तो उनके प्रिय अपराधियों और अपराधियों को पकड़ने में मेरा नैतिक साहस क्षीण पड़ जाता। हो सकता है कि यह मेरा मूर्खतापूर्ण आदर्शवाद हो लेकिन अपनी मित्रविहीनता में इसे मैंने अपने कमज़ोर अस्तित्व की ढाल बनाया। मेरा परिवार भी मेरे इस दर्शन से सहमत था। हम कबीर को याद करते थे—'हाथ में तूम्बी, बगल में सोटा, चारों दिशा जागीरी में'—और खुश रहते थे। हालाँकि मैं छह बहनों का बड़ा भाई था, पिता क्लर्क थे, सबको पढ़ाने-लिखाने, शादी-ब्याह करने की ज़िम्मेदारी थी—लेकिन हमने अमीरी के सपने कभी नहीं देखे। न लिप्साओं को अपनी महत्त्वाकांक्षाओं में कभी स्थान दिया। रिश्वत में आने वाली भेंटों-वस्तुओं को डाँटकर लौटा दिया और यथासम्भव किसी का कोई एहसान नहीं लिया। न किसी से चाय पी न किसी

की कार में लिफ़्ट ली। यह हम पति-पत्नी के लिए बहुत बड़े सन्तोष की बात है और मैं सोचता हूँ कि हमारी दोनों बेटियाँ जब भी अपने माँ-बाप के इस पहलू के बारे में सोचेंगी, उनका सिर स्वाभिमान में तना होगा, शर्म से झुका नहीं होगा।

तो मेरा ध्यान बच्चों पर गया और मैं बच्चों से नाटक करवाने लगा। सबसे पहले नर्सरी के बच्चों से एक नाटक करवाया। एक लोकप्रिय शिशुकथा को कविता में ढाला, उसकी धुनें बनायीं, पत्नी ने बच्चों की पोशाकें तैयार करवाईं और गाने में मेरा साथ दिया श्रीमती कावड़िया ने, जिनकी एक बेटी मानसिक रूप से अविकसित थी। प्रदर्शन अच्छा हो गया तो सब बच्चों को मंच पर ही टॉफ़ियाँ बाँटी और अगले दिन घर बुलाकर दावत दी। श्रीमती कावड़िया आने वाले अनेक वर्षों तक हमारे सांस्कृतिक दल की सक्रिय सदस्य रहीं और उन्होंने न सिर्फ़ गाया बल्कि एक बार तो नृत्य भी किया। श्री कावड़िया जो एक भूविज्ञानी थे इस बीच बच्चों को सँभालते रहे। महीने-महीने भर रिहर्सलें चलती थीं...लेकिन कभी उनके चेहरे पर ज़रा-सी भी शिकन नहीं दिखाई दी।

फिर कुछ बड़े बच्चों से पार्श्व संगीत पर क्रिकेट के एक रोचक प्रसंग का मूकाभिनय करवाया। फिर कुछ और बड़े बच्चों से जयशंकर प्रसाद की रचना *हिमाद्रि तुंग शृंग से...* पर अभिनय करवाया। फिर हायर सेकेंडरी की बच्चियों से *ऋग्वेद* की रचनाओं पर नाटिका करवाई। फिर माइन्स के कर्मचारी और मज़दूर आ गये कि हमें भी कुछ दीजिए। तो उनसे अपना काव्य नाटक *पहिया चला* करवाया। फिर भूपेन हज़ारिका का *डोला* फिर मेघराज मुकुल की प्रसिद्ध कविता 'सेनाणी' का नाट्य प्रस्तुतिकरण, फिर रामधारी सिंह दिनकर की कविता 'परशुराम की प्रतीक्षा' फिर वि.स.खाण्डेकर का एक मराठी नाटक...फिर शिव-पार्वती विवाह की एक लोकनाट्य प्रस्तुति...फिर दुष्यन्त कुमार की ग़ज़लें और शलभ श्रीरामसिंह की कविता, फिर सफ़दर हाशमी की कविता...। ज़ाहिर है कि गीत-संगीत-पार्श्व गायन-वेशभूषा-रंगसज्जा-प्रकाश व्यवस्था आदि में चाहे मूल परिकल्पना मेरी रहती हो, सहयोग सबका भरपूर रहता था। इस तरह के कार्यक्रमों में मेरा पूरा परिवार शामिल हो जाता था, अन्य अनेकों परिवारों के साथ। अद्‌भुत रचनात्मक सुख मिलता था। प्रशंसा सेंत में। महीने भर मानो नशा चढ़ा रहता। और सबसे बड़ी बात—पहली बार श्रमिकों के बच्चों और अभिभावकों के मन में साहित्यिक रचनाओं के प्रति अनुराग पैदा होता। और यह मात्र हॉबी किस्म की चीज़ नहीं होता—सुरुचि का संस्कार होता जिसकी कमी कवि शमशेर को अवसाद में डाल देती है।

दरीबा में हमारे घर से कुछ दूर एक पहाड़ी थी जहाँ बच्चे अक्सर वाटर बॉटल लेकर पिकनिक मनाने जाया करते थे और बुज़ुर्ग हवाखोरी करने। पहाड़ी हर मौसम में हरी-भरी रहती थी और उस पर आस-पास के गाँववालों की बकरियाँ चरती रहती थीं, लेकिन आश्चर्य की बात यह थी कि वहाँ पेड़ एक भी नहीं था।

एक बार हम वहाँ गये। हवा चल रही थी और ऊँचाई से दृश्य बड़ा सुहाना लग रहा था। तीनों कॉलोनियाँ दूर तक फैली दिखाई दे रही थीं...उनके गिर्द पक्की सड़कें...सड़कों पर चलते स्कूटर और तालाब! हम गुनगुनाने लगे। अचानक मैंने देखा कुछ दूर चूने-पत्थर की एक बारह फुट बाई चार फुट की चौकी-सी बनी हुई है। पास जाकर देखा तो वहाँ एक छेद था...लगभग तीन फुट बाइ तीन फुट का छेद, जिसमें से पहाड़ी का गर्भ देखने की कोशिश की तो दो चमगादड़ भीतर से फड़फड़ाकर बाहर निकले। मैं पीछे हट गया। कुछ छोटे-बड़े पत्थर इकट्ठे किये और एक-एक कर उन्हें भीतर फेंका...जिसकी ज़ोरदार प्रतिध्वनि हुई। फिर नज़दीक जाकर देखा तो देखता रह गया।

पूरी पहाड़ी पोली थी।

कोई भेड़-बकरी या बच्चा भागते-भागते भीतर न गिर जाए इसलिए चारों तरफ़ चूने-पत्थर की एक डोली-सी बना दी गयी थी।

पुराने लोगों से पता किया तो बड़ी अजीब कहानी सुनने को मिली।

किसी ज़माने में यहाँ खदान थी। इसमें मज़दूरों को उतार दिया जाता था। ये मज़दूर सजायाफ़्ता मुजरिम होते थे या वे किसान जो लगान नहीं भर सके। रस्सी-डोली से उनकी रोटी-पानी नीचे पहुँचा दी जाती थी। उनका काम था दीवारें खोदें...उनमें से जस्ते के चमकदार कण चुनें-खुरचें...उन्हें ऊपर भेजें और नीचे रहते हुए ही अपनी सज़ा की मीयाद खत्म होने का इन्तज़ार करें।

...फिर ऐसा हुआ कि एक दिन एक शेर इस छेद से पोली पहाड़ी में गिर गया...

...आज भी वहाँ मनुष्यों और जानवरों की हड्डियाँ बिखरी पड़ी हैं।

अच्छा किस्सा है। लेकिन क्या पता! हो सकता है कि यह किस्सा किसी और रूप में सच ही हो!

एक बार आदरणीय रामविलास शर्मा दरीबा आये, तो मैं उन्हें ले गया और यह पोली पहाड़ी दिखाई।

हकीकत यह है कि पूरी माइन्स एक पोली पहाड़ी थी। हम सब एक पोली पहाड़ी पर ही रह रहे थे। अनेक स्तरों वाली इस माइन्स में चट्टानें इतनी सघन और मज़बूत नहीं थीं जितनी जावर माइन्स की। सुरक्षा की दृष्टि से जिधर भी खान के भूमिगत रास्ते विकसित किये जाते...उनमें मज़बूत लट्ठों के सपोर्ट बीम लगाये

जाते थे। माइन्स में हर समय हर जगह पानी चूता रहता था, मशीनें बिजली से नहीं कम्प्रेस्ड एयर से चलती थीं और रोशनी का एकमात्र साधन हर मज़दूर के हैलमेट पर लगी बत्ती थी, जो कमर पर बँधी बैट्री से जलती थी। माइन्स में जगह-जगह वेन्टीलेशन डक्ट थीं, जिनसे भीतर हवा फेंकी जाती थी। सुरक्षा की ही दृष्टि से 'कट एण्ड फिल' जैसी महँगी पद्धति अपनायी जाती थी। इसका अर्थ यह था कि जो जगह खोदो...'माल' निकालने के बाद उसे पत्थर के चूरे और सीमेंट के मिश्रण से ठोक-ठोक कर भर दो। इस तरह खान में पानी जमा नहीं होगा, दीवारें धसकेंगी नहीं और आस-पास के क्षेत्र का भू-जल स्तर भी इतना नहीं गिरेगा।

लेकिन जिस बात की आशंका से हर खान मज़दूर और उसके घरवाले काँपते रहते थे, एक दिन वही हो गयी। सीमेंट की भराई में कंजूसी या गड़बड़ की थी या पता नहीं क्या बात थी कि एक दिन एक दीवार धसक गयी और माइन्स में पानी भरना शुरू हो गया।...शिफ़्ट में तीन सौ आदमी थे। ठेकेदार की लेबर समेत जितने निकल सके निकल गये, बहुत सारे नीचे ही दब गये। केज ने काम करना बन्द कर दिया, इमर्जेन्सी एक्ज़िट चट्टानों से ब्लॉक हो गयी, एयर ब्लोअर भी रुक गये,...सपोर्ट धड़ाधड़ टूटकर गिरने लगे और भागने के रास्ते बन्द करने लगे। पानी इतनी तेज़ी से बढ़ा कि लोग तैरने लगे, फिर तैरने की भी जगह नहीं बची। टोपी-बत्ती बन्द हो गयीं। हाथ-पाँव शरीर पर बड़ी-बड़ी चट्टानें टूट-टूटकर गिरने लगीं। मुँह में एसिड वाला पानी घुसने लगा। चीखना-चिल्लाना निरर्थक हो गया। घुप्प अँधेरे में गर्दन तक पानी और निकल भागने का कोई रास्ता नहीं। ऊपर सैकड़ों चिन्तित और बिलखते हुए लोगों की भीड़ चुपचाप अपने स्वजनों की विवश और आर्त्त जल समाधि देखने को विवश। कहीं कोई ऐसा पम्प नहीं जो माइन्स में भर चुकी अपार जल राशि को बाहर निकाल सके। रेस्क्यू टीम ने ऊपरी तलों से कुछ लोगों को निकाला, लेकिन जिन्हें निकाला उनसे और भयानक खबरें सुनने को मिलीं। मीडिया के माध्यम से सारे प्रदेश में खबर फ़ैल गयी और हल्ला मच गया। प्रबन्धन की टाँगें थर-थर काँपने लगीं। जर्मनी से विशेष वायुयान से पानी निकालने वाले पम्प मँगवाये गये। पानी कुछ रोज़ में निकला भी और पानी के साथ कुछ खान मज़दूर भी निकले। लेकिन किस रूप में? किसी का गुर्दा...किसी का जिगर...किसी की टोपी...किसी का बिल्ला...किसी का कटा हुआ हाथ...किसी का गला हुआ पैर का पंजा...एक-एक कर उन्हीं हिस्सों का दाह संस्कार किया गया।

यह दुर्घटना पाँच साल बाद, मेरे दरीबा छोड़कर चित्तौड़ आ जाने के तुरन्त बाद घटित हुई।

वह जो मेरा चित तोड़ हुआ

चन्देरिया कम्पनी की सबसे नयी और बड़ी इकाई थी। यहाँ हर चीज़ नयी, ठाठदार और दर्शनीय थी। यहाँ हमारा सुपर स्मेल्टर था। यानी वह भट्टी जिसमें खानों-खदानों से प्राप्त अयस्क को गलाकर धातु प्राप्त की जाती है। कम्पनी के स्मेल्टर देबारी (उदयपुर) टुण्डू (धनबाद) और विशाखापत्तनम में भी थे, लेकिन इसकी खासियत यह थी कि यहाँ एक ही भट्टी में हर प्रकार का अयस्क एक साथ गलाकर सीसा, जस्ता, केडमियम, चाँदी आदि निकाल लिया जाता था। ऐसे स्मेल्टर दुनिया में सिर्फ़ तेरह और एशिया में सिर्फ़ दो थे-एक भारत और दूसरा चीन में।

कारखाना चित्तौड़गढ़ शहर से बारह किलोमीटर दूर राष्ट्रीय राजमार्ग पर पुठौली नामक गाँव में स्थित था और कर्मचारियों-अधिकारियों की आवासीय कालोनी वहाँ से नौ किलोमीटर दूर कपासन रोड पर स्थित थी। इस बात का ध्यान रखा गया था कि कारखाने से निकलने वाली विषैली गैसों का कर्मचारियों के परिवारों पर प्रभाव न पड़े। आवासीय कॉलोनी कारखाने से दूर रखने के और भी कई फ़ायदे थे। हरेक को लाने-ले-जाने की व्यवस्था थी। कम्पनी केन्टीन में पचास पैसे में चाय, पचास पैसे में नाश्ता और दो रुपये में भरपेट खाना मिलता था।

कॉलोनी में मुझे एक ठाठदार बंगले जैसा मकान मिल गया। साथ में गैराज। आगे-पीछे बगीचा। हफ़्ते में तीन बार फूल-पौधे लगाने और लॉन वगैरह को सँभालने के लिए माली। मुफ़्त टेलीफ़ोन। लगभग मुफ़्त बिजली-पानी। और इतने बड़े बंगले का किराया सिर्फ़ अस्सी रुपये महीना। कॉलोनी में एक सर्वसुविधायुक्त अस्पताल, बच्चों का हायर सेकेण्डरी स्कूल, सामुदायिक केन्द्र, गैस एजेंसी, शॉपिंग सेन्टर, वाटर ट्रीटमेण्ट प्लान्ट, बिजलीघर, खेल के मैदान, क्लब, गेस्ट हाउस, हॉस्टल और बगीचे।

जनरल मैनेजर से मिलने गया तो उनका मंत्रियों जैसा कार्यालय। दस्ताने पहने बैरे ने आकर चाय सर्व की तो स्टील के चिमटे से शुगर क्यूब उठाते हुए अदब से पूछा-सर, 'हाउ मच?' हालाँकि उसे पूछना चाहिए था 'हाउ मैनी?',

पर यहाँ की चाल देखकर मुझे लगा कि मैं साला वी.आई.पी. बन गया हूँ। और वह भी खामखाँ।

~

चूँकि यह एक अत्याधुनिक तकनीक पर आधारित कारखाना था और हर प्लांट का कंट्रोलरूम कम्प्यूटरीकृत था जिसे अन्ततः कर्मचारियों को ही नियंत्रित करना था इसलिए कारखाने में मज़दूर के रूप में भर्ती की न्यूनतम अर्हता विज्ञान स्नातक रखी गयी थी। अब जाहिर है ऐसे मजदूर होंगे तो उनकी यूनियन भी कुछ अलग तरह की होगी। तो यहाँ भी एक ही यूनियन थी लेकिन उसने अपनी स्वतंत्र इयत्ता बनाये रखी और इंटक से सम्बद्ध होने तथा दूसरी इकाइयों के साथ नाभिनाल-तालमेल रखने से इन्कार कर दिया। यूनियन के महासचिव राणावतजी विज्ञान के स्नातक होने के अलावा एल.एल.बी. भी थे और कुछ रोज़ वकालत भी कर चुके थे। वह अपने कैरियर के शुरुआती सालों में भारतीय नौसेना में रह चुके थे और जब उन्हें पता चला कि मैं भी भारतीय नौसेना में रह चुका हूँ तो जान-पहचान के पहले साल लगभग हर मुलाकात में हम अपने कारखाने या कम्पनी से ज़्यादा भारतीय नौसेना की ही बातें करते रहे, एक-दूसरे को अपने-अपने अनुभव सुनाते रहे और बातों-बातों में संयोग से निकल आये कुछ सामान्य परिचितों को मज़े ले-लेकर याद करते रहे।

दोस्ती में तो नहीं लेकिन परस्पर सम्मान और पसन्दगी में कालान्तर में यह रिश्ता विकसित हुआ और मैं जो कभी एलटीसी नहीं जाता था, जिस एकमात्र ग्रुप एलटीसी में गया, वह इन यूनियन के साथियों और कुछ अन्य मज़दूर नेताओं और उनके परिवारों की ही थी। सारी दुनिया जानती है कि अवकाश यात्रा रियायत में बहुत किस्म की धांधली करने और पैसे खाने की गुंजाइश होती है। क्योंकि एक बार आप बस लेकर निकले तो कहाँ गये, कितना चले—कौन देखने आता है? विजिलेन्स भी हर एलटीसी बस के पीछे-पीछे तो भागेगी नहीं, इसलिए मर्ज़ी आये जैसा करो, खूब बड़े-बड़े बिल बनाओ और हज़ारों रुपये जेब में भरो।

हालाँकि यह भी सच है कि हर साल एलटीसी में फर्ज़ीवाड़े के अनेक मामले पकड़े जाते थे। खुद इसी इकाई में मैं ऐसे अनेक मामले पकड़ चुका था और दोषी व्यक्तियों को सज़ा दिलवा चुका था। एक मामले में श्रमिकों का एक दल गोहाटी के लिए निकला। दार्जिलिंग के पास बस दुर्घटनाग्रस्त हो गयी और छह व्यक्तियों की मृत्यु हो गयी। मरनेवालों में एक श्रमिक जवाहर सिंह की प्रेमिका भी थी जिसे वह अपनी पत्नी के नाम पर ले गया था। अन्तिम संस्कार

के समय स्थानीय पुलिस को मृतक का सही नाम बताना पड़ा। जवाहर सिंह फंस गया। लेकिन वह खुद इस हादसे में अपनी एक टांग खो चुका था। एक और मामले में एक श्रमिक ने अपने पूरे परिवार का त्रिवेन्द्रम का टिकट खरीदकर लौटा दिया, रिफण्ड ले लिया, छुट्टी लेकर घर बैठा रहा और टिकट नम्बर भरकर पूरा एलटीसी क्लेम माँग लिया। गलती यह की कि उस दिन त्रिवेन्द्रम से वापसी की ट्रेन की रवानगी बतायी जिस दिन वहाँ से यह ट्रेन रवाना होती ही नहीं। एक डॉक्टर साहब ने एक ऐसी ट्रेन में एयरकंडीशन डिब्बा लगवा दिया जिसमें एसी डिब्बा लगता ही नहीं। एक जनरल मैनेजर अपनी शादीशुदा बेटी को अपनी माँ बताकर अपने साथ हवाई जहाज़ से अण्डमान-निकोबार ले गये, पकड़े गये, निलंबित हुए, पदोन्नति से वंचित हुए और रोते-रोते ही रिटायर हुए।

फिर भी पचासियों मामले ऐसे होंगे जो पकड़ में नहीं आये और लोगों ने अपनी जेबें भरीं। एलटीसी से लौटते ही अनेक श्रमिक मोटरसाइकिल खरीदते थे और अधिकारी नये मॉडल की कार। ज़ाहिर है वे विजिलेन्स को ही अंगूठा दिखा रहे होते थे। इसलिए जब राणावतजी मेरे कार्यालय में आये और बोले हम लोग एलटीसी पर जाने की योजना बना रहे हैं और आपको भी हमारे साथ चलना है, तो मुझे सहसा विश्वास नहीं हुआ। क्या कोई चोर कभी थानेदार से कहता है-आइये थानेदार साहब! आज साथ-साथ चोरी करने चलते हैं? लेकिन जब मुझे लगा कि राणावतजी अपने प्रस्ताव को लेकर गंभीर हैं तो मैं अनेक प्रकार के सन्देहों में घिर गया। क्या ये अपनी उल्टी-सीधी गपड़-शपड़ में मुझे भागीदार बनाना चाहते हैं? या ये ऐसा सोचते हैं कि ये हिसाब में ऐसी बारीकी के साथ हेरा-फेरी करेंगे कि मैं समझ ही नहीं पाऊँगा? या इनको ऐसा लगता है कि जिस एलटीसी में खुद विजिलेन्स वाला साथ हो, उसका क्लेम कौन चैक करेगा? या ये कि इसे पता चल भी गया कि हम गड़बड़ कर रहे हैं तो करेगा क्या? अपने बीवी-बच्चों को लेकर रास्ते में उतर तो नहीं जायेगा। और लौटकर कितना ही चीखे-चिल्लाये-विश्वास कौन करेगा? सबूत कहाँ से लायेगा?

इतना सब सोच चुकने के बाद कॉमनसेन्स की यह सरल-सी बात याद आयी कि यह भी तो हो सकता है कि ये लोग बेईमान हों ही नहीं! विजिलेन्स में काम करते-करते मैं सबको चोर क्यों समझने लगा हूँ? राज्य कर्मचारियों और केन्द्रीय कर्मचारियों की तुलना में सार्वजनिक क्षेत्र के कर्मचारियों को खासा अच्छा पैसा मिलता है। उस पर ओवरटाइम अलाउन्स, जो दोगुनी दर पर मिलता है और कई बार वेतन से भी ज़्यादा हो जाता है। तो क्या यह सम्भव नहीं कि इतना पैसा पाने वालों में कुछ लोग ऐसे भी हों जो लालची न हों और कुछ पैसों की खातिर

हेरा-फेरी या बेईमानी करने को बिलकुल तैयार न हों! क्या मैंने किसी यूनियन वाले को बेईमानी करते हुए पकड़ा है? हाँ, पकड़ा है। लेकिन दूसरी इकाइयों में। यहाँ नहीं। तो फिर? बगैर परीक्षा मैं उन्हें सम्भावित बेईमान कैसे मान रहा हूँ?

खूब सोचा। और भी अनेक दृष्टियों से सोचा। सोचा कि एलटीसी के उस पूरे ग्रुप में मैं अकेला अधिकारी होऊँगा। इस बात का क्या असर पड़ेगा? मेरे विभाग के अधिकारी इसका क्या अर्थ निकालेंगे? एलटीसी से लौटने के बाद इनमें से किसी का कोई मामला सामने आने पर खुद मेरा रवैया कैसा होगा? और कि लगभग अजनबी परिवारों के साथ बीस रोज़ दिन-रात रहना, खाना-पीना, सफ़र करना मेरे परिवार को जमेगा या नहीं? परिवार से भी सलाह की और अन्त में तय किया कि यह प्रयोग भी करके देख लेने में कोई हर्ज़ नहीं है। लेकिन एक नहीं अनेक प्रकार से इस प्रयोग में मेरे धैर्य, समझ और सामर्थ्य की कड़ी परीक्षा होनी थी।

एलटीसी ग्रुप के लिए सदस्यों की सूची फाइनल करने से रूटचार्ज बनाने तक सारा काम मैंने और राणावतजी ने मिलकर किया। ऐसा करने के दौरान राणावतजी के मन में भी यह बात उठी होगी कि इस अफ़सर को साथ टाँग लेना कहीं सारे समूह के लिए सिरदर्द न साबित हो जाये।

उनके अनुसार यात्रा का अन्तिम सिरा था वैष्णोदेवी और मेरे हिसाब से यह था मनाली और रोहतांग पास। मैं चाहता था लौटते समय हम अमृतसर होते हुए आयें जहाँ मैं अपने बच्चों को जलियाँवाला बाग दिखा सकूँ। उनकी इच्छा बीकानेर होते हुए लौटने की थी जहाँ चूहों वाली प्रसिद्ध करणी माता के दर्शन किये जा सकें। उनकी सारी यात्रा तीर्थस्थलों के गिर्द केन्द्रित थी, मेरी नैसर्गिक स्थलों के गिर्द। मैं कहता शिमला, तो वे पूछते वहाँ देखने लायक क्या है? वे कहते हरिद्वार तो मैं पूछता हरिद्वार में रुककर क्या करेंगे? मैंने मनाली में चाहा कि हम निकोलाइ रोरिक का घर और संग्रहालय देखने चलें—उन सबकी दिलचस्पी हिडिम्बा के मंदिर में थी। मैं दिल्ली में नेशनल गैलरी ऑफ़ मॉडर्न आर्ट जाना चाहता था, वे लोटस टेम्पल। कुल मिलाकर माजरा यह था कि मेरे जैसा घोर नास्तिक आदमी मज़दूर प्रेम के चलते भक्तों में फंस गया था—कसर बस यह रह गयी थी कि उनके हाथों में मंजीरे-खड़ताल नहीं थे। अब मुझे तय करना था कि पुण्य के इस सलिल सरोवर में कूदूँ या नम्रतापूर्वक ऐन वक्त पर बीमार पड़ जाऊँ और क्षमा माँग लूँ।

लेकिन अब तक परिवार—जिसने मुझसे सारी अपेक्षाएँ छोड़ रखी थीं कि कभी घुमाने ले जाएगा—उत्साह से भर उठा था। बच्चों ने योजनाएँ बनाना और पत्नी ने कपड़े जमाना शुरू कर दिया था। मुझे लगा मैंने इस अटपटे प्रस्ताव को

हवा देकर ही गलती की। वैसे भी बस की यात्रा पत्नी को माफ़िक नहीं आती थी, और फिर यहाँ तो बीस रोज़ रात-दिन बस की सीट पर बैठना था।

मैंने खुद से बहस करना शुरू कर दिया। क्या तुम नास्तिकों के लिए क्रांति करने निकले हो? क्या देश के सामान्य नागरिक के स्वभाव से परिचित हुए बगैर तुम सच्चे और अच्छे कहानीकार बन सकते हो? क्या पश्चिम बंगाल के कॉमरेड दुर्गा पूजा में भाग नहीं लेते? क्या चेम्वेरा के क्रांतिकारी गुरिल्ले चर्च के आगे सिर नहीं झुकाते थे? कब तक भगवान को कोसने या नकारने का लड़कपन करते रहोगे? यथार्थ कितना ही अप्रिय हो, परिवर्तन तो उसे जानने के बाद ही आ पायेगा। तुम तीर्थस्थानों की यात्रा पर कभी नहीं जाओगे। पता नहीं कैसे यह दुर्लभ अवसर तुम्हारी झोली में आ पड़ा है। तो जाओ, अपनी आँखों से देखो और बताओ दुनिया को कि हिन्दुओं के तीर्थस्थानों पर क्या हो रहा है।

तब मैंने कुछ ऐसी शर्तें रख दीं जो राणावतजी हर्गिज़ नहीं मानते। मसलन बस में कोई शराब पीकर नहीं बैठेगा। या रात को वहीं रुकेंगे जहाँ बाथरूम की व्यवस्था हो, क्योंकि सुबह-सुबह डिब्बा या बोतल लेकर खेतों में जाना हमारे परिवार से नहीं होगा। लेकिन राणावतजी तो मान गये और उनकी शर्तें उन्होंने पहले नहीं बतायीं-रास्ते में बतायीं। मसलन, दिन में सिर्फ़ एक बार खाना और एक बार नाश्ता मिलेगा जो सब मिलकर बनायेंगे और बाज़ार से खाने-पीने की चीज़ें लेकर कोई नहीं खाएगा।

वे हमें बहुत आदर और प्रेम के साथ ले गये। शुरू-शुरू में बच्चों को ज़रूर अटपटा लगा कि ये क्या बस में सुबह-सुबह भजन और आरतियाँ बजना शुरू हो गयीं। लेकिन शीघ्र ही बच्चे बच्चों में घुल मिल गये और वे भक्तिरस को भी एन्जॉय करने लगे। यात्रा में बड़े अजीब-अजीब अनुभव हुए। कई बार कई जगहों पर हमने गुरुद्वारे के लंगर और मंदिरों के भण्डारों या रामरसोड़ों में खाना खाया। अमृतसर के स्वर्ण मंदिर में तो मेरी पत्नी रश्मि ने थोड़ी कारसेवा भी की। वैष्णो देवी के रास्ते में एक छोटे से मंदिर के महन्त ने बड़ा-सा लाल झंडा लहराकर हमारी बस को रोका और प्रसाद पाकर जाने को कहा। उस समय तेज़ भूख लगी थी। मंदिर में कद्‌दू की झोलदार सब्ज़ी और गरमागरम तंदूर की रोटियाँ खाने को मिलीं। मेरी छोटी बेटी जो कद्‌दू को हाथ भी नहीं लगाती थी, उस दिन ऐसा कद्‌दू खाना सीखी कि आज तक शौक से खा रही है। स्वर्ण मंदिर के लंगर में चमड़े जैसी कड़ी और बड़ी-बड़ी रोटियाँ सेवादार ऊपर से फेंकते हैं जो खाने वाले को दोनों हाथों में झेल लेनी होती हैं। मेरी बच्चियों को खाना खिलाने का यह तरीका बहुत भद्‌दा और अपमानजनक लगा। तब मैंने उन्हें गुरु

गोबिन्दसिंह, बन्दा बैरागी, गुरु तेग बहादुर और खालसा की फ़ौज के बारे में बताया और समझाया कि इस तरह हम इतिहास का कौन-सा प्रसंग इनेक्ट कर रहे हैं। तब वे थोड़ी स्थिरचित्त हुईं।

वैष्णो देवी की कठिन चढ़ाई सबके साथ हमने भी चढ़ी, लेकिन मैं मंदिर (या गुफा या वह जो भी हो) में नहीं गया, साथियों के जूतों की रखवाली के बहाने बाहर ही बैठा रहा। इस पर सबको बड़ा ताज्जुब हुआ कि इतनी कठिन चढ़ाई चढ़कर आना और दर्शन किये बगैर लौट जाना! ऐसा भी कोई करता है?

1969 में मैं अपने दोस्तों के साथ तिरुपति गया था। वहाँ गरीब भक्तों को लम्बी लाइन में लगते और पैसे वाले भक्तों को पैसे के बल पर जल्दी और नज़दीक से दर्शन करते देखा था। यह भी देखा था कि कमसिन पण्डे-पुजारी भक्तों को एक तरफ़ हटाने के लिए सोटे से मार रहे हैं। पिटने वालों में वे महिलाएँ भी हैं जो अभी-अभी ऊपर क्षौरशाला में अपने बाल कटवाकर आयी हैं। इन बालों से सुन्दर विग बनेंगी, उनका निर्यात होगा और तिरुपति ट्रस्ट को विदेशी मुद्रा मिलेगी। मैं गुस्से में खौल रहा था और रो रहा था। अगर इस सबको चुपचाप देखने और सहने वाला, बल्कि करवाने वाला भगवान है तो मुझे नहीं चाहिए ऐसा भगवान! उस दिन से आज तक मैं किसी मंदिर के भीतर नहीं गया हूँ।

बीकानेर में करणी माता के मंदिर में हज़ारों चूहों को मुक्त विचरण करते देखकर भी बच्चों को इतना रोमांच नहीं हुआ जितना रेगिस्तान में हिरनों के झुंड देखकर।

वैष्णो देवी में मेरे मंदिर नहीं जाने और मातारानी के दर्शन किये बिना लौट जाने ने मुझे एक झटके में उन सबसे काटकर अलग कर दिया। वे मुझे नास्तिक से भी ज़्यादा विधर्मी समझने लगे थे। वे मन ही मन मेरे जाति, धर्म के बारे में ही नहीं, यह भी सोच रहे होंगे कि कहीं यह शख़्स कोई छिपा हुआ मुसलमान तो नहीं है? उन्हें ऐसा भी लग रहा होगा कि जिस शख़्स को इतना बड़ा तीर्थस्थल सिर झुकाने पर मजबूर नहीं कर सका वह न सिर्फ़ स्वयं पुण्य से वंचित हुआ बल्कि ऐसे आदमी को अपने साथ लाने से शायद हमारा पुण्य भी थोड़ा कम हो गया। उनका व्यवहार बदल गया। चेहरे के भाव बदल गये। आँखों की भाषा बदल गयी। उन्होंने मुझसे खुलकर बात करना बन्द कर दिया और मेरी पत्नी को सहानुभूति की भावना से देखने लगे। यह सब मुझे लगा—सच था या नहीं, पता नहीं। लेकिन एक बात तो तय थी। वे पहली बार एक कम्युनिस्ट को इतने नज़दीक से देख रहे थे और कम्युनिस्ट के प्रति नापसन्दगी, आश्चर्य, अविश्वास और भय से भर उठे थे।

क्या रणनीति के तौर पर मैंने गलत किया? क्या मुझे दिखावे के लिए ही

सही, मंदिर में जाना चाहिए था? तिलक लगाना चाहिए था? सिर झुकाना चाहिए था? भेंट चढ़ानी चाहिए थी?

डाक-तार विभाग की नौकरी के दौरान मैं तेरह साल तक यूनियन में रह चुका था। यूनियन का सक्रिय सदस्य रह चुका था। प्रान्तीय संगठन सचिव रह चुका था। लेकिन वहाँ कभी इस तरह का सवाल नहीं उठा। वे जानते थे कि मैं कम्युनिस्ट हूँ। मैं वामपंथी साहित्य बाँटता था। लेकिन मंदिर में माथा झुकाने का ऐसा भारी नैतिक दबाव मुझ पर कभी किसी ने नहीं डाला।

मैं सोचता था, भारत के कम्युनिस्टों ने पिछले पचास सालों में सबसे बड़ी गलती तो यही की है कि धर्म और ईश्वर जैसे सवालों पर स्पष्ट और दो टूक आचरण की मिसाल बनने की बजाय समझौतापरस्ती का रुख अपनाया है और इस तरह न सिर्फ़ परिवार से पंगे लेने से बचे हैं बल्कि अपनी संस्कारगत भीरुता को भी ढांके रखा है। अगर आप घर से बाहर कम्युनिस्ट हैं और घर के भीतर मूर्तियों के आगे घंटी बजा रहे हैं, तस्वीरों पर अगरबत्ती खोंस रहे हैं, कान पर जनेऊ चढ़ा रहे हैं, कन्यादान कर रहे हैं और श्राद्धपक्ष में ब्राह्मण को भोजन करा रहे हैं तो कौन आपकी विचारधारा और दर्शन से प्रभावित होगा? इससे तो ब्रह्मसमाजी और आर्यसमाजी ही ज़्यादा क्रांतिकारी थे जो चाहे सारे प्रश्नों के उत्तर न जानते हों, उनमें यह नैतिक दुचित्तापन और बुनियादी गैर ईमानदारी नहीं थी।

लेकिन इस यात्रा में मैंने बहुत कुछ सीखा। वैष्णों देवी से उतरते-उतरते रात के ग्यारह बज रहे थे। मेरा सुझाव था कि हम सब इतने ज़्यादा थके हुए हैं कि हमें कोई होटल या लॉज लेकर रात भर आराम करना चाहिए और सुबह नहा-धोकर रवाना होना चाहिए। लेकिन वे मुझसे सहमत नहीं थे। वे तत्काल रवाना हो गये। उन्होंने आराम नहीं किया। दो-चार जगहों को छोड़कर पूरी यात्रा में उन्होंने कहीं आराम नहीं किया। और ताज्जुब कि जब लौटकर चित्तौड़ पहुँचे तो सबके सब एकदम ताजादम। मैं रास्ते भर उन्हें उनकी कंजूसी के लिए कोसता आ रहा था लेकिन यात्रा पूरी होने के बाद मैंने हैरत से सोचा कि हमने खुद को कितना आरामतलब और कमज़ोर बना लिया है। पूरी यात्रा में एक बार भी हमने बाहर का कुछ नहीं खाया-पिया। दिन में सिर्फ़ एक बार खाना खाया और एक बार नाश्ता किया। इतना घूमे-चढ़े, थके, हवा-पानी बदला, लेकिन एक भी व्यक्ति, कोई बच्चा तक बीमार नहीं पड़ा। दवा-फर्स्ट एड का जो किट साथ ले गये थे, वैसा का वैसा वापस आ गया। सारे रास्ते निस्संकोच मंदिरों के भण्डारों और गुरुद्वारे के लंगरों में खाना खाया—जैसा कि न पहले कभी किया था न आगे कभी करेंगे—लेकिन मजाल है जो किसी का पेट भी दुखा हो। मैं राणावतजी की

नेतृत्व क्षमता का कायल हो गया और मैंने लगभग स्वीकार कर लिया कि मात्र धार्मिक आस्था रखने से कोई व्यक्ति कम्युनिस्टों का दुश्मन नहीं हो जाता। ठीक उसी तरह जिस तरह सिगरेट या शराब पीने मात्र से कोई दुश्चरित्र नहीं हो जाता।

और बारह साल बाद जब कम्पनी की नौकरी से स्वैच्छिक सेवानिवृत्ति लेने के बाद मैं अन्ततः चित्तौड़गढ़ छोड़कर भोपाल आने लगा तो मेरे सहकर्मी-अधिकारी ही नहीं, यूनियन के ये साथी ही थे जिन्होंने वहाँ की सबसे बड़ी वाटिका में मेरे और मेरे परिवार के लिए एक शानदार विदाई पार्टी और प्रीतिभोज का आयोजन किया और उसमें मुझे सम्मान का सर्वोच्च प्रतीक मेवाड़ी पगड़ी भेंट की।

~

अब विजिलेन्स ऑफ़िसर आ ही गया है तो उसे इसके किसी मनपसन्द और हमारे लिए निरापद काम में व्यस्त रखने का बन्दोबस्त करो। कम्युनिटी सेन्टर, लायब्रेरी, स्पोर्ट्स, फ़िल्म सोसायटी, स्कूल मैनेजमेण्ट कमिटी, ऑफ़िसर्स क्लब, विमेन वेलफ़ेयर, सेफ़्टी कमिटी, एन्सिलरी डेवलपमेण्ट—क्या करेगा? सुना है कुछ लिखता-विखता भी है!

मेरे पहुँचते ही उच्चाधिकारियों की मंत्रणा चालू हो गयी थी। सार्वजनिक क्षेत्र में नये युग का आगमन हुआ था। कम-से-कम कर्मचारी भर्ती करो और ज़्यादा से ज़्यादा काम ठेके पर कराओ। और जितने ठेके उतनी मलाई। अभी-अभी प्रोजेक्ट पूरा हुआ था जिसमें लगभग हर रोज़ एक ग्लोबल टेण्डर होता था और लगभग हर कर्मचारी को प्रशिक्षण प्राप्त करने के लिए विदेश भेजा गया था। इस अवधि में विजिलेन्स और इंटरनल ऑडिट को दूर ही रखा गया था। चित्तौड़ के ऑडिट सेक्शन के अकाउण्ट्स ऑफ़िसर मेहता साहब से मेरी पुरानी जान-पहचान थी और उन्होंने मुझे चित्तौड़ की अभूतपूर्व कारगुजारियों के ढेरों किस्से सुना रखे थे।

सर! वहाँ तो कल्चरल कमिटी का सेक्रेट्री था। मज़दूरों और उनके बच्चों से नाटक-वाटक करवाता था। किसी ने महाप्रबन्धक को बताया।

मेरे आगे-आगे मेरी ख्याति आयी थी। दूसरे ही दिन मुझे इकाई सांस्कृतिक परिषद् का सचिव मनोनीत कर दिया गया। उसी शाम चित्तौड़गढ़ में स्पिक मैके के आयोजन में बिरजू महाराज एक नृत्य नाटिका प्रस्तुत करने वाले थे। महाप्रबन्धक ने मुझे बुलाकर कहा कि शाम को मैं बिरजू महाराज के कार्यक्रम में चला जाऊँ और यदि संस्था वाले कुछ डोनेशन आदि माँगे तो कम्पनी की तरफ़ से इक्कीस हज़ार की घोषणा कर दूँ।

शाम को मैं बिरजू महाराज वाले कार्यक्रम में नहीं गया। मेरी सोच भिन्न थी। ज़माना कहाँ का कहाँ पहुँच गया, भारतीय शास्त्रीय नृत्य अब भी मध्यकाल में तम्बू गाड़े बैठा है। उसका कथ्य, रूप, प्रस्तुतीकरण, वेशभूषा, अवलम्ब, मुद्राएँ, ताल, मात्रा, व्याकरण सब एकदम जड़, अहिल और दरबारी बने हुए हैं! वही कृष्ण-गोपी-होली-रास-शृंगार-वात्सल्य-उपालम्भ-संयोग-वियोग, चौमासा-मोर-पपीहा-दादुर खंजन-चातक! कोई कितना देखेगा? नृत्य के लिए जैसी तन्वंगी देह छटा आवश्यक है और जो सारी दुनिया के नर्तक-नर्तकियों में होती है—उसका सर्वथा अभाव! मोटी-मोटी पृथुल नृत्यांगनाएँ और दोहरी ठोड़ी वाले, बढ़ी तोंद वाले अनाकर्षक पुरुष जब स्त्रैण भंगिमाओं से शताधिक बार पिष्टपेषित भावों को अभिव्यक्त करें—इससे तो बैले वाले ही ठीक हैं—उदयशंकर, ममता शंकर, शांतिवर्धन, गुलवर्धन, वैजयन्तीमाला-उनके कथानक भी किंचित आधुनिक हैं और भंगिमाएँ भी। और सबसे ज़्यादा चिढ़ तो मुझे इस बात से होती है कि जहाँ नृत्य करना है वहाँ सबसे पहले ये देवता को स्थापित करेंगे, मंच को मंदिर बना डालेंगे, एक अच्छी-खासी कला का साम्प्रदायिकीकरण कर डालेंगे और उसे हिन्दूतर समाज के लिए अस्पृश्य बना देंगे! अब बेशक, मैं कोई नृत्य विशेषज्ञ या इस विधा का जानकार नहीं, हो सकता है ये मेरे ऊटपटांग विचार मात्र मेरे अज्ञान के परिचायक हों, इसीलिए मारे डर के ज़ोर से नहीं बोलता, लेकिन इतना तो बोध है ही कि शास्त्रों और शास्त्रियों की अन्त में यही दशा होती है। सोचने की बात है कि ऐसी क्या कला जिसमें राष्ट्रीय स्वतंत्रता या आधुनिकता की कोई अनुगूंज नहीं! यदि इस कला को मात्र मिथकों का ही विचारहीन मंचन करते जाना है, तो इसमें मेरी कोई रुचि नहीं।

मेरे नहीं जाने का अच्छा असर पड़ा।

लेकिन प्रबन्धन हार कब मानने वाला था?

कुछ रोज़ बाद मीरा महोत्सव समिति की बैठक कलेक्टर की अध्यक्षता में हुई। इसमें कम्पनी से भी अपना प्रतिनिधि भेजने को कहा गया। महाप्रबन्धक ने मुझसे कहा कि मैं इस बैठक में जाऊँ और यदि कुछ डोनेशन वगैरह की बात हो...

मानो हमारा काम सिर्फ़ डोनेशन देना है!

मैं गया तो सही, लेकिन वहाँ पर मैंने एक ऐसी बात कह दी कि उसके बाद मीरा महोत्सव की किसी बैठक में मुझे नहीं बुलाया गया।

सभा कक्ष में कोई चालीस लोग थे जो बगल के कमरे में बैठे कलेक्टर की प्रतीक्षा कर रहे थे। कलेक्टर कुछ जनप्रतिनिधियों से बात कर रहा था। उपस्थित लोगों में से कुछ प्रशासनिक अधिकारी, कुछ उद्योगों तथा व्यापार संघ के प्रतिनिधि, कुछ सामाजिक कार्यकर्ता और शेष व्याख्याता आदि थे। कोई आधे

घंटे की सड़ी प्रतीक्षा के बाद—जिसमें किसी ने हमें पानी तक के लिए नहीं पूछा—कलेक्टर साहब भागे-भागे कमरे में दाखिल हुए। साथ में हाथ में राइटिंग पैड पकड़े आधा दर्जन सहायक अधिकारियों का अमला। कलेक्टर महोदय बैठे और इधर से उधर तक तमाम उपस्थितों को अपनी मुस्कराहट का प्रसाद वितरित किया। अब इसे आप देरी के लिए क्षमा-याचना या पधारने के लिए धन्यवाद या बैठक में आप सबका स्वागत कुछ भी मान लें। कलेक्टर के आते ही पीने का पानी आ गया। कचौरी आ गई। चाय आ गयी। कलेक्टर ने किसी से कहा—हाँ भई समधानी साहब! तो समधानी साहब घंटों से ज़बान पर रुके पड़े जुमलों को एक-एक कर बाहर ठेलने लगे। चित्तौड़ भक्ति और शक्ति की नगरी है। राजपूती शौर्य, देशभक्ति, जौहर की ज्वाला, आन-बान-शान, राणा प्रताप, चेतक, तलवारों की झंकार—जैसा कि प्रतिवर्ष हम—राज्य सरकार के सहयोग से करते हैं।

कलेक्टर चुपचाप सुनता रहा और इत्मीनान से कचौरी खाता रहा। जब उसकी कचौरी खत्म हो गई तो रूमाल से मुँह पोंछते हुए उसने कहा—तो सुझाव ले लिये जाएँ?

अब तरह-तरह के सुझाव आने लगे।

कुछ लोग मीरा पर एक राष्ट्रीय परिसंवाद आयोजित करना चाहते थे। कुछ मीरा पर एक अखिल भारतीय महाविद्यालय स्तरीय कविता प्रतियोगिता, कुछ कवि-सम्मेलन कराना चाहते थे तो कुछ भजन-संध्या। एक विद्वान ने मीरा के पाठ शोधन और स्थिरीकरण की भी चर्चा की। बजट की कोई बात नहीं हुई। बहुत-से लोगों ने बहुत दर्द से कहा कि पूरे चित्तौड़गढ़ में मीरा की एक भी मूर्ति नहीं है यह हमारे लिए शर्म की बात है। कुछ ने किले पर मीरा संग्रहालय बनाने का सुझाव रखा। मीरा चेयर और मीरा शोध केन्द्र की भी माँग उठी।

मुझसे भी पूछा गया, लेकिन इससे पहले कि मैं कुछ बोलूँ एक सज्जन ने सभा को मेरा परिचय देते हुए बताया कि मैं देश का जाना-माना साहित्यकार हूँ। पता नहीं वह मुझे कैसे जानते थे, पर उनके इस हस्तक्षेप के बाद पूरी सभा का ध्यान मुझ पर और ज़्यादा केन्द्रित हो गया। मैंने कहा कि चित्तौड़ यदि मीरा के नाम पर कुछ भी करना चाहता है तो उस कार्यक्रम की शुरुआत इस साल और हर साल मीरा से क्षमा-याचना के साथ होनी चाहिए।

मेरी बात से सब चौंके। दस-बीस सेकण्ड बड़ी अटपटी-सी चुप्पी रही। फिर कलेक्टर ने तुरन्त ऊँचे सुर में किसी लक्ष्मीनारायणजी से पूछा कि राशि कितनी है? और सारी बात संसाधन जुटाने की तरफ़ मुड़ गयी। मुझे एक सामान्य हैसियत का व्यवधान फ़ैलाने वाला असामाजिक मान लिया गया जिसकी आराम

से उपेक्षा की जा सकती है। और डोनेशन वाली बात शायद सीधे महाप्रबन्धक से फ़ोन पर करने के लिए बचाकर रख ली गयी।

मीरा स्वयं राजपूत थी, लेकिन माना जाता है कि चित्तौड़ के राजपूतों के लिए वह हमेशा कुलबोरनी और कुलकलंकिनी ही बनी रही। सूर्य, शक्ति और देवी की उपासना करने वाले राणा परिवार के सदस्य मेड़ता वाली बहू की कृष्ण पूजा को हज़म ही नहीं कर सके। एक क्षत्रिय की बेटी और अहीर की पूजा! फिर भी इसे बचपन का खेल समझकर सहते रहे। कुल की रीत और पति की सेवा दोनों की उपेक्षा करके मीरा कृष्ण की मूर्ति के आगे नाचती-गाती रही—यहाँ तक भी ठीक था—राज परिवार में तरह-तरह की सनक लोग रखते हैं, और उन्हें बरदाश्त भी किया जाता है—लेकिन जब मीरा ओछे लोगों की संगत जोड़ने लगी—रास्ता चलते साधु-संन्यासियों को आमंत्रित कर ठहराने और जिमाने लगी, ऊँच-नीच, छोटे-बड़े, सही-गलत का सारा विचार भुलाकर एक योद्धा कौम के जवाँ मर्दों को प्रेम और भक्ति की घुट्टी पिलाने लगी तो राजसत्ता की भृकुटी टेढ़ी हुई।

फिर मीरा ने मेड़ता से रैदास को बुला लिया, ठहरा लिया और उनकी संगत में प्रभु चर्चा करने लगी। बगैर घूंघट-परदे का कोई ख़याल किये। इसे भी सहन कर लिया गया। मीरा की शोधार्थी लंदन निवासी परिता मुक्ता ने अपनी अद्‌भुत पुस्तक में बताया कि क्यों? मीरा का विवाह—जैसा कि रिवाज था—एक राजनैतिक संधि था। मेड़ता उस ज़माने में एशिया की सबसे बड़ी चमड़े की मण्डी थी। और पश्चिमी राजस्थान में कदाचित एकमात्र।

लेकिन जब मीरा के पति भोजराज की मृत्यु हुई, मीरा ने उसके साथ सती होने से इन्कार कर दिया। सती होना तो दूर की बात है, उसने तो विधवाओं जैसे सफ़ेद वस्त्र तक नहीं पहने—एक दिन भी नहीं। यह तो बीसवीं सदी के मुलगांवकर जैसे पेण्टरों की कारस्तानी है जो मीरा के चित्र और मूर्तियाँ हमें सफेद वस्त्रों में नज़र आती हैं। और बेशक, इसमें थोड़ा हाथ हमारा भी है—जो यह सब होता देख भी चुप रहे। मानो कहते हों—हिन्दी की कवयित्री? हमारी बला से!

इसके बाद मीरा पर तरह-तरह के अत्याचार किये गये। एक बार उसे ज़हर देने की भी कोशिश की गयी और अन्ततः मीरा को महल और चित्तौड़ छोड़ने को विवश कर दिया गया। गढ़ से जो उतरी बाई मीरा करवा लीनो हाथ! रानी महलों से निकलकर जनसामान्य में जा मिली और अपने अनुयायियों के साथ पहले पुष्कर और फिर वहाँ से मेड़ता गयी। लेकिन अपनी विवाहिता पुत्री को मायके ने आज तक कब शरण दी है? फिर यहाँ तो कूटनीतिक संबन्धों की भी बात थी। पूरा राजस्थान मुगलों के पंजों की चपेट में था। मजबूर होकर राजस्थान की इस

महान कवयित्री को राजस्थान छोड़कर गुजरात चले जाना पड़ा और वहाँ उसने प्राण त्यागे। दर्द की इन्तिहा के हौलनाक आलम में मीरा के मन में हूक उठी—चला वाही देस! लेकिन अपने देस में उसे कोई अपना मानने को तैयार नहीं था।

पता नहीं गुजरात में मीरा का बुढ़ापा कैसा कटा होगा! वहाँ तो उसे जीवन भर सहारा देने वाला मोहन भी रणछोड़ हो गया था। कभी-कभी मैं तड़पकर सोचता हूँ कि बाप के घर में ऐसा क्या होता है जिसे स्त्रियाँ बूढ़ी होने तक विकल होकर याद करती हैं और रोती हैं? इसका एक थोड़ा-सा उत्तर मुझे मीरा के शब्दों के बहाने लता मंगेशकर ने दिया। मीरा सपना देखती है कि पिता उसकी शादी कृष्ण से करवा रहे हैं—

माई ओ माई
माई म्हाने सुपणां माँ परणाई दीनानाथ।
ओ दीनानाथ।
छप्पन कोट्यां जणां पधारया, दूल्हो श्रीबृजनाथ।
सुपणां में तोरण बन्धायो, सुपणा में गह्यो हाथ।
हो माई... ।

लता मंगेशकर के पिता का नाम भी दीनानाथ था। लता जब बच्ची ही थीं, उनके पिता का देहान्त हो गया था और छोटे-छोटे बहन-भाइयों को पालने की खातिर लताजी कमाने निकलीं, आजीविका में इतनी उलझीं कि विवाह नहीं किया। नहीं किया—लेकिन उम्र के हर थकान भरे पड़ाव पर यह सपना क्यों आता है कि पिता प्रियतम के साथ उसकी शादी करवा रहे हैं। सोलहवीं सदी की एक दर्द भरी दास्तान बीसवीं सदी में आकर फिर एक रंजआलूदा अफ़साना बन जाती है।

वैष्णव सम्प्रदाय की पुस्तकों में तथा अन्यत्र जहाँ भी मीरा का नाम आता है, कहीं भी मीरा नहीं लिखा है, बल्कि कई जगह मीरा रांड लिखा है। उसकी कविताओं के मूल पाठ का या पाण्डुलिपि का आज तक कोई पता नहीं है। डाकोर वाली पाण्डुलिपि जो मूल मानी जाती थी, संदिग्ध सिद्ध हो चुकी है। राजपूत लोग आज भी अपनी बेटियों का नाम मीरा नहीं रखते। मेवाड़ में माताएँ पुत्रियों को उनकी उद्दंडता के लिए मीरा नाम से ताना देती हैं। और चित्तौड़ के किले पर स्थित मीरा मंदिर में आज भी न कृष्ण की कोई मूर्ति है न मीरा की कोई स्मृति—वहाँ सिर्फ़ प्लाइवुड का एक मैला-सा मीरा का कटआउट है जो मीरा का कम, उसका स्थूल अभिनय करने वाली किसी फ़िल्म अभिनेत्री का ज़्यादा लगता है।

बताइये! चित्तौड़ में मीरा पर कोई कार्यक्रम हो तो क्या उसे मीरा से क्षमा याचना के साथ आरंभ नहीं होना चाहिए? मैंने क्या गलत कह दिया था?

लेकिन जो हुआ वह तो और भी क्षोभकारक था।

इस साल तो जैसे-तैसे मीरा महोत्सव हो गया। फिर कलेक्टर का तबादला हो गया। अगले साल जो नये कलेक्टर आये उन्होंने बड़ी अक्लमंदी का काम किया। उन्होंने मीरा महोत्सव को ज़िला उद्योग मेला के साथ जोड़ दिया। दोनों के लिए अलग-अलग मीटिंग, अलग-अलग रिसोर्स मोबलाइजेशन, अलग-अलग बन्दोबस्त करने पड़ते थे—अब एक में ही हो गया। अब हैंडलूम, कसीदाकारी, खराद के खिलौने, खजूर का गुड़, असली शहद और असली शिलाजीत, हरियाणा हैंडलूम, लाख, गोंद, सौ रुपये में सलवार सूट, गोभी के पकौड़े, मौत के कुएँ में मोटरसाइकिल आदि की तीन-चार सौ दूकानों के बीच एक दूकान मीरा की भी। हर रात ऊँघते व्यापारियों और उनके कारिन्दों के लिए विभिन्न भजन मण्डलियों द्वारा भक्ति संगीत के कार्यक्रम।

इसके अगले साल मीरा महोत्सव समिति ने फ़िल्म अभिनेत्री हेमा मालिनी को उनकी नृत्य नाटिका मीरा के मंचन के लिए आमंत्रित करने का निर्णय किया। पोस्टर तक लग गये। लेकिन किसी ने इसके खिलाफ़ जनहित याचिका दायर कर दी। कोर्ट ने स्टे लगा दिया। उस साल मीरा महोत्सव नहीं हुआ।

~

दस जनवरी को हर साल कम्पनी का स्थापना दिवस मनाया जाता था। इस साल रजत जयंती वर्ष था इसलिए थोड़ा बड़े पैमाने पर मनाने की योजना बनी थी। मुझसे कहा गया कि श्रमिकों और उनके परिवार के सदस्यों से कुछ करवाने के लिए सांस्कृतिक परिषद् के सदस्य शाम सात बजे महाप्रबन्धक महोदय के निवास पर मिलेंगे।

जब शाम सात बजे मैं महाप्रबन्धक निवास पर पहुँचा तो वहाँ महाप्रबंधक नहीं, उनकी पत्नी तीन-चार महिलाओं के साथ बैठी हुईं थीं। सांस्कृतिक परिषद् के दो-चार सदस्य भी थे। मैंने सोचा शायद ये महिलाएँ भी किसी-न-किसी की प्रतिनिधि हैं और हम सब महाप्रबन्धक के आने की प्रतीक्षा कर रहे हैं। लेकिन महाप्रबन्धक की पत्नी ने मेरे पहुँचते ही बाकायदा अध्यक्षीय ठसके के साथ बैठक की शुरुआत कर दी और सुझाव माँगने लगी।

मैं लगभग आधा घंटा वहाँ बैठा, लेकिन एक शब्द नहीं बोला। चुपचाप गेस्ट हाउस के कर्मचारियों को चाय-नाश्ता सर्व करते देखता रहा। खामोशी से कोकाकोला पीकर, ज़रूरी काम का बहाना बनाकर उठ आया।

माइन्स में ऐसा नहीं होता था। बाकायदा सर्कुलर निकलता था, इच्छुक व्यक्तियों के नाम और सुझाव आते थे, चयन होता था और फिर चयनित सामग्री पर सब मिलकर मेहनत करते थे। और यह सब क्लब या कम्युनिटी सेन्टर या गेस्ट हाउस में होता था, किसी के घर पर नहीं। पूरा माहौल पारिवारिक और लोकतांत्रिक जैसा होता था। लेकिन यहाँ एक किस्म की डिक्टेटरशिप दिखाई दे रही थी। और दुर्भाग्य से कई बहुत बड़ी संस्थाओं और प्रतिष्ठानों—यहाँ तक कि व्यवस्थाओं की ही तरह यहाँ भी मान लिया गया था कि संस्कृति यानी नाचाकूदी यानी औरतों का काम—तो इसे अफ़सरों की निठल्ली-मुटल्ली पत्नियाँ सम्हाल लेंगी। उनका टाइम पास हो जाएगा और अपने लिए इनसे ज़्यादा लॉयल और कौन मिलेगा? जैसे चाहेंगे सेंसर करवा लेंगे।

जैसा कि मैं कह चुका हूँ कि श्रमिकों से सांस्कृतिक कार्यक्रम करवाना और उनके बच्चों को साहित्यिक संस्कार देने की चेष्टा करना मेरे बहुत प्रिय कामों में से था और इस सिलसिले में मैं हिन्दी की अनेक श्रेष्ठ कविताओं पर नृत्य नाटिकाएँ बनाकर मंचित करवा चुका था, लेकिन यहाँ इस तरह का यह प्रयास मेरा अन्तिम प्रयास सिद्ध हआ।

हमने दो चीज़ों का चयन किया। रामधारीसिंह दिनकर की कविता परशुराम की प्रतीक्षा के चुनिन्दा अंश और शिव-पार्वती की कथा कहने वाला एक लोकगीत।

कुछ ही रोज़ पहले राजपुरा दरीबा खान में—जहाँ से मैं आया था—एक भयंकर दुर्घटना हो चुकी थी जिसमें अनेक श्रमिकों की जानें चली गयी थीं। परशुराम की प्रतीक्षा का चयन इसी सन्दर्भ में किया गया था। वहाँ के लोगों को प्रस्तुति का शिल्प तो अनूठा लगा लेकिन वे इसकी पार्श्वभूमि को बिलकुल नहीं समझ पाये। बताने के बावजूद। कम्पनी की एक इकाई के कर्मचारी अपनी ही कम्पनी की दूसरी इकाई के कर्मचारियों की पीड़ा के प्रति इस हद तक सम्वेदनशून्य हो सकते हैं, यह मेरे लिए एक नया और अप्रिय अनुभव था। लेकिन इस मनोविज्ञान की जड़ें गहरी थीं। खानें कच्चा माल निकालती थीं, स्मेल्टर फिनिश्ड प्रॉडक्ट बनाते थे। इसलिए स्मेल्टर वाले समझते थे कि जो कमा रहे हैं, हम कमा रहे हैं। फिर यहाँ तो पढ़ाई-लिखाई का भी ठसका था।

शिव-पार्वती विवाह मासेज़ से क्लासेज तक सबको आसानी से समझ में आ जाने वाला चयन था। साँड पर सवार दूल्हा, बाराती के रूप में नाचते-गाते भूत-प्रेत-पिशाच और पिता हिमालय का अन्तर्द्वंद्व इसे भरपूर नाटकीयता प्रदान करते थे। शिवजी की वैसे भी बात ही कुछ और है। और देवता रंग-बिरंगे कपड़े, माला-मुकुट पहनते हैं, रोज़ दाढ़ी-मूंछ मुंडवाते हैं, शिवजी मृगछाला लपेटते

हैं, बदन पर भभूत पोतते हैं और गले में साँप की माला पहनते हैं। और देवता मालताल खाते हैं, शिवजी कंठ में कालकूट गरल धारते हैं, भांग-धतूरा खाते हैं। और देवता आशीर्वाद-वरदान-प्रणामादि औपचारिकताओं में बहुत समय नष्ट करते हैं, शिवजी वरदान-अभिशाप-संहार-निर्माण जो करना है फटाफट कर डालते हैं। और देवता फ़ैशन करते हैं, शिवजी का अपना कल्ट है। देवताओं में शिवजी सर्वहारा भी हैं। और नटराज भी। भोलों के लिए भोले और भालों के लिए भाले।

शिवजी का रोल करने के लिए एक लम्बे-छरहरे इंजीनियर को चुना गया जिसने अभी साल भर पहले ही कम्पनी जॉइन की थी। केरल के इस गोरे लड़के का नाम जॉर्ज थॉमस था। पार्वती की भूमिका के लिए अन्ततः जो लड़की जमी वह बारहवीं कक्षा में पढ़ने वाली अनुराधा थी जिसके पिताजी सिंटर विभाग के असिस्टेंट सुपरवाइज़र थे।

मिसेज़ जीएम की चमचियों ने बहुत टांग अड़ायी। उन्होंने रिहर्सल में शिव-पार्वती को एक-दूसरे के गले में माला तक नहीं डालने दी—कि नहीं नहीं—यह तो ठीक नहीं रहेगा।

और क्या हुआ?

कार्यक्रम के चार दिन बाद शिव-पार्वती दोनों घर से भागकर अजमेर चले गये और वहाँ उन्होंने शादी कर ली। जॉर्ज का तबादला विशाखापत्तनम कर दिया गया जहाँ लगभग साल भर तक उनका सुखी गृहस्थ जीवन चला। फिर पता चला कि जॉर्ज पहले से शादीशुदा है और उसकी बीवी पालघाट में नर्स है। जॉर्ज कम्पनी छोड़कर चला गया। उसकी अभागी पत्नी अनुराधा पिता के पास लौट आयी और अपनी पढ़ाई पूरी करने में लग गयी। कुछ साल बाद एक अध्यापक के साथ उसकी भी शादी हो गयी।

मैं इतने साल से सांस्कृतिक कार्यक्रम करवा रहा था। मेरी यूनिट में पहली बार ऐसी कोई घटना हुई थी। हालाँकि संयोग ही था कि पहले नहीं हुई थी। हो जाती तो मैं क्या कर लेता? लेकिन इस घटना से मुझे यह सबक मिला कि यदि स्टीयरिंग पर तुम्हारा कंट्रोल न हो तो कभी ड्राइवर की सीट पर मत बैठो।

~

चित्तौड़ का किला सचमुच भव्य और विशाल है। हालाँकि यह गोलकुण्डा के किले जितना बड़ा नहीं और आगरा के किले जितना शाही भी नहीं। फिर भी वह लम्बे समय से पर्यटकों के आकर्षण का केन्द्र और चित्तौड़ की पहचान बना हुआ है।

किले पर स्थित पद्मिनी महल विजय स्तंभ और कीर्ति स्तम्भ तो नीचे और काफ़ी दूरी से भी दिखाई देते हैं। राजस्थान में आप जहाँ भी जायें—बीकानेर, जैसलमेर, जोधपुर, जयपुर, आमेर, बूंदी—एक-से-एक शानदार किले देखने को मिलेंगे।

लेकिन चित्तौड़ का किला कोई संरक्षित इमारत नहीं। किले पर बस्ती है। मोहल्ले हैं। लोग रहते हैं। अनेक कार्यालय भी हैं। नर्सरी है। एक हिस्से में वन्य पशु अभयारण्य है। हज़ारों सीताफल के पेड़ और ढेर सारे बन्दर हैं। लोग रहते हैं तो बिजली के खम्भे, स्ट्रीट लाइट्स, पाइप लाइन, फ्लश की लेटरीन और डामर की सड़कें भी हैं। एक स्कूल भी है। किले के लिए जहाँ से चढ़ाई शुरू होती है वहाँ एक प्रवेशद्वार है, और वहाँ से ऊपर पहुँचने तक रास्ते में अनेक दरवाज़े हैं जिन्हें प्रोलें कहा जाता है। लेकिन कहीं भी ऐसा सूचना पट्ट नहीं लगा है जिससे पता चले कि यह किला किसने बनवाया है। शायद पुरातत्व विभाग स्वयं इसके निर्माण की जानकारी के प्रति पूरी तरह आश्वस्त नहीं है। सारी बात कहते हैं और सुनते हैं जैसी धारणाओं पर आधारित है। बात यह है कि किला पूरा एकमुश्त एक साथ बना भी नहीं है। पहले किसी ने कुछ बनवा दिया—फिर कुछ साल बाद किसी और ने कुछ और बनवा दिया। कहा जाता है कि सबसे पहले इस किले को मौर्य वंश के एक शासक चित्रांगद मौर्य ने बनवाया था। बाद में विजय स्तंभ, श्रृंगार चवरी, कुम्भा श्याम महल और मीरा मंदिर महाराणा कुम्भा ने बनवाये, महाराणा फतेहसिंह ने फतेह मेमोरियल बनवाया और महाराणा सज्जनसिंह ने इसे आधुनिक रूप दिया।

और चित्तौड़ का क्या मतलब? चित्तौड़ का आदि नाम चित्रकूट था।

जब मैं पहली बार चित्तौड़ आया, किले के ऊपर तक जाने के लिए एक संकरी-सी कच्ची सड़क थी। सड़क पर छोटे-छोटे पत्थर जड़े हुए थे जो घिसकर चिकने और फिसलने वाले हो चुके थे। और जिस पर एक बार में बमुश्किल एक तांगा ऊपर जा सकता था। पत्थरों पर घोड़े के खुरों में ठुंकी नाल एक सुरीली गूंज पैदा करती है और सहसा भ्रम होता था कि हम तांगे में नहीं, घोड़े पर ही बैठकर चित्तौड़ के किले में प्रविष्ट हो रहे हैं। अब तो ऊपर जाने के लिए चौड़ी डामर रोड है जिस पर ऑटो रिक्शा और कार ही नहीं, बस और ट्रक भी ऊपर जा सकते हैं।

मुझे याद है जब मैं पहली बार चित्तौड़ के किले आया, मैंने यहाँ महाराणा प्रताप का भाला और जिरहबख्तर देखा था। महाराणा प्रताप का भाला छह फुट से भी ज़्यादा लम्बा था और उसे देखकर मैं हैरान रह गया था कि इसे एक हाथ में उठाकर घोड़े पर बैठे-बैठे हथियार की तरह इस्तेमाल करने वाला आदमी कितना ताकतवर होगा! वह भाला और जिरहबख्तर अब चित्तौड़ में नहीं है। जिसे फतेह प्रकाश महल कहते हैं और जिसमें पुरातत्व विभाग ने म्यूज़ियम बना रखा है वहाँ

खण्डित मूर्तियों और दीवार पर टंगे राणाओं के पुराने तैलचित्रों के सिवा कुछ नहीं है। चित्तौड़ और मेवाड़ और राणा प्रताप और राजपूतों के शौर्य की ख्याति सुनकर दूर-दूर से यहाँ आने वाले पर्यटकों को बहुत निराशा होती होगी।

चित्तौड़ के कुछ गाइड गप्पें, लोक प्रचलित चमत्कारपूर्ण किस्से और तथ्यहीन कथाएँ सुनाने में बेजोड़ हैं। इनमें वे भी शामिल हैं जो स्वयं को पर्यटन विभाग द्वारा प्रशिक्षित बताते हैं। एक बार दिल्ली से इस्पात एवं खान मंत्रालय के सचिवनुमा किसी वी.आई.पी. मेहमान को किला दिखाने के लिए हमने पर्यटन विभाग से कोई अच्छा-सा गाइड भेजने को कहा। उन्होंने जो अधेड़-सा गाइड भेजा वह लगातार सिगरेट पी रहा था, लगातार गलत अंग्रेज़ी बोल रहा था और लगातार मेवाड़ डायनेस्टिक के बारे में बेसिरपैर की कहानियाँ सुना रहा था। उसने बड़े गर्व से हमें बताया कि जब वह राममनोहर लोहिया को किला विज़िट करवा रहा था तो उसके बताये किसी किस्से को सन्देहास्पद और उसे अविश्वसनीय सूंघकर लोहियाजी ने उसे कितने ज़ोर से डांटा था।

अब मिसाल के तौर पर जौहर की बात चलेगी तो वे पहला साका और दूसरा साका और तीसरा साका की बात करने लगेंगे और बताएँगे कि पद्मिनी के साथ सोलह हज़ार लड़कियों ने जौहर किया था। अब यदि मुगलों के डर से ज़िन्दा जला दी गयी सोलह हज़ार जवान लड़कियाँ चित्तौड़ के किले पर रहती थीं तो आप वहाँ की कुल आबादी का अनुमान लगा सकते हैं। सोलह हज़ार लड़कियों को जलाने के लिए जितनी लकड़ी की आवश्यकता थी वह भी किले पर उपलब्ध थी और सोलह हज़ार बेटियों-बहनों को दुश्मन के डर से ज़िन्दा जला डालने वाले वीर राजपूत भी। इससे तो सोलह हज़ार लड़कियाँ निहत्थी भी दुश्मन पर टूट पड़तीं तो चार-पाँच हज़ार को तो ठिकाने लगा ही देतीं। ज़ाहिर है कि सोलह हज़ार वाला यह सारा किस्सा अतिशयोक्तिपूर्ण और सच से परे किसी कवि की कल्पना मात्र है।

लेकिन ऐसी बातों को ऐतिहासिक तथ्य की तरह प्रस्तुत किया जाता है। हर साल चित्तौड़ में एक जौहर मेला आयोजित किया जाता है जिसमें मेवाड़, मारवाड़ के सैकड़ों राजपूत भाग लेते हैं। वे पारम्परिक वेशभूषा पहनकर, तलवार-वलवार लटकाकर बाकायदा एक विशाल जुलूस निकालते हैं, जौहर करने वाली राजपूत रमणियों की और जौहर करवाने वाले राजपूत कुल की जय-जयकार करते हैं! एक साल तो भूतपूर्व रक्षामंत्री जसवंत सिंह भी इस मेले में शामिल हुए थे।

किले पर पद्मिनी से संबंधित दो स्थान हैं। एक पद्मिनी महल जिसमें, कहा जाता है कि अलाउद्दीन खिलजी को पानी में पद्मिनी का प्रतिबिम्ब दिखाया गया था। और दूसरा जौहर स्थल। जिसे जौहर स्थल कहा जाता है वह पत्थरों से बनी

एक छोटी-सी काली कोठरी है जिसमें चार आदमी भी एक साथ आराम से खड़े नहीं हो सकते और जहाँ कोई पूरी ताकत से चीखता-चिल्लाता तो भी उसकी आवाज़ पचास फुट दूर भी सुनाई नहीं आती। भागने की तो बात भी नहीं सोची जा सकती।

मेरी इतिहास में न रुचि है न गति, लेकिन फिर भी एक भी ऐसी चीज़ देखता मेरा मन विद्रोह करने के लिए मचलने लगता। हमारे कॉमरेड मित्र आनन्द स्वरूप छीपा का ख़याल था कि राजपूतों की वीरता और राणा प्रताप की देशभक्ति का मिथक पुनर्जागरण की ज़रूरत के लिए गढ़ लिया गया था। एक गुलाम और पराजित कौम इसी तरह फिर उठ पड़ने का अपना हौसला जुटाती है। और इस काम में पहल की बंगाली लेखकों ने, जिनके लिए चित्तौड़ वैसे भी कुछ बंगाली रेलवे कर्मचारियों के मुँह से सुनी दास्तान जैसा था, जिसमें उन्हें अपनी कल्पना से रंग भरना था।

वरना सच यह है कि महाराणा प्रताप ने अपने पूरे जीवन में सिर्फ़ डेढ़ युद्ध लड़े। जिस हल्दीघाटी के युद्ध से उनका नाम जोड़ा जाता है वह युद्ध मात्र आधा दिन चला था और उसमें राणा प्रताप मुश्किल से आधा घंटा लड़े थे। इसके बाद वह घायल हो गए थे और अपना ताज किसी और को सौंपकर युद्ध भूमि से चले गये थे। जिस चेतक के इतने गीत गाये जाते हैं, उसका उनके पास कोई पूरक, बदल या विकल्प नहीं था, यह बात हैरान करती है।

और चित्तौड़ से राणा प्रताप का क्या संबन्ध था ? राणा प्रताप उदयसिंह के बड़े बेटे थे। जब वह किशोर थे तभी उदयसिंह ने उदयपुर बसा लिया था और चित्तौड़ छोड़कर उदयपुर चले गये थे। उदयसिंह ने अपने छोटे बेटे जगमालसिंह को अपना उत्तराधिकारी घोषित किया था, लेकिन उनके सरदारों को उनका यह फ़ैसला मंजूर नहीं था। उन्होंने गोगुन्दा में प्रताप का अपने भावी राजा के रूप में राजतिलक किया।

लेकिन इसके बाद राणा प्रताप कभी चित्तौड़ नहीं आये।

और राजपूतों की वीरता की तो बात ही क्या की जाये! सारे राजस्थान के सामंत तो अकबर को बेटियाँ दे रहे थे। अकबर की तरफ़ से राजा मानसिंह प्रताप से लड़ने आया था। और यह बात तो सब जानते हैं कि राणा प्रताप की सेना में जितने राजपूत थे उससे ज़्यादा भील थे। यहाँ तक कि उनका सेनापति भी कोई राजपूत नहीं, एक भील-राणापूंजा था।

किरण नागरकर का अद्‌भुत उपन्यास *ककोल्ड* मुझे डॉ. नरेन्द्र गुप्ता के सौजन्य से चित्तौड़ में पढ़ने को मिला। लेखक ने न सिर्फ़ चित्तौड़ के किले, गंभीरी नदी और आस-पास का मनोहारी और विश्वसनीय चित्रण किया है बल्कि राजपूतों की वीरता के मिथक को भी तार-तार कर दिया है।

लेकिन इस सबके बावजूद इसमें कोई शक नहीं कि जो भी था, जैसा

भी था, चित्तौड़ का किला देशी-विदेशी पर्यटकों के आकर्षण का केन्द्र था और उसके बगैर चित्तौड़ की कल्पना भी नहीं की जा सकती थी।

चित्तौड़ पर्यटन विभाग के राजस्थान सर्किट में था। जब भारतीय रेलवे ने विभिन्न स्टेट्स के फ़ालतू पड़े सैलूनों को ठीक करवाकर और जोड़कर पैलेस ऑन व्हील्स नामक गाड़ी चलायी तो दिल्ली-जोधपुर-उदयपुर-बीकानेर-जैसलमेर रूट वाली इस गाड़ी का एक अहम मुकाम चित्तौड़गढ़ में होता था। यहाँ से पर्यटक बस से उदयपुर घूम आते थे और उनका रात्रि विश्राम इसी गाड़ी में चित्तौड़ ही होता था।

चित्तौड़ के किले की अन्तर्राष्ट्रीय ख्याति के मद्देनज़र इसके रखरखाव और सौन्दर्यीकरण के लिए बाहर से खूब पैसा आता था, लेकिन इस पैसे से चित्तौड़ का या किले का कोई खास भला हुआ हो, ऐसा हरगिज़ नहीं लगता था। एक बार जब ऐसा पैसा आया तो तय किया गया कि विजय स्तम्भ को प्रकाशित करने वाली फ़्लड लाइटें लगायी जाएँगी ताकि विजय स्तम्भ रात के समय नीचे शहर से और शहर से गुज़रने वाली ट्रेन से भी दिखाई दे। लाइटें लगा दी गयीं। विजय स्तम्भ जगमगाने लगा। लेकिन दो-तीन महीने बाद अचानक एक दिन यह जगमगाहट खत्म हो गयी और विजय स्तम्भ फिर अंधेरे में डूब गया। कारण? कारण यह कि यह तय नहीं हो पाया कि इसका बिजली का बिल कौन भरेगा।

कुछ साल बाद ऐसी ही एक कोशिश बाहरी फ़सील को रोशन करने की हुई। लेकिन इस बार लाइटें बन्दरों ने तोड़ दीं और लोग केबल उखाड़कर ले गये। नौकरशाही को ऐसे काम करने में बहुत मज़ा आता है जो स्थायी न हों—बनते-बिगड़ते रहें—क्योंकि बनने और बिगड़ने दोनों में अपनी दलाली सुनिश्चित है। जिसे चालू भाषा में कहते हैं—जो भी हो, हमारा मीटर चलता रहना चाहिए।

मैं पचासियों बार किले पर गया होऊँगा, लेकिन किले की सबसे सुहानी याद उस शाम की है जब मेरे साथ मेरे मित्र शिवराम और कवि ऋतुराज और अम्बिकादत्त थे। हम लोग किले के ठेठ दक्षिणी छोर पर चले गये थे। जहाँ से दूर बिड़ला सीमेंट वर्क्स, चित्तौड़ सीमेंट वर्क्स और उससे भी आगे चन्देरिया में हमारे प्लांट की बत्तियाँ जलती दिखाई दे रही थीं और दूसरी तरफ़ सफ़ेद रस्सी की तरह पड़ी बेड़च नदी और उसके आगे बसी हमारी कॉलोनी। हम लोग अंधेरा होने के बाद अपने-अपने जीवन की अन्तरंग बातें शेयर करते रहे और देर बाद जब चारों तरफ़ घूमकर देखा तो जैसे किसी और ही लोक में थे।

~

मेरी पदोन्नति हो गयी थी और मुझे सिर्फ़ चन्देरिया सीसा-जस्ता प्रद्रावक ही नहीं, भीलवाड़ा ज़िले में स्थित रामपुरा अगूचा खान और नागौर ज़िले में स्थित डेगाना टंगस्टन खान का सतर्कता संबन्धी काम भी देखना था।

चन्देरिया स्मेल्टर कम्पनी की सबसे बड़ी और नयी इकाई थी और इस क्षेत्र की नवीनतम तकनीक—जिसे कहते हैं स्टेट ऑफ द आर्ट—से युक्त थी। यहाँ के कर्मचारी बड़े फ़ख्र के साथ कहते थे कि हम तो गैस भी छोड़ेंगे तो उसमें भी कमाई होगी। और यह बात सच भी थी। अयस्क को गलाकर धातु बनाने के लिए भारी मात्रा में ऊर्जा की आवश्यकता होती थी। यह आवश्यकता एल पी जी गैस और कोयला जलाकर पूरी की जाती थी। इस प्रक्रिया में भारी मात्रा में सल्फ़र डायऑक्साइड गैस निकलती थी। इस गैस को प्रदूषण फैलाने के लिए वायुमण्डल में छोड़ने की बजाय हम उसमें पानी मिलाकर सल्फ़्यूरिक एसिड बना लेते थे और इसे बेचते थे। एसिड खरीदने के लिए कारखाने के गेट पर ट्रकों की लाइन लगी रहती थी। प्लांट में सल्फ़्यूरिक एसिड के चार बड़े-बड़े टैंक थे। रोज़ कोई सौ-डेढ़ सौ ट्रक एसिड बिकता था।

प्लांट के लिए कोयला (कोक) चीन से खरीदा जाता था जो कांडला बन्दरगाह तक जहाज़ से और वहाँ से प्लांट तक ट्रकों से लाया जाता था। हर महीने कोयले के लदान का मुआयना करने के लिए इकाई के तीन अधिकारी चीन जाते थे और दस-बारह दिन वहाँ रहते थे। हालाँकि बीच रास्ते में—समुद्र में भेजे गये कोयले का रासायनिक विश्लेषण करने का ठेका जापान की एक कम्पनी को दिया हुआ था।

जब भी कोई चीन से लौटकर आता, मैं उसके अनुभव सुनने उसके घर पहुँच जाता। कुछ लोग वहाँ की छोटी-मोटी चीज़ों की प्रशंसा करते—मसलन वहाँ सरकारी इमारतों में गर्म पानी से पोंछा लगाया जाता है, या सड़कें रात को तीन बजे धुलती हैं या बच्चे स्वस्थ नज़र आते हैं, या कारें बहुत कम नज़र आती हैं, सारा चीन साइकल चलाता है या मज़दूर बहुत मेहनती होते हैं वगैरह-वगैरह लेकिन ज़्यादातर लोग तो चीन यात्रा से दुखी ही नज़र आते थे। क्यों? एक तो इसलिए कि वहाँ भारतीय भोजन या कैसा भी शाकाहारी भोजन नहीं मिला और दूसरे इसलिए कि वे कम्पनी की तरफ़ से यूरोप के कई देशों में गये हैं ऑस्ट्रेलिया भी-कनाडा भी—लेकिन ऐसा मनहूस देश दूसरा नहीं जहाँ पन्द्रह दिन में दिल बहलाने के लिए एक कन्या न मिली हो। जाहिर है यह बात ज़ोर से या बोलकर नहीं की जाती, लेकिन मैं सतर्कता अधिकारी था, मैं सुन लेता। मेरे सुरागरसाँ मुझे बता देते कि चीन से लौटे अधिकारियों में क्या बातें हो रही हैं।

क्या भूख के हाथों ये लोग इस क़दर मजबूर थे कि इन्हें और कुछ दिखाई

ही नहीं दिया? तो मना कर देते। कोई और चला जाता! लेकिन वे मना भी नहीं करते थे। कुछ तो डिब्बा भर-भरकर शक्करपारे और मठरियाँ साथ ले जाते थे। माना कि ये तकनीकी लोग थे और इनकी राजनैतिक चेतना देश के औसत नागरिक से भी कम थी, वे राजनीति को गन्दी चीज़ समझते थे और कभी वोट देने नहीं जाते थे—लेकिन फिर भी पढ़े-लिखे तो थे ही। जिस किसी पढ़े-लिखे व्यक्ति को पूँजीवादी और समाजवादी दोनों दुनियाओं के श्रेष्ठ राज्यों को देखने का अवसर मिला हो—इनसे बात करके मेरी घुटन और बढ़ जाती थी और मैं सोचता था कि कम्पनी एक बार इनकी जगह मुझे क्यों नहीं भेज देती? लेकिन विजिलेन्स को जान-बूझकर इन बड़ी बातों से दूर रखा जाता था और मेडीकल-एलटीसी किस्म की चीज़ों में फंसाकर रखा जाता था। मैं नहीं कहता कि ये सब चोर या बेईमान थे, नहीं, वे ईमानदार थे, लेकिन इतने आत्मकेन्द्रित और मूर्ख क्यों थे? उन सबके दिमाग में यह बुरी तरह बैठा हुआ था कि चीनी लोग सांप-बिच्छू खाते हैं और वैश्वीकरण के बाद चीन अपना घटिया और सस्ता माल भारत जैसे देशों में डम्प करके विश्व बाज़ार में अण्डरकटिंग कर रहा है और इस तरह हमारे उद्योगों का सत्यानाश कर रहा है। ये सब उस पीढ़ी के लोग थे जिन्होंने अपने बचपन या लड़कपन में बासठ का चीनी हमला देखा था। चीन के लिए शत्रुता की भावना और पीठ में छुरा घोंपने वाले की छवि उनके संस्कारों में निबद्ध हो गयी थी। अब यदि वह शत्रु नहीं भी था तो खतरनाक प्रतिद्वंद्वी तो था ही। एक युद्ध कैसे लाखों लोगों की मानसिकता को हमेशा के लिए बदल देता है—यह इसका साफ़ उदाहरण था।

इसलिए जब आई.एस.एफ. (इंटीग्रेटेड स्मेल्टिंग फ़रनेस) रखने वाले देशों के प्रतिनिधियों की अन्तर्राष्ट्रीय बैठक भारत में हुई और उसमें चीन के प्रतिनिधि भी आये, तो उन पर सबसे कम ध्यान दिया गया।

इसमें कोई शक नहीं कि शुरू-शुरू में स्मेल्टर को चलाने में भारी दिक्कत आयी थी। ठण्डे मुल्कों के हिसाब से बनी फ़रनेस का तापमान कई बार अनियंत्रित हो जाता था और भट्टी फूट जाती थी। तब उसे बन्द करना पड़ता था। ठण्डा होने से पहले उसमें कुछ नहीं किया जा सकता था। और ठण्डा होने के बाद पता चलता था कि फ़रनेस में ऊपर से नीचे तक हज़ारों टन मिश्र धातु जमकर पत्थर हो चुकी है। तब उसे ब्लास्ट करके तोड़ा जाता था। इस काम के लिए बारूद और ब्लास्टरों की टीम दरीबा से बुलाई जाती थी। ब्लास्टिंग करते समय फ़रनेस की ब्रिक लाइनिंग भी टूट जाती थी। नये सिरे से भट्टी बनाने, तपाने और चलाने में पन्द्रह-बीस दिन लग जाते थे। एक बार तो भट्टी में जमा धातुपिण्ड तोड़ने के लिए चित्तौड़ के पारम्परिक गाड़िये-लौहार तक बुलवाये गये।

लेकिन भारतीय दिमाग की जितनी तारीफ़ की जाये उतनी कम है। चन्देरिया के श्रमिकों, मिस्त्रियों और इंजीनियरों ने अपनी जुगाड़ बुद्धि से फ़रनेस की मूल डिज़ाइन में ऐसे कुछ परिवर्तन किये जो आज तक दुनिया में किसी को नहीं सूझे थे। और चार साल में प्लांट को शत-प्रतिशत क्षमता पर चलाकर दिखा दिया। बाहरी देशों से आये ये सारे प्रतिनिधि चकित थे। ऐसा चमत्कार पहले कभी नहीं हुआ था। वे कुरेद-कुरेदकर सवाल पूछ रहे थे और इस उपलब्धि का छोटे से छोटा रहस्य समझ लेना चाहते थे। लेकिन हिन्दुस्तानी चाहते थे कि भले सारी दुनिया जान ले, चीनियों को कुछ पता नहीं चलना चाहिए। इसलिए जितने दिन चीनी प्रतिनिधि चन्देरिया रहे उनके दुभाषियों को तरकीब से गायब कर दिया गया।

मुझे याद है जब मैं जावर माइन्स में था, वहाँ नाइजीरिया, घाना, युगाण्डा और न जाने किस-किस अफ़्रीकी देश के लड़के-लड़कियाँ ब्लास्टिंग की ट्रेनिंग लेने आते थे। महीने-पन्द्रह दिन की ऐसी ट्रेनिंग निरन्तर चलती रहती थीं और हर बैच में रोडेशिया (दक्षिण अफ़्रीका) के लड़के-लड़कियाँ ज़रूर रहते थे। ये वे दिन थे जब दक्षिण अफ़्रीका पर बोथा का रंगभेदी शासन था और नेल्सन मण्डेला जेल में थे। मैंने अनेक बार इन लड़के-लड़कियों से बातें करने की कोशिश की, लेकिन उन्हें सख्त हिदायत थी कि वे भारतीयों से ज़्यादा नहीं मिलें-जुलें। दो चीज़ें ज़रूर मुझे पता चली थीं। एक तो यह कि वे अपनी ट्रेनिंग को मिशन कहते थे। और दूसरी यह कि उनमें से अनेक माइनिंग इंजीनियर नहीं थे। ये लोग गेस्ट हाउस में रहते थे। इनके लिए खाना-पीना-घूमना-फ़िरना-गाड़ी-घोड़ा सब फ्री था। उनकी खूराक भी अच्छी थी। बल्कि काफ़ी से ज़्यादा अच्छी थी। उनका स्टेमिना भी गज़ब का था। शाम को खेलने जाते तो मैदान के बीस-बीस चक्कर लगा डालते थे और फिर चलते-चलते हर बन्दा चार-चार सौ ग्राम का एक-एक बिस्किट का पैकेट खा जाता था। लेकिन वे चहकते-हँसते नहीं थे। अक्सर अकेले, उदास और खोये से रहते थे। एक बार चाँदनी रात में मैंने उन्हें गेस्ट हाउस की छत पर सामूहिक रूप से कुछ गाते देखा। मैं छत पर जाने वाली सीढ़ियों पर ही बैठ गया और सुनता रहा। वे बहुत धूसर, मायूस और अवसाद में डुबो देने वाली धुनें थीं। उनमें से एक-दो धुनें मुझे आज भी याद हैं। कोई आधा घंटा हो गया। मैं दबे पाँव सीढ़ियाँ चढ़कर छत पर गया तो देखा वे कुत्ते के पिल्लों की तरह गुड़ी-मुड़ी एक-दूसरे से लिपटे-सटे नंगे फ़र्श पर ही सो गये थे।

~

प्लांट को चलाने के लिए बहुत सारे पानी की ज़रूरत थी। इस ज़रूरत को पूरा करने के लिए कम्पनी ने चन्देरिया से ठीक उल्टी दिशा में चित्तौड़गढ़ से अठारह किलोमीटर दूर घोसुण्डा गाँव में बेड़च नदी पर एक बाँध बनवाया था। इसे घोसुण्डा डैम कहा जाता था। यहाँ से चालीस किलोमीटर लम्बी पाइप लाइन की मार्फ़त पानी प्लांट में आता था। रास्ते में कॉलोनी को भी इसी से पानी मिल जाता था। राज्य सरकार के साथ एक समझौते के तहत बाँध में एक खास ऊँचाई तक जमा पानी प्लांट के लिए सुरक्षित था। बाँध में इससे ज़्यादा पानी आने पर उसे सिंचाई के लिए छोड़ दिया जाता था। लेकिन बीसियों किसानों ने बाँध में पम्प लगा रखे थे जिनसे अवैध रूप से सिंचाई के लिए पानी निकाला जाता था और इसे लेकर रोज़ ही झगड़े-झंझट होते रहे थे। राज्य सरकार और ज़िला प्रशासन स्थानीय जनता से दुश्मनी मोल लेकर कम्पनी के हितों की रक्षा नहीं करना चाहता था। जन-प्रतिनिधियों को भी प्लांट चलने या बन्द होने से ज़्यादा दिलचस्पी स्थानीय किसानों के वोट में थी। प्लांट उनके लिए तभी तक महत्त्वपूर्ण था जब तक वह स्थानीय लोगों को रोज़गार मुहैया करवा रहा था। अब जबकि भर्ती की प्रक्रिया पूरी हो चुकी थी, उन्हें दूसरी तरफ़ भी देखना था। कम्पनी भी कोई दूध की धुली नहीं थी। बाँध के निर्माण में जिन काश्तकारों की आंशिक ज़मीन बाँध में आयी थी, उन्हें अब तक मुआवज़ा नहीं मिला था। मुकदमे का फ़ैसला उनके पक्ष में आ जाने के बावजूद। कम्पनी की टालमटोल से व्यथित होकर एक दिन आंशिक ज़मीन खोने वाले काश्तकारों ने बाँध पर धरना दे दिया और चेतावनी दी कि यदि चौबीस घंटे में उन्हें मुआवज़े की रकम नहीं मिली तो वे बाँध पर बने पम्प हाउस को तोड़ देंगे और प्लांट तथा कॉलोनी की जल आपूर्ति ठप्प कर देंगे।

अब देखा जाये तो इस स्थिति से उन्हें ही निपटना चाहिए था जिन्होंने इसे पैदा किया है। अर्थात् परियोजना विभाग को, जो मुआवज़ा दे सकते थे या कम-से-कम देने का वादा कर सकते थे। लेकिन ऐसा करने की बजाय कार्मिक विभाग के दो प्रबन्धकों के साथ मुझे एसपी, कलेक्टर के पास भेज दिया गया। कलेक्टर मेरा दोस्त था और वह यह भी जानता था कि यदि जनता और भारत सरकार का यह उपक्रम आमने-सामने हुआ तो शांति-व्यवस्था बनाये रखने के साथ ही प्लांट में तोड़फोड़ न होने देने की जवाबदारी भी उसी की होगी और अगर ज़रूरी हुआ तो उसे जनता के विरुद्ध बल प्रयोग भी करना होगा। लेकिन बावजूद इसके, बजाय अपनी भूमिका के प्रति कोई वचनबद्धता ज़ाहिर करने के, उसने मेरे माध्यम से परियोजना विभाग के उच्चाधिकारियों पर दबाव डलवाया कि अब जबकि मुआवज़े वाले मामले में फ़ैसला काश्तकारों के हक में हो चुका है, कम्पनी को मुआवज़े के लिए सहमत होने में देर नहीं करनी चाहिए।

दूसरे दिन सवेरे से हम लोग घोसुण्डा बाँध पर बने गेस्ट हाउस में थे। और बाहर तीन-चार सौ ग्रामीण हमें घेरे हुए हमारे खिलाफ़ नारेबाज़ी कर रहे थे। और उनका नेतृत्व कर रहे थे एडवोकेट गर्ग जो हमारे कॉमरेड थे और जो मुझे अपना साथी ही नहीं, पथ प्रदर्शक जैसा भी मानते थे। एक बार फिर मैं आजीविका के लिए अपने ही लोगों के सामने और प्रतिपक्ष में था। कम्पनी ने मुआवज़े के भुगतान के लिए किसी प्रकार का कोई आश्वासन नहीं दिया था। हम छोटे अधिकारी आठ पुलिस वालों के साथ तीन-चार सौ आदमियों की उस भीड़ के सामने थे और हमारे पास कहने के लिए कुछ नहीं था। और हमारी ज़िम्मेदारी थी कि देखें कि पम्प हाउस बन्द न हो, वाटर सप्लाई चालू रहे और प्लांट रोकने की नौबत न आये। सुबह से बैठे-बैठे शाम के चार बज गये। हम तो फिर भी छाया में पंखे के नीचे बैठे थे, कॉमरेड गर्ग और उनके साथी तो बाहर धूप में बैठे थे और उन्हें किसी ने पीने के पानी को भी नहीं पूछा था।

अचानक एक जीप आती दिखाई दी। जीप में से एस.पी. भंवरसिंह और एस.डी.एम. माहेश्वरीजी उतरे। इन लोगों ने आंदोलनकारियों को बताया कि उनकी कम्पनी के अधिकारियों के साथ बात हो गयी है और बहुत जल्द मुआवज़े का भुगतान हो जाएगा। अब देखा जाये तो यह कोई ठीक-ठाक-सा आश्वासन भी नहीं था। कॉमरेड गर्ग ने कहा कि जिनकी ज़मीन बाँध में आयी है वे कहाँ जायें? खेती कर नहीं सकते, दूसरा रोज़गार नहीं मिला, कर्ज़ा लेकर कब तक खायें? इस पर एस.पी. ने कहा कि इस ज़मीन पर बहुत सारे पेड़ भी थे। आज एक भी नहीं है। जो लोग काट-काटकर ले गये वे वापस लाकर जमा करायें। अन्त में एस.डी.एम. माहेश्वरीजी ने अपनी साख का वास्ता दिया कि तुम लोग चिन्ता मत करो, मैं बैठा हूँ, मैं पूरी तरह तुम्हारी तरफ़ हूँ। मैं तुम्हें मुआवज़ा दिलवाकर रहूँगा। किसी ने खड़े होकर नहीं पूछा कि आप कब तक हो? तबादला हो जाएगा तो कल चले जाओगे। इस बीच कार्मिकवालों ने कहीं से सबके लिए चाय मंगवा ली थी। मैंने सोचा गनीमत है इतनी तो अकल है।

अन्त में धरना उठ गया।

मैं नहीं जानता कि उस दिन मेरा और मेरे दो साथियों का उग्र भीड़ से बच जाना संयोग था या कलेक्टर की दोस्ती या कॉमरेड गर्ग का लिहाज़... लेकिन उस दिन यह सवाल मैंने बार-बार खुद से पूछा कि ऐसी नौकरी मैं कब तक करता रहूँगा?

~

प्लांट में कई प्रकार के रसायनों का प्रयोग किया जाता था जिनमें से कुछ विषैले भी होते थे। इसलिए अपशिष्ट पानी को बाहर नहीं फेंका जाता था बल्कि वहीं फ़ैलाकर सुखा दिया जाता था। लेकिन इस दौरान रसायनों का काफ़ी बड़ा अंश रिसकर ज़मीन के भीतर चला जाता था। जब बारिश आती तो बारिश के पानी के साथ ये रसायन भी नदी-नालों में जाते ही थे। अब कितना ही ध्यान रखो कोई न कोई भेड़-बकरी, गाय या भैंस इन नदी-नालों का पानी पी ही लेती थी, बीमार पड़ती थी और दम तोड़ देती थीं। गाँव वाले लड़ने के लिए आते थे तो उन्हें तुरन्त मुआवज़ा देकर चुप करा दिया जाता था।

बात यह है कि चाहे कुछ भी करो, खान खोदी जाएगी तो आस-पास का भू-जल स्तर गिरेगा ही, खेती सूखेगी ही और पेड़ गिरेंगे ही। इसी तरह रासायनिक उद्योग लगाओगे तो प्रदूषण होगा ही, यह तय है। आप इसे नियंत्रित कर सकते हैं, समाप्त नहीं कर सकते। कहने को इस प्लांट को भी ज़ीरो डिस्चार्ज प्लांट कहा जाता था, लेकिन कैसा ज़ीरो डिस्चार्ज था, वह हम जानते थे।

प्लांट के प्रदूषण से सर्वाधिक प्रभावित गाँव था बीलिया, जहाँ बहुत सारे पशु प्रदूषित पानी पीकर मर चुके थे और हमारे अनेक अधिकारी ग्रामीणों के हाथों पिट चुके थे। बीलिया से जो फ़रमाइश आती—बिजली-हैंडपम्प-सड़क-स्कूल-बस स्टैंड-प्याऊ-चिकित्सा केन्द्र—जो भी हो उसे तुरन्त पूरा किया जाता था। बीलिया को एक तरह से रिश्वत देकर चुप रखा जा रहा था और बीलिया वाले भी इसे जानते थे। लेकिन कम्पनी का निरन्तर और अधिकतम भयदोहन करते रहने के अतिरिक्त वे कुछ कर भी नहीं सकते थे।

प्लांट के लिए बहुत बड़ा क्षेत्र घेरकर रख लिया गया था ताकि भविष्य में कभी विस्तार करना पड़े तो सहूलियत रहे। इस ज़मीन पर ढेरों पेड़ लगाये गये थे—लेकिन उनमें से फलदार पेड़ एक भी नहीं था। प्लांट के भीतर के इस लम्बे-चौड़े क्षेत्र में खूब घास होती थी लेकिन उसे न बेचा जाता था न नीलाम किया जाता था। बहुत से ग्रामीण और गौशाला वाले घास माँगने आते थे—खासकर गर्मियों में—लेकिन घास किसी को नहीं दी जाती थी। आग लगने-फ़ैलने के डर से घास को समय-समय पर कटवाते रहना भी ज़रूरी था, लेकिन कटी घास को एक खाई में डालकर जला दिया जाता था। कई लोगों को लगता था कि इस घास को बेचकर पैसे कमाये जा सकते हैं, जानवरों का पेट भरेगा, फिर क्यों इसे पैसा खर्च करके कटवाया जाता है और जला दिया जाता है? कारण यही था कि इसमें विषैले रसायनों का अंश हो सकता है। यदि प्लांट से आयी घास खाकर एक भी पशु मर गया तो हंगामा हो जाएगा। और अगर संयोग से कोई

गाय मर गयी—तो इसे साम्प्रदायिक रंग देकर दंगा भी भड़काया जा सकता है।

एक दिन प्लांट में गैस का रिसाव हुआ और हवा ऐसी चल रही थी कि गैस दस किलोमीटर दूर चित्तौड़ शहर पहुँच गयी। लोग आँखों में जलन और हाथ-पैर में खुजली की शिकायत करने लगे। टेलीफ़ोन खड़खड़ाने लगे और कुछ देर में तो भगदड़ मच गयी। डॉक्टरों के यहाँ मरीज़ों की भीड़ लगने लगी। डॉक्टरों को समझ में नहीं आ रहा था कि हुआ क्या है और वे करें तो क्या करें? हर कोई प्लांट में फ़ोन लगाकर जानना चाह रहा था कि माजरा क्या है? तरह-तरह की अफ़वाहें उड़ रही थीं। आम-तौर पर ऐसी स्थिति से निपटने के लिए एक कंट्रोल रूम स्थापित किया गया था। डिजास्टर मैनेजमेंट की बड़ी-बड़ी ट्रेनिंग होती थीं। लेकिन जिन्हें जवाब देने के लिए तैनात रहना था, वे भाग गये थे। कलेक्टर तक का फ़ोन नो रिप्लाई हो रहा था। आखिर डॉक्टर बक्शी का फ़ोन मेरे घर आया। डॉक्टर बक्शी एक प्रतिष्ठित प्राइवेट डॉक्टर थे और मेरी पत्नी के मामाजी थे। मैंने कहा कि यहाँ गैस का कोई असर दिखाई नहीं दे रहा, प्लांट में नहीं हूँ इसलिए ठीक से बता नहीं सकूँगा कि क्या हुआ है। डॉक्टर बक्शी ने अपना क्रोध छिपाते हुए आजिज़ी से कहा—आप बस इतना बता दो कि कौन-सी गैस है? मैंने एक क्षण खुद को डॉक्टर बक्शी की जगह रखकर और सारे प्रोटोकॉल भुलाकर तुरन्त बताया कि यदि सचमुच प्लांट से कोई गैस आयी है तो वह सल्फ़र डाय ऑक्साइड के अलावा कोई नहीं हो सकती जो अनप्लेजेण्ट ज़रूर है, पर टॉक्सिक नहीं है। डॉक्टर बक्शी के लिए इतना इशारा काफ़ी था। उन्होंने फ़ौरन मरीजों को आँख-कान-नाक पर गीला कपड़ा रखने और घर के खिड़की-दरवाज़े बन्द रखने की सलाह देना शुरू किया। दूसरे डॉक्टरों को भी बता दिया। घंटे दो घंटे में स्थिति काबू में आ गयी और प्लांट को लेकर एक बड़ा कांड या हंगामा होने से बच गया।

~

मेरा एक्सीडेंट हो गया। मैं मोटरसाइकिल से ऑफ़िस जा रहा था। सुबह के साढ़े आठ बजे होंगे। सड़क खाली थी। अचानक कपासन चौराहे पर न जाने कहाँ से एक गाय कूदती-फाँदती बीच सड़क पर आ गयी। उसे बचाने के चक्कर में मोटरसाइकिल डिवाइडर से जा भिड़ी। मेरे दोनों हाथ छूट गये और मैं हवा में उछलकर, गुलाटी खाते हुए दोनों हाथों के बल सामने गिरा। मुझे सम्हलने में एक-दो मिनट लगे होंगे। मुझे ताज्जुब हुआ कि मैं इस तरह फेंक कैसे दिया गया? मैंने चाभी-चश्मा-बैग आदि उठाए। इस बीच एक-दो राहगीर आ गये।

उन्होंने मोटरसाइकिल उठाकर एक तरफ़ खड़ी कर दी। मैं मोटरसाइकिल को देखने लगा कि इसमें क्या टूट-फूट हुई है। तब तक एक स्कूटर वाला लड़का आ गया। उसने पूछा—आप ठीक हैं? मैंने कहा—हाँ। मैंने देखा कोहनी पर, उँगलियों में, कनपटी पर कुछ खरोंचे थीं। लेकिन तभी मुझे लगा एक बार अस्पताल में जाकर फ़र्स्ट एड ले लेना चाहिए। मैंने मोटरसाइकिल की चाभी जेब में रखी, और स्कूटर वाले से कहा—भैया! ज़रा जिंक कॉलोनी तक छोड़ दोगे क्या? उस लड़के ने खुशी-खुशी मुझे जिंक कॉलोनी के अस्पताल तक छोड़ दिया।

अस्पताल पहुँचते-पहुँचते मेरी एक हथेली के पीछे एक टेनिस बॉल जितना गोला उभर आया था और दूसरे हाथ पर टेबल टेनिस बॉल जैसा। मुझे देखते ही सारा अस्पताल स्टाफ़ 'क्या हुआ, क्या हुआ' करता बाहर आ गया। मैंने कहा—कुछ नहीं मोटरसाइकिल से गिर गया। मामूली खरोंच आयी है।

अस्पताल में डॉक्टर ज्योत्स्ना भटनागर ड्यूटी पर थीं! वह एक कम्पाउंडर के साथ तुरन्त मुझे ड्रेसिंग रूम में ले गयीं। जिन्हें मैं मामूली खरोंचें कह रहा था, अब वहाँ सूजन आ रही थी और दर्द बढ़ने लगा था। कम्पाउंडर ने ड्रेसिंग शुरू की। मेरे पंजे की पुश्त पर उभरी टेनिस बॉल देखकर डॉक्टर भटनागर ने कहा, 'मुझे लगता है फ्रेक्चर है। 'मैंने कहा,' मेरी घड़ी उतार लीजिए, फिर दिक्कत आयेगी। मेरी जेब से पैसे भी निकाल लीजिए। उन्होंने यही किया। मुझे दवा दी, चाय पिलायी। पता नहीं कैसे यूनियन के सेक्रेट्री राणावतजी आ गये। मालूम नहीं किसने उन्हें खबर की और कैसे वह इतनी जल्दी पहुँच गये। उन्होंने तुरन्त प्लांट में खबर की और एम्बुलेन्स मंगवा ली। मेरा एक्सरे किया गया। दोनों कलाइयों में मल्टीपल फ्रेक्चर थे। कुछ देर बाद, जब मुझे लग रहा था कि मैं आराम से चल सकता हूँ, मुझे एक कार्मिक अधिकारी के साथ ज़बरन एम्बुलेन्स में लेटाकर ज़िला चिकित्सालय भेज दिया गया।

अस्पताल में मुझ पर ज़ोर डालकर यह पूछा ज़रूर गया कि एक्सीडेंट कैसे-कहाँ-कब हुआ। मुराद यह थी कि पुलिस में रिपोर्ट लिखाई है या नहीं। लेकिन संयोग से अस्थि विशेषज्ञ डॉ. सचदेवा हमारी कम्पनी के अधिकारियों को जानते थे, शुरुआत में कुछ समय कम्पनी में काम भी कर चुके थे इसलिए उन्होंने मुझे चिढ़ाया ज़रूर कि चलती मोटरसाइकिल से क्यों कूदे? लेकिन इलाज चालू कर दिया। डॉ. सचदेवा के साथ एक बेहद अनुभवी कम्पाउंडर था जिसका नाम निगम था। वह पोपला था। उसने दो अन्य आदमियों के साथ बड़े अजीब कोण से मेरा हाथ मरोड़कर ज़ोर से खींचकर रखा और डॉक्टर सचदेवा ने पट्टा बाँध दिया। दूसरे हाथ में भी ऐसा ही ट्रेक्शन दो-तीन मिनट चला और फिर पट्टा बाँध दिया गया।

हम बाहर आ गये।

बाहर आकर मैंने अपने मित्र भाटे साहब से कहा—मुझे सिगरेट पिलाइये। भाटे साहब ने सिगरेट जलाई और बार-बार जलती सिगरेट मेरे होठों से लगाकर मुझे कश खिंचवाये। यानी कायदे से देखा जाये तो सिगरेट तो मैंने बहुत पी है, लेकिन उस दिन पहली बार किसी ने मुझे सिगरेट पिलायी।

इसके बाद हम एम्बुलेन्स में बैठकर कॉलोनी आ गये।

मुझे कॉलोनी के अस्पताल में एक आरामदायक बिस्तर पर लेटा दिया गया और मेरे दोनों पट्टा बंधे हाथ एक-एक स्टैंड दोनों तरफ़ रखकर ऊपर टाँग दिये गये।

इस समय मेरी दोनों बेटियाँ स्कूल गयी हुईं थीं और पत्नी चार किलोमीटर दूर स्थित बिड़ला विद्यालय, जहाँ इन दिनों वह पढ़ाती थीं। अब तक इनमें से किसी को मेरे एक्सीडेंट की खबर नहीं थी। भाटे साहब ने कहा 'मैं भाभीजी को बुला लाता हूँ।' मैं किसी भी प्रकार के सीन से बचना चाहता था। मैंने पूछा कि जब मुझे न ड्रिप चढ़ रही है न खून, न कुछ और, तो क्या ऐसा हो सकता कि मुझे घर जाने दिया जाये जहाँ दो बजे तो रश्मि और बच्चे आ ही जायेंगे।

लेकिन भाटे साहब रश्मि को स्कूल से छुट्टी दिलाकर ले आए। रश्मि ने मुझे देखकर कोई घबराहट नहीं दिखाई। कम-से-कम मेरे सामने नहीं दिखाई। यह तक नहीं पूछा कि एक्सीडेंट कैसे हुआ। और जैसी कि पत्नियों से उम्मीद की जाती है—तेज़ मोटरसाइकिल चलाने के लिए मुझे डाँटा या कोसा भी नहीं। चुपचाप परिस्थिति का सामना करने के लिए तैयार हो गयीं।

दो बजे अंकिता-अपूर्वा स्कूल से सीधे अस्पताल आ गयीं। दोनों यूनिफ़ार्म पहने थीं और पीठ पर बस्ते टाँगे थीं। वे अपने पापा को दोनों हाथों में कोहनी के ऊपर तक पट्टे बाँधे ईसामसीह की तरह अस्पताल के पलंग पर पड़ा देख रही थीं। उन्हें कुछ समझ में नहीं आ रहा था कि यह फ़िल्मी-सा दृश्य सचमुच में उनके पापा के साथ कैसे हो गया? अंकिता, जो बड़ी थी पास आयी और बोली—दर्द हो रहा है? मैंने कहा—नहीं बिलकुल नहीं। डॉक्टर ने दवा दे रखी है जिससे दर्द न हो। वह अपने नन्हें हाथ से मेरा पेट थपथपाकर बोली—ठीक हो जाएगा। मैं अपनी सारी पीड़ा भूलकर लाड़ से हँस पड़ा और दोनों को रश्मि के साथ घर भेज दिया जहाँ हमारी पड़ोसन श्रीमती मेहता खाना लिये उनका इन्तज़ार कर रही थीं।

शाम को शहर से मेरे मित्र सदाशिव श्रोत्रिय आ गये। उनकी दूरंदेशी देखिए कि वह अपने साथ एक आधी बांहों की सूती सफेद बुशर्ट भी बाज़ार से खरीद लाये। उन्होंने कैंची से काटकर मेरी खून सनी यूनिफ़ार्म की कमीज़ और बनियान

उतारी, भाभीजी ने गरम पानी से स्पंज कर दिया और फिर सबने मिलकर किसी तरह वह सफेद बुशर्ट मुझे पहना दी।

सब चले गये।

लेकिन रात को कोई बारह बजे मेरे दोनों हाथों की उँगलियाँ नीली पड़ने लगीं और दर्द भी बहुत बढ़ गया। उँगलियाँ हिलाई भी नहीं जा रही थीं। मुझे लगा कहीं ऐसा तो नहीं कि किसी हाथ की उँगलियाँ–या हाथ ही–काटना पड़े?

आखिर हारकर रात को दो बजे मैंने रश्मि से कहा कि बेबी को फ़ोन कर दो। बेबी मेरी बहन है जो उन दिनों कोटा में थी। उसके पति रेलवे में डॉक्टर थे। सुबह होते ही बेबी का परिवार पहुँच गया। फिर मुझे डॉ. सचदेवा के पास ले जाया गया। कल बाँधा गया पट्टा काटकर हाथ को दूसरे कोण पर मोड़कर नया पट्टा बाँधा गया। शाम तक नीलापन कम हुआ और उँगलियाँ भी हरकत करने लगीं।

तीसरे दिन डॉक्टर सचदेवा घर आकर दोनों हाथों में पक्का प्लास्टर कर गये।

इसके बाद मित्रों–रिश्तेदारों–शुभचिन्तकों के आने का सिलसिला शुरू हो गया जो तीन महीने तक अनवरत चलता रहा।

मेरे दोनों हाथ कोहनी से नब्बे डिग्री पर मोड़कर प्लास्टर में जकड़ दिये गये थे। उँगलियों के पोर खुले हुए थे पर फ़िलहाल उनसे मैं कुछ पकड़ या उठा नहीं सकता था। अब डेढ़ महीने तक यही स्थिति रहनी थी।

बहुत सारे शुभचिन्तकों ने मुझसे कहा कि छोटी जगह के सरकारी डॉक्टर के भरोसे रहने का जोखिम मुझे नहीं लेना चाहिए। एक बार हड्डी गलत जुड़ गई तो जीवन भर के लिए स्थायी विकलांगता जैसी हो जायेगी। फिर आप तो लेखक हो। परसाईजी को देखा नहीं? बात मानो, एक बार अहमदाबाद जाकर दिखा आओ।

लेकिन मैं अहमदाबाद नहीं गया। जाने क्यों। डॉक्टर सचदेवा से भी ज़्यादा मुझे उनके पोपले कम्पाउंडर निगम पर भरोसा था। एक्सीडेंट के तीसरे दिन जब हम अस्पताल गये, मेरे दोनों हाथों का फिर से एक्सरे करवाया गया। निगम और डॉक्टर सचदेवा अस्पताल के पोर्च के बाहर खड़े कुछ बातें कर रहे थे जब हम एक्सरे रिपोर्ट्स लेकर पहुँचे। दोनों कुछ देर एक्सरे रिपोर्ट्स को हवा में उठाकर ध्यान से देखते रहे और फिर निगम ने डॉक्टर सचदेवा से कहा—देखा? देखा आपने? ये है काम! इसे कहते हैं साला काम। और अपने पोपले मुँह को फैलाकर इतनी ज़ोर से मुस्कराया जैसे स्कूल में किसी बच्चे को फ़र्स्ट पोज़ीशन मिली हो।

इस आश्वस्ति के आगे मैं नतमस्तक हो गया। ऐसी आश्वस्ति, उपलब्धि की ऐसी खुशी, सफलता का ऐसा संतोष बहुत अच्छे कारीगर के ही नसीब में होता है। निगम के सुकून ने मुझे शंका–सन्देह से बाहर निकाल दिया। अब जो

भी हो अहमदाबाद में भी खुदा तो नहीं होंगे।

घर लौटकर मैंने कमर कस ली और अपनी दिनचर्या में कई परिवर्तन किये। अपने सारे पायजामों में नाड़े की जगह पतला इलास्टिक डलवा लिया। लेटरीन के लिए टिशू पेपर का रोल मंगवा लिया। पानी-शरबत और जूस पीने के लिए स्ट्रॉ का एक पैकेट मंगवा लिया। पत्नी से कह दिया मुझे जो भी खाना पीना है, डाइनिंग टेबल पर रख दीजिए मैं स्वयं खा लूँगा। मेरे मित्र दुर्गाप्रसाद जी ने कृपापूर्वक कुछ नयी और दिलचस्प किताबें भिजवा दीं। किताब मैं हाथ में उठा नहीं सकता था, लेकिन पढ़ तो सकता था। मैं किताब को डाइनिंग टेबल पर रख लेता, दोनों कोहनियों से दबा लेता, ठोड़ी या जीभ से पन्ने पलट लेता और पढ़ लेता।

लेकिन फिर भी बहुत से काम ऐसे थे जो मैं स्वयं नहीं कर सकता था। न मेरे घर आये रिश्तेदार, दोस्त, मेहमान, पुरसाहाल कर सकते थे। वे काम सिर्फ़ मेरी पत्नी कर सकती थीं और पत्नी ने ही किये। मसलन मुझे नहलाना। घर गृहस्थी के अपने तमाम काम-और बढ़े काम के साथ-साथ मुझे साफ़-सुथरा-शान्तचित्त-सुरक्षित और आराम से रखना मानो उनका एक और उत्तरदायित्व हो गया।

मुझे होश सम्हालने के बाद पहली बार एहसास हुआ कि मजबूरी क्या होती है। इन्सान कितनी ही तरक्की कर ले, सारी दुनिया के बीस फेरे लगा ले, करोड़ों-अरबों रुपये कमा ले, अन्ततः वह और उसका शरीर एक करुणामयी नर्स के हवाले हो जाता है। उसकी सारी हस्ती और हैसियत एक मायूस और बेसहारा बच्चे या बेज़ुबान जानवर जैसी रह जाती है जो टट्टी-पेशाब तक के लिए दूसरों पर आश्रित है।

मैंने रश्मि के बारे में रश्मि की नज़र से सोचने की कोशिश की। कौन है यह लड़की? यह एक जज की बेटी है। सातवीं-आठवीं कक्षा में पढ़ रही है और अपने पति, अपनी सास, अपनी ससुराल के बारे में सोच रही है। स्वयं की पत्नी के रूप में, प्रेमिका के रूप में, माँ के रूप में कल्पना कर रही है। क्या आज इसे जो करना पड़ रहा है, वह कभी भी इसके सपनों में रहा होगा? क्या पुरुष ठीक इसी तरह आवश्यकता पड़ने पर अपनी पत्नी की सेवा कर सकते हैं? क्या ज़रूरत पड़ने पर मैं ठीक इसी तरह रश्मि की सेवा कर पाऊँगा?

संयोग से कुछ वर्ष बाद, जब हमने बॉम्बे हॉस्पिटल में रश्मि का गॉल ब्लैडर का ऑपरेशन करवाया, मुझे खुद को परखने का-अवसर भी मिल गया।

और सिद्ध हो गया कि तमाम संकल्प और सदाशयता के बावजूद मैं रश्मि की तरह सेवा नहीं कर सकता। रश्मि के ऑपरेशन के बाद एक रात तो मैं

ठीक-ठाक तरीके से जागता रहा और सम्हालता रहा, लेकिन दूसरी रात मेरी यह हालत हो गयी कि जब मैं आवाज़ें देने पर भी नहीं उठा तो मुझे जगाने के लिए रश्मि को मुझ पर तकिया फेंककर मारना पड़ा। और दोनों रातों में, बल्कि बॉम्बे हॉस्पिटल प्रवास की हर रात में कठिन कामों के लिए तो मैं नर्सों और आयाओं को, जिन्हें वहाँ माउशी यानी मौसी कहा जाता था—ही बुलाता। वे तुरन्त आ जातीं। उनके चेहरे पर न करुणा का भाव होता न नापसन्दगी का। उनके चेहरे पर सहज व्यस्तता का भाव होता कि इसमें सोचना क्या है! यह अपना काम है और अपने को करना है! दूसरा कोई तो करने को आयेगा नहीं! और उनके चेहरे का यह सहज भाव या भावहीनता मेरे सारे पुरुष दम्भ को बुरी तरह छील जाता। मुझे लगता मैं सब कुछ कर सकता हूँ-गू-मूत साफ़ करना, गीली चादर बदलना, मरीज़ की नैपी चेन्ज करना वगैरह, लेकिन लाख कोशिश कर लूँ चेहरे को इतना भावशून्य, सहज और निर्विकार नहीं रख सकता। कहीं-न-कहीं एहसान करने या त्याग करने का भाव आ ही जाएगा। और फ़र्ज़ कीजिए मरीज ने मेरे चेहरे पर ये भाव देख लिए तो? उसे कितनी ठेस लगेगी!

मुझे गाँधी याद आये। साबरमती आश्रम में बारी-बारी से सबको पाखाना साफ़ करना पड़ता था। बड़े-बड़े घरों के बच्चे जिन्होंने सपने में भी नहीं सोचा होगा कि उन्हें ऐसा काम भी करना पड़ेगा—जवाहरलाल, वल्लभ भाई, मौलाना आज़ाद, मदनमोहन मालवीय, मोतीलालजी, रायबहादुर सप्रू—सबसे गाँधी ने करवा लिया। इतनी बड़ी नैतिक हस्ती दुनिया में फिर कब पैदा होगी?

मुझे लगा नर्स के लिए सिस्टर कितना सही नाम है। और कितने दुख की बात है कि आप जहाँ जाओ, आपको दक्षिण भारतीय नर्सें दिखाई देती हैं! उत्तर भारत के लोग अपनी बेटियों को नर्सिंग के प्रोफ़ेशन में भेजना पसन्द नहीं करते। उत्तर भारत की लड़कियाँ बी-एड. करना चाहने वाली या कर चुकी भीड़ का एक हिस्सा हैं। शायद उत्तर भारत के लोग नर्सिंग के महान मानवीय कार्य को कोई इज़्ज़तदार प्रोफ़ेशन नहीं मानते।

कोई महीने भर बाद मेरे एक हाथ का पट्टा काटकर उसे दूसरे कोण पर मोड़कर नया पट्टा बाँधा गया। बहुत लोग मुझसे कहते थे कि ये पट्टा बाँधने का सिस्टम ही समय-बाहर हो चुका है। तुम कौन से चिकित्सा युग में पड़े हो? लेकिन अन्ततः तीन महीने बाद मेरे दोनों हाथों के पट्टे काटे गये और फ़िज़ियोथेरेपी का लम्बा सिलसिला शुरू हुआ। रोज़ सुबह-शाम अपने दोनों हाथों को आधा घंटा गरम पिघले मोम से स्नान करवाना और डॉक्टर सचदेवा की ईजाद की गयी मशीन पर व्यायाम करना। मुझमें इच्छाशक्ति की कमी नहीं थी

और मैंने सबसे कह रखा था कि छह महीने में अपने दोनों हाथ पूरी तरह नॉर्मल कर लूँगा। और मैंने कर लिये।

~

एक दिन अनेक प्रदेशों में फैली अरबों रुपये की सम्पत्ति वाली इस नवरत्न कम्पनी को मिट्टी के मोल बेच दिया गया।

केन्द्र में पहली बार भाजपा के नेतृत्व वाली सरकार बनी थी। इन लोगों का कहना था कि देश के सार्वजनिक क्षेत्र बिलकुल खत्म कर देने चाहिए क्योंकि सार्वजनिक क्षेत्र की कम्पनियाँ या तो लगातार घाटे में जा रही हैं या अपनी लागत के ब्याज जितना भी मुनाफ़ा नहीं दे रहीं। जब सार्वजनिक क्षेत्र में कारखाने बनाये गये तो उनसे कहा गया कि तुम्हारा उद्देश्य मुनाफ़ा कमाना नहीं बल्कि देश के पिछड़े क्षेत्रों का विकास करना और औद्योगिकरण के लिए बुनियाद डालना है। बुनियाद यानी बिजली, पानी, इस्पात, कोयला और अलौह धातुएँ। ये क्षेत्र ऐसे थे जिनमें भारी निवेश लगता था और मुनाफ़ा देर से मिलता था। निजी क्षेत्र इसमें धन लगाने आगे नहीं आ रहा था इसलिए सरकार को जनता के पैसे से इसका विकास करना पड़ा। हालाँकि इससे सबसे ज़्यादा लाभान्वित निजी क्षेत्र ही हुआ। फिर जब उसने देखा कि सार्वजनिक क्षेत्र मुनाफ़ा कमाने की स्थिति में आ गया है तो उसने हल्ला मचाना शुरू किया कि सार्वजनिक क्षेत्र को कुशल प्रबन्धन की आवश्यकता है इसलिए उसे हमें सौंप दिया जाये। वैसे भी सरकार का काम व्यापार करना या उद्योग चलाना नहीं है।

भाजपा की सरकार ने बाकायदा एक विनिवेश मंत्रालय बना दिया, अरुण शौरी नामक पत्रकार को उसका मंत्री बना दिया गया और सार्वजनिक क्षेत्र की मुनाफ़ा कमाने वाली कम्पनियों को बेचने की तैयारी शुरू कर दी।

इसी चपेट में आ गयी हमारी कम्पनी, यानी हिन्दुस्तान ज़िंक लिमिटेड। कम्पनी की सम्पत्ति और सम्पदा का आर्थिक मूल्यांकन करने का काम पेरिस के एक वित्तीय संस्थान को सौंपा गया। अब यदि आपके घर में एक पंखा चल रहा है और दस साल से चल रहा है, और कोई उसका मूल्य एक रुपया बताये, तो आपको कैसा लगेगा?

निहित स्वार्थों की खातिर आँकड़ों की बाज़ीगरी की गयी और सबके सब तमाशा देखते रहे। क्षेत्र की सांसद गिरिजा व्यास चुप रहीं। क्षेत्र के एक और सांसद भैरूलाल मीणा तो स्वयं कभी कम्पनी के कर्मचारी रह चुके थे। उन्होंने भी संसद

के भीतर या बाहर इस विनिवेश के विरुद्ध एक शब्द नहीं कहा। इंटक समर्थित कम्पनी की यूनियन भी खामोश रही। राजस्थान में इतनी स्वयंसेवी संस्थाएँ हैं, छोटी-छोटी बात पर जनहित याचिकाएँ दायर हो जाती हैं, इतनी बड़ी डाकाजनी किसी को नज़र नहीं आयी, और सबके देखते-देखते जनता के गाढ़े पसीने से खड़ी की गयी एक विशाल और गौरवशाली कम्पनी अपनी सभी इकाइयों-खानों-ज़मीनों-प्रद्रावकों-लाइव स्टॉक और जमा पूँजी के साथ मिट्टी के मोल बेच दी गयी। मजदूरों ने सिर्फ़ अपना हित देखा और कम्पनी के उच्चाधिकारी इस चक्कर में घर का भेदी बन गये कि शायद नये सेठजी उनकी गद्दारी या वफ़ादारी से खुश हो जायें। नये सेठजी ने मज़दूरों को हाथ भी नहीं लगाया और गद्दारों को सबसे पहले निकाल बाहर किया।

कम्पनी का विनिवेश अभी हुआ नहीं था और स्वैच्छिक सेवानिवृत्ति की योजना आ गयी। उसे किसी ने भाव नहीं दिया तो छह महीने बाद एक अधिक आकर्षक योजना आ गई। मोबाइल फ़ोन बजाते हुए कुछ लड़के-लड़कियाँ सूट-पैंट पहने, पता नहीं किस प्रबन्धन संस्थान से आ गये और एक-एक कर सबकी खिंचाई करने लगे और सफ़ाई माँगने लगे। कम्प्यूटरों पर उम्र के हिसाब से कर्मचारियों-अधिकारियों की सूचियाँ बनने लगीं और चालीस साल से ऊपर की उम्र के कर्मचारियों-अधिकारियों के हर हफ़्ते ऑनलाइन इंटरव्यू होने लगे। इन विचित्र किस्म के आगन्तुकों के न किसी को पदनाम मालूम थे न वेतनमान। वे न तो इकाई से वेतन लेते थे न इकाई प्रधान को रिपोर्ट करते थे। सब कुछ ऐसे हो रहा था जैसे शहर में गेस्टापो पुलिस घुस आयी हो।

इस नये आतंक और लालच के चलते सेवानिवृत्ति के नज़दीक पहुँचे कुछ अधिकारियों ने स्वैच्छिक सेवानिवृत्ति के लिए आवेदन कर दिया और शेष या तो अखबारों में वेकेन्सियाँ देखने लगे, या ड्यूटी के बाद शाम को शहर की किसी कम्प्यूटर क्लास में जाकर सी प्लस प्लस, (C++) जावा और लाइनेक्स सीखने लगे, या सारे देश में पता करने लगे कि कहाँ उन्हें लगभग ऐसी ही नौकरी मिल सकती है, और जा-जाकर इंटरव्यू देने लगे। जैसे डूबते जहाज़ से चूहे एक साथ भागने का रास्ता ढूँढने लगते हैं। जो इनमें से कुछ भी नहीं कर सकते थे वे ज़बर्दस्ती रात को आठ-आठ बजे तक दफ़्तर में बैठने लगे। उन्होंने छुट्टियाँ लेना बन्द कर दिया। अक्सर रविवार को भी उन्हें दफ़्तर जाते देखा जाने लगा। उन्होंने कम्पनी अस्पताल में बीपी चैक करवाना बन्द कर दिया और बालों में खिजाब लगाना शुरू कर दिया।

छह महीने बाद फिर एक स्वैच्छिक सेवानिवृत्ति योजना आयी जो और अधिक आकर्षक थी और जिसे गोल्डन शेकहैंड कहा गया। इस बीच मॉडर्न

बेकरी में निनिवेश हो चुका था, उदयपुर स्थित पर्यटन विभाग का आलीशान होटल लक्ष्मी विलास पैलेस भी बिक चुका था और छत्तीसगढ़ में नाल्को के निजीकरण के विरुद्ध ज़ोरदार संघर्ष चल रहा था।

जिस दिन हिन्दुस्तान की ट्रेड यूनियनें नाल्को का संघर्ष हारीं, हमारी कॉलोनी में कई घरों में शाम को न खाना बना न किसी ने बिजली जलायी।

लेकिन अन्ततः कम्पनी का विनिवेश हो गया और इसी के साथ रातोंरात प्रबन्धन भी बदल गया। जो पहला व्यक्ति इस प्रक्रिया में बेरोज़गार हुआ, वह था हमारा अध्यक्ष—महाप्रबन्धक।

~

कम्पनी के निजीकरण के साथ ही मेरा तो महकमा ही खत्म हो गया। जैसे-तैसे मेरा पुनर्वास किया गया—लेकिन स्थितियाँ ऐसी बनायी गयीं कि मुझे भी स्वैच्छिक सेवानिवृत्ति लेने के लिए विवश होना पड़ा।

कम्पनी छोड़ते समय दुख नहीं था, मन में गुस्सा भरा हुआ था। विश्वासघात का सदमा था। सवाल एक या कुछ आदमियों के रोज़गार का नहीं था, सवाल गरीब जनता की गाढ़ी कमाई से खड़े हुए एक पचीस साल पुराने संस्थान की दिनदहाड़े खुली लूट का था। और यह एक ऐसी अभूतपूर्व लूट थी जिसमें काँग्रेसियों और कम्युनिस्टों ने दक्षिणपंथियों को मूक समर्थन दिया था। या जिसमें अन्दर ही अन्दर शायद तीनों शामिल थे। इससे साफ़ ज़ाहिर हो रहा था कि अब देश पर शासन विभिन्न विचारधाराओं के राजनैतिक दलों का नहीं—खरी, विशुद्ध, जनविरोधी, नैतिकता निरपेक्ष पूँजी और उसके दलालों का होने जा रहा है।

विचारधाराओं की व्यावहारिक राजनीति में कोई प्रासंगिकता नहीं बची है। दक्षिणपंथ और वामपंथ में कोई फ़र्क नहीं रह गया है। यह अपने जीवन भर के सोच-विचार की पद्धति और प्रणाली के सहसा गलत और उपहासास्पद सिद्ध हो जाने का समय था। ठगे रह जाने की यह भावना इतनी गहरी थी कि इसने भावी जीवन की कर्मठता के सारे संकल्पों को भी भोंथरा और गुट्ठल कर दिया। उन दिनों बार-बार एक शे'र याद आता था—

किसलिए फिर कीजिए गुमगश्ता जन्नत की तलाश।
जबकि मिट्टी के खिलौनों से बहल जाते हैं लोग... ॥

❑❑❑

www.ingramcontent.com/pod-product-compliance
Lightning Source LLC
LaVergne TN
LVHW090034181026
850499LV00020B/191/J
* 9 7 8 9 3 8 6 5 3 4 8 6 6 *